ZHISHICHANQUAN
FALŰGAILUN

知识产权
法律概论

江苏省知识产权局◎组织编写

支苏平◎主编

董新凯◎执行主编

知识产权出版社

全国百佳图书出版单位

图书在版编目（CIP）数据

知识产权法律概论 / 江苏省知识产权局组编. —北京：
知识产权出版社，2016.1
　　知识产权工程师培训系列教材
　　ISBN 978-7-5130-3848-5

　　I.①知… Ⅱ.①江… Ⅲ.①知识产权法—中国—技术培
训—教材 Ⅳ.① D923.4

　　中国版本图书馆 CIP 数据核字（2015）第 244136 号

责任编辑：孙　昕　王金之　　　　　装帧设计：八度出版服务机构
文字编辑：王金之　　　　　　　　　责任出版：刘译文

知识产权工程师培训系列教材
知识产权法律概论
江苏省知识产权局　组织编写
支苏平　主编
董新凯　执行主编

出版发行：知识产权出版社有限责任公司　　　　网　　　址：http://www.ipph.cn
社　　　址：北京市海淀区马甸南村 1 号（邮编：100088）　　天猫旗舰店：http://zscqcbs.tmall.com
责编电话：010-82000860-8111/8112　　　　　　责 编 邮 箱：sunxinmlxq@126.com
发行电话：010-82000860 转 8101/8102　　　　　　　　　　　wangjinzhi@cnipr.com
发行传真：010-82000893/82005070/82000270　　经　　　销：各大网上书店、新华书店
印　　　刷：三河市国英印务有限公司　　　　　　　　　　　及相关专业书店
开　　　本：787mm×1092mm　　1/16　　　　　　印　　　张：25.75
版　　　次：2016 年 1 月第 1 版　　　　　　　　印　　　次：2016 年 1 月第 1 次印刷
字　　　数：412 千字　　　　　　　　　　　　　定　　　价：60.00 元
ISBN 978-7-5130-3848-5

知识产权工程师培训系列教材
编辑委员会

主　　编：支苏平

副 主 编：黄志臻　钱建平

执行主编：黄志臻　董新凯

编　　委：牛　勇　吴立云　张卫东　梅术文　郑伦幸

《知识产权法律概论》编写组

执行主编：董新凯

执　　笔：梅术文　吴广海　徐升权　聂　鑫　锁福涛

序
Preface

　　知识产权是一个国家和地区发展的战略性资源和核心竞争力，是增强自主创新能力的重要支撑和掌握发展主动权的关键因素，依靠科技创新，获取知识产权，培育新的经济增长点已成为国际竞争的焦点。发达国家凭借知识产权制度建设的优势，推动企业加快本国及国际市场的知识产权战略布局，抢占发展制高点、掌握发展主动权，赢得了经济社会发展的新优势。面对国际知识产权竞争日益加剧的新挑战，2009年1月，江苏省委、省政府作出战略决策，颁布实施《江苏省知识产权战略纲要》，创建实施知识产权战略示范省，全省知识产权综合实力大幅攀升，知识产权在促进国民经济和社会发展中的作用日益凸显。

　　在知识产权战略实施过程中，江苏高度重视知识产权人才队伍建设，大力实施知识产权人才培养工程，将知识产权工程师纳入专业职称序列，在全省建立一批知识产权人才培训基地，面向全省企业组织开展系统化、规模化的知识产权工程师培训。6年来，已累计培训企业知识产权工程师16000余人，为企事业单位知识产权管理能力的提高提供了人才保障。

　　为深入实施知识产权战略，2015年2月，江苏省委、省政府出台了《关于加快建设知识产权强省的意见》，提出了加快建设知识产权强省的奋斗目标，知识产权人才培养任务更加艰巨。为保障全省知识产权人才培训工作深入推进，江苏省知识产权局在充分总结"十二五"时期知识产权工程师培训经验的基础上，组织从事知识产权教学研究、管理和服务工作的专家学者，结合江苏企业知识产权人才培训实践，对原有知识产权工程师培训教材进行精简、改编，形成了现行《知识产权工程师培训系列教材》。

改编后的《知识产权工程师培训系列教材》包括《知识产权法律概论》和《企业知识产权管理实务》两个部分，主要有以下特点：一是既注重知识产权基本知识的普及教育，更注重知识产权管理实务技能的培训教育。《知识产权法律概论》着重介绍知识产权基础知识和我国知识产权法律法规及国际条约，《企业知识产权管理实务》着重介绍企业知识产权获取、运用、保护、管理等实务技能。二是吸收了我国知识产权立法的最新内容和知识产权管理创新的最新成果，对企业知识产权管理创新的若干前沿问题有所涉及，并努力体现企业知识产权管理的最新要求和发展方向。三是为帮助学员巩固学习内容，本教材每章均设计了思考题，可供学员练习、巩固所学内容。

本教材是江苏省知识产权工程师培训指定教材，可供广大企业知识产权管理从业人员学习参考，也可供知识产权行政管理人员、执法人员、知识产权服务业从业人员及科研机构、高等院校从事知识产权管理工作的人员学习参考。

本教材在编写过程中得到了南京理工大学知识产权学院和知识产权出版社的大力支持，在此谨致衷心感谢！限于我们的知识和水平，本书错误和不当之处，敬请专家、学者批评指正。

2015年7月

编委会

目录
Contents

第一章

知识产权
法律制度概述

第一节 | 知识产权概述

一、知识产权基本知识

（一）知识产权的定义和范围

1. 知识产权的定义

"知识产权"是一种对于脑力劳动所创造的"知识"或"智慧"所享有的一种财产所有权。但知识产权这种财产权与我们平时所见的物权等有形财产权不同，它是直接对智力活动成果所拥有的一项权利。例如，某位科学家经过多次试验发明了一种新能源汽车的制造方法，该科学家可以对这种新的制造方法获得知识产权。显然，科学家对这种新能源汽车制造方法所享有的财产权（知识产权）与常见的对具体一辆汽车所享有的财产权（物权）是不同的。在日常生活中，知识产权随处可见，比如选择购买的"苹果""三星""小米"等不同品牌手机就涉及商标权；电影院热映的"狼图腾""速度与激情""私人定制"等大片就涉及著作权；乘坐高铁将会体验的列车控制技术、系统集成技术、运营维护技术等就涉及专利权。

上述是我们对于生活中知识产权的具体感知，但对知识产权进行界定需要科学严谨的定义方法。关于知识产权的定义方法，主要有"列举主义"与"概括主义"两种。"列举主义"的方法，是指通过系统地列举所保护的权项，即划定权利体系范围来明确知识产权的概念。"概括主义"的方法，是指通过对保护对象的概括抽象的描述，即简要说明这一权利的"属加种差"来对知识产权进行界定。我国法学界主要采取"概括主义"方法来定义知识产权。目前学界通说认为，知识产权是人们对于自己的智力活动创造的成果和经营管理活动中的标记、信誉所依法享有的专有权利。[①]该定义将知识

---

① 参见吴汉东主编：《知识产权法》（第三版），北京大学出版社2011年版，第2页。

产权的保护对象概括为智力活动创造的成果和经营管理活动中的标记、信誉两种类型。

2. 知识产权的范围

关于知识产权的范围，在学理上有狭义和广义之分。一般而言，狭义的知识产权是指著作权（含邻接权）、专利权、商标权。具体来说，狭义的知识产权又可以分为两个类别：一类是文学产权，包括著作权及与著作权有关的邻接权；另一类是工业产权，主要是指专利权和商标权。文学产权是文学、艺术、科学作品的创作者和传播者所享有的权利，它将具有原创性的作品及传播这种作品的媒介纳入其保护范围，从而在创造者"思想表达形式"的领域内构造了知识产权保护的独特领域。工业产权则是指工业、商业、农业、林业和其他产业中具有实用经济意义的一种无形财产权。

广义的知识产权在一些重要的国际公约和法律条文中得到确认。1967年7月14日在斯德哥尔摩会议签订、1970年4月26日正式生效的《成立世界知识产权组织公约》将知识产权的范围界定为：关于文学、艺术和作品的权利（著作权）；关于人类的一切领域的发明的权利（发明专利权及科技奖励意义上的发明权）；关于科学发现的权利（发现权）；关于工业品外观设计的权利（外观设计专利权或外观设计权）；关于商标、服务标志、厂商名称和标记的权利（商标权、商号权）；关于制止不正当竞争的权利（反不正当竞争权）；一切在工业、科学、文学或艺术领域由于智力活动产生的其他权利。1994年关贸总协定缔约方签订的《与贸易有关的知识产权协议》（以下简称TRIPs）划定的知识产权范围包括：著作权及其相关权利（邻接权）；商标权；地理标记权；工业品外观设计权；专利权；集成电路布图设计权；未公开信息专有权（商业秘密权）。从上面的条文罗列中可知，广义的知识产权范围包括著作权、邻接权、商标权、商号权、商业秘密权、地理标记权、专利权、植物新品种权、集成电路布图设计权等各种权利。

（二）知识产权的性质和特征

1. 知识产权的性质

关于知识产权的性质，长期以来，在我国理论界存在诸多争议。但根据TRIPs协议的规定，参照经典学说的有关理论，我们认为知识产权的本质属性应为私权。

TRIPs在其序言中宣示"知识产权为私权"，以私权名义强调了知识财产私有的法律形式。权利本体的私权性是知识产权归类于民事权利范畴的基本依据。私权是与公权相对应的一个概念，指的是私人（包括自然人和法人）享有的各种民事权利。

所谓私权，即私的权利，可以从以下几个方面来理解：第一，它是私人的权利。这里的私人，是指民事法律关系的主体，即处于平等地位的人。例如，著名音乐人甲作为一个自然人创作了一首歌曲，他就对这首歌曲享有著作权；某娱乐公司乙投资拍摄了一部电影，该公司对这部电影也享有著作权。上述案例中甲、乙都是作为民法上的民事主体而享有知识产权这种私权的。有一种特殊情况，如果国家参与到知识产权法律关系中，比如成为专利权的主体，那么是否属于此处所说的私人？我们认为，即使国家在某种情况下可以作为民事主体出现，但也与其他民事主体形成相互平等之关系；第二，它是私有的权利。这里的私有，意指民事权利为特定民事主体所享有。私有是相对于公有而言的，私有的权利是指这种权利是为某一特定民事主体所独自享有的私人权利，而不是一切人共同享有的公共权利。例如，苹果公司围绕"iPhone6 Plus"手机取得的数十项专利是归属于苹果公司专属享有的私人权利，不会与三星公司、小米公司等竞争对手共享的，更不会同一切人共享而成为公共权利；第三，它是私益的权利，这里的私益，也就是与公益相对应的个人利益。根据私法的原则，允许"个人根据自己的意愿形成相互之间的经济关系和其他关系"，追求合法的私利。例如，一个人可以通过创作小说来获取一定的财产性利益，这就是私益。因此，可以说知识产权的产生、行使和保护，适用于民法的基本原则和基本制度。离开了民事权利体系，知识产权就会成为无源之水、无本之木，无法找到其应有的归属。"知识产权为私权"，在制度层面上为私人提供了获取财产的新方式。知识产品是独立于传统意义上的物的另类客体，以知识产品作为保护对象的知识产权是与有形财产所有权相区别的崭新财产法律制度。[①]

2. 知识产权的特征

知识产权的特征是区别于传统财产权的突出特点。知识产权的特征可以划分为本质特征和基本特征两大类，前者为客体非物质性，后者为"专有性""地域性"和"时间性"。

[①] 参见吴汉东：《知识产权总论》（第三版），中国人民大学出版社2013年版，第10~15页。

第一，客体非物质性。这是知识产权的本质特征。知识产权的客体是知识产品（或称智力成果），是一种没有形体的精神财富，客体的非物质性是知识产权的本质属性所在。[①]传统财产权的客体是有形的，例如，汽车所有权的客体是一辆看得见、摸得着、占据一定空间的汽车，它可以为人们直观所感知；而一项关于汽车动力专利的客体则是一种没有具体形体、无法被人占据的技术方案。因此，知识产权的客体——知识产品，与传统财产权的客体相比，具有不同的存在、利用、处分形态：其一，不发生有形控制的占有。由于知识产品不具有物质形态，不占有一定的空间，人们对它的占有不是一种实在而具体的占据，而是表现为对某种知识、经验的认识与感受。在这里要区分知识产权和知识产权载体之间的关系。知识产品虽具有非物质性特征，但它总要通过一定的客观形式表现出来，作为其表现形式的物化载体是有形财产权而不是知识产权。例如，一个人从市场上购买一部电影的正版DVD，他取得了这部DVD的所有权，拥有对有形DVD的占有，但并不对其中的版权产生有形控制的占有，即它可以将这部DVD进行播放、欣赏，但不对其中的电影享有版权。其二，不发生有形损耗的使用。知识产品的公开性是知识产权产生的前提条件。由于知识产品必须向社会公示、公布，人们从中得到有关知识即可使用，而且在一定时空条件下，可以被若干主体共同使用。比如一项关于太阳能电池的发明专利，可以同时在中国、美国、英国、德国等国家使用，而且上述使用不会像有形物使用那样发生损耗，不论是一百个人还是十万个人在同时使用，都不会对这项专利带来损耗。这显然与有形财产权不同。如果是一块太阳能电池，既无法同时在几个国家使用，也会因使用人数的增多带来物理上的损耗的加剧。其三，不发生消灭知识产品的事实处分与有形交付的法律处分。知识产品不可能有实物形态消费而导致其本身消灭之情形，它的存在仅会因期间（法定保护期）届满产生专有财产与社会公共财富的区别。同时，有形交付与法律处分并无联系，换言之，非权利人有可能不通过法律途径去"处分"属于他人而自己并未实际"占有"的知识产品。由于知识产权客体具有无形性特点，使得知识产权被侵权的可能性大大高于其他有形财产。同时，也是基于客体无形性的特征，使得知识产权权利人

[①] 吴汉东主编：《知识产权法学》（第五版），北京大学出版社2011年版，第6页。

很容易以"一物二卖"等方式进行滥用。因此，需要制定专门的知识产权法律对其进行保护和限制。

第二，专有性。知识产权是一种专有性的民事权利。相对债权而言，它同所有权一样，具有排他性和绝对性的特点。知识产权的专有性主要表现在两个方面：其一，知识财产为权利人所独占，权利人垄断这种专有权利并受到严格保护，没有法律规定或未经权利人许可，任何人不得使用权利人的知识产品。例如，关于商标权的专有性，权利人在同类商品上享有专有使用权，任何人未经许可在同类商品上不能使用与之相同或类似的商标；其二，对同一项知识产品，不允许有两个或两个以上同一属性的知识产权并存。我国《专利法》规定："两个以上的申请人分别就同样的发明创造申请专利的，专利权授予最先申请的人。"这突出地表现出知识产权的专有性问题，与有形财产权有重大区别。不同种类的知识产权其专有性也体现出不同的特征：著作权的专有性表现为权利人对其作品的专有使用权，包括采用复制、发行、展览、上演、广播、摄制、演绎等各种形式独占使用作品的权利；专利权从其字义上说就是权利人对"利"的独占权，即发明创造的专有实施权，包括使用、制造、销售、进口专利产品的权利；对于商标权而言，其专有权体现为权利人的独占使用权和排除他人使用的禁止权构成该类专有权的完整内容。

第三，地域性。由于知识产权客体的非物质特征，权利人对知识产品无法产生有形控制的"占有"，因此无法像有形财产权那样在不同国家产生权利的推定。依照一国法律获得承认和保护的知识产权，只能在该国范围内发生法律效力。知识产权地域性主要表现在权利取得和权利行使两个方面：一方面，知识产权的权利取得需要根据不同国家法律规定的程序和条件分别获得。例如，如果计划在中国和美国获得商标权，则需要在中国和美国分别进行商标申请。另一方面，知识产权权利的行使也可以在不同地域就相同权利内容进行行使。例如，一项发明专利的许可使用可以同时在中国和美国进行。然而，知识产权地域性的特征越来越受到挑战。由于地区经济一体化与现代科学技术的发展，知识产权立法呈现出现代化、一体化的趋势，由此，知识产权的严格地域性也受到了挑战。这主要表现在跨国知识产权的出现。在一国申请获得的知识产权可以同时在其他国家得到承认。其中最有名的代表是拟议中的全球专利制度和已经实施的欧盟统一商标注册制度。全球专利是发达国家正在加紧推动的一大进程,是知识产权国际规则制定和发展的未来趋势,其基本程序是由一个国际组织或者某几个国家的专利局统一授予专利权,在世界各国均能生效,各国不再分别进行审批。美国、欧洲、日本等不断地大力推动各国知识产权法律和制度的进一步协调、统一,使其向发达国家的标准看齐。在欧盟统一商标注册制度中,任何人皆可使用欧盟所指定之11种语言中之任意一种语言提出商标申请,其最大的优点在于一份申请书可申请25个国家。上述两种制度已经突破了知识产权地域性限制问题。

第四,时间性。知识产权并不像有形财产权那样没有时间限制,它只在法律规定的时间内受到保护,超出法律规定的保护期间,这一权利就自行消灭,相关知识产品就会进入公共领域,成为整个社会的共同财富,任何人都可以不经过权利人的许可而加以使用。例如,按照我国法律的规定,发明专利的保护期限为20年,实用新型和外观设计专利的保护期限均为10年;著作权中的财产权和发表权的保护期限为作者有生之年加去世之后50年;注册商标专有权的保护期限为10年;集成电路布图设计专有权的保护期限为10年;藤本植物、林木、果树和观赏树木等植物新品种权保护期限为20年,其他植物新品种权保护期限则为15年,这显然与我们常见的有形财产权不同。例如,某人拥有一套《四库全书》,只要这套书不灭失或者其所有权不被依法剥夺,那么其所有人或继承人就可以永远享有所有权。但很显然,《四库全书》已经超出了著作权的保护期限,其著作财产权不受法律保护。知识产权的时间性特征是由知识产权法律制度中利益平衡原则所决定的:知识产权的法律制度设计一方面要激励创造、保护知识产品创造者的合法权益,另一方面又要促进科学、技术、文化的广泛传播,促进社会文明进步。在协调知识产权专有性保护和社会公共利益平衡的过程中,知识产权时间性就成为重要途径。法律之所以这样规定,就在于文学艺术作品和发明创造对于社会科学文化事业的发展有着更加重要的意义,因此必须规定一定的保护期限,使知识产品从个人的专有财产适时地变为人类公有的精神财富。

二、专利权基本知识

（一）专利概述

1. 专利的概念

"专利"一词，最初是指由国王亲自签署的带有御玺印鉴的独占权利证书。在14世纪，英国国王颁发给拥有新技术的外国技工公开证书，授予其一定期限的垄断权利。例如，1331年，英王爱德华三世授予佛兰德的约翰卡姆在缝纫与染织技术方面的独占性权利，目的在于避免外国制造作坊将在英国使用的先进技术带走。这种由国王钦赐的特权制度是现代专利制度的萌芽。这种证书上面带有蜡印并附着丝带，但并不封口，无需启封即可阅读证书内容。这也与专利的最初含义相吻合：（1）官方将授予的垄断权利告知公众；（2）证书所记载的技术内容向公众公开。到了近代，这种君主恩赐的特许，已经逐渐成为一种权利，发明人只要符合法律规定的条件，就可以请求授权，并取得排他性权利。在当今社会，法律意义上的"专利"是"专利权"的简称，是指国家专利主管机关依照法定程序对发明创造人的专利申请进行审查，向其授予的在一定时期内对该发明创造的专有权利。

2. 专利的性质

（1）独占性。又称为垄断性，是指国家依法授予发明创造人在一定时期内享有独占使用的权利。例如，某位技术人员发明了一项清洁能源技术，通过申请获得了发明专利，在发明专利有效期内他享有垄断性权利，未经许可，他人不得制造、使用、进口该发明专利。

（2）公开性。指发明创造人作为对法律授予独占使用权的回报，必须将自己的技术向社会公开。发明创造通过专利申请的公布或专利的授权公告将技术内容向社会公开，使该项技术领域内的普通技术人员能够理解和实施该专利技术。公开性的特征，可以避免重复技术开发，促进先进技术的推广和使用，从而有利于人类社会的技术进步。

（二）专利权概述

1. 专利权的概念

专利权作为专利法中的核心概念，是国家专利主管部门依据专利法授予发明创造人或合法申请人对某项发明创造在法定期间内所享有的一种独占权或专有权。专利权的保护对象为工业、农业、商业等产业领域中能够物化在载体上的创造性成果，通常表现为工艺操作方法与技能，以及与这些方法和技能相适应的生产工具和其他物质设置。未经专利权人许可，他人不得使用该专利技术。具体来说，发明和实用新型专利权被授予后，任何单位或者个人未经专利权人许可，都不得实施其专利，即不得为生产经营目的制造、使用、许诺销售、销售、进口其专利产品，或者使用其专利方法以及使用、许诺销售、销售、进口依照该专利方法直接获得的产品。外观设计专利权被授予后，任何单位或者个人未经专利权人许可，都不得实施其专利，即不得为生产经营目的制造、销售、进口其外观设计专利产品。

2. 专利权的性质

关于专利权的性质，理论界存在不同的学说观点。概括说来，大体可以分为两类：一类是"私人产权论"，诸如自然权利论、非物质财产论、专利契约论等均属此类。具体而言，自然权利理论认为，人的创造性思想是一种精神财产，人们应对自己的这种思想、知识享有产权，这是作为人当然获得而不可剥夺的权利，因为技术创新是发明人的精神、智慧创造出来的成果。既然所有新颖的、独创的构思属于创造这种思想的人所有，则它的存在不取决于国家政权的承认，国家权力只应保障这种权利不受第三人的侵犯。因为，不管承认与否，它都是独立地、自然地存在，专利权的授予只不过是国家权力认可发明人的这种自然权利而已；非物质财产理论认为，发明作为精神产品，是一种非物质性的无形财产。一个发明人创造了这样或那样的发明，就好像将自己生命的一部分投入了此项发明。他人对此发明的任何侵犯都应视为对发明者个人权利的侵犯；而专利契约理论认为，专利是国家代表社会同发明人签订的一项特殊的契约，对发明人来讲，公开技术获得垄断权，可以补偿发明创造活动中支出的劳动和费用，还可以获得更大的利益回报。对社会而言，它增加了新的科技知识，而新增的科技知识将为科技的进一步发展准备良好的条件。该类理论强调专利权是发明人的基本权利，即发明人的自然权利或财产权利。另一类是"产业政策论"，诸如鼓励竞争论、利益平衡论、经济发展论等即属此类。具体而言，鼓励竞争论认为，专利制度通过授予发明人以垄断权，可以有效地防止不正当竞争，确保竞争秩序；利益平衡论认为，专利权的构建，必须以平衡权利人垄断利益与社会公共利益为必要，需要协调技术的公共产品属性与专利的私人产权属性之间的矛盾，在知识资源的归属、利用、分配方面作出合理的安排；经济发展论认为，授予专利权不仅鼓励发明人从事发明创造，同时也促使发明人公开技术、传播知识，从而推动社会的技术进步和经济发展。这一类理论不是基于个人权利而是从政策工具出发来解释专利权，将专利权视为促进技术和经济进步的法律手段。

（三）专利制度的作用

专利制度已经全方位融入我们现代社会之中，对经济社会发展起到了重要的促进作用。

（1）有利于鼓励和保护发明创造。专利制度赋予专利权人一定期限内的独占权利，从而给予发明创造人的智力成果积极的肯定和充分的法律保护。这种独占性权利大多表现为一种经济性利益，例如通过专利许可使用可以获取使用费用，从而激励和保护发明创造。

（2）有利于科学技术进步。专利的公开性特征使专利制度能够促进技术信息的公开和交流，避免因重复研究而造成不应有的浪费。此外，专利的时间性特征也有利于科学技术的发展，专利期限届满之后不再受到法律保护，进入公有领域成为社会公众自由使用的公有技术。

（3）有利于国际技术交流与合作。专利制度有利于技术贸易的扩展和交流并有助于我国企业在国际经济交往中通过专利制度获取经济利益。一方面，通过交易含有专利的产品，可以提高我国出口产品的技术含量，增加产品附加值，而且可以保持与其他国家的技术差距、增加国际竞争难度，从而提高我国出口商品的国际竞争力；另一方面，也可以直接进行以专利为内容的技术交易，例如通过专利许可证贸易获取经济利益。

三、商标权基本知识

（一）商标的概念和特征

1. 商标的概念

"商标"一词为外来词，在中国，人们俗称其为"牌子"。按照一般的说法，北宋年间山东济南刘家功夫针铺使用的"白兔标识"是我国现在发现最早的、实实在在的"商标"。它是一个文字和图形的组合商标，商标中心是一只手持钢针的白兔，图形上方刻有"济南刘家功夫针铺"八个大字；左右分别有"认门前白兔儿为记"的字样；商标下方的文字为："收买上等钢条，造功夫细针，不误宅院使用。客转与贩，别有家饶，请记白。"这个商标基本具备了现代商标的全貌。商标在我们日常生活中随处可见，例如"苹果"手机、"联想"电脑、"耐克"运动鞋、"格力"空调、"比亚迪"汽车等。我们认为，商标是指商品的生产经营者在其商品或服务上使用的，由文字、图形、字母、数字、三维标志、颜色组合和声音等或上述要素组合构成，具有显著特征、便于识别商品或服务来源的标记。

2. 商标的特征

第一，商标是区别商品或服务来源的标记。这是商标最主要的功能。商品或服务琳琅满目，消费者如何在同类商品或服务中进行选购？其关键要素在于商标。例如，消费者在选购白酒时，货架上有几十种不同类型的商品，仅从外观上不大可能对其品质进行区分，也不可能对每种白酒都进行品尝来加以区分，这时候商标就起到区分来源的作用。消费者可以根据白酒的商标来选购，诸如"茅台""五粮液""剑南春""洋河"等。生活中使用的其他标记，如学校、社会团体的标章、徽记等也具有识别其他学校和团体的作用，但它们不能作为商标。

第二，商标是用于商品或服务上的标记。商标具有依附于商品或服务的从属性，它与其所标志的商品或服务有紧密的联系，有商品或服务存在，才有商标存在。商标在商品或服务上使用的方式包括直接将商标粘贴在商品上或者依附于商品的包装上或容器上。没有用于商品或服务上的标记，不能称为商标，如交通标志、国际组织的徽记等。

第三，商标是一种在构成要素上具有显著性的标记。商标的显著性是商标的本质属性，是商标能够获得注册的基本条件。商标的构成要素可以是词或词组、字母、数字、图案、名称、产品的形状或其外观、颜色的组合和声音以及上述要素或标志的组合。由此构成的商标应具有显著性，能够给人以强烈的印象，易认易记，使一般消费者能够通过商标来识别商品和选择购买商品。例如，"Kodak"模拟相机按动快门的声音，作为照相机的商标就具有显著性。如果一些标记过于简单或过于复杂，或使用单一颜色，或使用地名、数字等，就不具有显著性和识别性。例如，"香口胶"因为缺乏显著性，难以作为商标在口香糖这类商品上注册。

（二）商标的功能

1. 来源区分功能

商标的基本作用是区别不同的商品生产者和服务提供者，标明商品的出处。在现代社会里，商标的这一功能尤为重要。因为市场上会有许多相同的商品和服务，这些商品或服务来自不同的厂商和经营者，各厂家的生产条件、制作工艺、产品和服务质量及管理方法和水平参差不齐，价格也会有所不同。企业要想在激烈的市场竞争中吸引消费者，使他们选择自己的商品，就必须在其商品上有一个醒目的商标，让消费者容易识别。而通过不同的商标，消费者可以判断出商品或服务出自不同的企业，从而识别商品或服务的来源，作出满意的选择。例如，现在手机商品众多，但每个手机都有自己的商标，诸如"苹果""三星""小米""华为""中兴"等，这些不同的商标，表示了同类商品的不同来源，从而把生产厂家区别开来。

2. 品质表示功能

由于商标代表着不同的商品生产者和服务提供者，即使同一种商品、同一项服务，因生产者和服务者不同，其品质也会不同。例如，运动服饰中的"耐克""阿迪达斯"，汽车中的"奔驰""宝马"，象征着高品质的产品。因此，商标标明商品或服务品质的功能比表示商品与服务的来源的功能更重要。

3. 商品宣传功能

在市场竞争中，利用商标进行广告宣传，可迅速为企业打开商品的销路。由于生活节奏的加快，人们的消费活动逐步以广告和商标为依据，通过商标来了解商品或服务的来源及其品质。因此，商标被称为商品的"无声推销员"。通过广告宣传，使商标成为家喻户晓的标志，消费者可以记住商标，并通过商标记住商品，同时让消费者熟悉该产品并了解市场信息，这对于引导和刺激消费都能起到很好的效果。例如，可口可乐公司的前老板伍德拉夫有一句名言："可口可乐99.61%是碳酸、糖浆和水。如果不进行广告宣传，那还有谁会喝它呢？"从历史上看，可口可乐公司成功的武器之一是投入巨额的广告，而如今可口可乐在全球每年广告费超过6亿美元。因此，在品牌经济时代，通过商标来宣传商品已成为推销商标的必要手段。

（三）商标的种类

1. 商品商标与服务商标

根据商标的使用对象，可以将商标分为商品商标与服务商标。商品商标是指商品的生产者或经营者，为了使自己生产或经营的商品与他人生产或经营的商品相区分而使用的标志。商品商标是日常生活中最常见的、也是使用最广泛一种商标。例如，在空调商品上使用的"美的""海尔"，在电脑商品上使用的"联想""华硕"均为商品商标。

服务商标是指提供服务的经营者，为将自己提供的服务与他人提供的服务相区别而使用的标志。服务商标由文字、图形或者其组合构成。例如，用于宾馆业的"香格里拉"标记；用于金融业的"交通银行"标记；用于快餐业的"麦当劳""肯德基"标记；用于旅行社的"中国旅游"标记；用于航空运输业的"南方航空公司"标记等，均为服务商标。

2. 视觉商标、听觉商标和味觉商标

根据商标的结构或者外观状态，可以将商标分为视觉商标、听觉商标和味觉商标。视觉商标是指商标的构成要素为可视性的文字、图形、字母、数字、颜色、三维标志及其组合的标记。视觉商标包括平面商标和立体商标两种，前者又可以分为文字商标、图形商标、数字商标、字母商标、颜色组合商标以及上述标记的任意组合商标等，后者指以产品的外形或产品的长、宽、高三维标志为构成要素的商标。例如，"百事可乐"

商标属于视觉商标，麦当劳金色拱门标志、米奇林轮胎人等属于立体商标。

听觉商标又称音响商标，是指以音符编成的一组音乐或以某种特殊声音作为商品或服务的标记。它可以是自然界中真实的声音，也可以是人工合成的声音。例如，米高梅电影公司在电影片头出现的"狮吼"。

味觉商标又称气味商标，是指以某种特殊气味作为区别不同商品和服务项目的商标。这种商标不能通过视觉感知，所以又称非形状商标。例如，美国在20世纪90年代初，将一种用在缝纫线上的特殊香味作为味觉商标予以保护。

3. 一般功能商标和特殊功能商标

按商标的功能、用途不同，商标可以分为一般功能商标和特殊功能商标。前者是我们常见的用以区分商标或服务来源的标记，在此功能之外，基本不具有其他功能；后者是指具有某种特殊功能的商标，例如，证明功能、防御功能等，具体可以分为集体商标、联合商标、防御商标和证明商标。下面具体对特殊功能商标进行论述。

集体商标，是指以团体、协会或者其他组织名义注册，供该组织成员在商事活动中使用，以表明使用者在该组织中的成员资格的标志。建立集体商标保护制度的目的在于标明某种商品或服务是由一定的团体生产、销售或提供的，有利于创造集体的信誉、扩大影响，有利于取得规模经济效益，扩大国内市场及国际市场的影响力。集体商标与普通商标相比，具有以下特征：第一，集体商标的权利人必须是经依法登记的，具有法人资格的企业或事业单位。该企业或事业单位应为某一组织，可以是工业的或商业的团体，也可以是协会、行业或其他集体组织，而不是某个单一企业或个体经营者；第二，集体商标的注册申请应该提交使用管理规则；第三，集体商标不得许可非集体成员使用。

联合商标，是指同一个商标所有人在同一种商品或类似商品上注册使用的若干个近似商标。在这些近似商标中，首先注册的或者主要使用的商标为主商标，其他的商标为该主商标的联合商标。例如，杭州娃哈哈集团公司的中国驰名商标"娃哈哈"为AD钙奶的商标，为防止他人侵权，该公司又注册了"哇哈哈""哈娃娃""哈哈娃""娃娃哈""Waha—ha"等商标。其中，"娃哈哈"为主商标，其他的商标为"娃哈哈"的联合商标。

防御商标，是指驰名商标所有人在不同类别的商品或者服务上注册若干个相同的商标。原来的商标为主商标，注册在其他类别的商品或服务上的同一个商标为防御商标。例如，日本索尼电气公司的商标"SONY"，该公司不仅在电器上申请注册了"SONY"商标，还在自行车、食品等商品上注册了"SONY"商标。

证明商标，是指由对某种商品或者服务具有监督能力的组织所控制，而由该组织以外的单位或者个人使用于其商品或者服务，用以证明该商品或者服务的原产地、原料、制造方法、质量或者其他特定品质的标志。证明商标的功用在于提供质量证明，打开商品销路，使商品对消费者产生吸引力。目前，国际上流行的纯羊毛标志、"绿色食品"标志等都属于证明商标。

四、著作权基本知识

（一）著作权的概念

著作权是指自然人、法人或者其他组织对文学、艺术和科学作品依法享有的财产权利和精神权利的总称。例如，作家路遥在完成小说《平凡的世界》的写作之后，享有小说《平凡的世界》著作权，包括该小说的署名权、修改权等精神性权利以及复制权、出租权、展览权、改编权、信息网络传播权等财产性权利。

与"著作权"这一概念相对应的还有"版权"。一般而言，版权是英美法系的概念，是复制权的演进结果，它着重于财产性权利，基本不考虑精神性权利；著作权是大陆法系中常用语，兼顾作品的财产权利和精神权利。在我国，"著作权"一词是清朝立法者从日本引入的，著作权即版权。根据我国《著作权法》的规定，"版权与著作权系同义语"。

（二）著作权的特征

1. 著作权内容的双重性

著作权内容的双重性，是指文学、艺术或者科学作品能依法同时产生财产权和人身权两个方面的权利。著作权的这一特性，是专利权、商标权等其他知识产权不具有的，其他知识产权仅仅具有财产权的属性。例如，著作权人对作品享有署名权、保护作品完整权等人身权利。

2. 权利取得的自动性

著作权的取得采取自动保护原则，不需要履行任何手续，既不需要登记，也不需要批准。著作权在创作完成之时自动产生，归作者原始所有。这与专利权的取得显然不同，取得专利权需要满足新颖性、创造性和实用性等要件之外，还必须经过专利行政部门的严格审查，并按照法定程序进行公告。

3. 著作权的排他性较弱

由于著作权只保护思想的表达形式，不保护思想本身，而同一思想有不同的表达形式，因此只要是独立创作完成的，即使在表达形式上构成相似，也不会侵犯著作权。例如，两位游客在玄武湖公园对着同一景物在同一角度进行拍照，从而产生了两个非常相似的照片，但这两个人对其拍摄的照片都独立享有著作权，两个著作权可以并存，并不排斥。这与专利权的专有性特征显然不同。

第二节 ｜ 知识产权法概要

一、专利法概要

（一）专利法的历史沿革

专利制度有着十分悠久的历史，据西方学者考察，最早的专利制度大约起源于中世纪的欧洲。但专利法正式诞生于欧洲蓬勃兴起的工业革命时期。威尼斯共和国在1474年3月19日公布的《专利法》是世界上第一部专利法，其规定如下："本城市共和国议会决定，任何在本城市共和国作出了本国前所未有的新发明者，一旦其发明已被完成并且可以付诸应用和实施，就应向本城市共和国政府办公室登记。任何其他人在10年以内，在本城市共和国的领土范围之内，未经发明人的同意或许可，不得制造相同或相似的物品。违反上述规定的，发明人有权向城市政府办公室诉愿，城市办公室将责令侵权人向发明人偿付100金币赔偿金，并立即销毁其仿造品。"该法规定的三个基本原则，即"保护发明创造原则、专利独占原则、侵权处罚原则"，为现代专利制度奠定了基础。

1624年英国制定了《垄断法》，又称《专卖条例》。该法规定了发明专利的主体、客体、取得专利的条件、专利的有效期限、专利权的限制以及宣告专利权无效的条件。该法虽然很简单，但反映了现代专利法的基本内容：（1）专利授予最先发明的人；（2）专利权人在国内有权制造、使用其发明的物品和方法；（3）专利不得引起价格上涨，不得有碍交易、违反法律或损害国家利益；（4）专利保护期为14年。《垄断法》对于英国资本主义制度的建立和发展产生了重大影响，也为后来许多欧美国家所效仿。

十七八世纪，资本主义经济迅速发展，现代化大生产出现了，这使得新技术的使用成了最有效的竞争手段。新技术的拥有者极力要求国家对自己的技术予以保护，专利制度也就在世界范围内广泛发展起来。例如，美国于1790年制定了第一部专利法，法国1791年颁布了专利法。进入19世纪后，越来越多的国家相继制定了专利法，专利制度走向繁荣，例如，荷兰在1809年、奥地利在1810年、俄罗斯在1812年、巴伐利亚在1812年、普鲁士在1815年、瑞典在1819年、西班牙在1826年、巴西在1859年、印度在1859年、阿根廷在1864年、加拿大在1869年、英国在1852年陆续颁布了专利法。后来，德国在1877年、日本在1885年也通过了专利法。

（二）我国专利法的基本内容

1979年3月，为适应改革开放形势的需要，我国开始专利立法的准备工作。1980年1月，国务院批准了国家科委《关于我国建立专利制度的请示报告》，成立了国家专利局。1984年3月12日，《中华人民共和国专利法》（以下简称《专利法》）经第六届全国人民代表大会常务委员会第四次会议审议通过，并于1984年3月20日公布，于1985年4月1日起正式施行。这部《专利法》的诞生，标志着我国专利制度的开始。自《专利法》实施以来，为适应改革开放和经济社会发展的需要，于1992年、2000年和2008年对专利法及其实施细则作了三次修改。为配合专利法实施，相继颁布《中华人民共和国专利法实施细则》《关于实施专利权海关保护问题的若干规定》《专利代理条例》《涉及公共健康问题的专利实施强制许可办法》等法规规章。

第三次修改的《专利法》新增了7条，修改了29条，内容涉及立法宗旨、专利权的授权标准、涉外专利的申请及专利代理、专利权的保护、对专利权滥用的规制等方面。

1. 突出提升创新能力

鼓励提高创新能力和加强对专利权保护，是这次《专利法》修改的主旋律，贯穿于专利法的始终。"为了保护专利权人的合法权益，鼓励发明创造，推动发明创造的应用，提高创新能力，促进科学技术进步和经济社会发展，制定本法。"这一修改具有深厚的现实原因和前瞻意义，证实中国已将提高自身创新能力、建设创新型国家作为国家政策和战略举措。

2. 注重提升专利质量

《专利法》第三次修改将专利新颖性标准由相对新颖性改为绝对新颖性。同时，对外观设计专利制度进行了改革，增加了类似发明和实用新型专利的"创造性"标准，避免通过模仿现有设计或简单拼凑现有设计特征而形成的外观设计获得专利权。规定"对平面印刷品的图案、色彩或二者的结合作出的主要起标识作用的设计"不授予专利权；引入了关联外观设计专利申请制度。通过充分保护外观设计专利申请人的正当权益，激励其从事外观设计创新，进而促进我国外观设计整体水平的提升。

3. 加强对专利权的保护

《专利法》第三次修改扩大了专利权保护范围、提高了行政处罚力度、完善了对专利权人的保护措施。

4. 进一步促进技术应用

一方面，新《专利法》规定专利权共有人可以单独实施或者以普通许可方式许可他人实施该共有专利。既保障共有人对共有专利的合法权利，又促进共有专利的实施。增加防止专利权滥用的规定，针对不实施或不充分实施其专利的行为以及因行使专利权构成垄断行为等进一步明确规定了强制许可手段。促进专利技术的流通和推广应用。另一方面，为防止恶意利用已公知的现有技术申请专利，阻碍现有技术实施，帮助现有技术实施人及时从专利侵权纠纷中摆脱出来，引入了现有技术抗辩原则，规定实施的技术如果属于现有技术，不构成侵犯专利权。

二、商标法概要

（一）商标法的历史沿革

现代商标出现于19世纪之后。开创近代商标制度的法律是1804年法国《拿破仑法典》，该法首次肯定了商标作为无形财产与有形财产一样受法律保护。1857年法国又制定了世界上最早的一部成文商标法，即《关于以使用原则和不审查原则为内容的制造标记和商标的法律》，确立了商标的注册制度。英国于1862年颁布了《商品标记法》，于1875年颁布了《注册商标法》，美国于1870年制定了《商标法》，德国于1874年颁布了《商标保护法》，日本于1884年颁布了《商标条例》。

现代的商标制度以1883年缔结的《保护工业产权巴黎公约》（以下简称《巴黎公约》）为起点，该公约把商标作为工业产权的保护对象，将其纳入多边国际公约的保护范围，这标志着商标制度开始进入现代阶段。围绕着《巴黎公约》，又陆续签订了一些和商标有关的国际公约和协定，例如，1891年《国际商标注册马德里协定》（以下简称《马德里协定》），1957年《商标注册用商品和服务国际分类尼斯协定》（以下简称《尼斯协定》），1958年《保护原产地名称及其国际注册里斯本协定》（以下简称《里斯本协定》），1973年《商标注册条约》及《建立商标图形要素国际分类维也纳协定》等。这些商标国际保护条约的缔结，标志着商标保护的国际化趋势。商标法律制度的发展进入一个新时期。1994年世界贸易组织通过的TRIPs，对商标的保护提出了更高的标准，要求各成员一体遵守，商标权的保护进一步国际化。

（二）我国商标法的基本内容

1978年，国务院决定成立国家工商行政管理局，下设商标局，并开始对全国商标进行清理整顿，恢复了商标的统一注册。1982年8月23日，第五届全国人民代表大会常务委员会第二十四次会议通过了《中华人民共和国商标法》（以下简称《商标法》），该法自1983年3月1日起施行。这是新中国成立后，制定的第一部保护知识产权的法律。1983年3月10日，国务院又发布了《中华人民共和国商标法实施细则》（以下简称《商标法实施细则》）。为了适应我国参加的国际条约的要求，加大对商标专用权的保护，1988年1月3日经国务院批准，原国家工商行政管理局颁布了修订后的《商标法实施细则》，1996年又发布了《商标印制管理办法》。我国政府在这一时期的一系列活动，使中国的商标法律制度与国际商标法律制度的衔接迈出了重要的一步。随着我国市场经济的深入发展，《商标法》分别于1993年、2001年和2013年作了三次修订，修订后的《商标法》达到了我国参加的国际公约的商标保护水平。

第三次修改的《商标法》从原来的64条增加到73条，内容分为总则，商标注册的申请，商标注册的审查和核准，注册商标的续展、变更、转让和使用许可，注册商标的无效宣告，商标使用的管理，注册商标专用权的保护和附则，共八章，在以下方面进行了修改。

（1）增加了商标审查时限的规定。商标局初步审查时限为9个月；对异议申请调查核实的时限为12个月；商标评审委员会对商标局驳回申请不予公告决定进行复审的时限为9个月，有特殊情况需要延长的，经国务院工商行政管理部门批准，可以延长3个月；对商标局认为异议成立而不予注册决定复审的时限为12个月。有特殊情况需要延长的，经国务院工商行政管理部门批准，可以延长6个月。同时，对商标无效宣告、撤销的审查时限等也作了相应规定。

（2）完善商标注册异议制度。第三次修改的《商标法》简化了异议程序，删除了商标局对商标异议进行审查作出裁定的环节，规定商标局对异议进行审查后直接作出准予或者不予注册的决定；对商标局认为异议不成立、准予注册的，异议人可以请求宣告该注册商标无效；对商标局认为异议成立、不予注册的，被异议人可以申请复审；为了减少实践中的恶意异议的情形，第三次修改的《商标法》还将以侵犯在先权利为由提出异议的主体限定为在先权利人或者利害关系人。

（3）完善驰名商标保护制度。第三次修改的《商标法》遵循了"个案认定、被动保护"的原则，明确规定商标局、商标评审委员会、人民法院不得主动适用商标法有关保护驰名商标的规定，只有当事人在商标案件中提出保护其驰名商标的申请后，才可以适用相应的规定；同时规定，认定结果仅对该案件有效。第三次修改的《商标法》禁止以"驰名商标"的名义进行广告宣传，避免误导消费者；规定生产、经营者不得将"驰名商标"字样用于商品、商品包装或者容器上，或者用于广告宣传、展览以及其他商业活动中。违反上述规定的，由地方工商行政管理部门责令改正，处10万元罚款。

（4）禁止抢注他人商标。第三次修改的《商标法》增加规定，禁止与商标在先使用人具有合同、业务往来关系或者其他关系而明知该他人商标存在的人抢注该商标。此外，该法还增加规定，将他人注册商标、未注册驰名商标作为企业名称中的字号使用，误导公众，构成不正当竞争行为的，依照《中华人民共和国反不正当竞争法》（以下简称《反不正当竞争法》）处理。

（5）强化商标专用权的保护。恶意侵犯商标专用权情节严重的，可以在权利人因侵权受到的损失、侵权人因侵权获得的利益或者商标使用许可费的一到三倍的范围内确定赔偿数额。新商标法还将法定的侵权赔偿额由"50万元以下"修改为"300万元以下"。即权利人因侵权受到的损失、侵权人因侵权获得的利益或者商标使用许可费难以确定的情况下，由法院根据侵权行为的情节判决给予300万元以下的赔偿。

三、著作权法概要

（一）著作权法的历史沿革

"无传播也就无权利"，著作权是随着印刷术的采用而出现的。15世纪中叶，活字印刷术开始在欧洲广泛流传，这一新技术催生了近代欧洲著作权保护的萌芽，成为新阶级取得新的财产利益的工具。例如，威尼斯的印刷商人吉奥范尼·戴·施德拉于1469年得到的为期5年的出版许可证，是西方国家第一个有关出版的独占许可证。在英国，女王玛丽一世把皇家颁发印刷许可证的办法纳入法律程序，于1662年颁布了第一个许可证法。1709年由英国议会颁布、1710年生效的《安娜女王法令》（全称为《为鼓励知识创作而授予作者及购买者就其已印刷成册的图书在一定时期内之权利的法》），是世界上第一部著作权法。该法律规定了著作权的保护期限，对于已出版的书籍，作者自法律公布之日起21年内享有重印该书的专有权利。随后不久，英国于1734年通过了《雕刻著作权法》，于1814年通过了《雕塑著作权法》，于1833年通过了《戏剧著作权法》，于1862年通过了《美术作品著作权法》。以后，英国著作权法又经过多次修订，现行著作权法于1988年颁布实施。此后，美国于1790年、法国于1791年、日本于1899年先后颁布著作权法。

（二）我国著作权法的基本内容

1990年9月7日，第七届全国人民代表大会常务委员会第十五次会议通过了《中华人民共和国著作权法》（以下简称《著作权法》），并于1991年6月1日实施，这是新中国历史上的第一部《著作权法》。此后，我国在2001年、2010年对著作权法进行了修改。现行著作权法分为总则，著作权，著作权许可使用和转让合同，出版、表演、录音录像、播放，法律责任和执法措施以及附则，共六章，61条。目前正在进行著作权法第三次修改，形成了《中华人民共和国著作权法》（修订草案送审稿），将现行著作权法的六章61条修订为八章90条。其主要修改内容如下。

（1）鼓励创作，整合权利体系。为解决实践中著作权的确定性问题，送审稿对著作权保护的权利客体、权利内容、权利归属和权利保护期等方面进行了修改。

（2）促进运用，调整授权机制和市场交易规则。保持保护著作权人权利与促进作品广泛传播的一致性，建立科学、合理、规范的著作权授权机制和交易规则，改变当前我国一方面著作权人的权利得不到应有尊重，另一方面使用者无法通过合法途径获得海量作品授权的困境。

（3）强化保护，完善救济措施。着力强化著作权保护力度，有效防范侵权行为。例如，将现行著作权法关于确定损害赔偿数额的顺序性规定修改为选择性，即允许权利人在实际损失、侵权人违法所得、权利交易费用的合理倍数以及100万元以下的数额之中进行选择。同时，提高了法定赔偿数额、增加惩罚性赔偿的规定、适当增加了侵权人的举证责任。在行政法律责任方面，根据著作权行政执法的实践需要，一方面在《中华人民共和国著作权法实施条例》（以下简称《著作权法实施条例》）规定的基础上提高了罚款的数额，将罚款的倍数由非法经营额的3倍提高为5倍，将10万元提高为25万元；另一方面增加了著作权行政管理部门的执法手段，特别是查封扣押权。

（4）科学规范，完善体例结构。在参考我国其他知识产权法律、借鉴其他国家和地区著作权立法体例的基础上，送审稿对现行著作权法的体例结构进行了调整和完善。例如，本次修改增加了"权利的限制"和"技术保护措施和权利管理信息"两章，以及"著作权集体管理"一节。

四、其他知识产权法概要

（一）商业秘密法律制度概要

1. 商业秘密的概念

商业秘密是知识产权保护范围逐渐扩大的历史产物，随着全球经济贸易一体化、知识产权保护标准化的趋势加剧，商业秘密的价值和作用日渐凸显。把有价值的技术信息或经营信息作为秘密信息加以保护，以维护信息所有人的经济利益，是实践中常有的做法。例如，几乎每一家现代食品工业巨头都拥有他们引以为傲、秘不示人的商业机密——肯德基的11种香料、麦当劳的神秘酱汁、可口可乐配方（尤其是其中最关键的7X香料）都是商业秘密运用的典型方式。

关于商业秘密的概念，在TRIPs中将其称为"未披露信息"，我国《反不正当竞争法》中将其界定为"不为公众所知悉，能为权利人带来经济利益，具有实用性并经权利人采取保密措施的技术信息和经营信息"。由此可见，与专利权、商标权、著作权等传统知识产权相比，商业秘密的技术特征在于其秘密性，即处于未向社会公开的秘密状态。一般而言，商业秘密是指包括设计、技术、程序、产品配方、制作方法、制作工艺、管理诀窍、客户名单或产销策略等技术信息和经营信息，并且：（1）该信息不为普遍所知，能为权利人带来经济利益，具有现实的或潜在的实用性，并经权利人采取保密措施加以管理；（2）该信息不与公共利益相冲突。①

2. 商业秘密的类型

商业秘密包括技术秘密和经营秘密两种类型。（1）技术秘密。技术秘密即未公开的技术信息，是指人们从经验或技艺中得来的，能在实践中应用的技术信息、技术数据或技术知识等。具体表现为工艺流程、配方、生产数据、实验数据、产品设计方案、图纸、操作程序等。在实践中知名的技术秘密有宣纸制作工艺、云南白药配方等。与专利技术相比，其不具有公开性，也不需要经过专利的申请审查程序。实践中，技术秘密所有人可以根据技术的市场前景、关联程度等要素，选择将单独或与专利一并转让，从而获取高额转让费。（2）经营秘密。经营秘密，即未公开的经营信息，是指能够为经营者带来经济利益或竞争优势的有关商业、管理等方面的方法、经验或其他信息。其主要表现形式为管理诀窍、客户名单、货源情报、产销策略、招投标中的标底以及标书内容等。

技术秘密和经营秘密作为商业秘密都是能够产生经济效益、带来竞争优势的未公开信息，但是两者的区别也比较明显。技术信息侧重于工业中的技术知识和经验；经营信息则是指经营管理中的知识和经验，除了工业、制造业之外，还涉及商业、服务业、旅游业、金融业等产业领域，范围更为广泛。

3. 商业秘密保护的立法模式

加强商业秘密的法律保护已成为世界潮流。例如，日本、德国等许多国家将商业

---

① 丁丽瑛主编：《知识产权法》（第四版），厦门大学出版社2014年版，第350页。

秘密纳入《反不正当竞争法》的保护范围，而加拿大、瑞典等国以及我国台湾地区制定了专门的商业秘密单行法。考察各国关于商业秘密的立法模式，可以将其概括为以下两种类型。

（1）竞争法的立法模式。这种立法模式以德国等大陆法系为代表。在竞争法的立法模式中，对商业秘密的保护没有充分理由将其以单行法的形式并列于《商标法》《专利法》《著作权法》的体系，相反将其与商业活动中的不正当竞争问题联系起来。因此，这种立法模式并未通过正面设权的方式对商业秘密的保护范围进行清晰界定，而是通过反向式、消极设防式来进行保护。竞争法立法模式的本质在于通过制止对商业秘密所有人的各种侵权行为来达到保护商业秘密的目的。

（2）单行法的立法模式。这种立法模式以美国为代表。在单行法的立法模式中，可以对商业秘密的定义、权利归属、许可、转让、侵权行为以及救济手段、赔偿数额、诉讼时效等问题作出比较详细和深入的规定，从而有利于对商业秘密的全面保护。

我国目前的商业秘密法律保护散见于《反不正当竞争法》《刑法》以及其他相关法律之中，缺乏全面性和系统性。解决上述问题的有效途径在于制定专门法，规定侵害商业秘密行为的法律构成及制裁方式。

（二）植物新品种权法律制度概要

1. 植物新品种概念

植物新品种的产生来源于人们对植物的人工培育或对野生植物的开发。例如，2005年，由中国农业科学院农作物研究所委托北京中农恒达植物品种代理事务所，向韩国申请的大豆新品种"中黄13"的植物新品种权，取得了韩国的受理通知书。这是我国首例国内向国外申请的植物新品种权。《中华人民共和国植物新品种保护条例》（以下简称《植物新品种保护条例》）第2条规定，"植物新品种，是指经过人工培育的或者对发现的野生植物加以开发，具备新颖性、特异性、一致性和稳定性并有适当命名的植物品种"。从该定义可以看出，植物新品种在我国特指通过生物学或非生物学的方法人工培育的植物品种和从自然发现并经过开发的野生植物。一般来说，一个新品种的培育需要大量的人力、资金和时间。例如，一个农业新品种需要3~5年的培育时间，一个林业新品种需要15~20年的培育时间。这些品种形态特征和生物学特征具备一致性和稳定性，提高了农作物和林业的质量，减少了因病虫害所产生的损失，对于促进国民经济健康发展和社会稳定具有极为重要的意义。如果不对其进行保护，势必会挫伤研究培育新品种的积极性，进而影响农业和林业的发展。

2. 植物新品种权的申请和取得

（1）取得植物新品种权的条件。植物新品种权，是育种人对其所作出的与植物新品种有关的创造性智力成果依法享有的一种民事权利。这种独占性质的所有权取得需要符合以下条件：第一，新颖性。授予品种权的植物新品种应当具备新颖性。我国《植物新品种保护条例》第14条规定，新颖性是指申请品种权的植物新品种在申请日前该品种繁殖材料未被销售，或者经育种者许可，在中国境内销售该品种繁殖材料未超过1年；在中国境外销售藤本植物、林木、果树和观赏树木品种繁殖材料未超过6年，销售其他植物品种繁殖材料未超过4年。因此，只要在申请日以前没有在市场上公开销售过，即使在出版物上公开发表过植物新品种的培育方法，也仍然保持其新颖性。这与专利权的新颖性是完全不同的。第二，特异性。授予品种权的植物新品种应当具备特异性。我国《植物新品种保护条例》第15条规定，特异性是指申请品种权的植物新品种应当明显区别于在递交申请以前已知的植物品种。这类似于专利权中的创造性。第三，一致性。授予品种权的植物新品种应当具备一致性。我国《植物新品种保护条例》第16条规定，一致性是指申请品种权的植物新品种经过繁殖，除可以预见的变异外，其相关的特征或者特性一致。第四，稳定性。授予品种权的植物新品种应当具备稳定性。我国《植物新品种保护条例》第17条规定，稳定性是指申请品种权的植物新品种经过反复繁殖后或者在特定繁殖周期结束时，其相关的特征或者特性保持不变。应该说，稳定性的要求比一致性的要求更高，经过反复繁殖其相关性保持不变。

此外，在具备上述新颖性、特异性、一致性和稳定性的实质性要件之外，授予品种权的植物新品种应当具备适当的名称，并与相同或者相近的植物属或者种中已知品种的名称相区别。该名称经注册登记后即为该植物新品种的通用名称。我国《植物新品种保护条例》第18条规定，下列名称不得用于品种命名：仅以数字组成的；违反社会公德的；对植物新品种的特征、特性或者育种者的身份等容易引起误解的。

（2）植物新品种权的授权程序。我国《植物新品种保护条例》规定，授予植物新品种权必须经过申请和审查程序。

第一，申请。中国的单位和个人申请品种权的，可以直接或者委托代理机构向审批机关提出申请，如果申请品种权的植物新品种涉及国家安全或者重大利益需要保密的，应当按照国家有关规定办理；外国人、外国企业或者外国其他组织在中国申请品种权的，应当按其所属国和中华人民共和国签订的协议或者共同参加的国际条约办理，或者根据互惠原则办理；应当向审批机关提交符合规定格式要求的请求书、说明书和该品种的照片；申请文件应当使用中文书写。

第二，受理。植物新品种权的审批机关是国务院农业、林业行政部门，按照职责分工共同负责植物新品种权申请的受理和审批。国务院农业、林业行政部门收到品种权申请文件之日为申请日；申请文件是邮寄的，以寄出的邮戳日为申请日。申请人自在外国第一次提出品种权申请之日起12个月内，又在中国就该植物新品种提出品种权申请的，依照该外国同我国签订的协议或者共同参加的国际条约，或者根据相互承认优先权的原则，可以享有优先权。对符合规定的品种权申请，审批机关应当予以受理，明确申请日、给予申请号，并自收到申请之日起1个月内通知申请人缴纳申请费。对不符合或者经修改仍不符合规定的品种权申请，审批机关不予受理，并通知申请人。此外，申请人可以在品种权授予前修改或者撤回品种权申请。中国的单位或者个人将国内培育的植物新品种向国外申请品种权的，应当向审批机关登记。

第三，审批。国务院农业、林业行政部门在受理之后需要经过初步审查和实质审查两个程序完成审批。在初步审查阶段，申请人缴纳费用之后，审批机关对品种权申请的下列内容进行初步审查：是否属于植物品种保护名录列举的植物属或者种的范围；是否属于有资格申请品种权的外国人、外国企业或其他外国组织；是否符合新颖性的规定；植物新品种的命名是否适当。在实质审查阶段，申请人按照规定缴纳审查费后，审批机关对品种权申请的特异性、一致性和稳定性进行实质审查，申请人未按照规定缴纳审查费的，品种权申请视为撤回。

对经实质审查符合本条例规定的品种权申请，审批机关应当作出授予品种权的决定，颁发品种权证书，并予以登记和公告。对经实质审查不符合本条例规定的品种权申请，审批机关予以驳回，并通知申请人。对审批机关驳回品种权申请的决定不服的，申请人可以自收到通知之日起3个月内，向植物新品种复审委员会请求复审。植物新品种复审委员会应当自收到复审请求书之日起6个月内作出决定，并通知申请人。申请人对植物新品种复审委员会的决定不服的，可以自接到通知之日起15日内向人民法院提起诉讼。

3. 植物新品种权的内容和限制

（1）植物新品种权的内容。我国《植物新品种保护条例》规定，完成育种的单位或者个人对其授权品种，享有排他的独占权。任何单位或者个人未经品种权所有人（以下简称品种权人）许可，不得为商业目的生产或者销售该授权品种的繁殖材料，不得为商业目的将该授权品种的繁殖材料重复使用于生产另一品种的繁殖材料。植物新品种权的核心内容在于对新品种繁殖材料的保护，这一规定实质包含了植物新品种权的生产权、销售权和使用权，即对新品种繁殖材料商业目的的生产、销售和重复使用需要得到权利人的许可。

此外，植物新品种的申请权和品种权可以依法转让。植物新品种的申请权和品种权可以依法转让。但需要注意的是，中国的单位或者个人就其在国内培育的植物新品种向外国人转让申请权或者品种权的，应当经审批机关批准。国有单位在国内转让申请权或者品种权的，应当按照国家有关规定报经有关行政主管部门批准。同时，转让申请权或者品种权的，当事人应当订立书面合同，并向审批机关登记，由审批机关予以公告。

（2）植物新品种权的限制。由于植物新品种与社会公众的生活息息相关，基于社会公共利益的考量，立法者对于育种者权利进行了限制。我国《植物新品种保护条例》将这种限制分为合理使用和强制许可。具体而言，合理使用是指在下列情形中使用授权品种，可以不经品种权人许可，不向其支付使用费：利用授权品种进行育种及其他科研活动；农民自繁自用授权品种的繁殖材料。强制许可是指为了国家利益或者公共利益，审批机关可以作出实施植物新品种强制许可的决定，并予以登记和公告。取得实施强制许可的单位或者个人应当付给品种权人合理的使用费，其数额由双方商定；双方不能达成协议的，由审批机关裁决。品种权人对强制许可决定或者强制许可使用费的裁决不服的，可以自收到通知之日起3个月内向人民法院提起诉讼。

4. 植物新品种权的法律保护

（1）植物新品种权的保护期限。我国《植物新品种保护条例》规定，品种权的保护期限，自授权之日起，藤本植物、林木、果树和观赏树木为20年，其他植物为15年。品种权人应当自被授予品种权的当年开始缴纳年费，并且按照审批机关的要求提供用于检测的该授权品种的繁殖材料。

有下列情形之一的，品种权在其保护期限届满前终止：品种权人以书面声明放弃品种权的；品种权人未按照规定缴纳年费的；品种权人未按照审批机关的要求提供检测所需的该授权品种的繁殖材料的；经检测该授权品种不再符合被授予品种权时的特征和特性的。

（2）侵犯植物新品种权的行为类型。第一，未经品种权人许可，以商业目的生产或销售授权品种的繁殖材料的行为。被控侵权物的特征、特性与授权品种的特征、特性相同，或者特征、特性的不同是因非遗传变异所致的，人民法院一般应当认定被控侵权物属于商业目的生产或者销售授权品种的繁殖材料。

第二，未经品种权人许可，以商业目的将授权品种的繁殖材料重复使用于生产另一品种的繁殖材料的行为。被控侵权人重复以授权品种的繁殖材料为亲本与其他亲本另行繁殖的，人民法院一般应当认定属于商业目的将授权品种的繁殖材料重复使用于生产另一品种的繁殖材料。

第三，假冒授权品种的行为。《中华人民共和国植物新品种保护条例实施细则》（以下简称《植物新品种保护条例实施细则》）规定，假冒授权品种的行为包括以下几种：印制或者使用伪造的品种权证书、品种权申请号、品种权号或者其他品种权申请标记、品种权标记；印制或者使用已经被驳回、视为撤回或者撤回的品种权申请的申请号或者其他品种权申请标记；印制或者使用已经被终止或者被宣告无效的品种权的品种权证书、品种权号或者其他品种权标记；生产或者销售前三项所标记的品种；生产或销售冒充品种权申请或者授权品种名称的品种；其他足以使他人将非品种权申请或者非授权品种误认为品种权申请或者授权品种的行为。

（3）侵犯植物新品种权的法律责任。我国《植物新品种保护条例》对于侵犯植物新品种权的行为分别规定了民事责任、行政责任和刑事责任。

第一，民事责任。未经品种权人许可，以商业目的生产或者销售授权品种的繁殖材料的，品种权人或者利害关系人可以请求省级以上人民政府农业、林业行政部门依据各自的职权进行处理，也可以直接向人民法院提起诉讼。省级以上人民政府农业、林业行政部门依据各自的职权，根据当事人自愿的原则，对侵权所造成的损害赔偿可以进行调解。调解达成协议的，当事人应当履行；调解未达成协议的，品种权人或者利害关系人可以依照民事诉讼程序向人民法院提起诉讼。

第二，行政责任。省级以上人民政府农业、林业行政部门依据各自的职权处理品种权侵权案件时，为维护社会公共利益，可以责令侵权人停止侵权行为，没收违法所得和植物品种繁殖材料；货值金额5万元以上的，可处货值金额1倍以上5倍以下的罚款；没有货值金额或者货值金额5万元以下的，根据情节轻重，可处25万元以下的罚款。假冒授权品种的，由县级以上人民政府农业、林业行政部门依据各自的职权责令停止假冒行为，没收违法所得和植物品种繁殖材料；货值金额5万元以上的，处货值金额1倍以上5倍以下的罚款；没有货值金额或者货值金额5万元以下的，根据情节轻重，处25万元以下的罚款。销售授权品种未使用其注册登记的名称的，由县级以上人民政府农业、林业行政部门依据各自的职权责令限期改正，可以处1 000元以下的罚款。

第三，刑事责任。假冒授权品种，情节严重，构成犯罪的，依法追究刑事责任。县级以上人民政府农业、林业行政部门及有关部门的工作人员滥用职权、玩忽职守、徇私舞弊、索贿受贿，构成犯罪的，依法追究刑事责任。

（三）集成电路布图设计法律制度概要

1. 集成电路布图设计的概念和立法模式

集成电路属于微电子技术的范畴，是现代电子信息的技术，具有体积小、速度快、能耗低等特点，被广泛应用于各种电子产品之中。我国《集成电路布图设计保护条例》规定，集成电路是指半导体集成电路，即以半导体材料为基片，将至少有一个是有源元件的两个以上元件和部分或者全部互连线路集成在基片之中或者基片之上，以执行某种电子功能的中间产品或者最终产品。从上面的定义可以看出，集成电路是一种综合性技术成果，包括布图设计和工艺技术。集成电路布图设计，是指集成电路中至少有一个是有源元件的两个以上元件和部分或者全部互连线路的三维配置，或者为制造集成电路而准备的上述三维配置。在实践中，集成电路布图设计或是以掩模图形的方式存在于掩模板上，或是以图形的方式存在于芯片表面和表面下的不同深度处，或是以编码方式存在于磁盘、磁带等介质中。

集成电路布图设计，由于制作成本很高，而复制手段便捷，因此很容易被侵权。但由于不符合专利权和著作权的保护要件，因而无法纳入传统知识产权法的保护范围。世界许多国家采用单行立法的方式对集成电路布图设计进行专门保护。例如，我国为了保护集成电路布图设计专有权，鼓励集成电路技术的创新，促进科学技术的发展，在2001年公布了《集成电路布图设计保护条例》。

2. 集成电路布图设计专有权的取得

（1）集成电路布图设计专有权的取得条件。集成电路布图设计专有权是一项独立的知识产权，是权利人对其布图设计进行复制和商业利用的专有权利。但要获得这种权利必须要满足主体资格和客体条件。具体而言，在主体资格方面，中国自然人、法人或者其他组织创作的布图设计，依照《集成电路布图设计保护条例》享有布图设计专有权；外国人创作的布图设计首先在中国境内投入商业利用的，依照《集成电路布图设计保护条例》享有布图设计专有权；外国人创作的布图设计，其创作者所属国同中国签订有关布图设计保护协议或者与中国共同参加有关布图设计保护国际条约的，依照本条例享有布图设计专有权。在客体条件方面，受保护的布图设计应当具有独创性，即该布图设计是创作者自己的智力劳动成果，并且在其创作时该布图设计在布图设计创作者和集成电路制造者中不是公认的常规设计；同时对布图设计的保护，不延及思想、处理过程、操作方法或者数学概念等。

（2）集成电路布图设计专有权的取得程序。我国对集成电路布图设计专有权实行登记制。登记程序包括申请、初步审查、登记和公告、驳回复审。

第一，申请。国务院知识产权行政部门负责布图设计登记工作，受理布图设计登记申请。申请布图设计登记，应当提交布图设计登记申请表；布图设计的复制件或者图样；布图设计已投入商业利用的，提交含有该布图设计的集成电路样品；国务院知识产权行政部门规定的其他材料。

第二，初步审查。国务院知识产权行政部门在收到申请人的申请后，对申请进行初步审查。

第三，登记和公告。布图设计登记申请经初步审查，未发现驳回理由的，由国务院知识产权行政部门予以登记，发给登记证明文件，并予以公告。

第四，驳回复审。布图设计登记申请人对国务院知识产权行政部门驳回其登记申请的决定不服的，可以自收到通知之日起3个月内，向国务院知识产权行政部门请求复审。国务院知识产权行政部门复审后，作出决定，并通知布图设计登记申请人。布图设计登记申请人对国务院知识产权行政部门的复审决定仍不服的，可以自收到通知之日起3个月内向人民法院起诉。

3. 集成电路布图设计专有权的内容和限制

（1）集成电路布图设计专有权的内容。第一，复制权。集成电路布图设计专有权人有权对受保护的布图设计的全部或者其中任何具有独创性的部分进行复制。具体而言，权利人有权通过光学的、电子学的方式或其他方式来复制其受保护的布图设计。

第二，商业利用权。集成电路布图设计专有权人有权将受保护的布图设计、含有该布图设计的集成电路或者含有该集成电路的物品投入商业利用。这种商业利用权利一般包括出售、出租、为商业目的的展览陈列、为商业目的的进口、为上述行为发出要约等。

（2）集成电路布图设计专有权的限制。第一，合理使用。包括为个人目的的复制和供教学研究复制两种行为。具体而言，为个人目的或者单纯为评价、分析、研究、教学等目的而复制受保护的布图设计的，可以不经布图设计权利人许可，也不向其支付报酬。

第二，反向工程。依据前项评价、分析受保护的布图设计的基础上，创作出具有独创性的布图设计的，可以不经布图设计权利人许可，也不向其支付报酬。

第三，权利穷竭。受保护的布图设计、含有该布图设计的集成电路或者含有该集成电路的物品，由布图设计权利人或者经其许可投放市场后，他人再次商业利用的，可以不经布图设计权利人许可，并不向其支付报酬。

第四，强制许可。在国家出现紧急状态或者非常情况时，或者为了公共利益的目的，或者经人民法院、不正当竞争行为监督检查部门依法认定布图设计权利人有不正当竞争行为而需要给予补救时，国务院知识产权行政部门可以给予使用其布图设计的非自愿许可。国务院知识产权行政部门作出给予使用布图设计非自愿许可的决定，应当及时通知布图设计权利人。给予使用布图设计非自愿许可的决定，应当根据非自愿许可的理由，规定使用的范围和时间，其范围应当限于为公共目的非商业性使用，或者限于经人民法院、不正当竞争行为监督检查部门依法认定布图设计权利人有不正当竞争行为而需要给予的补救。非自愿许可的理由消除并不再发生时，国务院知识产权行政部门应当根据布图设计权利人的请求，经审查后作出终止使用布图设计非自愿许可的决定。

第五，善意买主。在获得含有受保护的布图设计的集成电路或者含有该集成电路的物品时，不知道也没有合理理由应当知道其中含有非法复制的布图设计，而将其投入商业利用的，不视为侵权。行为人得到其中含有非法复制的布图设计的明确通知后，可以继续将现有的存货或者此前的订货投入商业利用，但应当向布图设计权利人支付合理的报酬。

4. 集成电路布图设计专有权的法律保护

（1）集成电路布图设计专有权的保护期限。我国《集成电路布图设计保护条例》第12条规定，布图设计专有权的保护期为10年，自布图设计登记申请之日或者在世界任何地方首次投入商业利用之日起计算，以较前日期为准。但是，无论是否登记或者投入商业利用，布图设计自创作完成之日起15年后，不再受到保护。

（2）侵犯集成电路布图设计专有权的行为类型。我国《集成电路布图设计保护条例》第30条规定，未经布图设计权利人许可，有下列行为之一的，构成对集成电路布图设计专有权的侵犯：第一，复制受保护的布图设计的全部或者其中任何具有独创性的部分的；第二，为商业目的进口、销售或者以其他方式提供受保护的布图设计、含有该布图设计的集成电路或者含有该集成电路的物品的。

（3）侵犯集成电路布图设计专有权的法律责任。第一，民事责任。主要包括停止侵权和赔偿损失两种责任类型。我国《集成电路布图设计保护条例》规定，未经布图设计权利人许可，侵犯集成电路布图设计复制权或商业利用权的，行为人必须立即停止侵权行为，并承担赔偿责任。侵犯布图设计专有权的赔偿数额，为侵权人所获得的利益或者被侵权人所受到的损失，包括被侵权人为制止侵权行为所支付的合理开支。

第二，行政责任。主要包括责令停止侵权，没收、销毁侵权产品等类型。国务院知识产权行政部门处理集成电路布图设计专有权侵权纠纷时，认定侵权行为成立的，可以责令侵权人立即停止侵权行为，没收、销毁侵权产品或者物品。当事人不服的，可以自收到处理通知之日起15日内依照《中华人民共和国行政诉讼法》向人民法院起诉；侵权人期满不起诉又不停止侵权行为的，国务院知识产权行政部门可以请求人民法院强制执行。

（四）地理标志法律制度概要

1. 地理标志的概念和特征

（1）地理标志的概念。地理标志，又称原产地标志，是指标示某商品来源于某地区，该商品的特定质量、信誉或者其他特征，主要由该地区的自然因素或者人文因素所决定的标志。如"金华火腿""贵州茅台酒""烟台苹果""信阳毛尖""景德镇瓷器"等。

（2）地理标志的特征。商标与地理标志都具有识别商品或服务来源的功能，但地理标志具有以下特征：第一，识别对象为商品或服务所在的地理区域，以及由此而产生的特定质量或信誉；第二，地理名称具有真实性，标明了商品或服务的真实来源地，因此，不得转让和许可使用；第三，无保护期限，只要该地区独特的品质、信誉或其他特征和商品一直存在，地理标志就可以一直使用。

2. 地理标志的法律保护

（1）专门法保护。1999年8月国家质量技术监督局发布施行的《原产地域产品保护规定》，是我国第一部专门规定原产地域产品保护的规章，标志着中国原产地域产品保护制度的初步建立。《原产地域产品保护规定》首次界定了原产地域产品的概念，规定了原产地域产品的注册登记制度。之后，国家质量监督检验检疫总局又颁布了《原产地域产品的通用要求》，规定了原产地域产品的定义、确定原产地域产品的基本原则、原产地域和原材料地域的确定、原产地域产品标准的要求和原产地域产品专用标志等问题。

（2）商标法保护。我国《商标法》规定，县级以上行政区划的地名或者公众知晓的外国地名，不得作为商标。但是，地名具有其他含义或者作为集体商标、证明商标组成部分的除外；已经注册的使用地名的商标继续有效。我国《商标法实施条例》规定，以地理标志作为证明商标注册的，其商品符合使用该地理标志条件的自然人、法人或者其他组织可以要求使用该证明商标，控制该证明商标的组织应当允许。以地理标志作为集体商标注册的，其商品符合使用该地理标志条件的自然人、法人或者其他组织，可以要求参加以该地理标志作为集体商标注册的团体、协会或者其他组织，该团体、协会或者其他组织应当依据章程接纳其为会员；不要求参加以该地理标志作为集体商标注册的团体、协会或者其他组织的，也可以正当使用该地理标志，该团体、协会或者其他组织无权禁止。由此可见，地理标志作为一项特殊的知识产权类型被纳入《商标法》的保护体系。

（3）反不正当竞争法保护。《反不正当竞争法》是从禁止虚假表示或者虚假宣传的角度来保护地理标志。根据我国《反不正当竞争法》的规定，是将"伪造产地，对商品质量作引人误解的虚假表示"作为一种不正当竞争行为加以禁止的。

第三节 | 知识产权运用

知识产权运用，是指知识产权人利用或者授权他人利用其知识产品以获得相应报酬或者收益的法律行为。知识产权运用是推动知识产权的市场化、产业化、资本化和商品化的有效途径。通过知识产权运用，既能让权利人收回创造成本，激励其再创造，也能让社会公众从知识产品中获得精神利益，从而达到双赢的效果。一般而言，知识产权运用包括知识产权许可、知识产权转让、知识产权质押等方式。

一、知识产权许可

（一）知识产权许可的含义

知识产权许可是指知识产权人在不转让所有权的情况下转移知识产权中的财产权的行为。[①]从性质上看，知识产权的许可使用是许可人与被许可人之间的一种法律行为，可以在他们之间产生特定的权利和义务关系。在知识产权许可的法律关系中，知识产权人为许可人，获得知识产品使用权的人为被许可人。许可他人使用知识产品，被许可人只取得了知识产品的使用权，不发生知识产权的转移。在实践中，许可使用这一法律行为通常表现为许可使用合同，知识产权人通过许可使用合同将一项或多项专有权利许可给他人使用，同时收取一定数额的使用费，这一情形又称为知识产权的许可证贸易。近年来，知识产权许可已经成为知识产权人开展市场竞争、获取超额利润的有力武器，同时也是被许可人生产成本的重要支出。例如，美国高通公司拥有3 000多项CDMA及其他技术的专利及专利申请，已经向全球125家以上电信设备制造商发放了CDMA专利许可。高通公司收取的专利许可费主要有两种，一种是按其许可的专利收

---

① ［美］德雷特勒：《知识产权许可》，王春燕等译，清华大学出版社2003年版，第1页。

取许可费，另一种是按其专利产品的最终销售价提成的许可费。据国内业界反映，在WCDMA产品上，高通收取国内终端厂商销售额的5%；在LTE产品上，收取4%的销售额。从上面的数据中可以看出，高通公司作为许可方，通过知识产权许可在通信领域内获得了巨大经济利益。此外，一些公司作为被许可方，也要支付大量的知识产权许可费用。例如，华为公司每年支付3亿美元左右的专利许可费，以获得业界其他公司专利技术的合法使用权。

（二）知识产权许可的类型

由于知识产权的地域性特征，同时知识产权具备权能的多样性，所以可以实现不同主体同时使用同一知识产品的情形。知识产权人可根据其主观意志自由选择将某一部分权能或全部的权能许可给他人予以使用，并且可约定许可使用的地域和期限，这将会导致知识产权许可使用类型的多样化。根据许可使用的效力范围不同，可以将知识产权许可分为独占许可、排他许可与普通许可三种类型。

所谓独占许可使用是指知识产权人授权他人在一定期限和范围内以特定方式独占使用知识产品；排他许可使用是指除被许可使用人可以在约定的期间和范围内使用知识产品外，知识产权人本人也可以予以使用；普通许可使用是指知识产权人可以许可两个以上的主体使用知识产品且其本人也可使用。所以，从效力强弱而言，独占许可使用合同又称为专有许可使用合同，后两者又称为非专有许可使用合同。

非专有许可使用合同与专有许可使用合同效力上存在显著差异。非专有许可使用合同具有一般债权合同的特征，被许可方从许可方那里取得的使用权仅仅是相对权，仅能在合同当事人之间发生对抗效力而无法对抗第三人。在许可费方面，非专有许可使用的费用也低于专有许可使用费。

（三）知识产权许可合同

知识产权的许可使用多采取合同方式，该合同系平等主体之间所达成的协议，必须遵循平等自愿、等价有偿、诚实信用、公平合理等原则，因此它在本质上仍属于民事合同。知识产权的许可使用合同一般应包括以下条款。

（1）许可使用的方式。许可使用合同应详细规定知识产权人授予被许可人使用的知识产权类型。例如，双方当事人应在著作权许可使用合同中言明许可使用的是复制权、表演权、翻译权还是其他权利。双方当事人可就其中的全部或部分使用方式达成协议。至于合同中未言及的权利，未经知识产权人许可，另一方当事人不得行使。

（2）许可使用的权利性质。合同中应明确约定授权使用的权利是专有权利还是非专有权利。除法律另有规定外，为保护知识产权人的利益，应认为在未明确授予专有使用权利的合同中，使用者仅取得非专有使用权。

（3）许可使用的地域范围、期间。许可使用合同应规定许可的地域范围，超出该地域的使用应视为违约。许可使用的期间应为知识产权受保护的全部期间或某一特定期间，超出保护期间的约定无效。

（4）付酬标准和办法。双方可自由约定知识产权许可使用的费用。

（5）违约责任。当事人可在合同中约定违约后的法律责任，可以事先约定违约金和损害赔偿额的计算方法。

（6）双方需约定的其他内容。双方当事人还可在合同中约定保密条款、解决争议的仲裁条款等内容。

二、知识产权转让

（一）知识产权转让的含义

知识产权转让是指知识产权出让主体与知识产权受让主体，根据与知识产权转让有关的法律法规和双方签订的转让合同，将知识产权权利享有者由出让方转移给受让方的法律行为。通过该行为，知识产权的权属发生了移转，受让人成为新的权利主体。针对同一知识产品，知识产权转让既可以在不同地域范围内各自独立转让，也可以根据知识产权每一项权能分别转让、部分转让或整体转让。例如，我国《著作权法》规定了12项著作财产权，其中每一项具体的权利都可以独立地作为转让客体，其中的若干项或者全部也可以作为转让客体。

此外，知识产权转让在程序上有其特殊性。由于知识产权的转让事关当事人双方的重大利益，所以各国法律对知识产权转让合同的形式要求都很严格，通常要求当事人以书面形式缔结合同，口头达成的协议一般无效。除此之外，各国法律还要求此类合同在签订完后应履行登记或备案程序。例如，我国商标法和专利法对于商标权和专利权的转让也给予了严格的限制，未在商标局和知识产权局登记的转让行为无效。

近年来，知识产权交易量大幅增长，对推动各类资产流动，加快知识产权顺畅交易，发挥市场对资源配置功能，完善市场经济体制，促进企业优化重组和经济发展发挥了重要作用。例如，2014年，广东省政府批准建立"广州知识产权交易中心"；广州市组建由民营资本主导的广东（广州）汇桔知识产权交易中心；深圳市2014年专利展示交易平台完成549件专利交易，交易额累计达到4 400多万元。

（二）知识产权转让合同

知识产权转让合同是指知识产权权利人将知识产权的相关权利转让给他人而订立的合同。具体包括专利权转让、商标权转让以及著作权转让。知识产权在转让时必须签订合同，该合同具有双务性、诺成性、要式性和有偿性的特征。知识产权转让合同通常具有下列条款。

（1）转让的标的。知识产权转让的标的是对知识产品所享有的专有权利。对于合同中未明确的权利，未经知识产权人的允许，受让方不得实施。

（2）转让的地域范围和时间限制。由于知识产权具有地域性和期限性的特点，所以知识产权的转让必须在此有效期限内进行。此外，双方当事人还可以在合同中约定的地域内行使权利，超出该范围将被视为侵权。如果合同中约定了转让的时间，则受让人只能在约定的时间内行使权利。

（3）转让价金。转让价金是受让人取得权利的对价，是转让人出让权利的收益。

（4）交付转让价金的日期和方式。转让价金于何时、以何种方式交付给转让人，应当在合同中明确约定。未明确约定交付日期的，转让人可随时要求受让人交付，受让人也可随时向转让人交付。未明确约定交付方式的，受让人应当按照有利于转让人接收的方式交付，转让人应当提出符合受让人能力的交付方式。

（5）违约责任。合同应详细约定在当事人违约时违约方应当承担的法律责任。双方当事人也可以在合同中约定违约金和损失计算方法。

（6）双方认为需要约定的其他内容。例如，双方当事人可以在合同中约定发生纠纷后的仲裁条款，通过仲裁机构解决双方当事人之间的争议。

三、知识产权质押

（一）知识产权质押的含义

质押，是指为担保债权的实现，债权人根据合同占有债务人或者第三人提供的财产，当债务人到期不履行债务时，能够以该财产折价或者以拍卖、变卖该财产的价款优先受偿的担保形式。其中，债权人对出质财产或者权利所享有的优先受偿权，称为质权；出质的财产或权利称为质物。根据《中华人民共和国担保法》（以下简称《担保法》）的相关规定，以依法可以转让的商标专用权、专利权、著作权中的财产权出质的，出质人与质权人应当订立书面合同，并向其主管部门办理登记。质押合同自登记之日起生效。因此，知识产权是可以进行质押的，但要符合特殊规定。

一般而言，知识产权质押是指知识产权人以合法拥有的专利权、商标权或著作权等知识产权的财产权为质押标的物出质，经评估作价后向银行等融资机构获取资金，并按期偿还资金本息的一种融资行为。知识产权是一种无形资产，具有经济价值，特别是一些高价值专利、驰名商标、畅销作品的经济价值远远超过有形资产的价值。2014年，专利权质押融资金额达489亿元，同比增长92.5%。商标质押8 721件，融资金额519亿元，同比增长29%。版权实现质押融资26.25亿元。2012年版权产业行业增加值逾3.57万亿元，占国内生产总值的6.87%。①

在实践中，知识产权质押的操作流程是银行进行授信调查—知识产权评估—授信审批—知识产权办理质押登记—发放贷款。知识产权人可以将知识产品用来质押，以获得更多的资金，进而更好地发挥知识产权的价值功能。这对于许多成长型的高科技公司而言尤为重要，例如，2013年8月，德邦科技有限公司在光大银行烟台分行利用其三项专利

---

① 国家知识产权局："2014年中国知识产权发展状况新闻发布会"，http://www.sipo.gov.cn/twzb/2014zgzscqfzzk/，2015年6月10日访问。

共质押贷款2 100万元，有效解决了其资金缺口问题。近年来，我国知识产权质押市场发展迅速。以江苏为例，江苏省知识产权局、中国人民银行南京分行、省科技厅、省财政厅等8部门联合出台了《关于扎实做好全省科技金融服务的实施意见》，要求各地积极推进知识产权与金融资本相结合。数据显示，2014年，江苏省专利质押融资贷款120多亿元，其中苏州超过4亿元、无锡3.5亿元、镇江2.29亿元、南京1.6亿元。[①]

（二）知识产权质押的特点

与有形财产权质押相比，知识产权质押具有以下特点。

（1）便捷性。多数知识产品具有无形性和公开性，在质押时人们不必将知识产品进行移转，只需进行权利质押登记即可。所以，出质人无需进行大规模的物质移转，节省运输成本；质权人也无需腾出大量空间保存质物，从而节省保管成本。可见，知识产权质押制度较为简便迅捷。

（2）风险性。质押制度的关键在于质物价值的估算。如果能够准确地评估质物的价值，则会降低债权人的债务风险。与有形财产权相比，知识产权的价值评估风险更大。知识产权估值风险主要是由于知识产权本身存在较大的专业性和复杂性，以及市场化的进程当中存在很多不确定的因素，使它的价值评估不同于常规意义上的有形资产的估值。

（3）严格性。知识产权质押的严格性表现在两个方面：一是知识产权的质押往往需要进行出质登记，并且出质人在登记后不得擅自转让和利用知识产权，这与有形财产权相比，在程序上更为严格；二是对知识产权价值评估时，往往采用更加严格的评估程序。因此，在实践中知识产权须经有评估资质的专门评估机构评估确值，融资额度不超过估值的50%，期限原则上不超过1年。

（三）知识产权质押的设定

在进行知识产权质押时，既应考虑担保法有关权利质押的普遍规定，也应考虑到

[①] 国家知识产权局："2014年江苏省知识产权发展与保护状况"，http://www.sipo.gov.cn/mtj/2015/201504/t20150415.1101728.html，2015年6月10日访问。

知识产权自身的特点。

（1）用于质押的标的物必须是法律允许流转的知识产权。在知识产权的权利体系范围中，绝大部分权利具有财产性和可转让性，能够作为质押的标的。但是，某些知识产权因本身性质特殊在转让时会受到限制，故在质押时须谨慎对待。例如，著作权中的人身权因不可转让不能作为出质标的。

（2）当事人必须订立书面合同。书面合同包括被担保的主债权的情况，包括种类、数额、债务人履行债务的期限；质押标的，包括注册商标专用权人及其注册商标和注册号、专利权人及其专利号和专利权中的财产权利、著作权人的姓名或名称及其著作权中的财产权利、担保的范围；质押的期限。

（3）知识产权质押必须公示登记。出质人与质权人订立知识产权书面质押合同之后，该质押合同不是当然生效，还需要向知识产权行政管理机关办理出质登记，质押合同自登记之日起生效。即专利质押合同需要到国家知识产权局登记，商标质押合同需要到国家工商行政管理总局商标局登记，著作权质押合同需要到国家版权局进行登记。

第四节 | 知识产权保护

一、知识产权保护概述

（一）知识产权的保护范围

知识产权的客体非物质性特征导致权利人对知识产权不发生有形控制的占有和有形消耗的使用，因此，知识产权的保护不同于传统的有形财产权，需要由法律对其保护范围予以明确。例如，一栋房子属于传统的有形财产权，其保护范围取决于房子的大小、形状、位置、外观等自身因素，权利人可以很容易把握；而一件专利属于知识产权，其保护范围无法依照专利本身来确定，必须由相关法律给予特别的规定。在限定的保护范围内，权利人对自己的知识产品可行使各种专有权利，超出这个范围，权利人的权利失去效力，即不得排斥他人对知识产品的合法使用。

比如，专利权的保护范围以专利申请中权利要求的内容为准。根据我国专利法的规定，权利要求书是申请发明专利和实用新型专利必须提交的申请文件，是发明或者实用新型专利要求保护的内容，具有直接的法律效力，是申请专利的核心，也是确定专利保护范围的重要法律文件。商标权的保护范围与核准注册的商标和核定使用的商品有关，但商标权人对他人未经许可在同一种商品或类似商品上使用与其注册商标相同或近似的商标，均享有禁止权。此外，为防止知识产权人滥用权利，维护创造者、使用者和社会公众的利益平衡，促进社会技术进步和文化繁荣，法律还规定了诸多原则对其权利范围进行限制。例如，专利法中的"强制许可""专利权利用尽""临时过境使用"等，著作权法中的"合理使用原则""法定许可原则"等。可以看出，知识产权的保护范围与有形财产权的保护范围存在诸多不同。

（二）侵犯知识产权行为的特征

基于知识产权客体特征，侵犯知识产权的行为与侵犯有形财产权的行为也存在不同，具体分析如下。

（1）侵害内容的特殊性。有形财产权的侵权行为作用于客体物的本身，表现为对物的占有、使用、收益和处分等方面的侵犯；而知识产权的侵权行为主要表现为抄袭、剽窃、篡改等。例如，侵犯一辆汽车的所有权，可以表现为未经所有权人许可开走汽车、对汽车零部件进行损毁等，这些行为都是直接作用于汽车本身；而侵犯一部电影的著作权，就可以表现为未经许可复制电影、在互联网上传播电影、抄袭电影的表达形式等，这些行为是对作者思想内容表现形式的侵犯，与电影的物化载体无关。

（2）侵害范围的广泛性。知识产权在同一时空条件下可以为不同的人所占有、使用，因此，知识产权的侵害范围具有广泛性。这种广泛性既表现为侵权主体范围的广泛，也可以表现为侵权地域的广泛。例如，在互联网上未经许可非法复制和传播一首歌曲，既可以为很多国家的不同人同时进行，也可以造成这首歌曲的著作权在很多国家内被侵犯。

（3）侵害后果的严重性。侵犯知识产权造成的损失往往比有形财产权更为严重。例如，在数字版权时代，由于网络传播技术即时性、互动性、全球性等特征，网络版权侵权具有技术性和隐蔽性等特点，造成网络盗版行为屡禁不止，甚至形成盗版网站、搜索引擎、广告等联盟组成的完整盗版产业链。据媒体报道或有关部门统计，网络影视盗版率近九成，数字音乐每年因盗版损失上百亿元，每年软件盗版造成的损失按市价折算的经济价值超过千亿元，盗版网站给网络文学造成的损失每年40亿~60亿元。

二、知识产权的司法保护

知识产权法律制度，适应新技术革命以及经济全球化的需求，在世界范围内逐渐呈现出一体化和趋同化的趋势。与此相映成趣的是，各国的知识产权保护模式却有明显的差异。关于知识产权保护模式，目前各国主要有两种类型：一是司法保护的"单轨制"模式，即法院通过对知识产权侵权案件的审理，判令侵权人承担停止侵害、赔偿损失等法律责任的保护模式；二是行政保护和司法保护并行运作的"双轨制"运作模式，即知识产权侵权纠纷发生后，权利人既可请求有关知识产权行政主管机关处理，由行政主管机关责令侵权人停止侵权行为，对违法者给予行政处罚，也可直接向有管辖权的人民法院起诉，通过司法途径保护自己的合法权益。同时，对于有些法律明确规定的违法行为，行政管理机关可以依职权主动进行查处，并作出处罚决定。

（一）知识产权司法保护的含义

一般认为，知识产权司法保护是指由享有知识产权的权利人或国家公诉人向人民法院对侵权人提起民事、行政或刑事诉讼，以追究侵权人法律责任的保护制度。从定义中可以看出，知识产权司法保护的机关是人民法院，包括最高人民法院和地方各级法院；知识产权司法保护的范围包括民事诉讼、行政诉讼和刑事诉讼。近年来，我国知识产权司法保护状况得到很大改善，司法透明度不断增加，司法影响力持续提升。例如，在知识产权民事审判方面，成果显著，有效发挥保护产权、激励创新的作用：2013年全国地方人民法院共新收和审结的知识产权民事一审案件分别为88 583件、88 286件，分别比2012年上升1.33%和5.29%；在知识产权行政审判方面，稳步推进，充分发挥监督执法、促进依法行政的职能：2013年，全国地方人民法院共新收知识产权行政一审案件2 886件，共新收知识产权行政二审案件1 490件；在知识产权刑事审判方面，扎实进取，有力发挥惩治犯罪、震慑侵权的功能：2013年，全国地方人民法院共新收涉知识产权刑事一审案件9 331件，共新收涉知识产权刑事二审案件662件。[1]

（二）知识产权司法保护的特点

与知识产权行政保护相比，知识产权司法保护具有程序公正、裁判权威、透明度高等制度优势，更加有利于从实体和程序上维护权利人的正当利益，进而充分实现知识产权侵权纠纷解决中的公平正义。例如，对确立互联网领域竞争规则有着重大影响的"奇虎公司"与"腾讯公司"不正当竞争纠纷上诉案，最高人民法院组成了由副院

---

[1] 数据来源："2013年中国法院知识产权司法保护状况"，载《人民法院报》2014年4月26日。

长任审判长的五人合议庭进行审理，向社会全程直播庭审过程，40余家境内外媒体对此进行了重点报道。这一强大阵容的公开审判和由此引发的持续广泛关注，彰显了人民法院坚定不移地加大知识产权司法保护的信心和决心，体现了知识产权司法保护日益深入人心，得到社会公众和权利人的普遍认同。具体而言，一是知识产权司法保护的公正性。在纠纷解决的诸多方式中，司法裁判的制度设计决定了其是最为公正的一种方式；二是知识产权司法保护的权威性。司法保护是纠纷解决的最后一道关口，法院对于案件的判决体现为一种司法权威；三是知识产权司法保护的透明性。在司法审判中，案件的审理过程是公开的，知识产权司法裁判文书也是公开的，因此具有很高的透明度。

（三）知识产权司法保护的地位

知识产权司法保护在知识产权保护中要发挥主导作用。这主要体现在以下三个方面：一是司法保护的优先性。司法保护的优先性理念是指在知识产权侵权打击和纠纷解决的过程中，司法机关应处于优先地位，司法保护应发挥主要作用。二是司法保护的全面性。司法保护的全面性理念是指在知识产权侵权打击和纠纷解决的过程中，司法机关应为知识产权权利人提供全方位的、系统的、充分有效的保护。三是司法保护的终局性。司法保护的终局性理念是指对于知识产权的侵权纠纷，人民法院的生效判决具有终局裁决的效力，即使行政机关拒不执行，当事人也可通过提起行政诉讼来维护正当权益。例如，在江苏省高级人民法院发布的2014年知识产权十大案例中，"金燕商标侵权案"则生动形象地说明了司法保护的主导作用。2010年，徐州金燕化纤制品有限公司成功注册"金燕"图文组合商标。2012年3月，徐州市金燕化纤制品有限公司向江苏省工商行政管理局投诉，举报江苏祥和泰公司侵害其注册商标专用权。工商局经现场调查发现，祥和泰公司在其生产的价值400多万元的再生涤纶短纤维上使用了"金燕及图"标识，遂作出行政处罚决定，责令祥和泰公司立即停止侵权行为，决定没收全部侵权物品，并罚款400余万元。祥和泰公司不服向法院提起行政诉讼。随后，法院判决维持工商局"责令立即停止侵权行为"的决定，但撤销工商局没收侵权物品以及罚款的决定。可以看出，知识产权司法保护对于行政保护而言，具有优先性和终局性。

三、知识产权的行政保护

（一）知识产权行政保护的含义

知识产权行政保护是指行政机关根据法定职权和程序，依据权利人申请或其他法定方式，履行职责，授予或确认权利人特有权利，管理知识产权使用、变更、撤销等事项，纠正侵权违法行为，保护各方合法权益，维护知识产权秩序的活动。[①]具体来说，知识产权行政保护的范围可以分为：知识产权行政授权、行政确权、行政处理（包括行政调解、行政裁决、行政复议、行政仲裁等）、行政查处（包括行政处罚、行政强制等）、行政救济、行政处分、行政法制监督、行政服务等。其中，对假冒专利、商标等知识产权侵权的行政查处构成了目前我国知识产权行政保护最为核心的内容。近年来，我国知识产权行政保护工作取得很大成绩。以2014年为例，在知识产权行政执法方面，全国专利行政执法办案总量24 479件，同比增长50.9%。全国工商系统共查处侵权假冒案件6.74万件，案值9.98亿元。全国版权系统立案查处侵权盗版案件2 600余件，收缴侵权盗版制品1 200余万件。全国海关共扣留侵权货物2.3万批，新核准知识产权海关备案5 306件，同比增长11%。[②]

（二）知识产权行政保护的机构

目前，我国知识产权行政保护机构具有"多层"和"多元"的特征。"多层"是指从纵向上看，知识产权行政保护机构可以分为中央和地方两个层级，其中，中央机关有国家知识产权局、国家新闻出版广电总局（国家版权局）、国家工商行政管理总局（商标局）、文化部、农业部、国家林业局等单位。"多元"是指从横向上看，知识产权行政保护机构分为专利、商标、版权等行政机构，分别负责具体的知识产权保护工作。具体来说，如表1-1所示。

[①] 参见曲三强、张洪波："知识产权行政保护研究"，载《政法论丛》2011年第3期。
[②] 国家知识产权局："2014年中国知识产权发展状况新闻发布会"，http://www.sipo.gov.cn/twzb/2014zgzscqfzzk/，2015年6月29日访问。

表1-1 知识产权行政保护机构

知识产权种类	行政保护机构
专利权、集成电路布图设计专有权	国家知识产权局
商标权	国家工商行政管理总局商标局
著作权	国家版权局
商业秘密	国家工商行政管理总局公平交易局
地理标志	国家质量监督检验检疫总局
农业植物品种权	农业部
林业植物品种权	林业部
国际贸易中的知识产权	商务部
与科技有关的知识产权	科技部
知识产权备案	国家海关总署

（三）知识产权行政保护的特点

与知识产权司法保护相比，知识产权行政保护具有以下特点。

1. 主动性

知识产权司法保护以"不告不理"为原则，在知识产权保护方面具有被动性。然而知识产权行政保护很多情况下是知识产权行政管理机关依照职权主动进行。例如，2012年国家版权局联合公安部、工信部、国家互联网信息办公室部署打击网络侵权盗版专项治理"剑网行动"，共查办网络侵权盗版案件282件，其中行政结案210件，移送司法机关追究刑事责任72件，没收服务器及相关设备93台，关闭网站129家。[①]2013年国家知识产权局组织开展"护航"专项行动，大力打击涉及民生、重大项目等领域的专利侵权假冒行为，快速调处专利纠纷。

2. 时效性

与知识产权司法保护相比，知识产权行政保护的手段更直接、周期更短，体现出救济的时效性。在保护手段上，知识产权行政保护经常采用查封、扣押、罚款等方式制止

---

① 中国新闻网："中国2012年'剑网行动'关闭网站129家"，http://www.Chinanews.com/fz/2012112-28/4447263.shtml，2015年6月29日访问。

侵权，比司法判决中的赔偿、刑事处罚等更为直接；在保护周期上，知识产权行政保护所用时间较短，不需要经过司法保护很长的审理和执行周期。这是由于行政保护与司法保护所追求的价值目标不同。司法保护追求的是公平优先的价值目标；行政保护则是为了实现有序管理，使利益及时得以实现，因此追求效率优先，兼顾公平。

3．可诉性

可诉性又可以称为非终局性。除法律有特别规定外，行政相对人对履行知识产权职能的行政机关作出的行政行为，享有向法院提起诉讼的权利。在解决知识产权纠纷方面，任何行政机关所作出的裁决都不是终局的，当事人可以启动民事诉讼程序。如果行政相对人对行政行为不服，还可以申请行政复议，或者提起行政诉讼。

四、知识产权的国际保护

（一）知识产权国际保护的含义

知识产权国际保护制度，兴起于19世纪80年代，现已成为国际经济、文化、科技、贸易领域中的一种法律秩序。它以《巴黎公约》（1883年）、《保护文学艺术作品伯尔尼公约》（以下简称《伯尔尼公约》）（1886年）、TRIPs（1994年）等代表性的国际公约为基本形式，以世界知识产权组织、世界贸易组织等相关国际组织为协调机构，对各国知识产权制度进行协调，从而在知识产权保护领域形成国际性的法律规则与秩序。

一般而言，知识产权的国际保护制度是指以多边国际公约为基本形式，以政府间国际组织为协调机构，通过对各国国内知识产权法律进行协调并使之形成相对统一的国际法律制度。[①]知识产权国际保护制度的建立，是国际经济贸易一体化推动的结果。由于知识产权地域性的特征，一国确认和保护的知识产权只在该国范围内有效，非经他国的确权程序，不受保护。随着国家之间的贸易不断深化，知识产权国际贸易也日渐频繁。但这种贸易因为知识产权地域性的制度特征严重受到制约。于是，一种跨越国家地域限制的知识产权保护制度即知识产权国际保护制度呼之欲出。在这种情况下，国际社会谋求对知识产权保护问题进行国际协调，以最大限度地消除知识产权地域性

---

① 参见吴汉东：《知识产权总论》，中国人民大学出版社2013年版，第313页。

对国际经济贸易秩序的妨碍，其结果是导致以多边国际条约为核心的知识产权国际保护体制的形成。因此，从某种程度上讲，知识产权的地域性乃是知识产权保护走向国际化的根本原因，经济发展和文化传播的全球化是知识产权国际保护制度产生的主要动力。继《巴黎公约》《伯尔尼公约》等一系列知识产权保护国际公约签署之后，世界知识产权组织的成立是知识产权国际保护体系的形成以及知识产权保护走向完全国际化的重要标志。

（二）知识产权国际保护的历史沿革

1. 知识产权国际保护制度的产生阶段

（1）《巴黎公约》：工业产权国际保护制度的产生。知识产权国际保护制度的产生，缘于1873年奥地利维也纳的国际博览会，当时许多国家担心对其新技术或新产品的公开展示会遭到竞争对手的仿冒，为了打消此种顾虑，奥地利专门立法为参展的外国人的发明、外观设计和商标提供临时保护。此外，在奥地利政府的动议下，同年在维也纳召开的国际专利大会敦促各国政府尽早缔结保护工业产权的国际公约。以此为契机，1880年，21个国家的代表在法国巴黎讨论了公约草案。1883年3月20日，法国、比利时、巴西、危地马拉、意大利、荷兰、葡萄牙、萨尔瓦多、塞尔维亚、西班牙和瑞士等11个国家发起，在法国巴黎召开工业产权国际会议，正式签订了世界上第一部知识产权国际公约——《巴黎公约》。

（2）《伯尔尼公约》：著作权国际保护制度的产生。随着作品的广泛传播和传播技术的不断发展，作品突破一国国界在他国乃至全球范围进行传播越来越容易和普遍。仅靠一国的《著作权法》不能满足作者对其权利保护的要求。在此背景下，19世纪中叶，欧洲的一些国家就开始通过互惠和签订双边条约的做法，对著作权进行跨国保护。1858年，欧洲一些国家在布鲁塞尔召开了一次文学与艺术作品作家代表会议，开始探讨建立著作权国际保护机构。1886年9月9日，由英国、法国、德国、意大利、瑞士等10个国家发起，在瑞士首都伯尔尼签订了《伯尔尼公约》，并于1887年12月5日生效。

（3）其他知识产权国际条约：其他知识产权国际保护制度的产生。除了《巴黎公约》和《伯尔尼公约》这两个里程碑性的国际公约的签订，其后又达成若干协调各国知识产权保护的国际文件，它们在一定程度上是对《巴黎公约》和《伯尔尼公约》的补充完善，并与之共同构成世界知识产权组织框架下知识产权国际保护制度的法律渊源。这些知识产权国际保护条约主要有：1891年，法国、比利时、西班牙等国按照《巴黎公约》关于成员国有权在不与公约抵触前提下进一步缔结有关协定的规定缔结了一个商标保护协定——《马德里协定》，对商标的国际注册、国际注册的效力和有效期以及国际注册与国内注册之间的关系作了具体规定；1891年于马德里缔结的《制止商品来源的虚假或欺骗性标志协定》，对成员国之间制止虚假货源标记作了具体规定；巴黎公约成员国于1925年11月6日在海牙缔结于1928年生效的《工业品外观设计国际保存海牙协定》；1947年由联合国教育、科学及文化组织主持准备，1952年在日内瓦缔结并于1955年生效的《世界版权公约》；巴黎联盟成员国间于1957年6月15日在法国尼斯签订、1961年4月8日生效的《尼斯协定》；1958年在葡萄牙里斯本签订，1967年在斯德哥尔摩修订，1979年10月2日修改的《里斯本协定》，具体规定了各成员国保护原产地名称的基本要求；1961年10月26日由国际劳工组织与世界知识产权组织及联合国教育、科学及文化组织共同发起，在罗马缔结的保护邻接权的《保护表演者、音像制品制作者和广播组织罗马公约》等。

2. 知识产权国际保护制度的发展阶段

1967年7月14日，在斯德哥尔摩召开会议，签署了《成立世界知识产权组织公约》。世界知识产权组织（World Intellectual Property Organization，WIPO）于1970年4月26日正式成立。1974年12月17日成为联合国组织系统下专门机构之一，其总部设在日内瓦。

世界知识产权组织的成立，标志着比较完整的知识产权国际保护体制的形成。这一方面表现为，以《巴黎公约》和《伯尔尼公约》为代表的一系列知识产权国际保护条约或公约已经构建起了知识产权国际保护的制度体系，国际知识产权法律渊源和知识产权国际保护依据具备；另一方面，世界知识产权组织的成立，意味着知识产权国际保护和协调主体的诞生。世界知识产权组织是当今世界主要的知识产权国际保护和协调机构，截至2014年4月，共有187个成员。我国于1980年3月3日向WIPO总干事递交加入书，于1980年6月3日成为联合国世界知识产权组织的正式成员，并于1982年11月18日起，成为WIPO协调委员会委员。世界知识产权组织是联合国组织系统下16个专门机构之一，它专门负责管理全球知识产权事务，尤其对《巴黎公约》《伯尔尼公约》以及各专门协定所建立的联盟进行组织上和管理上的改革。世界知识产权组织成立伊始即鼓励成员签署保护知识产权的国际条约及各成员的国内知识产权立法；促进文件和专利程序的标准化；办理国际知识产权注册登记；管理国际专利证件中心，为各成员提供检索服务等，以自己的工作实际证实了其在国际知识产权保护方面的权威性。因此，标志着比较完整的知识产权国际保护体制的形成。

3. 知识产权国际保护制度的变革阶段

世界贸易组织的建立与TRIPs的形成，标志着知识产权国际保护制度进入一个高水平保护、一体化保护的新的历史时期。1993年12月TRIPs最终达成，反映了知识产权保护的时代特征和发展趋势。自1995年1月1日始，世界贸易组织开始取代关贸总协定正式运行，与此同时世界贸易组织也开始部分取代知识产权国际保护体系中世界知识产权组织的作用，世界贸易组织与世界知识产权组织齐肩并进，共同促进知识产权国际保护新体制的确立。

TRIPs所确立的知识产权国际保护新体制，在从贸易的角度来保护知识产权前提下，其所涉内容相当广泛。第一，TRIPs是目前内容最为广泛的知识产权国际保护文本，涉及（与贸易有关的）所有类型的7个知识产权种类；第二，TRIPs增添了诸多原有公约没有规定的权利内容并弥补了众多公约在知识产权保护中的缺陷；第三，TRIPs第一次把知识产权纳入贸易体系的范围内进行保护，突出对"与贸易有关的"知识产权的保护，反映了当今国际贸易发展的要求，对今后国际贸易发展和世界经济一体化进程的推动作用不可低估。

本章思考题

1. 知识产权的概念和范围是什么？

2. 知识产权的基本特征是什么？

3. 专利制度的作用有哪些？

4. 按照商标的功能、用途不同，可以对商标如何分类？

5. 著作权的特征是什么？

6. 简述我国现行《专利法》的特色。

7. 简述我国《商标法》第三次修改的内容。

8. 简述商业秘密的法律保护模式。

9. 简述知识产权运用的类型。

10. 简述知识产权司法保护与行政保护的区别。

专利法律制度

第一节 | 专利权的权利归属

一、专利权利归属概述

专利权利归属主要是指发明创造经申请并获得专利授权后，专利权属于谁的问题。专利权归属问题的合理解决是充分发挥专利制度激励创新功能的前提。

基于专利法的视角，发明创造完成后，专利权利归属主要解决以下问题：其一，发明创造申请专利的权利归于谁；其二，发明创造被授予专利权后，专利权归于谁。

一般意义上，发明创造的完成，除依赖发明创造者个人的智力条件外，一定的物质条件是必不可少的。在法律或合同没有另做规定的情况下，专利申请权和专利权自然应归属于发明创造的智力条件和物质条件提供者。问题在于，现实生活中，发明创造的智力条件和物质条件提供者常常是分离的，并非属于同一人。而且，智力条件提供者和物质条件提供者也常常分别有两人以上。在此情形下，专利权利归属就较为复杂。

通常，如果发明创造所需的智力条件和物质条件都由发明人/设计人一人提供，专利权利自然归属发明人/设计人，这样的发明创造也称作自由发明创造。如果发明创造所需的智力条件和物质条件分别由不同的人提供，并且发明人/设计人属于物质提供者的雇员，在无特别约定的情况下，专利权利归属于发明创造的物质提供者，这样的发明创造也称作职务发明创造。而如果发明创造所需的智力条件和物质条件由两个以上发明人/设计人共同提供，专利权利应由该两个以上发明人/设计人共同所有。而一方接受另一方委托完成发明创造的情况下，如无特别约定，专利权利应归属完成。上述两种情形下的发明创造也称作合作发明创造。

就专利权的权利归属而言，在自由发明创造情形下，问题较为简单，而在职务发明创造和合作发明创造两种情形下，其权利归属问题则较为复杂。

二、职务发明创造的权利归属

（一）我国法律关于职务发明创造权利归属的规定

在我国职务发明创造是相对于非职务发明创造而言的，是指执行本单位（包括临时工作单位）的任务或者主要是利用本单位的物质技术条件所完成的发明创造。[①]在职务发明创造的完成过程中，发明者所在单位除了提供发明创造所需的物质技术条件外，还支付发明者的工资报酬，以及必要的辅助资金和技术条件。

我国专利法对职务发明创造和非职务发明创造的专利权利归属作出了明确的规定。对于职务发明创造，申请专利的权利属于该单位，申请被批准后，该单位为专利权人。[②]而对于非职务发明创造，申请专利的权利属于发明人或者设计人，申请被批准后，该发明人或者设计人为专利权人。[③]值得注意的是，发明人或者设计人是指对发明创造的实质性特点作出创造性贡献的人。而不包括在完成发明创造过程中，只负责组织工作的人、为物质技术条件的利用提供方便的人或者从事其他辅助工作的人。

尽管我国职务发明创造专利权利归属于相关单位，但职务发明创造的发明人或者设计人有权在专利文件中写明自己是发明人或者设计人。[④]我国《合同法》第328条规定，在技术合同中，完成技术成果的个人有在有关技术成果文件上写明自己是技术成果完成者的权利和取得荣誉证书、奖励的权利。但发明人或者设计人的署名权仅限于专利文件或有关技术成果文件，而无权在相关专利产品或者该产品的包装上署名，在专利产品及其包装上的署名权属于专利权人。[⑤]在马某某诉兵器工业卫生研究所案中，法院认为，在技术成果文件上行使署名权和获得荣誉权是法律赋予技术成果完成者的权利。本案中，马某某是为供氧装置的研制作出创造性贡献的人之一，依照法律其有权在其研制的供氧装置技术成果文件上写明自己的姓名，但无权在该产品上署名。[⑥]

[①][②][③]《专利法》（2008年）第6条。
[④][⑤]《专利法》第17条。
[⑥] 陕西高级人民法院民事判决书（2008）陕民三终字第3号。

（二）职务发明创造的种类

依据我国专利法，职务发明创造是指执行本单位（包括临时工作单位）的任务或者主要是利用本单位的物质技术条件所完成的发明创造。因而，在我国，职务发明创造可以分为"执行本单位的任务所完成的职务发明创造"和"主要是利用本单位的物质技术条件所完成的发明创造"两类。

1. 执行本单位的任务所完成的职务发明创造

根据我国法律规定，执行本单位的任务所完成的职务发明创造包括以下情形：（1）在本职工作中作出的发明创造；（2）履行本单位交付的本职工作之外的任务所作出的发明创造；（3）退休、调离原单位后或者劳动、人事关系终止后1年内作出的，与其在原单位承担的本职工作或者原单位分配的任务有关的发明创造。

2. 主要是利用本单位的物质技术条件所完成的发明创造

"主要"指职工在技术成果的研究开发过程中，全部或者大部分利用了法人或者其他组织的资金、设备、器材或者原材料等物质条件，并且这些物质条件对形成该技术成果具有实质性的影响；还包括该技术成果实质性内容是在法人或者其他组织尚未公开的技术成果、阶段性技术成果基础上完成的情形。但下列情况除外：（1）对利用法人或者其他组织提供的物质技术条件，约定返还资金或者交纳使用费的；（2）在技术成果完成后利用法人或者其他组织的物质技术条件对技术方案进行验证、测试的。[1]"本单位的物质技术条件"是指本单位的资金、设备、零部件、原材料或者不对外公开的技术资料等。[2]

值得注意的是，我国专利法除对"主要是利用本单位的物质技术条件所完成的发明创造"权利归属作出明确规定外，还对"利用本单位的物质技术条件"所完成的发明创造的归属作出规定：利用本单位的物质技术条件所完成的发明创造，单位与发明人或者设计人订有合同，对申请专利的权利和专利权的归属作出约定的，从其约定。[3]最高人民法院相关司法解释对此也作出类似的规定：法人或者其他组织与其职工就职

---

[1]《最高人民法院关于审理技术合同纠纷案件适用法律若干问题的解释》（2004年）第4条。
[2]《专利法实施细则》第12条。
[3]《专利法》第6条。

工在职期间或者离职以后所完成的技术成果的权益有约定的，人民法院应当依约定确认。[1]这一规定旨在激发单位员工的创新热情。

在马某某诉兵器工业卫生研究所案中，法院认为，本案技术合同约定马某某的主要职责是供氧药柱的研制，属于执行研究所的工作任务，其研究的技术成果本应归属于职务技术成果。但因马某某与研究所签订的合同约定了项目完成后供氧装置的总技术成果与分配比例、约定了药柱研制技术和包装技术的知识产权归双方共同所有及双方享有的比例。参照最高人民法院相关司法解释的规定，马某某与研究所合同约定的技术成果归属应确认有效。[2]

（三）职务发明创造的发明人或者设计人的奖励和报酬

在实践中，职务发明创造通过企业的运用（自用或许可、转让等），常常为单位带来一定的效益，为鼓励发明人或者设计人的创造热情，应该给予职务发明创造的发明人或者设计人工资以外的奖励和报酬。

我国《专利法》第16条对职务发明创造发明人或者设计人的奖励和报酬进行了明确的规定，被授予专利权的单位应当对职务发明创造的发明人或者设计人给予奖励；发明创造专利实施后，根据其推广应用的范围和取得的经济效益，对发明人或者设计人给予合理的报酬。

就职务发明创造奖励和报酬的具体数额确定而言，《专利法实施细则》规定：（1）被授予专利权的单位可以与发明人、设计人约定或者在其依法制定的规章制度中规定《专利法》第16条规定的奖励、报酬的方式和数额。（2）如果被授予专利权的单位未与发明人、设计人约定也未在其依法制定的规章制度中规定奖励的方式和数额的，应当自专利权公告之日起3个月内发给发明人或者设计人奖金。一项发明专利的奖金最低不少于3 000元；一项实用新型专利或者外观设计专利的奖金最低不少于1 000元。（3）如果被授予专利权的单位未与发明人、设计人约定也未在其依法制定的规章制度中规定报酬的方式和数额的，在专利权有效期限内，实施发明创造专利后，每年应当从实施该项

---

[1]《最高人民法院关于审理技术合同纠纷案件适用法律若干问题的解释》（2004年）第2条第2款。
[2] 陕西高级人民法院民事判决书（2008）陕民三终字第3号。

发明或者实用新型专利的营业利润中提取不低于2%或者从实施该项外观设计专利的营业利润中提取不低于0.2%，作为报酬给予发明人或者设计人，或者参照上述比例，给予发明人或者设计人一次性报酬；被授予专利权的单位许可其他单位或者个人实施其专利的，应当从收取的使用费中提取不低于10%，作为报酬给予发明人或者设计人。[①]

根据我国法律，就职务发明的奖励、报酬而言，如果发明人、设计人与所在单位有约定的，应优先考虑约定，如果没有相关约定且也没有相关规章制度对此进行规定，就应按照法律规定来确定相关奖励和报酬的方式、数额。

在钱某职务发明创造发明人报酬纠纷案中，原告、被告签订《专利使用协议》，协议约定，对原告在被告任职期间结合被告产品需要而研发的专利，在原告任职期间，或原告虽然离职但不单独使用专利时，被告向原告支付产品（含成套部件、专利部分的配件）售价的1%作为专利使用费。被告在每年一月结算并支付前一年度原告应得的专利使用费。但每项专利的使用费每年最低为一万元，最高为三万元。在诉讼中，原告认为被告应当按照《专利使用协议》的约定向原告支付职务发明报酬。

法院经审理认为，根据《专利法》及《专利法实施细则》相关规定，发明创造专利实施后，被授予专利权的单位可以与发明人、设计人约定支付报酬的方式和数额。本案中，原告与被告签订的《专利使用协议》系双方的真实意思表示，依法成立并生效。在没有证据证明《专利使用协议》已经终止的情况下，原告请求按照《专利使用协议》的约定向原告支付职务发明报酬，并无不当。[②]

三、合作发明创造的权利归属

合作发明创造是指两个以上单位或者个人合作完成的发明创造。发明创造所需的资金、设备、资料、场地、研发人员等条件由合作各方按相关协议约定进行投入。按照合作各方在发明创造过程中的参与程度，合作发明创造可以分为共同发明创造和委托发明创造两类。

---

① 《专利法实施细则》第76~78条。
② 上海市高级人民法院民事判决书（2013）沪高民三（知）终字第88号。

（一）共同发明创造的权利归属

共同发明创造是指发明创造是由合作各方共同完成的发明创造。就权利归属而言，优先按照合作各方的协议来进行确定，如果没有相关协议，则专利申请权和专利权都属于完成或者共同完成的发明创造的单位或个人。我国《专利法》第8条规定，两个以上单位或者个人合作完成的发明创造，除另有协议的以外，申请专利的权利属于完成或者共同完成的单位或者个人。申请被批准后，申请的单位或者个人为专利权人。

在王守某（原告）与王纪某（被告）专利权权属纠纷案中，原告诉称，原告与李文某、李长某、王玉某、王纪某等涉案专利的发明人曾于1991~1997年在珠海一直共同从事镍氢电池的工艺、技术的研究和开发工作。原告与其他发明人以及被告共同提出了涉案专利的技术构想及随后的实施。原告作为发明人之一，在负责镍氢和镍镉电池封口化成技术开发时对涉案专利的技术构想方面起了重要贡献；在负责镍氢电池的试验、中试和批量生产方面起了技术实施方面的突出作用。发明人共同努力，终于在1997年完成了涉案专利的技术。因当时共同开发、完成专利技术的各发明人知识产权权利意识淡薄，没有对共同的技术成果的相应权益在法律上作一个明确的界定。

被告在没有争得其他发明人的同意、其他发明人也不知情的情况下将本应归发明人共有的发明独自一人于1997年12月19日申请了充电电池的电极和电极制造方法及其设备专利（专利号：971220565），2002年5月29日获得专利权。2006年4月12日，被告向国内100多家电池制造企业发布了公告并于4月底在华南电池联合会年会珠海会议上向与会10多家电池厂家发布告示，认为大家都侵犯其专利，要求交纳专利使用费；其中包括原告的公司。

原告认为，作为发明专利充电电池的电极和电极制造方法及其设备的发明人，原告为此发明的完成作出了多年而卓有成效的贡献。原告多年的劳动成果不能被他人任意侵占，而且理应享有相应的权益。因此，请求法院判令原告为发明专利"充电电池的电极和电极制造方法及其设备"（专利号：971220565）的专利权共有人。

法院审理认为，根据原告提交的《专利登记簿副本》记载的内容，原告为设计人之一，即本案争议的专利并不是被告一个人的智力成果，而是包括原告在内的全体设计人的共同成果。原告对其为涉案专利设计人之一的事实已完成举证，被告反驳上述事实，但没有提交证据证实。根据《专利法》第8条的规定，个人合作完成的发明创造，除另有协议的以外，申请专利的权利属于共同完成的个人。被告并未提交其与原告关于涉案专利申请权的归属的相关协议，也即没有证据证明原告对涉案专利申请权的放弃，原告依法享有涉案专利的申请权。依照《专利法》的规定，非职务发明创造的专利申请被批准后，该设计人为专利权人。涉案专利申请已被批准，因此，作为设计人之一的原告主张其为涉案发明专利的专利权共有人，理由成立，法院予以支持。判决确认原告为发明专利"充电电池的电极和电极制造方法及其设备"（专利号：971220565）的专利权共有人。[1]

本案判决体现我国专利法关于共同发明创造权利归属的规定，即在缺乏共同发明人约定的情形下，申请专利的权利属于完成或者共同完成的单位或者个人，申请被批准后，申请的单位或者个人为专利权人。

另外，我国法律还规定，假如共同发明创造合作开发的当事人一方不同意申请专利的，另一方或者其他各方不得申请专利。合作开发的当事人一方声明放弃其共有的专利申请权的，可以由另一方单独申请或者由其他各方共同申请。申请人取得专利权的，放弃专利申请权的一方可以免费实施该专利。当事人一方转让其共有的专利申请权的，其他各方享有以同等条件优先受让的权利。[2]

（二）委托发明创造的权利归属

委托发明创造是指一个单位或者个人接受其他单位或者个人委托所完成的发明创造。委托人和受托人（研究开发人）之间的权利义务关系由双方签订的委托开发合同进行规定。委托开发合同通常规定，由委托人提出研发任务并提供相应的经费和报酬，而受托人进行研究开发活动。但可以是一方仅提供资金、设备、材料等物质条件或者承担辅助协作事项，而另一方进行研究开发工作。[3]在委托发明创造中，从事研发活动

---

[1] 广东省珠海市中级人民法院民事判决书（2006）珠中法民三初字第14号。
[2]《合同法》（1999年）第340条。
[3]《最高人民法院关于审理技术合同纠纷案件适用法律若干问题的解释》（2004年）第19条。

的通常只是受托人一方。

我国《专利法》对委托发明创造的权利归属作了和共同发明创造一样的规定。《专利法》第8条规定，除另有协议的以外，申请专利的权利属于完成或者共同完成的单位或者个人，申请被批准后，申请的单位或者个人为专利权人。这一规定同样体现了当事人之间协议优先的权利归属确定原则。

我国《合同法》对委托发明创造专利权利归属作出了与专利法类似的规定，《合同法》第339条规定，委托开发完成的发明创造，除当事人另有约定的以外，申请专利的权利属于研究开发人。研究开发人取得专利权的，委托人可以免费实施该专利。研究开发人转让专利申请权的，委托人享有以同等条件优先受让的权利。

第二节 | 专利权保护的客体

一、专利权保护客体的种类

在我国，专利权的客体可以分为发明、实用新型和外观设计。[1]与专利权客体相对应，专利分为发明专利、实用新型专利和外观设计专利。但值得注意的是，世界范围内，"专利"多指称发明专利。例如，《巴黎公约》中"专利"是和"实用新型""外观设计"并列的工业产权的客体。这里的"专利"指的就是发明专利。

（一）发明

一般意义上，发明是指对产品、方法或者其改进所提出的新的技术方案。[2]发明有如下特征。

1. 发明是新的解决技术问题的方案

发明是新的解决问题的技术方案。技术方案一般指对要解决的技术问题所采取的利用了自然规律的技术手段的集合。技术手段通常是由技术特征来体现的。未采用技术手段解决技术问题，以获得符合自然规律的技术效果的方案，不属于专利法规定的发明。[3]体现技术手段的技术特征可以是产品的零件、部件、材料、器具、设备、装置以及产品所涉及的形状、结构、成分、尺寸、数量等，也可以是产品制造的工艺、步骤、过程以及所涉的时间、温度、压力、速度等。同时，各技术特征之间的相互关系也是技术特征。[4]

---

① 《专利法》第2条。
② 《专利法》第2条第2款。
③ 国家知识产权局：《专利审查指南2010》，知识产权出版社2010年版，第二部分第一章2.。
④ 文希凯主编：《专利法教程》（修订版），知识产权出版社2011年版，第30页。

由于发明是一种技术方案，其必须是利用自然规律来解决人类生产、生活领域中的问题。如果发明创造不是利用自然规律，而是纯粹利用由人的智力导出的法则、推理，如科学理论、数学方法、经济学的法则、智力活动的规则或方法等，则不属于专利法意义上的发明。

例如，在胡某诉国家知识产权局专利复审委员会（以下简称专利复审委员会）"图书目录卡"专利申请确权案中，胡某于1988年2月13日向中国专利局提出了名称为"HEH图书目录卡编印法"的发明专利申请。经专利局初步审查，该发明专利申请于1989年8月30日公布。中国专利局经实质审查认为，胡某申请的发明与对比文件"中国专利局分类文档卡"实物复制件相比没有创造性，属于智力活动规则和方法的范围，驳回了胡某的申请。胡某于1990年12月6日向专利复审委员会提出复审请求。专利复审委员会经复审认为，胡某在复审程序中提交的权利要求内容其本质是非技术性的，不属于技术方案，不能授予专利权。胡某不服复审决定，诉至法院。

北京市中级人民法院判决确认，胡某与专利复审委员会争执的焦点在于胡某的"HEH图书目录卡编印法"发明专利申请是否构成《专利法》意义上的发明。从1992年1月4日胡某在复审程序中向专利复审委员会提交的经第二次修改的权利要求书的内容看，该发明申请所要保护的核心是利用图书版权页制作图书目录卡的方法。实质上，这种方法仅是图书馆图书目录卡现有制作方法的改进。该方法除使用现有公知技术外，并未使用自然规律和自然力，因而没有属于《专利法》意义上的发明所要求的技术特征的内容。因此，该发明申请不应授予发明专利权。

二审法院北京市高级人民法院认为，发明是指对产品、方法或者其改进所提出的新的技术方案。而胡某向中国专利局申请的"HEH图书目录卡编印法"仅是将现有的图书目录卡与版权页合二为一，用现有的复印或者印刷的方法制作出来。这是一种智力活动规则和方法，并非《专利法》意义上的发明。[①]

2. 发明可以是产品，也可以是方法

由于发明是指对产品、方法或者其改进所提出的新的技术方案，据此发明可以分

[①] 北京市高级人民法院行政判决书（1993）高经终字第53号。

为产品发明和方法发明两类。"产品发明"是指人类技术产生的物，包括物品、物质、材料、设备、工具、装置等制造品；而"方法发明"则是指为制造某种产品或解决某一问题的包括时间要素的活动，可以分为制造方法、使用方法、通信方法、处理方法、计算机程序以及将产品用于特定用途的方法等方法。[①]

现实生活中，获得发明专利的产品或方法，大多数都是对现有产品或方法的改进的结果，而真正全新的、开拓性的产品或方法则较少。

（二）实用新型

《专利法》第2条规定，实用新型是指对产品的形状、构造或者其结合所提出的适于实用的新的技术方案。据此，产品的形状和构造是实用新型的基本元素。

实用新型在本质上和发明一样，也是一种具有创新性的技术方案，那些没有采用技术手段解决技术问题的方案，则不属于实用新型专利保护的客体。因而如果产品的形状以及表面的图案、色彩或者其结合的新方案，没有解决技术问题的，不属于实用新型专利保护的客体。而产品表面的文字、符号、图表或者其结合的新方案，也不属于实用新型专利保护的客体。例如，仅改变按键表面文字、符号的计算机或手机键盘；以十二生肖形状为装饰的开罐刀；仅以表面图案设计为区别特征的棋类、牌类，如古诗扑克等。[②]

而与发明不同的是，实用新型的保护范围仅及于产品，而不及于方法，同时，就实用新型保护的产品而言，仅涉及产品的形状、构造。因而实用新型保护范围较发明小，正是基于此，实用新型常常又被称为"小发明"。在专利权利要求中既包含产品的形状、构造特征，又包含对方法本身提出改进的情形下，例如含有对产品制造方法、使用方法或计算机程序进行限定的技术特征，则不属于实用新型专利保护的客体。例如，一种木质牙签，主体形状为圆柱形，端部为圆锥形，其特征在于：木质牙签加工成形后，浸泡于医用杀菌剂中5~20分钟，然后取出晾干。由于该权利要求包含了对方

---

① 程永顺主编：《案说专利法》（第二版），知识产权出版社2012年版，第5页。
② 国家知识产权局：《专利审查指南2010》，知识产权出版社2010年版，第一部分第二章6.3。

法本身提出的改进，因而不属于实用新型专利保护的客体。[①]

根据我国《专利法》，实用新型是一种适于实用的新的技术方案。这里的"适于实用"是指实用新型包含的技术方案应对现有技术作出了改进且此种改进能在产业上应用并产生有用的效果，相反那些明显不能在产业上实际应用也不能产生有用效果的技术方案则不属于"适于实用"。例如，在"热磁动机"实用新型复审案中，专利申请涉及一种发动机，专利复审委员会认为：热动机在不与外界环境进行热交换的情况下不可能维持不断运转的状态，同样也不可能将外界热量百分之百地变成动能，热动机必将渐渐停止运转。自然界不存在永动机。该实用新型请求保护的实质是一种永动机，其工作原理违反能量守恒定律，因此不能使用并产生积极效果，故不是专利法上适于实用的技术方案。[②]

1. 产品的形状

产品的形状是实用新型的基本元素，产品的形状是指产品所具有的、可以从外部观察到的确定的空间形状。对产品形状所提出的改进可以是对产品的三维形态所提出的改进，如对凸轮形状、刀具形状作出的改进；也可以是对产品的二维形态所提出的改进，例如对型材的断面形状的改进。而无确定形状的产品，例如，气态、液态、粉末状、颗粒状的物质或材料，其形状不能作为实用新型产品的形状特征。

但值得注意的是：（1）生物的或者自然形成的形状不能作为产品的形状特征。例如，不能以植物盆景中植物生长所形成的形状作为产品的形状特征。（2）以摆放、堆积等方法获得的非确定的形状不能作为产品的形状特征。（3）允许产品中的某个技术特征为无确定形状的物质，如气态、液态、粉末状、颗粒状物质，只要其在该产品中受该产品结构特征的限制即可，例如，对温度计的形状构造所提出的技术方案中允许写入无确定形状的酒精。（4）产品的形状可以是在某种特定情况下所具有的确定的空间形状。如具有新颖形状的冰杯、降落伞等。[③]

---

① 国家知识产权局：《专利审查指南2010》，知识产权出版社2010年版，第一部分第二章6.1。
② 国家知识产权局专利复审委员会第13397号复审请求审查决定（2008）。
③ 国家知识产权局：《专利审查指南2010》，知识产权出版社2010年版，第一部分第二章6.2。

2. 产品的构造

产品的构造是指产品的各个组成部分的安排、组织和相互关系。产品的构造可以是机械构造，也可以是线路构造。机械构造是指构成产品的零部件的相对位置关系、连接关系和必要的机械配合关系等；线路构造是指构成产品的元器件之间的确定的连接关系。复合层可以认为是产品的构造，产品的渗碳层、氧化层等属于复合层结构。物质的分子结构、组分、金相结构等不属于实用新型专利给予保护的产品的构造。例如，仅改变焊条药皮组分的电焊条不属于实用新型专利保护的客体。

值得注意的是，根据《专利审查指南》，如果权利要求中可以包含已知材料的名称，即可以将现有技术中的已知材料应用于具有形状、构造的产品上，例如复合木地板、塑料杯、记忆合金制成的心脏导管支架等，不属于对材料本身提出的改进。如果权利要求中既包含形状、构造特征，又包含对材料本身提出的改进，则不属于实用新型专利保护的客体。例如，一种菱形药片，其特征在于，该药片是由20%的A组分、40%的B组分及40%的C组分构成的。由于该权利要求包含了对材料本身提出的改进，因而不属于实用新型专利保护的客体。①

（三）外观设计

在我国，外观设计是指对产品的形状、图案或者其结合以及色彩与形状、图案的结合所作出的富有美感并适于工业应用的新设计。②外观设计专利主要保护对产品外观的创新设计，强调的是设计的美感而非功能性效果。

外观设计不能脱离产品而单独存在。所谓"产品"指可以进行复制的制造品，而那些不能进行重复生产的产品则不属于外观设计意义上的产品。

外观设计的产品不仅包括一个完整的产品，也可以是能够单独销售、单独使用、具有独立的价值的零部件产品或部分产品。例如，在"舞台灯架接头（锥形）"外观设计专利无效请求案中，请求人认为，涉案专利只是舞台上铝架的零配件，不是一个独立的产品，不能独立使用、独立销售，因而不符合外观设计的授权条件。合议组认

---

① 国家知识产权局：《专利审查指南2010》，知识产权出版社2010年版，第一部分第二章6.2。
② 《专利法》第2条第4款。

为，涉案专利为零部件产品，属于在搭建舞台整个舞台灯架时舞台灯架的一个零配件，对舞台灯架起连接、固定的作用，可以单独生产，可以拆卸并独立存在，具有零件产品的独立使用价值。因而属于外观设计专利权保护的客体。[①]

值得注意的是，产品不能分割或者不能单独出售且不能单独使用的局部设计，例如，袜跟、帽檐、杯把等不能授予外观设计专利权。而对于由多个不同特定形状或者图案的构件组成的产品，如果构件本身不能单独出售且不能单独使用，则该构件不属于外观设计专利保护的客体。[②]

1. 外观设计的要素

根据我国关于外观设计的界定，产品的形状、图案和色彩是外观设计的基本要素。外观设计的要素构成如下组合：产品的形状，产品的图案，产品的形状和图案，产品的形状和色彩，产品的图案和色彩，产品的形状、图案和色彩。

根据《专利审查指南》，形状是指对产品造型的设计，也就是指产品外部的点、线、面的移动、变化、组合而呈现的外表轮廓，即对产品的结构、外形等同时进行设计、制造的结果。图案是指由任何线条、文字、符号、色块的排列或组合而在产品的表面构成的图形。图案可以通过绘图或其他能够体现设计者的图案设计构思的手段制作。色彩是指用于产品上的颜色或者颜色的组合，制造该产品所用材料的本色不是外观设计的色彩。[③]而包含气体、液体及粉末状等无固定形状的物质而导致形状、图案、色彩不固定的产品则非外观设计意义上的产品。同样，不能作用于视觉或者肉眼难以确定，需要借助特定的工具才能分辨其形状、图案、色彩的物品。例如，其图案是在紫外灯照射下才能显现的产品，也不能获得外观设计保护。[④]但对于产品通电后显示的图案，如图形用户界面的外观设计则属于专利保护范围。产品通电后显示的图案不授予外观设计专利权的情形限于游戏界面以及与人机交互无关或者与实现产品功能无关的产品显示装置所显示的图案，例如，电子屏幕壁纸、开关机画面、网站网页的图文

[①] 国家知识产权局专利复审委员会编著：《外观设计专利无效宣告典型案例评析》，知识产权出版社2013年版，第4~5页。
[②] 国家知识产权局：《专利审查指南2010》，知识产权出版社2010年版，第一部分第三章7.4。
[③] 国家知识产权局：《专利审查指南2010》，知识产权出版社2010年版，第一部分第三章7.2。
[④] 国家知识产权局：《专利审查指南2010》，知识产权出版社2010年版，第一部分第三章7.4。

排版。[①]

2. 富有美感并适于工业应用的新设计的内涵

受到专利保护的外观设计必须是"适于工业应用的富有美感的新设计"。"适于工业应用"是指外观设计能够在产业上进行应用。"富有美感"则是指作为专利权客体的外观设计给人以美的视觉效果。由于美感具有很强的主观性，这里的"富有美感"强调的产品外观设计应尽量向美的方面进行设计，追求美的效果。至于什么才是"富有美感"并没有统一、明确的判定标准，只要不是公认为丑陋的，都应属于"富有美感"。

"新设计"是对产品的外观作出创新的设计。因而不能以自然物原有形状、图案、色彩或产品所属领域内常见形状和图案作为外观设计。同时，文字和数字的字音、字义也不属于外观设计保护的内容。在"广告标贴（秀面）"外观设计专利无效请求案中，涉案专利公开了一幅视图，图片中显示的是一幅长方形的标帖，中心位置有横向排列的类似黑体字的"秀面"两字。针对涉案专利是否属于新设计，合议组认为，根据一般消费者的知识水平和认知能力可以判断，"秀面"两字是中国汉语言文字，其横竖笔形粗细视觉相等、笔形方头方尾，给人以方正、简洁、无装饰的整体视觉效果，与中国汉语文字中的黑体字类似，属于传统字体。根据《审查指南2006》，文字的字音、字义不属于外观设计保护的内容；其横向排列方式属于文字排列的惯常排列方式；该专利标帖采用长方形属于该领域司空见惯的形状设计。因此该专利不符合"新设计"的要求。[②]

二、不能获得专利权保护的主体

为了防止专利制度被不当利用，从而侵害社会公共利益，对某些主题不授予专利权是世界范围内普遍做法。这些不能被授予专利权的主题主要涉及违反法律、社会公德或公共利益以及某些特定领域。我国专利法也做了类似的规定。

---

① 《国家知识产权局关于修改〈专利审查指南〉的决定》（第68号）（2014年3月12日）。
② 国家知识产权局专利复审委员会编著：《外观设计专利无效宣告典型案例评析》，知识产权出版社2013年版，第6~7页。

（一）违反法律、社会公德或公共利益的发明创造

《专利法》第5条规定，违反法律、社会公德或者妨害公共利益的发明创造，不授予专利权。对违反法律、行政法规的规定获取或者利用遗传资源，并依赖该遗传资源完成的发明创造，不授予专利权。

1. 违反法律的发明创造

违反法律的发明创造尽管可能具有一定的创新性，但其与法律所要追求或塑造的社会价值、社会秩序相违背，因而不能获得专利授权。例如，用于赌博的设备、机器或工具；吸毒的器具；伪造国家货币、票据、公文、证件、印章、文物的设备等都属于违反法律的发明创造，不能被授予专利权。这里的"法律"是指由全国人民代表大会或者全国人民代表大会常务委员会依照立法程序制定和颁布的法律，而不包括行政法规和规章。

值得注意的是，根据专利法，如果发明创造本身并没有违反法律，但是由于其被滥用而违反法律的，则不属于违反法律的发明创造。例如，用于医疗的各种毒药、麻醉品、镇静剂、兴奋剂和用于娱乐的棋牌等。

在"魔术麻将"实用新型专利无效案中，无效宣告请求人认为涉案专利为专用于赌博的工具，赌博为我国刑法所禁止，不符合《专利法》第5条的规定。专利复审委员会合议组认为：麻将是一种常用的游戏用具，一般麻将在其一个面上抠有凹形图案，这种图案易于观察并能够触摸、感觉。涉案专利的目的在于提供一种图案不能够触摸到的麻将。为实现其目的，涉案专利采用了相应的技术方案。专利权人在涉案专利的说明书中指出，带有偏光片层的麻将体现了一定的魔术效果。任何麻将、棋牌甚至一枚硬币都有可能被用作赌博工具，判断其是否为《专利法》第5条排除的关键在于其功能是否仅在于赌博。显然，不排除有人将涉案专利的产品用于赌博，但涉案专利的产品不是一种专用的赌博工具。因此没有违反《专利法》第5条。[1]

《专利法实施细则》第10条规定，违反法律的发明创造也不包括仅其实施为法律所禁止的发明创造。如果仅仅是发明创造的产品的生产、销售或使用受到法律的限制或

---

[1] 国家知识产权局专利复审委员会专利无效请求审查决定第3168号。

约束，则该产品本身及其制造方法并不属于违反法律的发明创造。例如，用于国防的各种武器的生产、销售及使用虽然受到法律的限制，但这些武器本身及其制造方法仍然属于可给予专利保护的客体。[①]

2. 违反社会公德的发明创造

发明创造如果与社会公德相违背的，不能被授予专利权。例如，带有暴力凶杀或者淫秽的图片或者照片的外观设计；非医疗目的的人造性器官或者其替代物；人与动物交配的方法；改变人生殖系遗传同一性的方法或改变了生殖系遗传同一性的人；克隆的人或克隆人的方法；人胚胎的工业或商业目的的应用；可能导致动物痛苦而对人或动物的医疗没有实质性益处的改变动物遗传同一性的方法等，都属于违反社会公德的发明创造，因而不能被授予专利权。[②]

3. 妨害公共利益的发明创造

发明创造如果构成对公共利益的妨害，也不能授予专利权。例如，发明创造以致人伤残或损害财物为手段的，如一种使盗窃者双目失明的防盗装置及方法，不能被授予专利权；发明创造的实施或使用会严重污染环境、严重浪费能源或资源、破坏生态平衡、危害公众健康的，不能被授予专利权；专利申请的文字或者图案涉及国家重大政治事件或宗教信仰、伤害人民感情或民族感情或者宣传封建迷信的，不能被授予专利权。但是，如果发明创造因滥用而可能造成妨害公共利益的，或者发明创造在产生积极效果的同时存在某种缺点的，例如，对人体有某种副作用的药品，则不能以"妨害公共利益"为理由拒绝授予专利权。[③]

4. 违法获取或者利用遗传资源，并依赖该遗传资源完成的发明创造

《生物多样性公约》是一项保护地球生物资源的国际性公约。《生物多样性公约》在遗传资源取得、利用方面确立了国家主权原则、知情同意原则和惠益分享原则。我国专利法就是根据这些原则对我国境内的遗传资源进行保护，对违反法律、行政法规的规定获取或者利用遗传资源，并依赖该遗传资源完成的发明创造，不授予专利权。

《专利法》所称遗传资源，是指取自人体、动物、植物或者微生物等含有遗传功能

---

①②③ 国家知识产权局：《专利审查指南2010》，知识产权出版社2010年版，第二部分第一章3.1。

单位并具有实际或者潜在价值的材料。依赖遗传资源完成的发明创造，是指利用了遗传资源的遗传功能完成的发明创造。[1]取自人体、动物、植物或者微生物等含有遗传功能单位的材料，是指遗传功能单位的载体，既包括整个生物体，也包括生物体的某些部分，例如，器官、组织、血液、体液、细胞、基因组、基因、DNA或者RNA片段等。发明创造利用了遗传资源的遗传功能是指对遗传功能单位进行分离、分析、处理等，以完成发明创造，实现其遗传资源的价值。

违反法律、行政法规的规定获取或者利用遗传资源，是指遗传资源的获取或者利用未按照我国有关法律、行政法规的规定事先获得有关行政管理部门的批准或者相关权利人的许可。[2]

（二）专利权授予的排除领域

我国专利法规定的专利权授予的排除领域包括：（1）科学发现；（2）智力活动的规则和方法；（3）疾病的诊断和治疗方法；（4）动物和植物品种；（5）用原子核变换方法获得的物质；（6）对平面印刷品的图案、色彩或者二者的结合作出的主要起标识作用的设计。[3]

1. 科学发现

根据我国《专利审查指南》，科学发现是指对自然界中客观存在的物质、现象、变化过程及其特性和规律的揭示。科学理论是对自然界认识的总结，是更为广义的发现。它们都属于人们认识的延伸。这些被认识的物质、现象、过程、特性和规律不同于改造客观世界的技术方案，不是专利法意义上的发明创造，因此不能被授予专利权。例如，发现卤化银在光照下有感光特性，这种发现不能被授予专利权，但是根据这种发现制造出的感光胶片以及此感光胶片的制造方法则可以被授予专利权。又如，从自然界找到一种以前未知的以天然形态存在的物质，仅仅是一种发现，不能被授予专利权。

值得注意的是，很多发明是建立在发现的基础之上的。发明与发现的这种密切关

---

[1] 《专利法实施细则》第26条。
[2] 国家知识产权局：《专利审查指南2010》，知识产权出版社2010年版，第二部分第一章3.2。
[3] 《专利法》第25条。

系在化学物质的"用途发明"上表现最为突出，当发现某种化学物质的特殊性质之后，利用这种性质的"用途发明"则应运而生。[1]

2. 智力活动的规则和方法

根据我国《专利审查指南》，智力活动的规则和方法是指导人们进行思维、表述、判断和记忆的规则和方法。如组织、生产、商业实施和经济等方面的管理方法及制度；演绎、推理和运筹的方法；计算机的语言及计算规则；速算法或口诀；数学理论和换算方法；心理测验方法；各种游戏、娱乐的规则和方法；统计、会计和记账的方法；计算机程序本身等。由于其没有采用技术手段或者利用自然规律，也未解决技术问题和产生技术效果，因而不构成技术方案，不能被授予专利权。

如果一项权利要求仅仅涉及智力活动的规则和方法，则不应当被授予专利权。如果一项权利要求，除其主题名称以外，对其进行限定的全部内容均为智力活动的规则和方法，则该权利要求实质上仅仅涉及智力活动的规则和方法，也不应当被授予专利权。

智力活动的规则和方法之所以被排除在可专利的主题之外，根本原因在于其没有运用技术手段解决技术问题，在本质上不属于专利法意义上的技术方案。而如果一项权利要求在对其进行限定的全部内容中既包含智力活动的规则和方法的内容，又包含技术特征，则该权利要求就整体而言并不是一种智力活动的规则和方法，不应当依据专利法排除其获得专利权的可能性。[2]

例如，在福耀公司诉法国圣戈班专利无效宣告请求案中，专利复审委认为，如果一项权利要求仅仅涉及智力活动的规则和方法，则不应当被授予专利权；但如果一项权利要求在对其进行限定的全部内容中既包含智力活动的规则和方法的内容，又包含技术特征，则该权利要求就整体而言并不是一种智力活动的规则和方法，不应当依据《专利法》第25条排除其获得专利权的可能性。[3]

---

① 国家知识产权局：《专利审查指南2010》，知识产权出版社2010年版，第二部分第一章4.1。
② 国家知识产权局：《专利审查指南2010》，知识产权出版社2010年版，第二部分第一章4.2。
③ 参见"2011年专利复审委十大典型案例"。国家知识产权局专利复审委网站（最后访问日期：2013年5月20日）。

3. 疾病的诊断和治疗方法

根据我国《专利审查指南》，疾病的诊断和治疗方法，是指以有生命的人体或者动物体为直接实施对象，进行识别、确定或消除病因或病灶的过程。由于疾病的诊断和治疗方法直接以有生命的人体或动物体为实施对象，无法在产业上应用，同时也是出于人道主义和社会伦理的考虑，因而疾病的诊断和治疗方法不属于专利法意义上的发明创造。

疾病的诊断方法是指为识别、研究和确定有生命的人体或动物体病因或病灶状态的过程。一项与疾病诊断有关的方法如果同时满足以下两个条件，则属于疾病的诊断方法，不能被授予专利权：（1）以有生命的人体或动物体为对象；（2）以获得疾病诊断结果或健康状况为直接目的。如血压测量法、诊脉法、足诊法、X光诊断法、超声诊断法、胃肠造影诊断法、内窥镜诊断法、同位素示踪影像诊断法、疾病治疗效果预测方法等。

疾病的治疗方法是指为使有生命的人体或者动物体恢复或获得健康或减少痛苦，进行阻断、缓解或者消除病因或病灶的过程。治疗方法包括以治疗为目的或者具有治疗性质的各种方法。如外科手术治疗方法、药物治疗方法、心理疗法；为预防疾病而实施的各种免疫方法；血液透析方法、麻醉深度监控方法、药物内服方法、药物注射方法、药物外敷方法；以治疗为目的的受孕、避孕、增加精子数量、体外受精、胚胎转移等方法；以治疗为目的的整容、肢体拉伸、减肥、增高方法；伤口消毒方法、包扎方法；人工呼吸方法、输氧方法。而制造假肢或者假体的方法，以及为制造该假肢或者假体而实施的测量方法、动物屠宰方法、单纯的美容方法等则不属于疾病的治疗方法。[①]

值得注意的是，尽管疾病的诊断和治疗方法不能被授予专利权，但是，用于实施疾病诊断和治疗方法的仪器或装置，以及在疾病诊断和治疗方法中使用的物质或材料可以授予专利权。而在药物治疗疾病的方法中使用的药物本身也是可以被授予专利权。此外，对于既可能包含治疗目的，又可能包含非治疗目的的方法，在专利申请应当明确说明该方法用于非治疗目的，否则不能被授予专利权。

[①] 国家知识产权局：《专利审查指南2010》，知识产权出版社2010年版，第二部分第一章4.3。

4. 动物和植物品种

动物和植物是有生命的物体。根据我国《专利审查指南》，专利法所称的"动物"不包括人，是指不能自己合成，而只能靠摄取自然的碳水化合物及蛋白质来维系其生命的生物。而"植物"是指可以借助光合作用，以水、二氧化碳和无机盐等无机物合成碳水化合物、蛋白质来维系生存，并通常不发生移动的生物。

动物和植物品种尽管不受专利法的保护，但动物和植物品种的生产方法可以授予专利权。[①]这里所说的生产方法限于非生物学的方法，不包括生产动物和植物主要是生物学的方法。是否属于"主要是生物学的方法"取决于在该方法中人的技术介入程度。如果人的技术介入对该方法所要达到的目的或者效果起了主要的控制作用或者决定性作用，则这种方法不属于"主要是生物学的方法"。例如，采用辐照饲养法生产高产牛奶的乳牛的方法；改进饲养方法生产瘦肉型猪的方法等属于可被授予发明专利权的客体。

与动物和植物品种不同，在我国，微生物和微生物方法的发明可以获得专利保护。所谓微生物发明是指利用各种细菌、真菌、病毒等微生物去生产一种化学物质（如抗生素）或者分解一种物质等的发明。[②]

除上述专利权授予的排除领域外，在我国，"用原子核变换方法获得的物质"和"对平面印刷品的图案、色彩或者二者的结合作出的主要起标识作用的设计"也不能获得专利授权。

"用原子核变换方法获得的物质"之所以属于专利授权赔偿领域，主要因为此类物质关系到国防、经济和公共安全等重大利益，专利权的授予可能会产生不当损害社会公共利益的后果，因而予以排除。而"对平面印刷品的图案、色彩或者二者的结合作出的主要起标识作用的设计"不授予专利权，其原因主要在于鼓励设计人将更多关注相关产品本身外观的创新上，提高我国产品本身外观的创新水平和创新能力。

---

① 《专利法》第25条第2款。
② 国家知识产权局：《专利审查指南2010》，知识产权出版社2010年版，第二部分第一章4.4。

第三节 │ 专利权授权的实质性条件

专利权的授予使得专利人就其发明创造获得了排他使用权，使得专利权人因此获得收回创新成本乃至盈利的可能性，但同时，作为授予专利权的对价，相关发明创造应该对现有技术或设计有所创新、有所进步、有所突破，唯有如此，专利制度对创新的激励作用才能落到实处。基于此，专利法都要求专利权授予应满足实质性条件。鉴于发明和实用新型属于技术类型的发明创造，而外观设计属于装饰类型的发明创造，所以两者在专利授权的实质性条件方面存在较大的不同。

一、发明、实用新型专利授权的实质性条件

根据我国专利法，授予专利权的发明和实用新型应当具备新颖性、创造性和实用性。[①]

（一）新颖性

1. 新颖性的含义

根据我国《专利法》，新颖性是指该发明或者实用新型不属于现有技术，也没有任何单位或者个人就同样的发明或者实用新型在申请日以前向国务院专利行政部门提出过申请，并记载在申请日以后公布的专利申请文件或者公告的专利文件中。[②]基于此，可以认为我国专利法上的新颖性要求：专利申请所涉发明创造不属于现有技术，同时也不存在与专利申请相冲突的抵触申请。

就"现有技术"而言，我国《专利法》将其界定为申请日以前在国内外为公众所

[①]《专利法》第22条第1款。
[②]《专利法》第22条第2款。

知的技术。^①《专利审查指南》进一步认为，现有技术应当是在申请日以前公众能够得知的技术内容，即应当在申请日以前处于能够为公众获得的状态，并包含能够使公众从中得知实质性技术知识的内容。但处于保密状态的技术内容不属于现有技术。保密状态不仅包括受保密规定或协议约束的情形，还包括社会观念或者商业习惯上被认为应当承担保密义务的情形，即默契保密的情形。如果因泄密而导致技术内容公开，使公众能够得知这些技术，所涉技术也就构成现有技术。^②

在如皋市爱吉科纺织机械有限公司诉国家知识产权局专利复审委员会、王玉山实用新型专利无效提审案中，针对企业标准的备案是否构成专利法意义上的公开，进而认为该备案的企业标准为现有技术问题。最高人民法院认为，结合现有法律规定和实践操作情况，企业标准的备案并不意味着标准的具体内容要向社会公开发布，企业标准的备案也不意味着公众中任何人都可以自由查阅和获得，企业标准并不因备案行为本身而构成专利法意义上的公开。本案中无效请求人并无证据证明争议企业标准的全部内容已经实际由备案管理机关对外公告……其所提交的证据不能用于证明该企业标准已经处于社会公众中任何人想要得知就能够得知的状态。^③

在现实中，现有技术包括在申请日（有优先权的，指优先权日）以前在国内外出版物上公开发表、在国内外公开使用或者以其他方式为公众所知的技术。但根据专利法，申请专利的发明创造在申请日以前6个月内，在下列情形下公开的技术不构成现有技术，不丧失新颖性：其一，在中国政府主办或者承认的国际展览会上首次展出的；其二，在规定的学术会议或者技术会议上首次发表的；其三，他人未经申请人同意而泄露其内容的。^④

就"抵触申请"而言，其是指相对于某专利申请（在后申请），存在与该专利申请技术内容相同而早于该专利提出的专利申请（在先申请），且在先专利申请的公布或公告又晚于在后申请的专利申请。例如，A专利申请日为2015年3月10日，B专利申请日为

---

① 《专利法》第22条第5款。
② 国家知识产权局：《专利审查指南2010》，知识产权出版社2010年版，第二部分第三章2.1。
③ 最高人民法院行政裁定书（2007）行提字第3号。
④ 《专利法》第24条。

2014年12月2日，其公布日为2015年6月10日。如果A、B专利申请技术内容相同，则B专利申请（在先申请）就构成A专利申请（在后申请）的抵触申请，使得A专利申请无法获得专利授权。

构成抵触申请的发明或实用新型虽然不是在后申请的申请日以前已经公开的技术，因而不能属于现有技术，也无法依据现有技术认为其不具有新颖性，但如果对申请日不同但内容相同的两份申请都授予专利权，就会导致对同样的发明创造重复授予专利权的结果，违背了专利法"禁止重复授权原则"。因而规定存在抵触申请的发明或者实用新型专利申请不具备新颖性，不能被授予专利权，较好地解决了虽不属于现有技术，但也无法授予其专利权的难题。

2. 新颖性的判断

根据新颖性的含义，具有新颖性的发明创造不能是现有技术，也不存在与发明和实用新型专利申请技术内容相同的抵触申请。

根据我国《专利审查指南》和相关司法实践，发明或实用新型的具体判断主要涉及以下问题。

第一，新颖性的判断方法。发明或实用新型是否具有新颖性主要是通过与现有技术比较来进行判断。发明或者实用新型专利申请新颖性的判断适用单独对比的原则。

所谓单独对比是指判断新颖性时，应当将发明或者实用新型专利申请的各项权利要求分别与每一项现有技术或申请在先公布或公告在后的发明或实用新型的相关技术内容单独地进行比较，不得将其与几项现有技术或者申请在先公布或公告在后的发明或者实用新型内容的组合，或者与一份对比文件中的多项技术方案的组合进行对比。这里的对比文件是指为判断发明或者实用新型是否具备新颖性或创造性等所引用的相关文件，包括专利文件和非专利文件。引用的对比文件可以是一份，也可以是数份；所引用的内容可以是每份对比文件的全部内容，也可以是其中的部分内容。

在权利要求的技术特征被对比文件公开的具体认定标准方面，最高人民法院在"快进慢出型弹性阻尼体缓冲器"实用新型专利权无效行政纠纷案中指出，权利要求的技术特征被对比文件公开，不仅要求该对比文件中包含有相应的技术特征，还要求该相应的技术特征在对比文件中所起的作用与权利要求中的技术特征所起的作用实质相同。相应的技术特征在对比文件中所起的作用是指该相应的技术特征在对比文件公开的技术方案中实际起的作用，而不是该相应的技术特征客观上可具有的作用的全集。[①]

第二，新颖性判断中的常见情形。

其一，相同内容的发明或者实用新型。通过采用单独对比方法，如果要求保护的发明或者实用新型与对比文件所公开的技术内容完全相同，或者仅仅是简单的文字变换，则该发明或者实用新型不具备新颖性。同时，上述相同的内容应该理解为包括可以从对比文件中直接地、毫无疑义地确定的技术内容。相同内容的发明或者实用新型是指技术领域、所解决的技术问题、技术方案和预期效果相同或实质相同的发明创造。

其二，具体（下位）概念与一般（上位）概念。如果要求保护的发明或者实用新型与对比文件相比，其区别仅在于前者采用一般（上位）概念，而后者采用具体（下位）概念限定同类性质的技术特征，则具体（下位）概念的公开使采用一般（上位）概念限定的发明或者实用新型丧失新颖性。例如，对比文件公开某产品是"用铜制成的"，就使"用金属制成的"同一产品的发明或者实用新型丧失新颖性。但是，该铜制品的公开并不使铜之外的其他具体金属制成的同一产品的发明或者实用新型丧失新颖性。反之，一般（上位）概念的公开并不影响采用具体（下位）概念限定的发明或者实用新型的新颖性。

其三，惯用手段的直接置换。如果要求保护的发明或者实用新型与对比文件的区别仅仅是所属技术领域的惯用手段的直接置换，则该发明或者实用新型不具备新颖性。

例如，在专利复审委员会与黄某专利无效行政纠纷案中，涉案专利与管道间的密封连接方式有关，对涉案专利是否属于惯用手段的直接置换，专利复审委员会认为：发明或者实用新型与对比文件存在的区别技术特征是否属于所属领域的惯用手段的直接置换，其前提应该是二者的技术效果相同。如果效果不同就不存在比较新颖性的基础，更无从判定属于惯用手段的直接置换。对比文件1公开了一种地热式原油助采器，与权利要求1相比，其主要区别特征在于接头的密封方式不同，即本专利权利要求1中采用了"O"形密封圈和密封脂作径向密封和轴向端面密封；而对比文件1中仅公开了

---

① 最高人民法院行政裁定书（2012）知行字第3号。

采用密封胶粘接层的轴向端面密封。本专利中由于采用了"O"形密封圈，从而达到了对接头部位进行径向密封的效果，这与对比文件1中采用密封胶黏接层所达到的轴向端面密封效果不同。因此，请求人所称该区别属本领域惯用手段的直接置换的主张，合议组不予支持。权利要求1相对于对比文件1具有新颖性。北京市高级人民法院认为：本案所涉专利与对比文件1均涉及管道间的密封连接，通过密封达到真空的技术效果。实践中，管道间的密封连接方式有多种，如密封胶、密封垫、"O"形密封圈、麻丝、油灰、生胶带等，上述密封技术属于公知技术常识。为了达到好的密封效果，上述密封材料可以相互替换，亦可同时进行轴向和径向密封。虽然本案所涉专利权利要求1的技术方案中采用的密封方式与对比文件1公开的密封方式不同，但上述区别属于本领域普通技术人员惯用的直接置换的技术手段。因此，权利要求1相对于对比文件1不具有新颖性。[1]

其四，数值和数值范围。如果要求保护的发明或者实用新型中存在以数值或者连续变化的数值范围限定的技术特征，例如，部件的尺寸、温度、压力以及组合物的组分含量，而其余技术特征与对比文件相同，对比文件公开的数值或者数值范围（包括端点的数值）落在限定的技术特征的数值范围内，将破坏要求保护的发明或者实用新型的新颖性。例如，专利申请的权利要求为一种铜基形状记忆合金，包含10%~35%（重量）的锌和2%~8%（重量）的铝，余量为铜。如果对比文件公开了包含20%（重量）锌和5%（重量）铝的铜基形状记忆合金，则上述对比文件破坏该权利要求的新颖性。[2]

（二）创造性

创造性也常被称作非显而易见性或发明步骤。创造性强调发明创造之于现有技术的进步程度对于技术所属领域的普通技术人员而言并非是显而易见的。符合这一要求的发明创造为现有技术的进步作出了较大贡献，才会被授予专利权。

根据我国《专利法》，创造性是指与现有技术相比，该发明具有突出的实质性特点

---

[1] 北京市高级人民法院行政判决书（2005）高行终字第38号。
[2] 国家知识产权局：《专利审查指南2010》，知识产权出版社2010年版，第二部分第三章3.。

和显著的进步，该实用新型具有实质性特点和进步。①根据专利法对创造性的界定可以看出，发明和实用新型在本质上相比现有技术都要有所突破、有所进步，但在程度上，发明比实用新型要求更高。被授予发明专利的技术方案，其创造性的要求是，相比现有技术具有突出的实质性特点和显著的进步，而被授予实用新型的技术方案，相比现有技术只要具有实质性特点和进步。

根据我国《专利审查指南》，以发明专利的创造性审查为例，对发明专利的创造性判断主要涉及以下几个方面的问题。②

1. 创造性判断原则

审查发明是否具备创造性，应当审查发明是否具有突出的实质性特点和显著的进步。在评价发明是否具备创造性时，应将发明作为一个整体看待。不仅要考虑发明的技术方案本身，而且还要考虑发明所属技术领域、所解决的技术问题和所产生的技术效果。在对比文件的运用方面，与新颖性"单独对比"的审查原则不同，审查创造性时，将一份或者多份现有技术中的不同的技术内容组合在一起对要求保护的发明进行评价。如果一项独立权利要求具备创造性，则不再审查该独立权利要求的从属权利要求的创造性。

2. 所属技术领域的技术人员水平的确定

对申请专利的发明之于现有技术进步程度的大小以及是否具备创造性，应当以所属技术领域的技术人员的知识和能力为标准进行判断。而所属技术领域的技术人员，也称本领域的技术人员，是指一种假设的"人"，假定他知晓申请日或者优先权日之前发明所属技术领域所有的普通技术知识，能够获知该领域中所有的现有技术，并且具有应用该日期之前常规实验手段的能力，但他不具有创造能力。如果所要解决的技术问题能够促使本领域的技术人员在其他技术领域寻找技术手段，他也应具有从该其他技术领域中获知该申请日或优先权日之前的相关现有技术、普通技术知识和常规实验手段的能力。

3. 突出的实质性特点的判断

发明有突出的实质性特点是指对所属技术领域的技术人员来说，发明相对于现有

---

① 《专利法》第22条第3款。
② 国家知识产权局：《专利审查指南2010》，知识产权出版社2010年版，第二部分第四章3.1。

技术是非显而易见的。如果发明是所属技术领域的技术人员在现有技术的基础上仅仅通过合乎逻辑的分析、推理或者有限的试验可以得到的，则该发明是显而易见的，也就不具备突出的实质性特点。

判断发明是否具有突出的实质性特点，就是要判断对本领域的技术人员来说，要求保护的发明相对于现有技术是否显而易见。如果要求保护的发明相对于现有技术是显而易见的，则不具有突出的实质性特点；反之，如果对比的结果表明要求保护的发明相对于现有技术是非显而易见的，则具有突出的实质性特点。判断要求保护的发明相对于现有技术是否显而易见，通常可按照以下三个步骤进行。

第一步：确定最接近的现有技术。最接近的现有技术是指现有技术中与要求保护的发明最密切相关的一个技术方案，它是判断发明是否具有突出的实质性特点的基础。最接近的现有技术，可以是与要求保护的发明技术领域相同，所要解决的技术问题、技术效果或者用途最接近和／或公开了发明的技术特征最多的现有技术，或者虽然与要求保护的发明技术领域不同，但能够实现发明的功能，并且公开发明的技术特征最多的现有技术。

就技术领域的确定而言，应当以权利要求所限定的内容为准，一般根据专利的主题名称，结合技术方案所实现的技术功能、用途加以确定。专利在国际专利分类表中的最低位置对其技术领域的确定具有参考作用。相近的技术领域一般指与实用新型专利产品功能以及具体用途相近的领域，相关的技术领域一般指实用新型专利与最接近的现有技术的区别技术特征所应用的功能领域。[1]

第二步：确定发明的区别特征和发明实际解决的技术问题。首先应当分析要求保护的发明与最接近的现有技术相比有哪些区别特征，然后根据该区别特征所能达到的技术效果确定发明实际解决的技术问题。发明实际解决的技术问题，是指为获得更好的技术效果而需对最接近的现有技术进行改进的技术任务。

第三步：判断要求保护的发明对本领域的技术人员来说是否显而易见。该判断过程中，要确定现有技术整体上是否存在某种技术启示，即现有技术中是否给出将上述

---

[1] 最高人民法院行政裁定书（2011）知行字第19号。

区别特征应用到该最接近的现有技术以解决其存在的技术问题（即发明实际解决的技术问题）的启示，这种启示会使本领域的技术人员在面对所述技术问题时，有动机改进该最接近的现有技术并获得要求保护的发明。

如果现有技术存在这种技术启示，则发明是显而易见的，不具有突出的实质性特点。例如，要求保护的发明是一种用铝制造的建筑构件，其要解决的技术问题是减轻建筑构件的重量。一份对比文件公开了相同的建筑构件，同时说明建筑构件是轻质材料，但未提及使用铝材。而在建筑标准中，已明确指出铝作为一种轻质材料，可作为建筑构件。该要求保护的发明明显应用了铝材轻质的公知性质。因此，可认为现有技术中存在上述技术启示。[①]

如果现有技术不存在这种技术启示，则相关发明就是非显而易见的，具有创造性。在中山市亿雄电器有限公司诉专利复审委员会专利行政纠纷案中，法院认为，实用新型专利的创造性审查就是判断该实用新型的专利技术方案与已有的技术相比，是否具有实质性特点和进步。结合本专利，就是审查本专利权利要求1中的"加热管错开排列"之特征在证据1（公开了一种带反射对流散热装置的电热制暖器）中是否有相应的技术启示，对于本领域普通技术人员来说在证据1的基础上得出本专利的权利要求1的技术方案是否显而易见。本专利的"加热管错开排列"之特征，在本领域技术人员看来应当是指加热管不在同一垂直平面上的排列。而证据1附图中的加热管在同一垂直平面上排成一列，并不包括错开排列的情形，并且证据1的文字部分没有公开电热管不在同一垂直平面上排列的技术方案，因此，证据1没有公开本专利权利要求1中的"加热管错开排列"之特征。证据1没有记载本专利权利要求1中的特征"加热管错开排列"，从其公开的内容中并不能得到加热管错开排列的技术启示。而且，本专利由于采用了加热管错开排列的方式，取得了促进空气对流，从而增强换热的有益效果，所以本专利权利要求1相对于证据1具有实质性特点和进步，符合专利法关于创造性的规定。[②]

---

① 国家知识产权局：《专利审查指南2010》，知识产权出版社2010年版，第二部分第四章3.。
② 北京市第一中级人民法院行政判决书（2006）一中行初字第996号。

4. 显著的进步的判断

发明有显著的进步，是指发明与现有技术相比能够产生有益的技术效果。例如，发明克服了现有技术中存在的缺点和不足，或者为解决某一技术问题提供了一种不同构思的技术方案，或者代表某种新的技术发展趋势。

在评价发明是否具有显著的进步时，主要应当考虑发明是否具有有益的技术效果。以下情况，通常应当认为发明具有有益的技术效果，具有显著的进步：（1）发明与现有技术相比具有更好的技术效果，如质量改善、产量提高、节约能源、防治环境污染等；（2）发明提供了一种技术构思不同的技术方案，其技术效果能够基本上达到现有技术的水平；（3）发明代表某种新技术发展趋势；（4）尽管发明在某些方面有负面效果，但在其他方面具有明显积极的技术效果。[1]

5. 判断发明创造性时需考虑的其他因素

对申请专利的发明是否具有创造性，通常应当根据上述要素进行判断。但以下情形也是创造性判断中应加以考虑的因素。[2]

（1）发明解决了人们一直渴望解决但始终未能获得成功的技术难题。如果发明解决了人们一直渴望解决但始终未能获得成功的技术难题，这种发明具有突出的实质性特点和显著的进步，具备创造性。（2）发明克服了技术偏见。技术偏见是指在某段时间内，某个技术领域中，技术人员对某个技术问题普遍存在的、偏离客观事实的认识，它引导人们不去考虑其他方面的可能性，阻碍人们对该技术领域的研究和开发。（3）发明取得了预料不到的技术效果。当发明产生了预料不到的技术效果时，既说明发明具有显著的进步，同时也反映出发明的技术方案是非显而易见的，具有突出的实质性特点，该发明具备创造性。该判断因素在一些发明的创造性判断中具有重要的意义。例如，在"溴化替托品单水合物晶体"发明专利权无效行政纠纷案中，最高人民法院认为，《专利审查指南》所称"结构接近的化合物"，仅特指该化合物必须具有相同的核心部分或者基本的环，不涉及化合物微观晶体结构本身的比较；在新晶型化合物创造性判断中，并非所有的微观晶体结构变化均必然具有突出的实质性特点和显著

---

① 国家知识产权局：《专利审查指南2010》，知识产权出版社2010年版，第二部分第四章3.。

② 国家知识产权局：《专利审查指南2010》，知识产权出版社2010年版，第二部分第四章5.。

的进步，必须结合其是否带来预料不到的技术效果进行考虑。①（4）发明在商业上获得成功。当发明的产品在商业上获得成功时，如果这种成功是由于发明的技术特征直接导致的，则反映了发明具有有益效果，同时也说明了发明是非显而易见的，因而这类发明具有突出的实质性特点和显著的进步，具备创造性。值得注意的是，一般情况下，只有利用"三步法"难以判断技术方案的创造性或者得出无创造性的评价时，才将商业上的成功作为创造性判断的辅助因素；对于商业上的成功的考量应当持相对严格的标准，只有技术方案相比现有技术作出改进的技术特征是商业上成功的直接原因的，才可认定其具有创造性。②

（三）实用性

1. 实用性的含义

专利法意义上实用性是指发明或者实用新型能够制造或者使用，并且能够产生积极效果。③其强调的是授予专利权的发明创造必须具有实用价值，在社会生活中有实际作用。

根据我国《专利审查指南》，实用性要求中的"能够在产业上制造或者使用"，是指授予专利权的发明或者实用新型，必须是能够解决技术问题，并且能够应用的发明或者实用新型。如果申请的是一种产品，那么该产品必须在产业中能够制造，并且能够解决技术问题；如果申请的是一种方法（仅限发明），那么这种方法必须在产业中能够使用，并且能够解决技术问题。只有满足上述条件的产品或者方法才可能被授予专利权。这里的"产业"，包括工业、农业、林业、水产业、畜牧业、交通运输业以及文化体育、生活用品和医疗器械等行业。在产业上能够制造或者使用的技术方案，是指符合自然规律、具有技术特征的任何可实施的技术方案。这些方案并不一定意味着使用机器设备，或者制造一种物品，还可以包括例如驱雾的方法，或者将能量由一种形式转换成另一种形式的方法。

---

① 最高人民法院行政判决决书（2011）知行字第86号。
② 最高人民法院行政判决决书（2012）行提字第8号。
③《专利法》第22条第4款。

而实用性要求中的"能够产生积极效果"，是指发明或者实用新型专利申请在提出申请之日，其产生的经济、技术和社会的效果是所属技术领域的技术人员可以预料到的，这些效果应当是积极的和有益的。[1]

2. 实用性的判断

根据实用性的含义，一项发明创造是否满足实用性的要求取决发明或者实用新型是否能够在产业中制造或者使用，并且能够产生积极效果。

在发明创造实用性判断实践中，也主要是基于实用性的含义进行的。在鞍山市立山区长城塑料电器厂诉专利复审委员会专利无效行政纠纷案中，就涉案专利具有实用性而言，专利复审委员会认为：本案专利权利要求所保护的安全电热毯能够制造出来，并且能够消除人睡在上面的不适感，采用了可折叠易热合的护套和套管封闭传热液这种结构，使得电热毯可以随意折叠，采用防冻剂作传导物质，克服了水在低温情况下结冰使导管易折断的弊端。可见本实用新型专利能够制造出来，并且能够产生有益效果，因此具有实用性。

北京市高级人民法院判决认为，《专利法》所称实用性是指发明或者实用新型申请的主题必须能够在产业上制造或者使用，并且能够产生积极的效果。作为一种实用新型，必须是能够制造的，具有工业上的可再现性，并产生预期的有益的效果。本案专利载明的技术方案所要保护的安全电热毯能够制造出来，本案专利所能达到的有益效果是"消除人睡在上面的不适感""克服了水在低温情况下结冰使导管易折断的弊端"。上诉人长城塑料电器厂对本专利可以制造出来并无异议，但其认为按照说明书附图制造的产品，存在水电共存的严重问题，不符合国家强制标准，对人身会造成危害。依照实用新型专利的技术方案制造的产品是否符合国家标准，并不是判断该专利是否具有实用性的依据。是否损害人身健康，要从实用新型的发明目的出发进行判断。至于按专利生产的产品及在使用中的质量问题，不属于专利法调整的范围。所以本案专利具备实用性。[2]

值得注意的是，根据我国《专利审查指南》，发明创造如果存在以下情形，就不具

---

[1] 国家知识产权局：《专利审查指南2010》，知识产权出版社2010年版，第五部分第三章3.。
[2] 北京市高级人民法院行政判决书（2003）高行终字第40号。

备实用性要求。[①]

第一，无再现性。再现性是指所属技术领域的技术人员，根据公开的技术内容，能够重复实施专利申请中为解决技术问题所采用的技术方案。这种重复实施不得依赖任何随机的因素，并且实施结果应该是相同的。具有实用性的发明或者实用新型专利申请主题，应当具有再现性。反之，无再现性的发明或者实用新型专利申请主题不具备实用性。值得注意的是，申请发明或者实用新型专利的产品的成品率低与不具有再现性是有本质区别的。前者是能够重复实施，只是由于实施过程中未能确保某些技术条件（如环境洁净度、温度等）而导致成品率低；后者则是在确保发明或者实用新型专利申请所需全部技术条件下，所属技术领域的技术人员仍不可能重复实现该技术方案所要求达到的结果。

第二，违背自然规律。具有实用性的发明或者实用新型专利申请应当符合自然规律。违背自然规律的发明或者实用新型（如永动机）专利申请是不能实施的，因此，不具备实用性。

在马某诉专利复审委员会"船舶的水动力装置"专利申请确权案中，中国专利局以该发明违背能量守恒的自然法则为由驳回了专利申请。马某请求复审。复审委员会经过复审认为，该专利申请的构成是将水轮发电机组装在船舶上，利用船舶前进时在尾部所造成的水头来推动水轮发电机组，再通过电动机带动推进器推进船体运动。根据能量守恒定律，船舶不可能继续不断地前进，不能达到发明目的，没有积极效果，由此驳回了马某的复审请求。北京市中级人民法院认为，"船舶的水动力装置"发明专利申请的技术特征不符合自然法则，申请人又不能用事实证明该申请能够达到目的，具有积极效果。支持了专利复审委员会作出的复审决定。北京市高级人民法院经审理认为，具备实用性的发明应当符合自然法则，具有可实施性，可以在产业上制造或生产……而马某申请的技术方案违背了能量守恒定律，在设计上是错误的，无法达到预期目的和效果，不具有实用性。[②]

第三，利用独一无二的自然条件的产品。具备实用性的发明或者实用新型专利申

---

① 国家知识产权局：《专利审查指南2010》，知识产权出版社2010年版，第五部分第三章3.。
② 北京市高级人民法院行政判决决书（1993）高经终字第51号。

请不得是由自然条件限定的独一无二的产品。利用特定的自然条件建造的自始至终都是不可移动的唯一产品不具备实用性。应当注意的是，不能因为上述利用独一无二的自然条件的产品不具备实用性，而认为其构件本身也不具备实用性。

第四，人体或者动物体的非治疗目的的外科手术方法。外科手术方法包括治疗目的和非治疗目的的手术方法。以治疗为目的的外科手术方法属于不授予专利权的客体；非治疗目的的外科手术方法，由于是以有生命的人或者动物为实施对象，无法在产业上使用，因此不具备实用性。例如，为美容而实施的外科手术方法，或者采用外科手术从活牛身体上摘取牛黄的方法，以及为辅助诊断而采用的外科手术方法，如实施冠状造影之前采用的外科手术方法等。

第五，测量人体或者动物体在极限情况下的生理参数的方法。测量人体或动物体在极限情况下的生理参数需要将被测对象置于极限环境中，这会对人或动物的生命构成威胁，不同的人或动物个体可以耐受的极限条件是不同的，需要有经验的测试人员根据被测对象的情况来确定其耐受的极限条件，因此这类方法无法在产业上使用，不具备实用性。

第六，无积极效果。具备实用性的发明或者实用新型专利申请的技术方案应当能够产生预期的积极效果。明显无益、脱离社会需要的发明或者实用新型专利申请的技术方案不具备实用性。

在前述马某诉专利复审委员会"船舶的水动力装置"专利申请确权案中，北京市高级人民法院认为，作为一项产品发明的实用性是指，依据申请文件所限定的技术方案，产品能够制造出来，并且能够达到预期的发明目的和技术上的积极效果……能够产生积极效果，要求发明在提出申请之日，其产生的经济、技术和社会效果是所属技术领域的技术人员可以预料的，而且同现有技术相比，这些效果应当是积极和有益的。只有具备了可实施性和有益性，一项发明才符合了专利关于实用性的规定，才可能被授予专利权。[1]

---

[1] 北京市高级人民法院行政判决决书（1993）高经终字第51号。

二、外观设计专利授权的实质性条件

根据我国专利法的规定，授予专利权的外观设计，应当不属于现有设计；也没有任何单位或者个人就同样的外观设计在申请日以前向国务院专利行政部门提出过申请，并记载在申请日以后公告的专利文件中。授予专利权的外观设计与现有设计或者现有设计特征的组合相比，应当具有明显区别。授予专利权的外观设计不得与他人在申请日以前已经取得的合法权利相冲突。[①]

据此可以认为，外观设计授权的实质性条件包括：第一，授权的外观设计不属于现有设计，也没有抵触申请存在，即具有"新颖性"；第二，授权的外观设计明显区别于现有设计或现有设计特征的组合，即具有"显著性"；第三，不得与他人在申请日以前已经取得的合法权利相冲突，即具有"合法性"。

（一）新颖性

我国专利法要求授予专利权的外观设计不属于现有设计，也不存在抵触申请，可以认为这是外观设计授权的"新颖性"要求，与发明和实用新型专利授权条件中的新颖性要求类似。

1. 不属于现有设计

现有设计是指申请日（或优先权日）以前在国内外为公众所知的设计。[②]《专利审查指南》规定，现有设计包括申请日以前在国内外出版物上公开发表过、公开使用过或者以其他方式为公众所知的设计。[③]现有设计中一般消费者所熟知的、只要提到产品名称就能想到的相应设计，称为惯常设计。例如，提到包装盒就能想到其有长方体、正方体形状的设计。

不属于现有设计是指在现有设计中，既没有与涉案专利相同的外观设计，也没有与涉案专利实质相同的外观设计。

外观设计相同是指涉案专利与对比设计是相同种类产品的外观设计，并且涉案专

---

①② 《专利法》第23条。
③ 国家知识产权局：《专利审查指南2010》，知识产权出版社2010年版，第四部分第五章5.。

利的全部外观设计要素与对比设计的相应设计要素相同，其中外观设计要素是指形状、图案以及色彩。如果涉案专利与对比设计仅属于常用材料的替换，或者仅存在产品功能、内部结构、技术性能或者尺寸的不同，而未导致产品外观设计的变化，二者仍属于相同的外观设计。在确定产品的种类时，可以参考产品的名称、国际外观设计分类以及产品销售时的货架分类位置，但是应当以产品的用途是否相同为准。相同种类产品是指用途完全相同的产品。例如，机械表和电子表尽管内部结构不同，但是它们的用途是相同的，所以属于相同种类的产品。

外观设计实质相同的判断仅限于相同或者相近种类的产品外观设计。相近种类的产品是指用途相近的产品。例如，玩具和小摆设的用途是相近的，二者属于相近种类的产品。应当注意的是，当产品具有多种用途时，如果其中部分用途相同，而其他用途不同，则二者应属于相近种类的产品。例如，带MP3的手表与手表都具有计时的用途，二者属于相近种类的产品。

我国以一般消费者为相同或者实质相同外观设计的判断主体。一般消费者应当具备的知识和能力为：（1）对涉案专利申请日之前相同种类或者相近种类产品的外观设计及其常用设计手法具有常识性的了解。常用设计手法包括设计的转用、拼合、替换等类型。（2）对外观设计产品之间在形状、图案以及色彩上的区别具有一定的分辨力，但不会注意到产品的形状、图案以及色彩的微小变化。[1]

一般消费者应采用"整体观察、综合判断"的方式对外观设计是否构成相同或者实质相同进行判断。而所谓整体观察、综合判断，是指一般消费者从整体上而不是仅依据局部的设计变化，来判断外观设计专利与对比设计的视觉效果是否具有明显区别；在判断时，一般消费者对于外观设计专利与对比设计可视部分的相同点和区别点均会予以关注，并综合考虑各相同点、区别点对整体视觉效果的影响大小和程度。[2]

2. 不属于抵触申请

《专利审查指南》规定，在涉案专利（申请授权的外观设计）申请日以前任何单位或者个人向专利局提出并且在申请日以后（含申请日）公告的同样的外观设计专利申

---

[1] 国家知识产权局：《专利审查指南2010》，知识产权出版社2010年版，第四部分第五章4.。
[2] 最高人民法院行政判决书（2011）行提字第1号。

请，称为抵触申请。其中，同样的外观设计是指外观设计相同或者实质相同。

判断对比设计是否构成涉案专利的抵触申请时，应当以对比设计所公告的专利文件全部内容为判断依据。与涉案专利要求保护的产品的外观设计进行比较时，判断对比设计中是否包含与涉案专利相同或者实质相同的外观设计。例如，涉案专利请求保护色彩，对比设计所公告的为带有色彩的外观设计，即使对比设计未请求保护色彩，也可以将对比设计中包含该色彩要素的外观设计与涉案专利进行比较；又如，对比设计所公告的专利文件含有使用状态参考图，即使该使用状态参考图中包含不要求保护的外观设计，也可以将其与涉案专利进行比较，判断是否为相同或者实质相同的外观设计。[1]

（二）显著性

专利法要求授予专利权的外观设计应该明显区别于现有设计或现有设计特征的组合，即具有"显著性"。"显著性"的判断一般从反面入手，即如果涉案专利（申请授权的外观设计）不属于不明显区别于现有设计或不明显区别于现有设计特征的组合的，就具有"显著性"。

1. 不明显区别于现有设计

《专利审查指南》规定，如果一般消费者经过对涉案专利与现有设计的整体观察可以看出，二者的差别对于产品外观设计的整体视觉效果不具有显著影响，则涉案专利与现有设计相比不具有明显区别。显著影响的判断仅限于相同或者相近种类的产品外观设计。在确定涉案专利与相同或者相近种类产品现有设计相比是否具有明显区别时，一般还应当综合考虑如下因素。

（1）对涉案专利与现有设计进行整体观察时，应当更关注使用时容易看到的部位，使用时容易看到部位的设计变化相对于不容易看到或者看不到部位的设计变化，通常对整体视觉效果更具有显著影响。（2）当产品上某些设计被证明是该类产品的惯常设计（如易拉罐产品的圆柱形状设计）时，其余设计的变化通常对整体视觉效果更具有

---

[1] 国家知识产权局：《专利审查指南2010》，知识产权出版社2010年版，第四部分第五章5.。

显著的影响。（3）由产品的功能唯一限定的特定形状对整体视觉效果通常不具有显著的影响。例如，汽车轮胎的圆形形状是由功能唯一限定的，其胎面上的花纹对整体视觉效果更具有显著影响。（4）若区别点仅在于局部细微变化，则其对整体视觉效果不足以产生显著影响。[①]

在英国戴森有限公司诉东莞市旭尔美电器科技有限公司专利无效宣告请求案中，旭尔美电器公司于2012年6月获得专利号为201130243517.0、名称为"落地式电风扇（2）"的外观设计专利授权。戴森公司于2012年10月向专利复审委员会提出无效宣告请求。专利复审委员会经审理后认为，涉案专利所示风扇喷嘴边缘的沟槽、支架上的螺母以及喷嘴与基座的直径比等设计特征或者处于视觉不易关注的部位，或者属于常见设计、局部细微变化，不会对产品的整体视觉效果产生显著影响，与现有设计特征的组合相比不具有明显区别。因而宣告涉案专利权全部无效。[②]

2. 不明显区别于现有设计的转用、现有设计及其特征的组合

其一，不具有明显区别的现有设计的转用。转用是指将产品的外观设计应用于其他种类的产品。模仿自然物、自然景象以及将无产品载体的单纯形状、图案、色彩或者其结合应用到产品的外观设计中，也属于转用。

以下几种类型的转用属于明显存在转用手法的启示的情形，由此得到的外观设计与现有设计相比不具有明显区别：（1）单纯采用基本几何形状或者对其仅作细微变化得到的外观设计；（2）单纯模仿自然物、自然景象的原有形态得到的外观设计；（3）单纯模仿著名建筑物、著名作品的全部或者部分形状、图案、色彩得到的外观设计；（4）由其他种类产品的外观设计转用得到的玩具、装饰品、食品类产品的外观设计。[③]

其二，不具有明显区别的现有设计及其特征的组合。组合包括拼合和替换，是指将两项或者两项以上设计或者设计特征拼合成一项外观设计，或者将一项外观设计中的设计特征用其他设计特征替换。以一项设计或者设计特征为单元重复排列而得到的外观设计属于组合设计。上述组合也包括采用自然物、自然景象以及无产品载体的单

---

① 国家知识产权局：《专利审查指南2010》，知识产权出版社2010年版，第四部分第五章6.1。
② 国家知识产权局专利复审委员会第18958号无效宣告请求审查决定（2012年）。
③ 国家知识产权局：《专利审查指南2010》，知识产权出版社2010年版，第四部分第五章6.2。

纯形状、图案、色彩或者其结合进行的拼合和替换。

以下几种类型的组合属于明显存在组合手法的启示的情形，由此得到的外观设计属于与现有设计或者现有设计特征的组合相比没有明显区别的外观设计：（1）将相同或者相近种类产品的多项现有设计原样或者作细微变化后进行直接拼合得到的外观设计。例如，将多个零部件产品的设计直接拼合为一体形成的外观设计；（2）将产品外观设计的设计特征用另一项相同或者相近种类产品的设计特征原样或者作细微变化后替换得到的外观设计；（3）将产品现有的形状设计与现有的图案、色彩或者其结合通过直接拼合得到该产品的外观设计；或者将现有设计中的图案、色彩或者其结合替换成其他现有设计的图案、色彩或者其结合得到的外观设计。

如果上述转用、组合产生独特视觉效果，则应当认为具有明显区别。独特视觉效果，是指涉案专利相对于现有设计产生了预料不到的视觉效果。[1]

（三）合法性

外观设计专利授权所要求的"合法性"是指授予专利权的外观设计不得与他人在申请日以前已经取得的合法权利相冲突。"合法权利"主要是指商标权、著作权、企业名称权、肖像权、知名商品特有包装或者装潢使用权等。[2]并且这些权利在涉案专利申请日仍然是有效的。而"相冲突"是指未经权利人许可，外观设计专利使用了在先合法权利的客体，从而导致专利权的实施将会损害在先权利人的相关合法权利或者权益。[3]

实践中，发生权利冲突较多的是申请授予专利权的外观设计与他人在先取得的商标权、著作权发生冲突。

1. 与他人在申请日以前已经取得的商标权的冲突

在先商标权是指在涉案专利申请日之前，他人在中华人民共和国法域内依法受到保护的商标权。未经商标所有人许可，在涉案专利中使用了与在先商标相同或者相似

---

[1] 国家知识产权局：《专利审查指南2010》，知识产权出版社2010年版，第四部分第五章6.2。
[2] 《最高人民法院关于审理专利纠纷案件适用法律问题的若干规定》（2013）第16条。
[3] 国家知识产权局：《专利审查指南2010》，知识产权出版社2010年版，第四部分第五章7.。

的设计，专利的实施将会误导相关公众或者导致相关公众产生混淆，损害商标所有人的相关合法权利或者权益的，应当判定涉案专利权与在先商标权相冲突。[①]

申请专利的外观设计是否使用了与在先商标相同或者相似的设计的认定，原则上适用商标相同、相似的判断标准。

在杜某诉专利复审委员会专利无效行政纠纷案中，杜某拥有名称为"包装盒"的外观设计专利（涉案专利）。养生堂有限公司认为涉案专利与其在先取得的商标权（"养生堂"文字商标）相冲突。专利复审委员会认为：涉案专利的主视图和后视图的右上角均使用了外轮廓近似圆形奖章、内含"上海養生堂保健品國際有限公司"文字的设计，其中上述文字分四行排列，分别是"上海""養生堂""保健品國際"和"有限公司"，字体为黑体。养生堂有限公司"养生堂"商标（在先商标）为"养生堂"文字，字体似稍有倾斜的黑体。在先商标指定使用的商品包括非医用营养胶囊，涉案专利的包装盒亦用于保健药片或胶囊的包装，二者使用商品的种类相同。对比涉案专利中使用的包含文字的圆形奖章图案与在先商标，二者均包含"养生堂"的汉字字样，所述字样不同点仅在于涉案专利使用的文字首字为繁体字，而在先商标的文字首字为简化字，即涉案专利使用的为"養生堂"，在先商标为"养生堂"，但二者汉字构成、读音和排列顺序均完全相同，字体也基本相同，故涉案专利中使用的文字字样与在先商标构成近似。涉案专利在其产品的显著位置均使用了包含单独列出"養生堂"字样的奖章图案，且未经在先商标所有人的授权许可，在实际使用过程中，易使相关公众将其误认为与在先商标"养生堂"的产品来源相同或者联想到其商品生产者与在先商标所有人存在某种联系，故涉案专利的实施将会误导相关公众，损害在先商标所有人的合法权益，遵循诚实信用和保护在先取得的合法权利的原则，应判定其与在先商标权相冲突。

法院认为，在先商标系养生堂有限公司在先取得的合法权利，将涉案专利所体现的外观设计与在先商标相比，前者系维生素E胶囊包装盒外观设计，后者系第30类"非医用营养胶囊"的注册商标，属于相同或类似产品。涉案专利主视图及后视图均在右

---

① 国家知识产权局：《专利审查指南2010》，知识产权出版社2010年版，第四部分第五章7.。

上角使用了包含"養生堂"字样的圆形图案，虽然该圆形图案中的"養生堂"为繁体字，但与在先商标相比，二者均为汉字构成，读音相同，应认定涉案专利使用的文字与在先商标构成近似。[①]

2. 与他人在申请日以前已经取得的著作权的冲突

在先著作权是指在涉案专利申请日之前，他人通过独立创作完成作品或者通过继承、转让等方式合法享有的著作权。其中作品是指受《中华人民共和国著作权法》及其实施条例保护的客体。在接触或者可能接触他人享有著作权的作品的情况下，未经著作权人许可，在涉案专利中使用了与该作品相同或者实质性相似的设计，从而导致涉案专利的实施将会损害在先著作权人的相关合法权利或者权益的，应当判定涉案专利权与在先著作权相冲突。[②]

在美品（厦门）橡胶制品有限公司诉冷补胶包装盒（L24）外观设计专利无效案中，专利复审委员会就与他人在申请日以前已经取得的著作权冲突的判断认为，对于著作权登记证书中记载的内容，如果没有相反证据予以证明，则著作权登记证书中记载的信息应视为真实、有效；使用享有著作权的内容作为图案设计的外观设计专利，若著作权在该专利申请日之前是有效的，专利权人在申请日之前有可能接触在先著作权作品，并且专利权人也未获得在先著作权的权利人的许可，则该外观设计专利权与在先著作权相冲突。[③]

---

① 北京市第一中级人民法院行政判决书（2011）一中知行初字第1918号。
② 国家知识产权局：《专利审查指南2010》，知识产权出版社2010年版，第四部分第五章7.。
③ 国家知识产权局专利复审委员会第15714号无效宣告请求审查决定（2010年）。

第四节 │ 专利申请的审查和批准

专利权的取得须经过申请人申请，国家专利管理机关审查和批准的程序。申请人要按照专利法相关规定准备必要的专利申请文件，将申请文件直接提交或寄交国家知识产权局专利局受理处或提交或寄交到设在地方的国家知识产权局专利局代办处，并按规定缴纳费用。专利申请必须采用书面形式或者电子申请的形式办理。不能以口头说明或者提供样品或模型的方法，来代替书面申请文件。就专利申请的途径而言，一般分为国内途径和国外途径。专利申请国外途径可分为巴黎公约途径和专利合作条约（PCT）途径。

依据专利法，发明专利申请的审批程序包括受理、初审、公布、实审以及授权五个阶段。实用新型或者外观设计专利申请在审批中不进行早期公布和实质审查，只有受理、初审和授权三个阶段。

一、专利的申请

（一）专利申请的原则

1. 先申请原则

先申请原则是世界上绝大多数国家都实行的专利申请原则，是指两个以上的申请人分别就同样的发明创造申请专利的，专利权授予最先申请的人。[①]而如果两个以上的申请人同日（指申请日，有优先权的，指优先权日）分别就同样的发明创造申请专利的，则应当在收到国务院专利行政部门的通知后自行协商确定申请人。[②]先申请原则保

---

① 《专利法》第9条。
② 《专利法实施细则》第41条。

证了同样的发明创造只能被授予一项专利权，从而避免了对同样的发明创造进行重复授权。

先申请原则以申请日作为划分先申请和后申请的标准，因而申请日的确定就具有十分重要的意义。我国专利法以国务院专利行政部门收到专利申请文件之日为申请日。如果申请文件是邮寄的，以寄出的邮戳日为申请日。[1]如果有优先权的，申请日一般指优先权日。[2]《专利审查指南》进一步规定：向专利局受理处或者代办处窗口直接递交的专利申请，以收到日为申请日；通过邮局邮寄递交到专利局受理处或者代办处的专利申请，以信封上的寄出邮戳日为申请日；寄出的邮戳日不清晰无法辨认的，以专利局受理处或者代办处收到日为申请日，并将信封存档。通过速递公司递交到专利局受理处或者代办处的专利申请，以收到日为申请日。邮寄或者递交到专利局非受理部门或者个人的专利申请，其邮寄日或者递交日不具有确定申请日的效力，如果该专利申请被转送到专利局受理处或者代办处，以受理处或者代办处实际收到日为申请日。分案申请以原申请的申请日为申请日。[3]

值得注意的是，按照先申请原则，同样的发明创造只能被授予一项专利权，但并不意味着同样的发明创造只能被授予一次专利权。根据我国《专利法》，同一申请人同日对同样的发明创造既申请实用新型专利又申请发明专利，先获得的实用新型专利权尚未终止，且申请人声明放弃该实用新型专利权的，可以授予发明专利权。[4]

2. 单一性原则

单一性原则也称"一申请一发明"原则，是指在专利申请过程中，一件专利申请仅包含一项发明创造。各国专利法都规定了单一性原则。

我国《专利法》对专利申请单一性原则作出如下规定：一件发明或者实用新型专利申请应当限于一项发明或者实用新型。一件外观设计专利申请应当限于一项外观设计。[5]但属于一个总的发明构思的两项以上的发明或者实用新型，可以作为一件申请提

---

[1]《专利法》第28条。
[2]《专利法实施细则》第11条。
[3] 国家知识产权局：《专利审查指南2010》，知识产权出版社2010年版，第五部分第三章2.3。
[4]《专利法》第9条。
[5]《专利法》第31条。

出。同一产品两项以上的相似外观设计，或者用于同一类别并且成套出售或者使用的产品的两项以上外观设计，可以作为一件申请提出。①此种情形也称合案申请。

对于发明或实用新型的合案申请而言，可以作为一件专利申请提出的属于一个总的发明构思的两项以上的发明或者实用新型，应当在技术上相互关联，包含一个或者多个相同或者相应的特定技术特征。其中特定技术特征是指每一项发明或者实用新型作为整体，对现有技术作出贡献的技术特征。②

所谓技术上相互关联是指以相同或者相应的特定技术特征表示在它们的权利要求中的。而特定技术特征应当理解为体现发明对现有技术作出贡献的技术特征，也就是使发明相对于现有技术具有新颖性和创造性的技术特征，并且应当从每一项要求保护的发明的整体上考虑后加以确定。例如，一件发明专利申请中，包含了3项发明。权利要求1：一种化合物X。权利要求2：一种制备化合物X的方法。权利要求3：化合物X作为杀虫剂的应用。

第一种情况：化合物X具有新颖性和创造性。化合物X是这三项权利要求相同的技术特征。由于它是体现发明对现有技术作出贡献的技术特征，即特定技术特征，因此，权利要求1~3存在相同的特定技术特征，权利要求1、2和3有单一性。可以进行合案申请。第二种情况：通过检索发现化合物X与现有技术相比不具有新颖性或创造性。权利要求1不具有新颖性或创造性，不能被授予专利权。权利要求2和3之间的相同技术特征仍为化合物X，但是，由于化合物X对现有技术没有作出贡献，故不是相同的特定技术特征，而且，权利要求2和3之间也没有相应的特定技术特征。因此，权利要求2和3之间不存在相同或相应的特定技术特征，缺乏单一性。故不能进行合案申请。③

对于外观设计的合案申请而言，其适用情形限于：（1）同一产品两项以上的相似外观设计；（2）用于同一类别并且成套出售或者使用的产品的两项以上外观设计。

按照我国《专利法实施细则》，将同一产品的多项相似外观设计作为一件申请提出的，对该产品的其他设计应当与简要说明中指定的基本设计相似。且一件外观设计专

---

① 《专利法》第31条。
② 《专利法实施细则》第34条。
③ 国家知识产权局：《专利审查指南2010》，知识产权出版社2010年版，第二部分第六章2.2。

利申请中的相似外观设计不得超过10项。而同一类别并且成套出售或者使用的产品的两项以上外观设计，是指各产品属于分类表中同一大类，习惯上同时出售或者同时使用，而且各产品的外观设计具有相同的设计构思。[①]

3. 优先权原则

专利申请优先权原则最早由《巴黎公约》规定。依据其规定，在《巴黎公约》的任何一个成员国正式提出发明专利、实用新型、外观设计或者商标申请的任何人或者权利继受人，从最初的申请日起，在一定期间内，在其他成员国提出同样内容的申请应当享有优先权。发明和实用新型的优先权期间为12个月，外观设计和商标的优先权期间为6个月。享有优先权的申请人在《巴黎公约》其他成员国在优先权期间提出的相关在后申请，其申请日视为最初的申请日（优先权日）。

我国《专利法》规定了外国优先权和本国优先权。（1）外国优先权：申请人自发明或者实用新型在外国第一次提出专利申请之日起12个月内，或者自外观设计在外国第一次提出专利申请之日起6个月内，又在中国就相同主题提出专利申请的，依照该外国同中国签订的协议或者共同参加的国际条约，或者依照相互承认优先权的原则，可以享有优先权。[②]（2）本国优先权：申请人自发明或者实用新型在中国第一次提出专利申请之日起12个月内，又向国务院专利行政部门就相同主题提出专利申请的，可以享有优先权。[③]

（二）专利申请的文件

专利申请人向专利行政部门申请专利时，应按照法律规定提供符合要求的专利申请文件。发明和实用新型专利同属技术类型的发明创造，法律要求的申请文件在形式上类似，不同于外观设计专利申请文件。

1. 发明、实用新型的申请文件

根据我国《专利法》规定，发明或者实用新型专利的申请人应当提交的申请文件

---

① 《专利法实施细则》第35条。
② 《专利法》第29条第1款。
③ 《专利法》第29条第2款。

包括请求书、说明书及其摘要和权利要求书等文件。如果发明创造是依赖遗传资源完成的，申请人应当在专利申请文件中说明该遗传资源的直接来源和原始来源；申请人无法说明原始来源的，应当陈述理由。[①]

（1）请求书。我国《专利法》规定，发明、实用新型、外观设计专利申请的请求书应当写明下列事项：① 发明、实用新型或者外观设计的名称；② 申请人是中国单位或者个人的，其名称或者姓名、地址、邮政编码、组织机构代码或者居民身份证件号码；申请人是外国人、外国企业或者外国其他组织的，其姓名或者名称、国籍或者注册的国家或者地区；③ 发明人或者设计人的姓名；④ 申请人委托专利代理机构的，受托机构的名称、机构代码以及该机构指定的专利代理人的姓名、执业证号码、联系电话；⑤ 要求优先权的，申请人第一次提出专利申请的申请日、申请号以及原受理机构的名称；⑥ 申请人或者专利代理机构的签字或者盖章；⑦ 申请文件清单；⑧ 附加文件清单；⑨ 其他需要写明的有关事项。[②]

（2）说明书及其摘要。说明书应当对发明或者实用新型作出清楚、完整的说明，以所属技术领域的技术人员能够实现为准；必要的时候，应当有附图。摘要应当简要说明发明或者实用新型的技术要点。[③]附图也是说明书的一个组成部分。发明或者实用新型的说明书及附图可以用于解释权利要求的内容。[④]

说明书是否能满足对发明创造进行清楚、完整的说明，并能为所属技术领域的技术人员能够实现十分重要。在申某诉专利复审委员会不服第1094号复审请求审查决定纠纷案中，法院认为，申某所申请的发明专利"轮轨机械系统"的权利要求书的主题，主要是采用数学函数关系式的方式予以表达。函数关系式中使用的大量的参数符号，以其特定的含义实现整个权利要求主题的函数运算推导过程。因此每一个参数符号均是专利发明主题的必要组成，缺少任何一个参数符号，推导过程不可能完成。本专利说明书在对权利要求进行说明过程中，至少有3个参数符号完全没有定义，必然导致该

[①]《专利法》第26条。
[②]《专利法实施细则》第16条。
[③]《专利法》第26条。
[④]《专利法》第59条。

专利主题的内容无法实际表达，使实施该专利的普通技术人员在不经过创造性的劳动的情况下无法实现该专利。综上，该说明书必然违反《专利法》第26条第3款的规定，因而判决支持专利复审委员会驳回专利申请的决定。①

发明或者实用新型专利申请的说明书应当写明发明或者实用新型的名称，该名称应当与请求书中的名称一致。说明书应当包括下列内容：① 技术领域。写明要求保护的技术方案所属的技术领域。② 背景技术。写明对发明或者实用新型的理解、检索、审查有用的背景技术，有可能的，并引证反映这些背景技术的文件。③ 发明内容。写明发明或者实用新型所要解决的技术问题以及解决其技术问题采用的技术方案，并对照现有技术写明发明或者实用新型的有益效果。④ 附图说明。说明书有附图的，对各幅附图作简略说明。⑤ 具体实施方式。详细写明申请人认为实现发明或者实用新型的优选方式；必要时，举例说明；有附图的，对照附图。②

发明或者实用新型说明书应当用词规范、语句清楚，并不得使用"如权利要求……所述的……"一类的引用语，也不得使用商业性宣传用语。实用新型专利申请说明书应当有表示要求保护的产品的形状、构造或者其结合的附图。

发明或者实用新型专利申请的说明书摘要应当写明发明或者实用新型专利申请所公开内容的概要，即写明发明或者实用新型的名称和所属技术领域，并清楚地反映所要解决的技术问题、解决该问题的技术方案的要点以及主要用途。摘要文字部分不得超过300个字。摘要中不得使用商业性宣传用语。③

（3）权利要求书。发明或者实用新型权利要求书是确定发明或者实用新型专利权的保护范围的依据。④权利要求书应当以说明书为依据，清楚、简要地限定要求专利保护的范围。权利要求书应当记载发明或者实用新型的技术特征。权利要求书有几项权利要求的，应当用阿拉伯数字顺序编号。权利要求书中使用的科技术语应当与说明书中使用的科技术语一致，可以有化学式或者数学式，但是不得有插图。除绝对必要的

---

① 北京市第一中级人民法院行政判决决书（1999）一中知初字第162号。
②《专利法实施细则》第17条。
③《专利法实施细则》第23条。
④《专利法》第59条。

外，不得使用"如说明书……部分所述"或者"如图……所示"的用语。权利要求中的技术特征可以引用说明书附图中相应的标记，该标记应当放在相应的技术特征后并置于括号内，便于理解权利要求。附图标记不得解释为对权利要求的限制。[①]

发明或实用新型专利权利要求书应当有独立权利要求，也可以有从属权利要求。

独立权利要求：独立权利要求应当从整体上反映发明或者实用新型的技术方案，记载解决技术问题的必要技术特征。[②] "必要技术特征"是指发明或者实用新型为解决其技术问题所不可缺少的技术特征，其总和足以构成发明或者实用新型的技术方案，使之区别于背景技术中所述的其他技术方案。判断某一技术特征是否为必要技术特征，应当从所要解决的技术问题出发并考虑说明书描述的整体内容，不应简单地将实施例中的技术特征直接认定为必要技术特征。在一件专利申请的权利要求书中，独立权利要求所限定的一项发明或者实用新型的保护范围最宽。[③]

发明或者实用新型的独立权利要求应当包括前序部分和特征部分。① 前序部分应当写明要求保护的发明或者实用新型技术方案的主题名称和发明或者实用新型主题与最接近的现有技术共有的必要技术特征；② 特征部分使用"其特征是……"或者类似的用语，写明发明或者实用新型区别于最接近的现有技术的技术特征。这些特征和前序部分写明的特征合在一起，限定发明或者实用新型要求保护的范围。发明或者实用新型的性质不适于用上述方式表达的，独立权利要求可以用其他方式撰写。

一项发明或者实用新型应当只有一个独立权利要求，并写在同一发明或者实用新型的从属权利要求之前。[④]

从属权利要求：如果一项权利要求包含了另一项同类型权利要求中的所有技术特征，且对该另一项权利要求的技术方案作了进一步的限定，则该权利要求为从属权利要求。由于从属权利要求用附加的技术特征对所引用的权利要求作了进一步的限定，所以其保护范围落在其所引用的权利要求的保护范围之内。[⑤]

---

① 《专利法实施细则》第19条。
② 《专利法实施细则》第20条。
③ 国家知识产权局：《专利审查指南2010》，知识产权出版社2010年版，第二部分第二章3.1.2。
④ 《专利法实施细则》第21条。
⑤ 国家知识产权局：《专利审查指南2010》，知识产权出版社2010年版，第二部分第二章3.1.2。

从属权利要求应当用附加的技术特征，对引用的权利要求作进一步限定。[①]从属权利要求中的附加技术特征可以是对所引用的权利要求的技术特征作进一步限定的技术特征，也可以是增加的技术特征。

发明或者实用新型的从属权利要求应当包括引用部分和限定部分。① 引用部分应写明引用的权利要求的编号及其主题名称；② 限定部分应写明发明或者实用新型附加的技术特征。[②]

值得注意的是，发明或者实用新型专利权的保护范围以其权利要求的内容为准，客观上要求权利要求书应当清楚、简要地对要求专利保护的范围进行限定，否则，会导致因无法准确确定专利权的保护范围而使相关发明创造无法受专利权保护。

在柏某与成都难寻物品营销服务中心、上海添香实业有限公司侵害实用新型专利权纠纷申请再审案中，柏某系专利号为200420091540.7.，名称为"防电磁污染服"实用新型专利（涉案专利）专利权人。涉案专利的权利要求1可以归纳为以下技术特征：A. 一种防电磁污染服，包括上装和下装；B. 服装的面料里设有起屏蔽作用的金属网或膜；C.起屏蔽作用的金属网或膜由导磁率高而无剩磁的金属细丝或者金属粉末构成。2010年5月28日，成都难寻物品营销服务中心销售了由上海添香实业有限公司生产的添香牌防辐射服上装（被诉侵权产品）。柏某以被诉侵权产品侵犯其实用新型专利权为由，于2010年7月19日向成都市中级人民法院提起本案诉讼。一审法院驳回柏某的诉讼请求，四川省高级人民法院二审维持一审判决。柏某不服，向最高人民法院申请再审。最高人民法院审查认为，准确界定专利权的保护范围，是认定被诉侵权技术方案是否构成侵权的前提条件。如果权利要求的撰写存在明显瑕疵，结合涉案专利说明书、本领域的公知常识以及相关现有技术等，仍然不能确定权利要求中技术术语的具体含义，无法准确确定专利权的保护范围的，则无法将被诉侵权技术方案与之进行有意义的侵权对比。因此，对于保护范围明显不清楚的专利权，不应认定被诉侵权技术方案构成侵权。关于涉案专利权利要求1中的技术特征"导磁率高"，最高人民法院认为，根据涉案专利说明书以及柏某提供的有关证据，本领域技术人员难以确定权利要求1中技术

---

① 《专利法实施细则》第20条。
② 《专利法实施细则》第22条。

特征"导磁率高"的具体范围或者具体含义，不能准确确定权利要求1的保护范围，无法将被诉侵权产品与之进行有意义的侵权对比。据此驳回柏某的再审申请。[①]

2. 外观设计的申请文件

我国《专利法》第27条规定，申请外观设计专利的，应当提交的申请文件包括请求书、该外观设计的图片或者照片以及对该外观设计的简要说明等文件。

（1）请求书。外观设计专利的请求书具体内容和要求与前述的发明或实用新型的请求书相同。

（2）外观设计的图片或照片。外观设计的图片或照片是确定外观设计专利保护范围的依据。我国《专利法》第59条规定，外观设计专利权的保护范围以表示在图片或者照片中的该产品的外观设计为准，简要说明可以用于解释图片或者照片所表示的该产品的外观设计。申请人应当就每件外观设计产品所需要保护的内容提交有关图片或者照片。申请人请求保护色彩的，应当提交彩色图片或者照片。[②]申请人提交的有关图片或者照片应当清楚地显示要求专利保护的产品的外观设计。[③]

外观设计专利申请中应提交的图片或照片，依产品是立体和平面有所不同。对于立体产品的外观设计，产品设计要点涉及六个面的，应当提交六面正投影视图；产品设计要点仅涉及一个面或几个面的，应当至少提交所涉及面的正投影视图和立体图，并应当在简要说明中写明省略视图的原因。六面正投影视图是指主视图、后视图、左视图、右视图、俯视图和仰视图。其中主视图所对应的面应当是使用时通常朝向消费者的面或者最大限度反映产品的整体设计的面。例如，带杯把的杯子的主视图应是杯把在侧边的视图。[④]

对于平面产品的外观设计，产品设计要点涉及一个面的，可以仅提交该面正投影视图；产品设计要点涉及两个面的，应当提交两面正投影视图。必要时，申请人还应当提交该外观设计产品的展开图、剖视图、剖面图、放大图以及变化状态图。

---

① 最高人民法院民事裁定书（2012）民申字第1544号。
② 《专利法实施细则》第27条。
③ 《专利法》第27条。
④ 国家知识产权局：《专利审查指南2010》，知识产权出版社2010年版，第一部分第三章4.2。

（3）简要说明。外观设计的简要说明应当写明外观设计产品的名称、用途，外观设计的设计要点，并指定一幅最能表明设计要点的图片或者照片。省略视图或者请求保护色彩的，应当在简要说明中写明。对同一产品的多项相似外观设计提出一件外观设计专利申请的，应当在简要说明中指定其中一项作为基本设计。简要说明不得使用商业性宣传用语，也不能用来说明产品的性能。①

关于外观设计的简要说明，以下几点值得注意：第一，外观设计简要说明中的产品名称应当与请求书中的产品名称一致；第二，简要说明中应当写明有助于确定产品类别的用途。对于具有多种用途的产品，简要说明应当写明所述产品的多种用途；第三，外观设计的设计要点是指与现有设计相区别的产品的形状、图案及其结合，或者色彩与形状、图案的结合，或者部位。对设计要点的描述应当简明扼要。②

（三）专利申请的修改和撤回

1. 专利申请的修改

我国法律准许专利申请人在专利审批过程中，对专利申请进行修改，同时，对可以修改的范围进行了限定。根据《专利法》的规定，申请人可以对其专利申请文件进行修改，但是，对发明和实用新型专利申请文件的修改不得超出原说明书和权利要求书记载的范围，对外观设计专利申请文件的修改不得超出原图片或者照片表示的范围。③

我国《专利法实施细则》对专利申请修改的类型、时间要求都作了明确规定，其内容包括：（1）发明专利申请人在提出实质审查请求时以及在收到国务院专利行政部门发出的发明专利申请进入实质审查阶段通知书之日起的3个月内，可以对发明专利申请主动提出修改；（2）实用新型或者外观设计专利申请人自申请日起2个月内，可以对实用新型或者外观设计专利申请主动提出修改；（3）申请人在收到国务院专利行政部门发出的审查意见通知书后对专利申请文件进行修改的，应当针对通知书指出的缺陷进行修改；（4）国务院专利行政部门可以自行修改专利申请文件中文字和符号的明显

---

① 《专利法实施细则》第28条。
② 国家知识产权局：《专利审查指南2010》，知识产权出版社2010年版，第一部分第三章4.3。
③ 《专利法》第33条。

错误。国务院专利行政部门自行修改的，应当通知申请人。①

值得注意的是，尽管专利法赋予申请人对专利申请的修改权，但同时又对修改范围进行了限定。

对发明和实用新型专利申请文件的修改而言，修改范围不得超出"原说明书和权利要求书记载的范围"。"原说明书和权利要求书记载的范围"包括原说明书和权利要求书文字记载的内容和根据原说明书和权利要求书文字记载的内容以及说明书附图能直接地、毫无疑义地确定的内容。②对外观设计专利申请文件的修改而言，修改范围不得超出"原图片或者照片表示的范围"，"原图片或者照片表示的范围"是指修改后的外观设计与原始申请文件中表示的相应的外观设计相比，属于不相同的设计。在判断申请人对其外观设计专利申请文件的修改是否超出原图片或者照片表示的范围时，如果修改后的内容在原图片或者照片中已有表示，或者可以直接地、毫无疑义地确定，则认为所述修改符合专利法的相关要求。③

在曾某与专利复审委员会发明专利申请驳回复审行政纠纷一案中，法院认为，上诉人曾某于2009年8月13日提交的权利要求书和说明书的修改替换页中，将配方中的水银、明矾、牙硝、硼砂分别由八两、八两、十两、五分修改为240g、240g、300~330g、1.5g，这种修改导致专利申请文件中的内容前后不一致，本领域的技术人员也不能从原始申请文件中直接地、毫无疑义地确定修改前后的内容是相同的，因此构成修改超范围。④在再审申请人株式会社岛野与被申请人专利复审委员会等发明专利权无效行政纠纷案中，最高人民法院认为，"原说明书和权利要求书记载的范围"应当理解为原说明书和权利要求书所呈现的发明创造的全部信息。审查专利申请文件的修改是否超出原说明书和权利要求书记载的范围，应当考虑所属技术领域的技术特点和惯常表达、所属领域普通技术人员的知识水平和认知能力、技术方案本身在技术上的内在要求等因素。⑤

---

① 《专利法实施细则》第51条。
② 国家知识产权局：《专利审查指南2010》，知识产权出版社2010年版，第二部分第八章5.2。
③ 国家知识产权局：《专利审查指南2010》，知识产权出版社2010年版，第一部分第三章10.。
④ 北京市高级人民法院行政判决书（2010）高行终字第1117号。
⑤ 最高人民法院行政判决书（2013）行提字第21号。

2. 专利申请的撤回

专利申请的撤回是指专利申请提交后授权前，基于申请人的意志或法律规定的事由使专利申请被撤回的情形。专利撤回分为申请人主动撤回和依法律规定视为撤回两类。

主动撤回是基于申请人意思表示而致使专利申请被撤回。《专利法》第32条明确规定，申请人可以在被授予专利权之前随时撤回其专利申请。视为撤回是基于法律规定的事由，使得已经提交的专利申请视为被有效撤回。

《专利法》规定，专利申请视为撤回的事由主要有：（1）发明专利申请自申请日起3年内，申请人无正当理由逾期不请求实质审查的，该申请即被视为撤回。[①]（2）发明专利的申请人请求实质审查的时候，无正当理由逾期不提交相关资料的，该申请即被视为撤回。[②]（3）在专利申请初步审查过程中，申请人对于国务院专利行政部门要求其在指定期限内陈述意见或者补正的审查意见通知，期满未答复的，其申请视为撤回。[③]（4）在发明专利申请实质审查过程中，申请人无正当理由对国务院专利行政部门相关要求陈述意见或修改申请的通知，逾期不答复的，该申请即被视为撤回。[④]（5）申请人要求本国优先权的，其在先申请自后一申请提出之日起即视为撤回。[⑤]

二、专利申请的审查

专利申请审查是专利授权的必经环节，专利申请审查的对象是符合受理条件的专利申请。我国对专利申请实行不同的专利审查制度，对实用新型和外观设计则采取"形式审查制"，也称初步审查。对发明专利申请采取"早期公开，请求审查制"，不但要初步审查，还要进行实质审查。

与一般专利申请的审查不同，申请人将在中国完成的发明或者实用新型向外国申

---

① 《专利法》第35条。
② 《专利法》第36条。
③ 《专利法实施细则》第44条。
④ 《专利法》第37条。
⑤ 《专利法实施细则》第32条第3款。

请专利的情形下，还应请求国务院专利行政部门进行保密审查。[①]国家专利局为专利申请的审查机关，如果专利申请涉及国防利益需要保密的，应由国防专利机构受理并进行审查。[②]

（一）发明专利申请的初步审查和实质审查

我国对发明专利申请实行"早期公开，请求审查制"，根据我国《专利法》，国家知识产权局专利局收到发明专利申请后，经初步审查认为符合专利法要求的，自申请日起满18个月，即行公布。国务院专利行政部门可以根据申请人的请求早日公布其申请。发明专利申请自申请日起3年内，国务院专利行政部门可以根据申请人随时提出的请求，对其申请进行实质审查；申请人无正当理由逾期不请求实质审查的，该申请即被视为撤回。国务院专利行政部门认为必要的时候，可以自行对发明专利申请进行实质审查。

1. 发明专利申请的初步审查

根据我国专利法规定，发明专利申请的初步审查时间是在专利申请提交后的18个月内。

发明专利申请初步审查的内容主要包括：

（1）申请人是否提交了请求书、说明书、说明书摘要和权利要求书等申请文件；

（2）申请人提交的各种申请文件是否符合规定的格式要求；

（3）发明专利申请的主题是否明显违反法律或社会公德或妨碍公共利益、是否属于不授予专利权的主题、外国申请人的主体资格或者其委托代理人的资格是否符合要求、申请人向境外申请专利是否按要求进行了保密审查、涉及遗传资源的专利申请是否按要求进行了披露、是否符合专利申请单一性原则、专利申请文件的修改是否超出了原申请文件的范围，等等。[③]

发明专利申请初步审查结束后，国务院专利行政部门应当将初步审查意见通知申

[①]《专利法实施细则》第8条。
[②]《专利法实施细则》第7条。
[③]《专利法实施细则》第44条。

请人，要求其在指定期限内陈述意见或者补正；申请人期满未答复的，其申请视为撤回。申请人陈述意见或者补正后，国务院专利行政部门仍然认为不符合前款所列各项规定的，应当予以驳回。①

2. 发明专利申请的实质审查

发明专利申请经过初步审查并不能被授予专利权，通常情况下，为了获得专利授权，申请人应在申请日起3年内，请求国务院专利行政部门对其申请进行实质审查，经过实质审查才能授权。

根据我国专利法，发明专利申请实质审查的内容包括：专利申请的主题是否属于专利法意义上的发明，是否属于不授予专利权的主题；专利申请的主题是否违反法律、社会公德或者妨害公共利益的发明创造；专利申请的主题是否属于违反法律、行政法规的规定获取或者利用遗传资源，并依赖该遗传资源完成的发明创造；专利申请人就同样的发明创造是否获得两项以上的专利权，以及申请人是否为最先申请人；专利申请是否符合专利申请单一性原则；申请专利保护的发明创造是否具备新颖性、创造性和实用性；专利申请的说明书是否对发明作出了清楚、完整的说明，符合所属技术领域的技术人员能够实现的要求；专利申请的权利要求书是否以说明书为依据，清楚、简要地限定了要求专利保护的范围；专利申请的独立权利要求是否从整体上反映发明的技术方案，并记载解决技术问题的必要技术特征；对专利申请文件的修改是否超出原说明书和权利要求书记载的范围；专利分案申请是否超出了原申请记载的范围，等等。②

国务院专利行政部门对发明专利申请进行实质审查后，认为不符合本法规定的，应当通知申请人，要求其在指定的期限内陈述意见，或者对其申请进行修改。无正当理由逾期不答复的，该申请即被视为撤回。③发明专利申请经申请人陈述意见或者进行修改后，国务院专利行政部门仍然认为不符合本法规定的，应当予以驳回。④

---

① 《专利法实施细则》第44条。
② 《专利法实施细则》第53条。
③ 《专利法》第37条。
④ 《专利法》第38条。

（二）实用新型、外观设计专利申请的初步审查

在我国，实用新型、外观设计专利授权，无需进行实质审查，经过初步审查或形式审查就可以进行专利授权。

实用新型、外观设计专利申请初步审查的内容，除审查申请人是否提交了实用新型专利的请求书、说明书、说明书摘要、权利要求书、外观设计的图片和照片、外观设计的简要说明等申请文件以及申请人提交的各种申请文件是否符合规定的格式要求外，还涉及具体审查内容。

对于实用新型专利申请而言，初步审查的内容包括：专利申请的主题是否明显不属于专利法意义上的实用新型，是否属于不授予专利权的主题；专利申请的主题是否明显违反法律、社会公德或者妨害公共利益；是否明显不符合"对同样的发明创造只能被授予一项专利权"的规定；申请专利保护的实用新型是否明显不具备新颖性、创造性和实用性；专利申请的说明书是否对实用新型作出了清楚、完整的说明，符合所属技术领域的技术人员能够实现的要求；专利申请的权利要求书是否以说明书为依据，清楚、简要地限定了要求专利保护的范围；专利申请的独立权利要求是否从整体上反映实用新型的技术方案，并记载解决技术问题的必要技术特征；对专利申请文件的修改是否超出原说明书和权利要求书记载的范围；专利分案申请是否超出了原申请记载的范围，等等。[①]

对于外观设计专利申请而言，初步审查的内容包括：专利申请的主题是否明显违反法律、社会公德或者妨害公共利益；外国人申请是否明显不具有申请专利的资格；专利申请的主题是否明显不符合专利申请的单一性原则；对专利申请文件的修改是否明显超出原有范围；专利申请的主题是否明显不符合专利法意义上的外观设计；专利申请是否不符合先申请原则，等等。[②]

实用新型、外观设计初审结束后，国务院专利行政部门应当将审查意见通知申请人，要求其在指定期限内陈述意见或者补正。申请人期满未答复的，其申请视为撤回。申请人陈述意见或者补正后，国务院专利行政部门仍然认为不符合前款所列各项规定

---

①②《专利法实施细则》第44条。

的，应当予以驳回。[①]

三、专利申请审批中的复议程序和复审程序

（一）专利申请审批中的复议程序

在专利申请过程中，专利申请人、专利权人及其他利害关系人对国家知识产权局（专利局）作出的具体行政行为可能会产生争议，或认为侵犯其合法权益的，为了防止和纠正违法或者不当的具体行政行为，保护公民、法人和其他组织的合法权益，保障和监督国家知识产权局依法行使职权，根据《中华人民共和国行政复议法》和《中华人民共和国行政复议法实施条例》，国家知识产权局设置了行政复议程序，对专利申请审批中有争议的具体行政行为进行复查并作出裁决。

1. 复议的受案范围

根据《国家知识产权局行政复议规程》（2012）的规定，国家知识产权局受理行政复议的范围包括：专利申请人对不予受理其专利申请；对申请日的确定；对视为未要求优先权；对专利申请视为撤回；对视为放弃取得专利权；对专利权终止；对专利申请按或不按保密专利申请处理；专利申请人或专利权人因耽误有关期限导致其权利丧失，请求恢复权利而不予恢复；专利权人对给予实施强制许可的决定等不服的可以提起行政复议。[②]

对以下决定不服的不能提起行政复议：专利申请人对驳回专利申请的决定；复审请求人对复审请求审查决定；专利权人或者无效宣告请求人对无效宣告请求审查决定；专利权人或者专利实施强制许可的被许可人对强制许可使用费的裁决；国际申请的申请人对国家知识产权局作为国际申请的受理单位、国际检索单位和国际初步审查单位所作决定；集成电路布图设计登记申请人对驳回登记申请的决定；集成电路布图设计登记申请人对复审决定；集成电路布图设计权利人对撤销布图设计登记的决定；集成电路布图设计权利人、非自愿许可取得人对非自愿许可报酬的裁决；集成电路布图设

---

① 《专利法实施细则》第44条。
② 《国家知识产权局行政复议规程》（2012年）第4条。

计权利人、被控侵权人对集成电路布图设计专有权侵权纠纷处理决定等。①

2. 复议申请的受理与决定

（1）复议申请的受理：国家知识产权局负责法制工作的机构（法律事务处）为行政复议机构，具体办理行政复议事项。公民、法人或者其他组织认为国家知识产权局的具体行政行为侵犯其合法权益的，可以自知道该具体行政行为之日起60日内提出行政复议申请。因不可抗力或者其他正当理由耽误前款所述期限的，该期限自障碍消除之日起继续计算。②

申请行政复议申请人要向国家知识产权局行政复议机构提交申请书，行政复议申请书应当载明下列内容：复议申请人的姓名或者名称、通信地址、联系电话；具体的行政复议请求；申请行政复议的主要事实和理由；复议申请人的签名或者盖章；申请行政复议的日期。③

值得注意的是，就申请复议的事项，如果有权申请行政复议的公民、法人或者其他组织已经向人民法院提起行政诉讼，人民法院已经依法受理的，则不得向国家知识产权局申请行政复议。而向国家知识产权局申请行政复议，行政复议机构已经依法受理的，在法定行政复议期限内不得向人民法院提起行政诉讼。当国家知识产权局受理行政复议申请后，发现在受理前或者受理后当事人向人民法院提起行政诉讼并且人民法院已经依法受理的，驳回行政复议申请。④

（2）复议申请的决定：行政复议机构应当自受理行政复议申请之日起7日内将行政复议申请书副本转交有关部门。该部门应当自收到行政复议申请书副本之日起10日内提出维持、撤销或者变更原具体行政行为的书面答复意见，并提交当时作出具体行政行为的证据、依据和其他有关材料。期满未提出答复意见的，不影响行政复议决定的作出。⑤

行政复议决定应当自受理行政复议申请之日起60日内作出，但是情况复杂不能在

---

① 《国家知识产权局行政复议规程》（2012年）第5条。
② 《国家知识产权局行政复议规程》（2012年）第8条。
③ 《国家知识产权局行政复议规程》（2012年）第12条。
④ 《国家知识产权局行政复议规程》（2012年）第9条。
⑤ 《国家知识产权局行政复议规程》（2012年）第17条。

规定期限内作出的，经审批后可以延长期限，并通知复议申请人和第三人。延长的期限最多不得超过30日。①复议申请人申请行政复议时可以一并提出行政赔偿请求。行政复议机构依据国家赔偿法的规定对行政赔偿请求进行审理，在行政复议决定中对赔偿请求一并作出决定。在审理行政复议案件过程中，行政复议机构可以向有关部门和人员调查情况，也可应请求听取复议申请人或者第三人的口头意见。

在行政复议决定作出后，行政复议决定书直接送达的，复议申请人在送达回证上的签收日期为送达日期。行政复议决定书邮寄送达的，自交付邮寄之日起满15日视为送达。行政复议决定书一经送达，即发生法律效力。

对国家知识产权局有关行政复议决定不服的，有关当事人可以依照行政诉讼法向人民法院提起诉讼，也可以依据行政复议条例申请国务院终局裁决。复议期间不停止具体行政行为的执行，复议也不适用调解。

（二）专利申请审批中的复审程序

专利申请审批中的复审程序本质上属于监督程序，是为了检查专利局或专利审查员针对专利申请所作出的驳回决定是否符合法律要求。复审程序有利于纠正专利局工作人员的不当，甚至违法的行为，有利于维护专利申请人、专利权人和相关当事人的合法权益。

1. 复审申请的提起

我国《专利法》规定，专利申请人对国务院专利行政部门驳回申请的决定不服的，可以自收到通知之日起3个月内，向专利复审委员会请求复审。②申请人在提起专利申请复审时，应当提交复审请求书，说明理由，必要时还应当附具有关证据。如果出现在中国没有经常居所或者营业所的外国申请人没有委托依法设立的专利代理机构办理或超过3个月的复审请求期限的情形，专利复审委员会将不予受理。③

可见，专利申请人提起复审申请要满足以下条件：（1）复审申请的事由必须针对

---

① 《国家知识产权局行政复议规程》（2012年）第27条。
② 《专利法》第41条。
③ 《专利法实施细则》第60条。

国家专利局驳回其专利申请的决定。主要是专利局经过审查（初步审查或实质审查）认为专利申请不符合专利法相关规定，要求申请人在规定期限内陈述意见或对缺陷进行补正或修改，经申请人陈述意见或者进行补正、修改后，仍然认为不符合专利法的规定而作出的驳回决定；（2）提起复审的期限为收到专利申请驳回决定通知之日起3个月内；（3）应提交复审请求书。

2. 复审申请的受理和审查

（1）复审申请的受理。我国专利复审申请的受理和审查工作由国家知识产权局的专利复审委员会负责。专利复审委员会成员主要由技术专家和法律专家组成，主任委员由国务院专利行政部门负责人兼任。①专利复审委员会除了受理和审查复审申请外，还负责专利无效宣告请求的受理和审查。专利复审委员会对提交的复审请求要进行形式上的审查，只有符合要求的，才能受理。

（2）复审申请的审查。复审申请受理后的审查按顺序分为前置审查和合议组审理。

前置审查是指专利复审委员会受理复审申请后应当将受理的复审请求书转交国务院专利行政部门原审查部门进行审查。②原审查部门根据复审请求人的请求，同意撤销原决定的，专利复审委员会就不再进行合议审理，而是直接作出撤销原驳回决定的审查决定，向申请人发出《前置审查决定书》，并通知复审请求人。

在经过前置审查后，原审查部门仍坚持驳回决定的，专利复审委员会将进行合议组审理。专利复审委员会进行复审后，认为复审请求不符合《专利法》和《专利法实施细则》有关规定的，应当通知复审请求人，要求其在指定期限内陈述意见。期满未答复的，该复审请求视为撤回；经陈述意见或者进行修改后，专利复审委员会认为仍不符合《专利法》和《专利法实施细则》有关规定的，应当作出维持原驳回决定的复审决定。专利复审委员会进行复审后，认为原驳回决定不符合《专利法》和《专利法实施细则》有关规定的，或者认为经过修改的专利申请文件消除了原驳回决定指出的缺陷的，应当撤销原驳回决定，由原审查部门继续进行审查程序。③

---

① 《专利法实施细则》第59条。
② 《专利法实施细则》第62条。
③ 《专利法实施细则》第63条。

如果专利申请人对专利复审委员会的复审决定不服的，可以自收到通知之日起3个月内向人民法院起诉。[1]根据属地管辖原则，这里的人民法院是指北京市知识产权法院，北京市知识产权法院是此类案件的一审法院，北京市高级人民法院是二审法院。

四、专利申请的批准

（一）专利授权决定、登记和公告

按照我国《专利法》的规定，实用新型和外观设计专利申请经初步审查、发明专利申请经实质审查没有发现驳回理由的，由国务院专利行政部门作出授予专利权的决定，发给相应的专利证书，同时予以登记和公告。相关专利权自公告之日起生效。[2]对于涉及国防利益需要保密的专利申请，经国防专利机构审查没有发现驳回理由的，由国务院专利行政部门作出授予国防专利权的决定。[3]

授予专利权的决定表示专利申请符合专利审查的要求，可以给予专利授权，但相关发明创造是否能成为有效力的专利则取决于申请人的意志。根据我国《专利法》，国务院专利行政部门作出授予专利权的决定后，要求申请人应当自收到授予专利权通知之日起2个月内办理登记手续。申请人按期办理登记手续的，国务院专利行政部门授予专利权，颁发专利证书，并予以公告。而申请人如果在2个月期限内未办理登记手续的，则不予公告，视为放弃取得专利权的权利。[4]也就是说，在国务院专利行政部门作出授权决定后，申请人只有按规定办理登记手续，才能最终获得专利权。

（二）专利权的期限、终止

专利授权后，专利权人对相关发明创造获得排他使用权，为使得专利权不至于过分损害社会公共利益，这种排他权利都是非永久的、暂时性的。世界各国都规定了专利权的保护期限。

---

[1]《专利法》第41条。
[2]《专利法》第39~40条。
[3]《专利法实施细则》第7条。
[4]《专利法实施细则》第54条。

在我国，发明专利权的期限为20年，实用新型专利权和外观设计专利权的期限为10年，保护期限均自申请日起计算。①世界上不同国家对于专利权保护期限的规定不尽相同。我国现在正在进行的新一轮专利法修改，有延长外观设计专利权保护的趋势。

专利权因以下事由而终止：（1）专利权保护期限届满。按现有法律规定，发明专利权自专利申请日起满20年、实用新型专利权和外观设计专利权自专利申请日起满10年，其专利权即终止，进入公有领域，不再受法律保护；（2）在专利权有效期限届满前，没有按照规定缴纳年费的。按照专利法规定，专利权人应当自被授予专利权的当年开始缴纳年费。如果没有履行缴费义务，将导致专利权在保护期限届满前终止；（3）专利权人以书面声明放弃其专利权的。专利权本质上是一种私权，权利人可以放弃。在专利权期限届满前，专利权人以书面声明放弃其专利权的，也会使得专利权终止。

五、请求专利无效宣告的审查

（一）请求专利无效宣告的启动

1. 请求专利无效宣告的主体

我国《专利法》对请求专利无效宣告的主体资格没有限制，自国务院专利行政部门公告授予专利权之日起，任何单位或者个人认为相关专利权的授予不符合专利法有关规定的，都可以请求专利复审委员会宣告该专利权无效。②

实践中，请求专利无效宣告一般发生在专利侵权诉讼中，作为对侵权指控的回应，专利无效宣告请求是最常用的策略。此外，为了扫清产品市场化的障碍，企业有时也会在新产品上市或专利申请之前先针对竞争对手的相关专利提出无效宣告请求。

2. 请求专利无效宣告的受理

根据我国《专利法》，请求专利无效宣告的受理机构和审查机构都是国家知识产权局的专利复审委员会。

请求宣告专利权无效或者部分无效的，应当向专利复审委员会提交专利权无效宣

---

① 《专利法》第42条。
② 《专利法》第45条。

告请求书和必要的证据一式两份。无效宣告请求书应当结合提交的所有证据,具体说明无效宣告请求的理由,并指明每项理由所依据的证据。①专利权无效宣告请求书不符合规定格式的,无效宣告请求人应当在专利复审委员会指定的期限内补正。期满未补正的,该无效宣告请求视为未提出。在专利复审委员会就无效宣告请求作出决定之后,又以同样的理由和证据请求无效宣告的,专利复审委员会不予受理。②在专利复审委员会受理无效宣告请求后,请求人可以在提出无效宣告请求之日起1个月内增加理由或者补充证据。逾期增加理由或者补充证据的,专利复审委员会可以不予考虑。

请求专利无效宣告受理之后,专利复审委员会应当将无效宣告请求书和有关文件的副本送交专利权人,要求其在指定的期限内陈述意见。专利权人和无效宣告请求人应当在指定期限内答复专利复审委员会发出的转送文件通知书或者无效宣告请求审查通知书。期满未答复的,不影响专利复审委员会审理。③

(二)宣告专利无效的理由

根据《专利法实施细则》的规定,请求宣告专利权无效的理由如下:

(1)被授予专利的发明创造不属于专利法上的发明、实用新型和外观设计。

(2)专利申请人将在中国完成的发明或者实用新型向外国申请专利的,没有事先报经国务院专利行政部门进行保密审查。

(3)被授予专利权的发明和实用新型,不具备新颖性、创造性或实用性。

(4)被授予专利权的外观设计属于现有设计,或与现有设计或现有设计特征的组合相比,不具有明显区别,或与他人在先权利相冲突。

(5)专利申请的说明书没有对发明作出清楚、完整的说明,不符合所属技术领域的技术人员能够实现的要求。专利申请的权利要求书没有以说明书为依据,清楚、简要地限定了要求专利保护的范围。专利申请人提交的有关图片或者照片没有清楚地显示要求专利保护的产品的外观设计。

---

① 《专利法实施细则》第65条。
② 《专利法实施细则》第66条。
③ 《专利法实施细则》第68条。

（6）对发明和实用新型专利申请文件的修改超出了原说明书和权利要求书记载的范围，对外观设计专利申请文件的修改超出了原图片或者照片表示的范围。

（7）独立权利要求没有从整体上反映发明或者实用新型的技术方案，记载解决技术问题的必要技术特征。

（8）专利分案申请超出了原申请记载的范围。

（9）专利申请的主题属于违反法律、社会公德或者妨害公共利益的发明创造，或属于违反法律、行政法规的规定获取或者利用遗传资源，并依赖该遗传资源完成的发明创造。专利申请的主题属于不授予专利权的客体。

（10）对专利权的授权属于重复授权，或就同样的发明创造申请人不是最先申请人。[①]

（三）请求专利无效宣告的审理及审查决定

专利复审委员会在受理专利无效宣告请求后，应当及时审查和作出决定，并通知请求人和专利权人。由国务院专利行政部门对宣告专利权无效的决定进行登记和公告。[②]

专利复审委员会在审理前应当将专利权无效宣告请求书和有关文件的副本送交专利权人，要求其在指定的期限内陈述意见。专利权人和无效宣告请求人应当在指定期限内答复专利复审委员会发出的转送文件通知书或者无效宣告请求审查通知书，期满未答复的，不影响专利复审委员会审理。

1. 请求专利无效宣告的审理形式

请求专利无效宣告的审理在形式上分为合议审查和口头受理两种。

合议审查一般由专利复审委员会成合议审查组，负责对无效宣告请求正式审查。合议审查组通常由3人组成。

值得注意的是，在无效宣告请求的审查过程中，发明或者实用新型专利的专利权人可以修改其权利要求书，但是不得扩大原专利的保护范围。发明或者实用新型专利的专利权人不得修改专利说明书和附图，外观设计专利的专利权人不得修改图片、照

---

① 《专利法实施细则》第65条第2款。
② 《专利法》第46条。

片和简要说明。①这意味着，在发明或者实用新型专利存在从属权利的情况下，专利权人为了避免整个权利要求无效，可以放弃独立权利要求，保留从属权利要求，以使得修改后的权利要求仍具有一定的保护范围。

在先声公司"氨氯地平、厄贝沙坦复方制剂"发明专利无效行政纠纷案中，最高人民法院认为，专利无效宣告程序中，权利要求书的修改在满足修改原则的前提下，其修改方式一般情况下限于权利要求的删除、合并和技术方案的删除三种方式，但并未绝对排除其他修改方式。②

专利复审委员会根据当事人的请求或者案情需要，可以决定对无效宣告请求进行口头审理。专利复审委员会决定对无效宣告请求进行口头审理的，应当向当事人发出口头审理通知书，告知举行口头审理的日期和地点，当事人应当在通知书指定的期限内作出答复。无效宣告请求人对专利复审委员会发出的口头审理通知书在指定的期限内未作答复，并且不参加口头审理的，其无效宣告请求视为撤回，专利权人不参加口头审理的，可以缺席审理。

为防止无效宣告请求人利用无效宣告程序拖延专利侵权诉讼时间，专利法规定，在无效宣告请求审查程序中，专利复审委员会指定的期限不得延长。③

2. 请求无效宣告的审查决定

专利复审委员会经过审查，应对无效宣告请求作出审查决定。审查决定分为类型：（1）宣告专利权全部无效；（2）宣告专利权部分无效；（3）维持专利权有效。④若请求宣告专利无效的申请理由成立，宣告该专利权无效；请求宣告专利无效的申请理由部分成立，宣告该专利权部分无效；若专利无效的申请理由不成立，宣告维持专利权继续有效。

专利复审委员会对无效宣告的请求作出决定前，无效宣告请求人一般可以撤回其请求。专利复审委员会作出决定之前，无效宣告请求人撤回其请求或者其无效宣告请

---

① 《专利法实施细则》第69条。
② 最高人民法院行政裁定书（2011）知行字第17号。
③ 《专利法实施细则》第71条。
④ 国家知识产权局：《专利审查指南2010》，知识产权出版社2010年版，第四部分第三章5.。

求被视为撤回的，无效宣告请求审查程序终止。但是，专利复审委员会认为根据已进行的审查工作能够作出宣告专利权无效或者部分无效的决定的，不终止审查程序。

宣告专利权无效的决定，由国务院专利行政部门登记和公告。对专利复审委员会宣告专利权无效或者维持专利权的决定不服的，可以自收到通知之日起3个月内向人民法院起诉。人民法院应当通知无效宣告请求程序的对方当事人作为第三人参加诉讼。[①]但即使专利复审委员会的决定错误，法院也不能直接予以变更，只能判决撤销或者一并要求重作决定。[②]

宣告专利权无效的决定对专利权人和相关当事人的利益会产生较大的影响。根据我国专利法的规定，宣告无效的专利权视为自始即不存在。宣告专利权无效的决定，对在宣告专利权无效前人民法院作出并已执行的专利侵权的判决、调解书，已经履行或者强制执行的专利侵权纠纷处理决定，以及已经履行的专利实施许可合同和专利权转让合同，不具有追溯力。但是因专利权人的恶意给他人造成的损失，应当给予赔偿。

但专利被宣告无效情形下，如果不返还专利侵权赔偿金、专利使用费、专利权转让费，明显违反公平原则的，则应当全部或者部分返还。[③]

[①] 《专利法》第46条。
[②] 最高人民法院行政裁定书（2007）行提字第3号。
[③] 《专利法》第47条第2款。

第五节 | 专利权的内容与限制

一、专利权的内容

根据专利法的规定，实用新型和外观设计专利申请经初步审查、发明专利申请经实质审查没有发现驳回理由的，就由国务院专利行政部门作出授予专利权的决定。专利权自公告之日起生效，专利权人也因此能够获得相关权益。一项专利权对于专利权人的意义主要在于这些由专利权带来的权益，即专利权的内容，主要包括排他使用权、实施许可权、转让权、其他权利。

（一）排他使用权

根据我国专利法，发明和实用新型专利权被授予后，除专利法另有规定的以外，任何单位或者个人未经专利权人许可，都不得实施其专利，即不得为生产经营目的制造、使用、许诺销售、销售、进口其专利产品，或者使用其专利方法以及使用、许诺销售、销售、进口依照该专利方法直接获得的产品。外观设计专利权被授予后，任何单位或者个人未经专利权人许可，都不得实施其专利，即不得为生产经营目的制造、许诺销售、销售、进口其外观设计专利产品。[①]

根据这一规定，通常情况下，专利权人有权阻止他人为生产经营目的实施其专利权，即专利权人对其专利拥有排他使用权。

排他使用权着眼于排除他人对相关发明创造的实施。根据我国专利法，实施专利权人专利的行为有两种：（1）为生产经营目的实施产品专利的行为，产品专利包括发明专利、实用新型专利和外观设计专利；（2）为生产经营目的实施方法专利的行为，

---

① 《专利法》第11条。

方法专利属于发明专利。

1. 实施产品专利

实施产品专利包括制造专利产品、使用专利产品、许诺销售专利产品、销售专利产品、进口专利产品。

制造专利产品，对于发明和实用新型而言，就是权利要求书中所指产品的技术方案在实践中被实现了。对于外观设计而言，就是在制造相关产品时，受专利保护的外观设计在该产品上被复制了。未经专利权人许可的制造行为，不论其制造产品数量的多少、制造产品的质量如何以及采用何种方法进行制造，只要在其产品中再现了受保护的技术方案或外观设计就构成制造；而委托他人制造或者在产品上标明"监制"的也视为参与制造；将零部件组装成专利产品的行为也属于制造。

使用专利产品是指将权利要求书中所说的产品按照其技术功能付诸应用。而将侵犯发明或者实用新型专利产品作为零部件，制造另一产品的，也应当认定属于专利法规定的使用行为。[1]

许诺销售专利产品是指以做广告、在商店橱窗中陈列或者在展销会上展出等方式作出销售商品的意思表示。[2]

销售专利产品是指依专利权利要求书中所记载的技术方案而制得的产品被出卖方卖给买受人。将侵犯发明或者实用新型专利权的产品作为零部件来制造另一产品的，在完成制造后销售该另一产品的，应当认定属于专利法意义上的销售行为。将侵犯外观设计专利权的产品作为零部件，制造另一产品并销售的，应当认定属于专利法意义上的销售行为，但侵犯外观设计专利权的产品在该另一产品中仅具有技术功能的除外。[3]

进口专利产品，对于发明和实用新型而言，是指权利要求书中所说的产品从国外越过边界运进国内。对于外观设计而言，是指将载有或者体现与享有专利的外观设计专利产品相同或相近种类的产品直接从国外越过边界运进国内。

---

[1]《最高人民法院关于审理侵犯专利权纠纷案件应用法律若干问题的解释》（2009年）第12条。
[2]《最高人民法院关于审理专利纠纷案件适用法律问题的若干规定》（2015年）第24条。
[3]《最高人民法院关于审理侵犯专利权纠纷案件应用法律若干问题的解释》（2009年）第12条。

2. 实施方法专利

为对方法专利提供更有效的保护,实施方法专利不仅包括使用专利方法,以下实施行为也属于实施方法专利行为:使用依照专利方法直接获得的产品、许诺销售依照专利方法直接获得的产品、销售依照专利方法直接获得的产品、进口依照专利方法直接获得的产品。

值得注意的是,当专利权人可以自由实施产品专利或方法专利时,专利权人对专利权的实施实际上是专利权非常重要的权能,当然属于专利权的内容。

(二)实施许可权

实施许可权是指专利人具有授权他人实施其专利的权利,专利权许可属于对专利权的运用。对专利权进行许可,收取许可费,是专利权人行使专利权的重要方式,将专利许可给他人使用也是实现专利价值的重要途径。专利法规定,任何单位或者个人实施他人专利的,应当与专利权人订立实施许可合同,向专利权人支付专利使用费。被许可人无权允许合同规定以外的任何单位或者个人实施该专利。

专利实施许可主要包括以下方式:(1)独占实施许可,是指让与人在约定许可实施专利的范围内,将该专利仅许可一个受让人实施,让与人依约定不得实施该专利;(2)排他实施许可,是指让与人在约定许可实施专利的范围内,将该专利仅许可一个受让人实施,但让与人依约定可以自行实施该专利;(3)普通实施许可,是指让与人在约定许可实施专利的范围内许可他人实施该专利,并且可以自行实施该专利;(4)交叉许可,是指2个或以上专利权人就各自拥有的专利进行相互许可。

专利权实施许可一般以许可合同作为其法律形式,即专利许可人和被许可人要签订专利实施许可合同。专利实施许可合同是指专利权人、专利申请人或者其他权利人作为让与人,许可受让人在约定的范围内实施专利,受让人支付约定使用费所订立的合同。

专利实施许可合同的主要条款有:(1)专利技术的内容和专利的实施方式;(2)实施许可合同的种类;(3)实施许可合同的有效期限和地域范围;(4)技术指导和技术服务条款;(5)专利权瑕疵担保和保证条款;(6)专利许可使用费用及其支付

方式；（7）违约责任以及违约金或者赔偿损失额的计算方法；（8）专利技术改进成果的归属；（9）争议的解决办法；（10）关键名词和术语的解释等。

（三）转让权

专利转让权是指专利权人（让与方）有将其专利权转让给受让方的权利。

我国专利法规定，专利申请权和专利权可以转让。中国单位或者个人向外国人、外国企业或者外国其他组织转让专利申请权或者专利权的，应当依照有关法律、行政法规的规定办理手续。转让专利申请权或者专利权的，当事人应当订立书面合同，并向国务院专利行政部门登记，由国务院专利行政部门予以公告。专利申请权或者专利权的转让自登记之日起生效。[①]

不同于专利实施许可，法律规定，转让专利申请权或者专利权的，当事人应当订立书面的转让合同。专利权转让合同的主要条款包括：（1）发明创造名称和内容；（2）专利实施和实施许可的情况；（3）专利权让与人、受让人的义务；（4）技术情报和资料的清单；（5）履行合同的计划、进度、期限、地点和方式；（6）验收的标准和方法；成交金额与付款时间、付款方式；（7）中介人的义务和责任及收取中介服务费比例和支付方式；（8）违约责任；（9）争议的解决办法；（10）名词和术语的解释等。

（四）其他权利

除上述权利外，专利权人还享有专利标记权，有权在专利产品或者该产品的包装上标明专利标识。发明人或者设计人有权在专利文件中写明自己是发明人或者设计人。[②]

专利权人还可以放弃专利权，也可以对专利权进行赠与。专利权还可以作为质押标的为其他债务提供担保。

---

① 《专利法》第10条。
② 《专利法》第17条。

二、专利权的限制

专利权排他使用的性质排除了专利权人以外的其他人对发明创造的使用，体现了私权的特征，但同时，专利权还有促进技术进步、经济发展等社会目标，因而，专利权的排他性不是绝对的。为平衡专利权人和社会公众的利益，对专利权进行适度限制十分必要。专利权的限制情形主要包括：不视为侵犯专利权情形、专利实施的强制许可、专利推广应用。

（一）不视为侵犯专利权情形

不视为侵犯专利权情形是指某些未经专利权人许可的实施专利权行为，法律规定这些实施行为不视为侵犯专利权。之所以如此规定是出于对某些价值目标的考量，而对专利权进行必要的限制。

在我国，不视为侵犯专利权情形包括：（1）专利产品或者依照专利方法直接获得的产品，由专利权人或者经其许可的单位、个人售出后，使用、许诺销售、销售、进口该产品的；（2）在专利申请日前已经制造相同产品、使用相同方法或者已经作好制造、使用的必要准备，并且仅在原有范围内继续制造、使用的；（3）临时通过中国领陆、领水、领空的外国运输工具，依照其所属国同中国签订的协议或者共同参加的国际条约，或者依照互惠原则，为运输工具自身需要而在其装置和设备中使用有关专利的；（4）专为科学研究和实验而使用有关专利的；（5）为提供行政审批所需要的信息，制造、使用、进口专利药品或者专利医疗器械的，以及专门为其制造、进口专利药品或者专利医疗器械的。

1. 专利权耗尽后的使用

专利权耗尽后的使用指专利权耗尽后对专利权的实施、利用行为。专利权耗尽指专利权人或经由其授权在其专利产品第一次售出后，专利权人就无权对专利产品的转售或其他利用行为进行控制。专利权耗尽使得专利权人对专利产品行使专利权止于专利产品第一次销售，其合理性主要在于专利权人已经从第一次对专利产品的销售中获得了应得到的利益，同时，如果允许专利权人对售出的专利产品的转售或其他利用行为进行控制的话，将阻碍商品流通，不利于社会经济发展，也不利于专利制度价值目标的实现。基于专利权的耗尽，专利权人无权对专利权耗尽后的使用行为主张专利权。

我国《专利法》第69条规定，专利产品或者依照专利方法直接获得的产品，由专利权人或者经其许可的单位、个人售出后，使用、许诺销售、销售、进口该产品的行为不视为侵犯专利权的行为。就是对专利权耗尽明确的规定。

在鞠某与山东武城古贝春集团公司外观设计专利侵权纠纷上诉案中，山东省高级人民法院认为：被上诉人拥有酒瓶外观设计专利权，受法律保护。但当被上诉人许可银河酒厂独占实施，银河酒厂使用该外观设计专利酒瓶生产、销售白酒，白酒售出后，被上诉人和银河酒厂已经获得了收益，体现在酒瓶的专利权已经用尽，根据专利权用尽原则，购买者的使用或者再销售行为就不构成侵犯其专利权。上诉人生产、销售古贝春头曲，使用回收的旧酒瓶，因旧酒瓶上的专利权已经用尽，故无论这些旧酒瓶是否与被上诉人享有外观设计专利的酒瓶相同或近似，都不构成对被上诉人外观设计专利权的侵犯。[1]该判决很好地体现了专利权耗尽在实践中的运用。

2. 先用权

先用权指在专利申请日前，如果他人已经制造相同产品、使用相同方法或者已经作好制造、使用的必要准备，在专利授权后，享有在原有范围内继续制造、使用的权利。专利权人不能依据专利权对他人的继续制造、使用行为主张专利侵权。先用权是对专利权的一种合理限制，体现了对专利权人和先用人之间的利益平衡。

我国专利法规定，在专利申请日前已经制造相同产品、使用相同方法或者已经作好制造、使用的必要准备，并且仅在原有范围内继续制造、使用的，是不视为侵犯专利权的行为。[2]这是对先用权的明确规定。

根据我国专利法的规定，先用权的产生要具备以下条件。

（1）先用者申请日前的制造或使用行为没有导致相关发明创造的公开。反之，将使得专利申请所涉发明创造没有新颖性，也不可能获得专利授权。

---

① 山东省高级人民法院民事判决书（2000）鲁经终字第339号。
②《专利法》第69条第（2）项。

（2）主张先用权抗辩的技术或者设计必须是合法获取的。根据我国法律规定，被诉侵权人如以非法获得的技术或者设计主张先用权抗辩的，则不予支持。[1]

（3）先用者已经制造相同产品、使用相同方法或者已经作好制造、使用的必要准备。在银涛公司与汉王公司、保赛公司侵犯专利权纠纷案中，最高人民法院认为，先用权抗辩是否成立的关键在于被诉侵权人在专利申请日前是否已经实施专利或者为实施专利作好了技术或者物质上的必要准备。[2]

"已经制造相同产品"仅包括制造相同产品而不包括使用、许诺销售、销售、进口相同产品。"使用相同方法"仅包括使用相同方法而不包括使用、许诺销售、销售、进口依照该方法所直接获得产品。"已经作好制造、使用的必要准备"指已经具有制造、使用相关发明创造的实质性条件。主要包括已经完成实施发明创造所必需的主要技术图纸或者工艺文件或已经制造或者购买实施发明创造所必需的主要设备或者原材料。[3]

值得注意的是，先用权仅赋予先用者在"原有范围内"继续制造、使用的权利，而不能超出这一范围。这里的"原有范围"不是基于地域范围而主要是基于生产规模和生产能力的角度，包括专利申请日前已有的生产规模以及利用已有的生产设备或者根据已有的生产准备可以达到的生产规模。[4]

3. 交通工具临时过境

根据我国专利法，临时通过中国领陆、领水、领空的外国运输工具，依照其所属国同中国签订的协议或者共同参加的国际条约，或者依照互惠原则，为运输工具自身需要而在其装置和设备中使用有关专利的行为也视为是专利侵权例外。[5]上述规定也是《巴黎公约》的规定，我国专利法的规定体现了履行《巴黎公约》成员国应尽的义务。"为运输工具自身需要"指为临时通过中国境内的运输工具能够正常运转以便过境的需要而使用有关专利产品或专利方法。

---

[1]《最高人民法院关于审理侵犯专利权纠纷案件应用法律若干问题的解释》（2009年）第15条第1款。
[2] 最高人民法院民事裁定书（2011）民申字第1490号。
[3]《最高人民法院关于审理侵犯专利权纠纷案件应用法律若干问题的解释》（2009年）第15条第2款。
[4]《最高人民法院关于审理侵犯专利权纠纷案件应用法律若干问题的解释》（2009年）第15条第3款。
[5]《专利法》第69条第（3）项。

4．专为科学试验目的的使用

我国专利法将专为科学研究和实验而使用有关专利的行为视为专利侵权例外。[①]"专为科学研究和实验"是指专为验证某项专利发明或利用该项专利发明而进行相关科学研究和实验的行为。不侵犯专利权的科学研究和实验仅限于针对获得专利权的发明主题进行实验或研究的行为，是针对专利技术本身进行的科学研究和实验。在此情形下，应对专利权进行限制，不能认为专为科学试验目的的使用他人专利权的行为是侵权行为。

专为科学试验目的的使用不视为侵犯专利权主要因为科学实验本身有利于科技进步和社会公共利益，同时，为科学实验目的使用专利的范围限于科学实验本身，不同于为生产经营目的，并不会对专利的市场价值和专利权人的市场利益产生减损。

5．波拉例外

我国专利法规定，为提供行政审批所需要的信息，制造、使用、进口专利药品或者专利医疗器械的，以及专门为其制造、进口专利药品或者专利医疗器械的行为视为专利侵权例外。[②]这一规定也称为波拉例外，是由美国Roche公司诉Bolar公司案催生的专利侵权例外。

美国Roche公司的专利产品安眠药盐酸氟西泮1984年1月17日专利权届满。为能尽早上市Roche公司的安眠药盐酸氟西泮仿制品，1983年，Bolar公司从国外进口少量的原料，向美国食品和药品管理局（FDA）申请上市许可所需的研究，Roche公司起诉Bolar公司专利侵权。联邦巡回上诉法院最终判定Bolar公司侵权，但同时也认为，获得一个药品的上市许可需要多年时间，如果专利期届满后才允许开始仿制药相关试验，专利权人实际上将获得超过专利权期限的排他权。

1984年美国国会对其专利法进行了修改，其中规定："目的在于仅仅为获得和提交美国食品和药品管理局（FDA）要求信息的有关行为不侵犯专利权。"据此，在专利期内进行临床试验等药品注册审批要求的试验研究，不侵犯专利权。因而前述Bolar公司的行为并不构成专利侵权。此后，美国法院将"波拉例外"的适用范围扩大到除药品以外的医疗设备。

---

① 《专利法》第69条第（4）项。
② 《专利法》第69条第（5）项。

由于药品或医疗器械从制造到临床应用要经过严格的审批程序，需要较长的一段时间。如果要求只有等到专利药品或者专利医疗器械专利过期才允许仿制，就会造成仿制药品或者医疗器械上市之前，相关专利药品或者专利医疗器械权利人仍然垄断市场，从而间接地延长专利权保护期限的结果，不符合专利法对专利权期限规定的目的。同时，也不利于消费者因专利过期而获得相对较低的价格。波拉例外就是为了解决因药品上市之前需要审批产生的问题。

（二）专利实施的强制许可

专利实施的强制许可也称专利强制许可，是指为维护公共利益，防止专利权的滥用，在某些情形下，未经专利权人的许可或同意，国家专利行政部门可以应第三人请求，指定由第三人实施相关专利。专利实施的强制许可通过对专利权行使的限制，较好地实现了专利权人和社会公共利益的平衡。

专利实施的强制许可是对专利权的合理限制，取得实施强制许可的单位或者个人应当付给专利权人合理的使用费。使用费的数额由双方协商，不能达成协议的，由国务院专利行政部门裁决。同时，取得实施强制许可的单位或者个人不享有独占的实施权，并且无权允许他人实施。[①]

国务院专利行政部门作出的给予实施强制许可的决定，应当及时通知专利权人，并予以登记和公告。给予实施强制许可的决定，应当根据强制许可的理由规定实施的范围和时间。强制许可的理由消除并不再发生时，国务院专利行政部门应当根据专利权人的请求，经审查后作出终止实施强制许可的决定。[②]专利权人对国务院专利行政部门关于实施强制许可的决定不服的，专利权人和取得实施强制许可的单位或者个人对国务院专利行政部门关于实施强制许可的使用费的裁决不服的，可以自收到通知之日起3个月内向人民法院起诉。[③]

根据我国专利法相关规定，专利实施的强制许可主要有防止专利权滥用的强制许

---

① 《专利法》第56条。
② 《专利法》第55条。
③ 《专利法》第58条。

可、为实现社会公共利益的强制许可以及从属专利的强制许可。

1. 防止专利权滥用的强制许可

根据我国专利法，有下列情形之一的，国务院专利行政部门根据具备实施条件的单位或者个人的申请，可以给予实施发明专利或者实用新型专利的强制许可。

（1）专利权人自专利权被授予之日起满3年，且自提出专利申请之日起满4年，无正当理由未实施或者未充分实施其专利的；（2）专利权人行使专利权的行为被依法认定为垄断行为，为消除或者减少该行为对竞争产生的不利影响的。[①]

上述情形下的"未充分实施其专利"是指专利权人及其被许可人实施其专利的方式或者规模不能满足国内对专利产品或者专利方法的需求。为证明"未充分实施其专利"的存在，申请强制许可的单位或者个人应当提供证据，证明其以合理的条件请求专利权人许可其实施专利，但未能在合理的时间内获得许可。[②]

而"专利权人行使专利权的行为被依法认定为垄断行为"主要指拥有市场支配地位或优势地位的专利权人，其拒绝许可、打包许可等行为已经产生了限制竞争的结果的情形。在此情形下强制许可的实施不限于为了供应国内市场。

2. 为实现社会公共利益的强制许可

根据我国专利法，为实现社会公共利益，国务院专利行政部门可以根据第三人的请求，对专利进行强制许可。

（1）在国家出现紧急状态或者非常情况时，或者为了公共利益的目的，国务院专利行政部门可以给予实施发明专利或者实用新型专利的强制许可。[③]

（2）为了公共健康目的，对取得专利权的药品，国务院专利行政部门可以给予制造并将其出口到符合中华人民共和国参加的有关国际条约规定的国家或者地区的强制许可。[④]这里的"取得专利权的药品"是指解决公共健康问题所需的医药领域中的任何专利产品或者依照专利方法直接获得的产品，包括取得专利权的制造该产品所需的活

---

① 《专利法》第48条。
② 《专利法》第54条。
③ 《专利法》第49条。
④ 《专利法》第50条。

性成分以及使用该产品所需的诊断用品。[①]在此情形下强制许可的实施不限于为了供应国内市场。

3. 从属专利的强制许可

根据我国专利法，一项取得专利权的发明或者实用新型比前已经取得专利权的发明或者实用新型具有显著经济意义的重大技术进步，其实施又有赖于前一发明或者实用新型的实施的，国务院专利行政部门根据后一专利权人的申请，可以给予实施前一发明或者实用新型的强制许可。在依照前款规定给予实施强制许可的情形下，国务院专利行政部门根据前一专利权人的申请，也可以给予实施后一发明或者实用新型的强制许可。[②]

在从属专利的强制许可情形下，申请强制许可的单位或者个人应当提供证据，证明其以合理的条件请求专利权人许可其实施专利，但未能在合理的时间内获得许可。[③]

（三）专利推广应用

专利推广应用是具有中国特色的对专利权进行限制的方式。根据我国专利法的规定，国有企业事业单位的发明专利，对国家利益或者公共利益具有重大意义的，国务院有关主管部门和省、自治区、直辖市人民政府报经国务院批准，可以决定在批准的范围内推广应用，允许指定的单位实施，由实施单位按照国家规定向专利权人支付使用费。[④]

---

① 《专利法实施细则》第73条。
② 《专利法》第51条。
③ 《专利法》第54条。
④ 《专利法》第14条。

第六节 | 专利侵权及其法律救济

一、专利侵权的判定

专利侵权是指未经专利权人许可，也没有法律规定的情形（如不视为专利侵权、专利强制许可等）而实施他人专利的行为。

根据我国《专利法》规定，发明和实用新型专利权被授予后，除本法另有规定的以外，任何单位或者个人未经专利权人许可，都不得实施其专利，即不得为生产经营目的制造、使用、许诺销售、销售、进口其专利产品，或者使用其专利方法以及使用、许诺销售、销售、进口依照该专利方法直接获得的产品。外观设计专利权被授予后，任何单位或者个人未经专利权人许可，都不得实施其专利，即不得为生产经营目的制造、许诺销售、销售、进口其外观设计专利产品。[①]违反上述法律规定，以生产经营为目的实施他人专利的行为即为专利侵权。

就专利侵权的种类而言，一般认为分为直接侵权和间接侵权。直接侵权又分为相同（字面）侵权和等同侵权。由于我国专利法尚未对专利间接侵权进行直接规定，专利侵权指的就是直接侵权。

（一）专利权保护范围的界定

与普通民事财产权利保护范围较为清晰、确定不同，专利权的保护范围则较为抽象。在专利侵权的判定过程中，首先必须对专利权保护范围进行界定，以确定他人为生产经营目的的实施行为是否落入专利权的保护范围，构成专利侵权。

---

① 《专利法》第11条。

1. 发明和实用新型专利权保护范围的界定

根据我国专利法规定，发明或者实用新型专利权的保护范围以其权利要求的内容为准，说明书及附图可以用于解释权利要求的内容。[1]这里的权利要求一般是独立权利要求，但也可以是从属权利要求。如果权利人主张以从属权利要求确定专利权保护范围的，人民法院应当以该从属权利要求记载的附加技术特征及其引用的权利要求记载的技术特征，确定专利权的保护范围。[2]

在对权利要求进行解释以确定专利权的保护范围时，我国法律要求以相关领域普通技术人员的理解水平作为确定权利要求内容的主观标准。人民法院应当根据权利要求的记载，结合本领域普通技术人员阅读说明书及附图后对权利要求的理解，确定《专利法》第59条第1款规定的权利要求的内容。[3]

在对权利要求的具体解释方法方面，根据我国法律，人民法院对于权利要求，可以运用说明书及附图、权利要求书中的相关权利要求、专利审查档案进行解释。说明书对权利要求用语有特别界定的，从其特别界定。以上述方法仍不能明确权利要求含义的，可以结合工具书、教科书等公知文献以及本领域普通技术人员的通常理解进行解释。[4]

在宁波市东方机芯总厂与江阴金铃五金制品有限公司侵犯专利权纠纷案中，最高人民法院判决认为：发明或者实用新型专利权的保护范围以其权利要求书的内容为准，说明书和附图可以用于解释权利要求。在确定专利权的保护范围时，既不能将专利权保护范围仅限于权利要求书严格的字面含义上，也不能将权利要求书作为一种可以随意发挥的技术指导。确定专利权的保护范围，应当以权利要求书的实质内容为基准，在权利要求书不清楚时，可以借助说明书和附图予以澄清，对专利权的保护可以延伸到本领域普通技术人员在阅读了专利说明书和附图后，无需经过创造性劳动即能联想到的等同特征的范围。既要明确受保护的专利技术方案，又要明确社会公众可以自由

---

[1]《专利法》第59条第1款。
[2]《最高人民法院关于审理侵犯专利权纠纷案件应用法律若干问题的解释》（2009年）第1条。
[3]《最高人民法院关于审理侵犯专利权纠纷案件应用法律若干问题的解释》（2009年）第2条。
[4]《最高人民法院关于审理侵犯专利权纠纷案件应用法律若干问题的解释》（2009年）第3条。

利用技术进行发明创造的空间，把对专利权人提供合理的保护和对社会公众提供足够的法律确定性结合起来。[1]

而关于援用说明书及附图来解释权利要求的适用方面，在内蒙古哈伦实业有限责任公司与天津市开舒针织有限公司侵犯专利权纠纷案中，北京市高级人民法院判决认为，发明或者实用新型专利权的保护范围以其权利要求内容为准，说明书及附图可以用于解释权利要求。该规定应理解为，一项权利要求的类型或者用于确定保护范围的词语含义不清楚，以及多项权利要求之间的引用关系不明确的情况下，才可以积极主动地引入说明书及附图来解释权利要求。[2]

还应当注意的是，在确定发明和实用新型专利权保护范围时，对于权利要求中以功能或者效果表述的技术特征，人民法院应当结合说明书和附图描述的该功能或者效果的具体实施方式及其等同的实施方式，确定该技术特征的内容。[3]而对于仅在说明书或者附图中描述而在权利要求中未记载的技术方案，权利人在侵犯专利权纠纷案件中将其纳入专利权保护范围的，人民法院不予支持。[4]专利申请人、专利权人在专利授权或者无效宣告程序中，通过对权利要求、说明书的修改或者意见陈述而放弃的技术方案，权利人在侵犯专利权纠纷案件中又将其纳入专利权保护范围的，人民法院不予支持。[5]

2. 外观设计专利权的保护范围的界定

根据我国专利法的规定，外观设计专利权的保护范围以表示在图片或者照片中的该产品的外观设计为准，简要说明可以用于解释图片或者照片所表示的该产品的外观设计。[6]

外观设计图片或照片是确定外观设计保护范围的根本依据。外观设计图片或照片显示了产品外观设计各面的设计内容，通常以六面正投影视图、立体图、展开图、剖

---

[1] 最高人民法院民事判决书（2001）民三提字第1号。
[2] 北京市高级人民法院民事判决书（2003）高民终字第816号。
[3]《最高人民法院关于审理侵犯专利权纠纷案件应用法律若干问题的解释》（2009年）第4条。
[4]《最高人民法院关于审理侵犯专利权纠纷案件应用法律若干问题的解释》（2009年）第5条。
[5]《最高人民法院关于审理侵犯专利权纠纷案件应用法律若干问题的解释》（2009年）第6条。
[6]《专利法》第59条第2款。

视图、剖面图、放大图、变化状态图以及参考图表示。六面正投影视图包括主视图、左视图、右视图、后视图、俯视图和仰视图。

"图片或者照片中的该产品外观设计"指与授权公告文本中图片或者照片所示产品外观设计相同的外观设计。

简要说明是对图片或者照片所表示的产品的外观设计的解释和文字说明。外观设计的简要说明中明确了如下事项:名称、用途、设计要点,指定一幅最能表明设计要点的图片或者照片。

根据我国法律规定,在与外观设计专利产品相同或者相近种类产品上,采用与授权外观设计相同或者近似的外观设计的,人民法院应当认定被诉侵权设计落入《专利法》第59条第2款规定的外观设计专利权的保护范围。①

据此,外观设计专利权的保护范围除包括"图片或者照片中的该产品外观设计"外,还包括与授权外观设计相同或相近种类产品的近似外观设计。在确定外观设计专利保护范围时,应综合各视图确定外观设计的形状、图案或色彩,以图片或照片表示的整体外观设计为基础确定保护范围。

(二)发明和实用新型专利侵权的判定

1. 发明和实用新型专利侵权判定的原则与方式

发明和实用新型专利侵权的判定主要是对被诉侵权技术方案是否落入专利权的保护范围进行判断。而专利权的保护范围应当以权利要求记载的全部技术特征所确定的范围为准,也包括与该技术特征相等同的特征所确定的范围。②

根据我国法律规定,人民法院判定被诉侵权技术方案是否落入专利权的保护范围,应当审查权利人主张的权利要求所记载的全部技术特征。被诉侵权技术方案包含与权利要求记载的全部技术特征相同或者等同的技术特征的,人民法院应当认定其落入专利权的保护范围。被诉侵权技术方案的技术特征与权利要求记载的全部技术特征相比,缺少权利要求记载的一个以上的技术特征,或者有一个以上技术特征不相同也不等同

---

① 《最高人民法院关于审理侵犯专利权纠纷案件应用法律若干问题的解释》(2009年)第8条。
② 《最高人民法院关于审理专利纠纷案件适用法律问题的若干规定》(2015年)第17条。

的，人民法院应当认定其没有落入专利权的保护范围。[①]

而在判定被控侵权技术方案是否落入专利权的保护范围时，首先要对专利权利要求和被控侵权技术方案进行特征划分，将相应的技术特征进行对比，然后再判断被控侵权技术方案是否构成侵权。当被控侵权技术方案包含与权利要求记载的全部技术特征相同或者等同的技术特征的，侵权行为成立。

综上，专利侵权判定原则为全部覆盖原则，即仅当被控侵权技术方案包含权利要求记载的全部技术特征时，才构成专利侵权。而专利侵权的具体判定方法为技术特征对比法，即在专利侵权的具体判断过程中，是通过对被控侵权技术方案与权利要求相应的技术特征进行对比，以判断是否构成侵权。

根据全部覆盖原则，在以下两种情况下，都将侵犯发明或实用新型专利权：（1）被控侵权技术方案包含与权利要求记载的全部技术特征相同技术特征；（2）被控侵权技术方案包含与权利要求记载的全部技术特征等同的技术特征。

从专利侵权的种类划分角度，第一种侵权形态为相同侵权，第二种侵权形态为等同侵权。在专利侵权的具体判定中，一般是首先判断被控侵权技术方案是否构成相同侵权，如不构成相同侵权，再判断是否构成等同侵权。

2. 相同侵权

相同侵权是指被控侵权技术方案包含专利权利要求的全部技术特征，或者说，专利权利要求中所描述的每个技术特征在被控侵权物中都得以呈现，根据全部覆盖原则，被控侵权技术方案落入专利权利要求限定的范围，构成对专利产品或方法的相同侵权。

根据全部覆盖原则，实践中相同侵权包括以下三种方式。

（1）被控侵权技术方案与专利权利要求中的技术特征完全相同。在专利侵权判定中，通过技术特征的分解和比对，如果被控侵权技术方案的技术特征与专利权利要求的技术特征完全相同，或者二者虽然在文字表述上存在一定区别，但其技术内容完全一致，则被控侵权技术方案构成对专利权利要求的相同侵权。用公式可以表示：专利权利要求的技术特征为"A＋B＋C"；而被控侵权技术方案的技术特征为"A＋B＋C"。

[①]《最高人民法院关于审理侵犯专利权纠纷案件应用法律若干问题的解释》（2009年）第7条。

例如，某具有专利权的水杯的技术特征包含杯身、杯盖和把手，而被控侵权产品也具有这三项技术特征，则构成相同侵权。

（2）被控侵权技术方案的技术特征为专利权利要求技术特征的下位概念。被控侵权技术方案与专利权利要求相比存在一个或一个以上技术特征不相同，但如果专利权利要求的技术特征为上位概念，而被控侵权技术方案的相应技术特征为下位概念，则被控侵权技术方案仍落入专利权利要求的范围，构成相同侵权。可用如下公式表示：专利权利要求的技术特征为"A+B+C"，被控侵权技术方案的技术特征为"A+B+c"，其中"c"为"C"的下位概念。例如，一种具有专利权的计算机装置，包括中央处理器、显示器、输入设备，而被控侵权产品也为一种计算机装置，包括中央处理器、显示器、键盘。由于"键盘"是一种具体的"输入设备"，属于"输入设备"的下位概念，因此被控侵权产品构成对专利产品的相同侵权。

（3）被控侵权技术方案相比专利权利要求增加了其他技术特征。如果被控侵权技术方案除包含涉案专利的权利要求中的全部技术特征外，还增加了其他新的技术特征，但由于专利权利要求的全部技术特征在被控侵权技术方案中都得以呈现，同样也构成相同侵权。可用公式表示为：专利权利要求的技术特征为"A+B+C"，而被控侵权技术方案的技术特征为"A+B+C+D"。例如，一种具有专利权的计算机装置，包括中央处理器、显示器、键盘，被控侵权产品也为一种计算机装置，包括中央处理器、显示器、键盘、鼠标。由于专利产品的全部技术特征在被控侵权产品中都得到体现，尽管被控侵权产品增加了"键盘"，仍然构成相同侵权。

值得注意的是，在相同侵权的判定中，根据我国法律，如果被控侵权物中缺少权利要求记载的一个或以上的技术特征，或者有一个以上技术特征不相同的，则没有落入专利权的保护范围，不构成侵权。

在许某与索尼（中国）有限公司等侵害发明专利权纠纷案中，法院根据许某专利权利要求及说明书，将其独立权利要求的必要技术特征分解为A、B、C、D、E、F、G。法院将被控产品LOGO的制作过程与许某专利进行比对，发现被控产品LOGO的制造方法明显缺少许某专利技术特征的A、C、D、E、F，因而被控产品的制造方法与许某专利方法完全不同。基于上述分析，法院判决认为，许某请求保护的专利技术特征有A、B、C、D、E、F、G，被控产品的LOGO的制造方法明显缺少许某专利技术特征的A、C、D、E、F，故被控产品的"VAIO"LOGO制作过程与许某专利技术特征不同，未落入许某专利权的保护范围。[①]

3. 等同侵权

按照我国法律的规定，发明和实用新型专利权的保护范围应当以权利要求记载的全部技术特征所确定的范围为准，也包括与该技术特征相等同的特征所确定的范围。[②]被诉侵权技术方案如果包含与权利要求记载的全部技术特征等同的技术特征的，也应当认定其落入专利权的保护范围。[③]据此，我国法律确立了专利等同侵权。

等同侵权是指被控侵权技术方案的某一个或某些技术特征与专利权利要求中记载的相应技术特征不相同，不构成相同侵权，但若被控侵权物与权利要求中的技术特征的差异是非实质性的，具有等同特征，则被控侵权物也构成专利侵权。所谓等同特征是指与所记载的技术特征以基本相同的手段，实现基本相同的功能，达到基本相同的效果，并且本领域普通技术人员在被诉侵权行为发生时无需经过创造性劳动就能够联想到的特征。[④]

等同侵权判定是个复杂的问题，其重点在于是否存在等同特征。一般认为，当被控侵权技术方案的某技术特征与专利权利要求记载的相应技术特征相比，是以基本相同的手段，实现基本相同的功能，并达到基本相同的效果，且对于本领域技术人员来说，属于在侵权行为发生时通过阅读该专利的说明书、附图和权利要求书，无需经过创造性劳动就能够联想到的技术特征，则认为这两个技术特征是等同特征。

在北京英特莱摩根热陶瓷纺织有限公司诉北京德源快捷门窗厂侵犯发明专利权纠纷案中，法院认为，根据我国专利法的有关规定，发明专利权的保护范围以其权利要求的内容为准，说明书及附图可以用于解释权利要求。根据涉案发明专利权利要求1的记载，涉案专利的必要技术特征包括防火卷帘的帘面由多层耐火纤维制品复合缝制而

[①] 广东省高级人民法院民事判决书（2012）粤高法民三终字第624号。
[②]《最高人民法院关于审理专利纠纷案件适用法律问题的若干规定》（2015年）第17条。
[③]《最高人民法院关于审理侵犯专利权纠纷案件应用法律若干问题的解释》（2009年）第7条。
[④]《最高人民法院关于审理专利纠纷案件适用法律问题的若干规定》（2015年）第17条。

成，其中包括耐火纤维毯、耐火纤维布、金属铝箔层和钢丝绳，钢丝绳位于耐火纤维毯的中间等。涉案被控侵权防火卷帘产品的帘面基本包括了上述必要技术特征。虽然被控侵权产品将不锈钢钢丝绳放在耐火纤维毯的一侧，与涉案发明专利将钢丝绳放在纤维毯的中间的技术特征不相同，但帘面中加入钢丝绳系起增强作用，其位置的改变不影响其技术效果的实现。因此，被控侵权产品的上述特征属于以基本相同的手段，实现基本相同的功能，达到基本相同的效果，并且本领域的普通技术人员无需经过创造性劳动就能够联想到的与涉案专利所记载的技术特征等同的特征。故被控侵权产品落入涉案专利保护范围，构成侵权。[①]

在等同侵权的适用过程中，可能因为对等同特征的过宽理解而导致专利权保护范围的扩大，为此，在司法实践中，发展出对等同侵权的适用进行限制的规制，即禁止反悔规则和捐献规则。

禁止反悔规则是指专利申请人、专利权人在专利授权或者无效宣告程序中，通过对权利要求、说明书的修改或者意见陈述而放弃的技术方案，在专利侵权纠纷中权利人又将其纳入专利权保护范围的，不受保护。

在"防治钙质缺损的药物"发明专利侵权纠纷案中，专利权利要求1：一种防治钙质缺损的药物，其特征在于：它是由下述重量配比的原料制成的药剂：活性钙4~8份，葡萄糖酸锌0.1~0.4份，谷氨酰胺或谷氨酸0.8~1.2份。被控侵权产品为一种葡萄糖酸钙口服溶液，其含有葡萄糖酸钙。本案焦点在于被控侵权产品的葡萄糖酸钙与权利要求1中的活性钙是否构成等同特征。

法院在审理过程中查明，在涉案专利原始申请文件中，其独立权利要求中与"活性钙"相对应的技术特征为"可溶性钙剂"。说明书中记载，可溶性钙剂包括葡萄糖酸钙、氯化钙、乳酸钙、碳酸钙或活性钙。国家知识产权局在审查意见通知书中指出，该权利要求1使用的上位概念"可溶性钙剂"包括各种可溶性的含钙物质，概括了一个较宽的保护范围，而申请人仅对其中的"葡萄糖酸钙"和"活性钙"提供了配制药物的实施例，对于其他的可溶性钙剂没有提供配方和效果实施例，本领域技术人员难于

---

① 北京市第二中级人民法院民事判决书（2009）二中民初字第08543号。

预见其他的可溶性钙剂按发明进行配方也能在人体中发挥相同的作用，因此，权利要求得不到说明书实质的支持。申请人根据上述审查意见对权利要求书进行了修改，将"可溶性钙剂"修改为"活性钙"。

法院判决认为，专利申请人在专利授权程序中对权利要求1作出修改，放弃了包含"葡萄糖酸钙"技术特征的技术方案。根据禁止反悔原则，专利申请人/专利权人在专利授权或确权程序中，通过对权利要求书、说明书的修改或者意见陈述而放弃的技术方案，在专利侵权纠纷中不能被纳入专利权的保护范围。因此，本案中，专利权的保护范围不应包括"葡萄糖酸钙"技术特征的技术方案。被控侵权产品的相应技术特征为葡萄糖酸钙，属于专利权人在专利授权程序中放弃的技术方案，与权利要求1中记载的"活性钙"不构成等同特征。[①]

捐献规则是指对于仅在说明书或者附图中描述而在权利要求中未记载的技术方案，权利人在专利侵权纠纷中将其纳入专利权保护范围的，不受保护。

在美国Johnson & Johnston案中，专利权人的专利与使用铝基体的印刷电路板有关，其说明书中对铝和包括不锈钢在内的其他可以作为基体的材料进行了披露。但其权利要求中仅对铝基体主张专利权。当发现被控侵权人以不锈钢作为基体时，专利权人以等同原则主张构成侵权。法院认为，当专利的申请人对相关主题进行披露但未进行权利要求时，意味着专利权人将该技术方案捐献给了社会公众。

（三）外观设计专利侵权的判定

根据我国法律规定，在与外观设计专利产品相同或者相近种类产品上，采用与授权外观设计相同或者近似的外观设计的，应当认定被诉侵权设计落入外观设计专利权的保护范围，构成侵犯外观设计专利权。

外观设计专利侵权的判定应以外观设计专利产品一般消费者的知识水平和认知能力进行判断。[②]首先，要对被控侵权产品与外观设计专利产品是否属于相同或者相近种类产品进行判断。其后，要对涉案专利保护范围及被控侵权产品的外观设计进行确定，

---

① 河北省高级人民法院民事判决书（2007）冀民三终字第23号。
②《最高人民法院关于审理侵犯专利权纠纷案件应用法律若干问题的解释》（2009年）第10条。

通过对设计空间的分析，确定对外观设计整体视觉效果更具有影响的设计内容，从而判断二者形态（形状、图案、色彩）是否构成相同或者近似。如果二者属于相同或相近种类产品，并且在形态上构成相同或近似，则属于相同或近似的外观设计，被控侵权产品落入专利权的保护范围，专利侵权成立。

据此，外观设计专利侵权的判定主要涉及以下两方面的问题：（1）与外观设计专利产品相同或者相近种类产品的判定；（2）与授权外观设计相同或者近似的外观设计的判定。

1. 与外观设计专利产品相同或者相近种类产品的判定

在对外观设计专利侵权判断的时候，首先要对被控侵权产品是否与外观设计专利产品属于相同或者相近种类产品进行判断。如果两者不属于相同种类，也不属于相近种类产品，则就应当认定不存在侵权。[①]就被控侵权产品与外观设计专利产品是否属于相同或者相近种类产品，应当根据外观设计产品的用途来进行认定。对产品的用途进行确定，可以参考外观设计的简要说明、国际外观设计分类表、产品的功能以及产品销售、实际使用的情况等因素。[②]

在弓箭国际与兰之韵厂侵犯外观设计专利权纠纷案中，最高人民法院认为，涉案专利产品是"餐具用贴纸"，其用途是美化和装饰餐具，具有独立存在的产品形态，可以作为产品单独销售。被控侵权产品是杯子，其用途是存放饮料或食物等，虽然被控侵权产品上印刷有与涉案外观设计相同的图案，但该图案为油墨印刷而成，不能脱离杯子单独存在，不具有独立的产品形态，亦不能作为产品单独销售。被控侵权产品和涉案专利产品用途不同，不属于相同种类产品也不属于相近种类产品。因此，被控侵权设计未落入涉案外观设计专利权保护范围，弓箭国际的申请再审理由不成立。[③]与此观点类似，在维多利公司与越远公司等侵害外观设计专利权纠纷案中，最高人民法院认为，在外观设计专利侵权判定中，确定产品种类是否相同或相近的依据是产品是否具有相同或相近似的用途，产品销售、实际使用的情况可以作为认定用途的参考

---

① 文希凯主编：《专利法教程》（修订版），知识产权出版社2011年版，第298页。
②《最高人民法院关于审理侵犯专利权纠纷案件应用法律若干问题的解释》（2009年）第9条。
③ 最高人民法院民事裁定书（2012）民申字第54号。

因素。[1]

2. 与授权外观设计相同或者近似的外观设计的判定

与授权外观设计相同或者近似的外观设计的判定应当根据授权外观设计、被诉侵权设计的设计特征,以外观设计的整体视觉效果进行综合判断。如果被控侵权设计与授权外观设计在整体视觉效果上无差异的,应当认定两者相同,如果两者在整体视觉效果上无实质性差异的,应当认定两者近似。就对整体视觉效果影响而言,对于主要由技术功能决定的设计特征以及对整体视觉效果不产生影响的产品的材料、内部结构等特征,应当不予考虑。而产品正常使用时容易被直接观察到的部位相对于其他部位、授权外观设计区别于现有设计的设计特征相对于授权外观设计的其他设计特征,一般来说对整体视觉效果的影响要更显著些。[2]

(1)外观设计相同。外观设计相同是指被控侵权产品种类与涉案专利相同,且被控侵权产品与涉案专利的全部设计要素(形状、图案以及色彩)相同。被控侵权产品种类与涉案专利不同的,即使其外观设计的三要素相同,也不应认为是外观设计相同。如果涉案专利与被控侵权产品的相关设计的区别仅属于常用材料的替换,或者仅存在产品功能、内部结构、技术性能或者尺寸的不同,未导致产品外观设计的变化,二者仍属于相同的外观设计。

(2)外观设计近似。在涉案专利与被控侵权产品属于相同或相近类别的情况下,如果被控侵权产品的相关设计内容的设计要素(形状、图案、色彩)与涉案专利要求保护的设计要素的区别点对产品外观设计的整体视觉效果不具有显著影响,导致被控侵权产品与涉案专利在整体视觉效果上无实质性差异,则二者属于近似的外观设计。在判断区别点对于产品的整体视觉效果是否具有显著影响时,需要根据涉案专利产品的设计空间、区别点所在的部位是否易见、区别点是否为局部细微差异等因素作出综合判断。

在本田技研工业株式会社诉专利复审委员会等外观设计专利权无效行政纠纷案中,本田技研工业株式会社是"汽车"外观设计专利权(以下简称本专利)的专利权人。

---

[1] 最高人民法院民事裁定书(2013)民申字第1658号。
[2] 《最高人民法院关于审理侵犯专利权纠纷案件应用法律若干问题的解释》(2009年)第11条。

石家庄双环汽车股份有限公司、河北新凯汽车制造有限公司破产清算组分别向专利复审委员会申请宣告本专利无效。专利复审委员会认为，本专利与对比文件（以下简称证据1）属于相近似的外观设计，决定宣告本专利无效。本田株式会社不服该无效决定，向北京市第一中级人民法院提起诉讼。

一审法院认为，本专利与证据1的外观设计虽存在一定的差别，但属于局部的细微差别，且对于汽车整体外观而言，一般消费者更容易对汽车整体的设计风格、轮廓形状、组成部件的相互间比例关系等因素施以更多注意，二者的上述细微差别尚不足以使一般消费者对两者整体外观设计产生明显的视觉差异。因此，本专利与证据1属于相近似的外观设计，本专利应被宣告无效。遂判决维持专利复审委员会的无效决定。本田株式会社不服一审判决，提起上诉。北京市高级人民法院二审判决驳回上诉，维持原判。

在再审中，最高人民法院认为，诉争类型汽车外观设计的"整体"，不仅包括汽车的基本外形轮廓以及各部分的相互比例关系，还包括汽车的前面、侧面、后面等，应当予以全面观察。在综合判断时，应当根据诉争类型汽车的特点，权衡诸部分对汽车外观设计整体视觉效果的影响。就本案诉争的汽车类型而言，因此类汽车的外形轮廓都比较接近，故该共性设计特征对于此类汽车一般消费者的视觉效果的影响比较有限。相反，汽车的前面、侧面、后面等部位的设计特征的变化，则会更多地引起此类汽车一般消费者的注意。这些差别对于本案诉争类型汽车的一般消费者而言是显而易见的，足以使其将本专利图片所示汽车外观设计与证据1汽车外观设计的整体视觉效果区别开来。因此，上述差别对于本专利与证据1汽车外观设计的整体视觉效果具有显著的影响，二者不属于相近似的外观设计。遂撤销专利复审委员会无效决定及原一、二审判决。[①]

最高人民法院在该案中较好地阐明了在对外观设计相同或者相近似的判断中，如何根据授权外观设计、被诉侵权设计的设计特征，以外观设计的整体视觉效果进行综合判断。

---

① 最高人民法院行政判决书（2010）行提字第3号。

二、专利侵权的法律救济

根据我国专利法的规定，因专利侵权引发纠纷的，当事人可以协商解决，不愿协商或者协商不成的，专利权人或者利害关系人可以向人民法院起诉，也可以请求管理专利工作的部门处理，对管理专利工作部门的处理或调解不服的可以向人民法院起诉。[①]这一规定表明我国对于专利侵权有司法救济和行政救济两种途径。

（一）专利侵权的司法救济

根据我国专利法的相关规定，专利侵权的司法救济方式主要有停止侵权和赔偿损失两种。

侵犯专利权的诉讼时效为二年，自专利权人或者利害关系人得知或者应当得知侵权行为之日起计算。而对于发明专利申请公布后至专利权授予前使用该发明未支付适当使用费的，专利权人要求支付使用费的诉讼时效为二年，自专利权人得知或者应当得知他人使用其发明之日起计算，但是，专利权人于专利权授予之日前即已得知或者应当得知的，自专利权授予之日起计算。[②]

权利人超过二年起诉的，如果侵权行为在起诉时仍在继续，在该项专利权有效期内，人民法院应当判决被告停止侵权行为，侵权损害赔偿数额应当自权利人向人民法院起诉之日起向前推算二年计算。[③]

关于专利纠纷案件的管辖，我国法律规定：专利纠纷第一审案件，由各省、自治区、直辖市人民政府所在地的中级人民法院和最高人民法院指定的中级人民法院管辖。最高人民法院根据实际情况，可以指定基层人民法院管辖第一审专利纠纷案件。[④]

1. 停止侵权

按照民事责任的一般规则，当法院认定侵权行为成立的，都会作出停止侵权的判决，专利侵权也不例外。承担停止侵权责任意味着被控侵权人不能再以生产经营为目的

---

① 《专利法》第60条。
② 《专利法》第68条。
③ 《最高人民法院关于审理专利纠纷案件适用法律问题的若干规定》（2015年）第23条。
④ 《最高人民法院关于审理专利纠纷案件适用法律问题的若干规定》（2015年）第2条。

实施他人专利，即不得从事制造、使用、销售、许诺销售、进口等实施专利权的行为。

一般民事侵权中停止侵权责任的承担，在时间上多在侵权诉讼结束后，侵权行为被认定成立由法院作出，与其不同，为对专利权提供强有力的保护，专利法赋予专利权人或利害关系人在一定条件下还可以在诉讼之前请求法院采取责令停止侵权的措施。

根据专利法的规定，专利权人或者利害关系人有证据证明他人正在实施或者即将实施侵犯专利权的行为，如不及时制止将会使其合法权益受到难以弥补的损害的，可以在起诉前向人民法院申请采取责令停止有关行为的措施。①这里的利害关系人，包括专利实施许可合同的被许可人、专利财产权利的合法继承人等。专利实施许可合同的被许可人中，独占实施许可合同的被许可人可以单独向人民法院提出申请；排他实施许可合同的被许可人在专利权人不申请的情况下，可以提出申请。②

专利权人或者利害关系人向人民法院提出诉前责令停止侵犯专利权行为的申请，应当递交书面申请状并对申请理由作出充分的说明。申请的理由主要是有关行为如不及时制止会使申请人合法权益受到难以弥补的损害。③人民法院应当自接受申请之时起48小时内作出裁定，有特殊情况需要延长的，可以延长48小时。裁定责令停止有关行为的，应当立即执行。当事人对裁定不服的，可以申请复议一次，复议期间不停止裁定的执行。

为防止专利权人或者利害关系人错误的申请行为给被申请人带来不当的损害，法律要求申请人提出申请时，应当提供担保，不提供担保的，驳回申请。同时申请人自人民法院采取责令停止有关行为的措施之日起15日内不起诉的，人民法院应当解除该措施。而申请有错误的，导致被申请人损失的，申请人应当赔偿被申请人因停止有关行为所遭受的损失。④

为有效制止专利侵权行为，在侵权证据可能灭失或者以后难以取得的情况下，我国专利法还赋予专利权人或者利害关系人可以在起诉前向人民法院申请保全证据。⑤

---

① 《专利法》第66条。
② 《最高人民法院关于对诉前停止侵犯专利权行为适用法律问题的若干规定》（2001年）第1条。
③ 《最高人民法院关于对诉前停止侵犯专利权行为适用法律问题的若干规定》（2001年）第3条。
④ 《专利法》第66条。
⑤ 《专利法》第67条。

值得注意的是，尽管通常情况下，专利侵权行为成立一经确认就必须承担停止侵权责任，但某些特殊情况下，如出于社会公共利益等考虑，专利侵权人则无需承担停止侵权责任。在这些特殊情况下，法院一般会判决专利侵权人向专利权人支付一定的专利使用费作为对专利权人的救济。如在武汉晶源环境工程有限公司与日本富士化水工业株式会社、华阳电业有限公司侵犯发明专利权纠纷案中，关于专利侵权人民事责任承担问题，二审法院认为，被控侵权的脱硫方法和曝气装置落入专利权人专利权的保护范围，专利侵权成立……鉴于本案烟气脱硫系统已被安装在侵权人华阳公司的发电厂并已实际投入运行，若责令其停止行为，则会直接对当地的社会公众利益产生重大影响，故原审判决在充分考虑权利人利益与社会公众利益的前提下，未支持专利权人晶源公司关于责令停止行为的诉讼请求，而是判令侵权人华阳电业有限公司按实际使用年限向专利权人支付每台机组每年人民币24万元至本案专利权期限届满为止，并无不妥。[1]

2. 损害赔偿

在专利侵权成立的情况下，侵权人一般还应承担损害赔偿责任。我国专利法对侵犯专利权的赔偿数额进行了明确的规定。依其规定，侵犯专利权的赔偿数额首先按照权利人因被侵权所受到的实际损失确定，如果实际损失难以确定的，可以按照侵权人因侵权所获得的利益确定。如果权利人的损失或者侵权人获得的利益难以确定的，参照该专利许可使用费的倍数合理确定。而在权利人的损失、侵权人获得的利益和专利许可使用费均难以确定的情况下，我国法律规定了法定赔偿，即人民法院可以根据专利权的类型、侵权行为的性质和情节等因素，确定给予一万元以上一百万元以下的赔偿。[2]

就权利人因专利侵权所受到的实际损失的计算而言，可以根据专利权人的专利产品因侵权所造成销售量减少的总数乘以每件专利产品的合理利润所得之积计算。权利人销售量减少的总数难以确定的，侵权产品在市场上销售的总数乘以每件专利产品的合理利润所得之积可以视为权利人因被侵权所受到的实际损失。而侵权人因侵权所获得的利益则可以根据该侵权产品在市场上销售的总数乘以每件侵权产品的合理利润所

---

[1] 最高人民法院民事判决书（2008）民三终字第8号。
[2]《专利法》第65条。

得之积计算。[①]

侵权人因侵权所获得的利益一般按照侵权人的营业利润计算，对于完全以侵权为业的侵权人，可以按照销售利润计算。[②]

但侵权人因侵权所获得的利益，应当限于侵权人因侵犯专利权行为所获得的利益，因其他权利所产生的利益，应当合理扣除。如果侵犯发明、实用新型专利权的产品系另一产品的零部件的，应当根据该零部件本身的价值及其在实现成品利润中的作用等因素合理确定赔偿数额。如果侵犯外观设计专利权的产品为包装物的，应当按照包装物本身的价值及其在实现被包装产品利润中的作用等因素合理确定赔偿数额。[③]

而在权利人的损失或者侵权人获得的利益都难以确定的情况下，赔偿额的计算方法是，如果有专利许可使用费可以参照的，可以根据专利权的类型、侵权行为的性质和情节、专利许可的性质、范围、时间等因素，参照该专利许可使用费的倍数合理确定赔偿数额。没有专利许可使用费可以参照或者专利许可使用费明显不合理的，可以根据专利权的类型、侵权行为的性质和情节等因素，依照法律规定确定赔偿数额。[④]

权利人为制止侵权行为所支付的合理开支，可以在上述的赔偿数额之外另行计算。[⑤]

值得注意的是，并非所有的专利侵权行为都要承担损害赔偿，为生产经营目的使用、许诺销售或者销售不知道是未经专利权人许可而制造并售出的专利侵权产品，能证明该产品合法来源的，不承担赔偿责任。[⑥]

此外，我国专利法规定的法定赔偿是以权利人的实际损失、侵权人获得的利益和专利许可使用费都无法确定为条件，如在北京玖鼎慧馨生物科技有限公司与沈某侵犯外观设计专利权纠纷上诉案中，法院就是在原告未提供因侵权行为所受损失以及被告因侵权行为所获利润的有效证据的情况下，依据涉案专利的类型、侵权行为的性质和情节等因素，酌情确定一万元法定赔偿数额。[⑦]

---

①② 《最高人民法院关于审理专利纠纷案件适用法律问题的若干规定》（2015年）第20条。
③ 《最高人民法院关于审理侵犯专利权纠纷案件应用法律若干问题的解释》（2010年）第16条。
④ 《最高人民法院关于审理专利纠纷案件适用法律问题的若干规定》（2015年）第21条。
⑤ 《最高人民法院关于审理专利纠纷案件适用法律问题的若干规定》（2015年）第22条。
⑥ 《专利法》第70条。
⑦ 北京市高级人民法院民事判决书（2013）高民终字第1237号。

（二）专利侵权的行政救济

根据我国专利法的规定，管理专利工作的部门（省、自治区、直辖市人民政府以及专利管理工作量大又有实际处理能力的设区的市人民政府）应专利权人或者利害关系人请求处理专利纠纷。其认定侵权行为成立的，可以责令侵权人立即停止侵权行为。管理专利工作的部门应当事人的请求，也可以就侵犯专利权的赔偿数额进行调解。[①]

据此，我国专利侵权的行政救济的方式包括责令侵权人立即停止侵权行为和调解专利纠纷。

1. 责令侵权人立即停止侵权行为

根据我国法律规定，管理专利工作的部门在处理专利纠纷时，如果认定侵权行为成立的，可以责令侵权人立即停止侵权行为。责令侵权人立即停止侵权行为的，一般应当采取下列具体制止侵权行为的措施。

（1）侵权人制造专利侵权产品的，责令其立即停止制造行为，销毁制造侵权产品的专用设备、模具，并且不得销售、使用尚未售出的侵权产品或者以任何其他形式将其投放市场。侵权产品难以保存的，责令侵权人销毁该产品。

（2）侵权人未经专利权人许可使用专利方法的，责令侵权人立即停止使用行为，销毁实施专利方法的专用设备、模具，并且不得销售、使用尚未售出的依照专利方法所直接获得的侵权产品或者以任何其他形式将其投放市场。侵权产品难以保存的，责令侵权人销毁该产品。

（3）侵权人销售专利侵权产品或者依照专利方法直接获得的侵权产品的，责令其立即停止销售行为，并且不得使用尚未售出的侵权产品或者以任何其他形式将其投放市场。尚未售出的侵权产品难以保存的，责令侵权人销毁该产品。

（4）侵权人许诺销售专利侵权产品或者依照专利方法直接获得的侵权产品的，责令其立即停止许诺销售行为，消除影响，并且不得进行任何实际销售行为。

（5）侵权人进口专利侵权产品或者依照专利方法直接获得的侵权产品的，责令侵权人立即停止进口行为。侵权产品已经入境的，不得销售、使用该侵权产品或者以任

[①]《专利法》第60条。

何其他形式将其投放市场。侵权产品难以保存的，责令侵权人销毁该产品。侵权产品尚未入境的，可以将处理决定通知有关海关。[①]

值得注意的是，当事人对管理专利工作的部门责令侵权人立即停止侵权行为不服的，可以自收到处理通知之日起15日内依照《中华人民共和国行政诉讼法》向人民法院起诉。侵权人期满不起诉又不停止侵权行为的，管理专利工作的部门可以申请人民法院强制执行。

2. 调解专利纠纷

根据我国专利法，管理专利工作的部门应当事人的请求，可以就侵犯专利权的赔偿数额进行调解。还可以就以下纠纷应当事人请求进行调解：（1）专利申请权和专利权归属纠纷；（2）发明人、设计人资格纠纷；（3）职务发明创造的发明人、设计人的奖励和报酬纠纷；（4）在发明专利申请公布后专利权授予前使用发明而未支付适当费用的纠纷；（5）其他专利纠纷。[②]

三、假冒专利的法律规制

假冒专利不同于专利侵权，专利侵权就其实质是在未经专利权人许可，又没有法律规定的情形下，实施他人专利权的行为，而假冒专利主要是通过虚假行为冒充专利或为冒充制造条件，欺骗公众以获取非法利益。

（一）假冒专利的行为

（1）在未被授予专利权的产品或者其包装上标注专利标识，专利权被宣告无效后或者终止后继续在产品或者其包装上标注专利标识，或者未经许可在产品或者产品包装上标注他人的专利号。

（2）销售第（1）项所述产品。

（3）在产品说明书等材料中将未被授予专利权的技术或者设计称为专利技术或者专利设计，将专利申请称为专利，或者未经许可使用他人的专利号，使公众将所涉及

---

① 《专利行政执法办法》（2015年）第43条。
② 《专利法实施细则》第85条。

的技术或者设计误认为是专利技术或者专利设计。

（4）伪造或者变造专利证书、专利文件或者专利申请文件。

（5）其他使公众混淆，将未被授予专利权的技术或者设计误认为是专利技术或者专利设计的行为。

而专利权终止前依法在专利产品、依照专利方法直接获得的产品或者其包装上标注专利标识，在专利权终止后许诺销售、销售该产品的，不属于假冒专利行为。[①]

（二）假冒专利行为的法律责任

对于假冒专利的法律责任，依我国专利法，除依法承担民事责任外，由管理专利工作的部门责令改正并予公告，没收违法所得，可以并处违法所得4倍以下的罚款；没有违法所得的，可以处20万元以下的罚款。构成犯罪的，依法追究刑事责任。[②]据此，假冒专利行为的法律责任包括民事责任、行政责任和刑事责任。

1. 民事责任

假冒专利的民事责任主要是立即停止假冒专利的行为，并就假冒专利行为给相关当事人造成的损失进行赔偿。

2. 行政责任

假冒专利的行政责任主要包括责令改正、没收违法所得、罚款。但经查证，如果假冒专利行为轻微并已及时改正的，管理专利工作的部门将免予处罚。[③]根据专利法上述规定，对假冒专利，管理专利工作的部门可以并处违法所得4倍以下的罚款，没有违法所得的，可以处20万元以下的罚款。

如果管理专利工作的部门对假冒专利未给予行政处罚的，人民法院可以依照相关规定给予民事制裁，适用民事罚款数额可以参照管理专利工作部门具有的罚款权限来确定。[④]而销售不知道是假冒专利的产品，并且能够证明该产品合法来源的，由管理专

---

① 《专利法实施细则》第84条。
② 《专利法》第63条。
③ 《专利行政执法办法》（2010年）第29条 。
④ 《最高人民法院关于审理专利纠纷案件适用法律问题的若干规定》（2015年）第19条。

利工作的部门责令停止销售，但免除罚款的处罚。①

值得注意的是，管理专利工作的部门根据已经取得的证据，对涉嫌假冒专利行为进行查处时，可以询问有关当事人，调查与涉嫌违法行为有关的情况；对当事人涉嫌违法行为的场所实施现场检查；查阅、复制与涉嫌违法行为有关的合同、发票、账簿以及其他有关资料；检查与涉嫌违法行为有关的产品，对有证据证明是假冒专利的产品，可以查封或者扣押。管理专利工作的部门依法行使前款规定的职权时，当事人应当予以协助、配合，不得拒绝、阻挠。②

3. 刑事责任

我国刑法规定了假冒专利罪。假冒他人专利，情节严重的，处3年以下有期徒刑或者拘役，并处或者单处罚金。③

假冒他人专利，具有下列情形之一的，属于"情节严重"，应当以假冒专利罪判处3年以下有期徒刑或者拘役，并处或者单处罚金：（1）非法经营数额在20万元以上或者违法所得数额在10万元以上的；（2）给专利权人造成直接经济损失50万元以上的；（3）假冒两项以上他人专利，非法经营数额在10万元以上或者违法所得数额在5万元以上的；（4）其他情节严重的情形。④

---

① 《专利法实施细则》第84条。
② 《专利法》第64条。
③ 《中华人民共和国刑法》（1997年）第216条。
④ 《最高人民法院、最高人民检察院关于办理侵犯知识产权刑事案件具体应用法律若干问题的解释》（2004年）第4条。

本章思考题

1. 简述我国专利法规定的职务发明创造的种类及具体情形。

2. 简述我国专利法规定的专利权授予的排除领域。

3. 我国专利法规定的发明、实用新型专利授权的实质性条件是什么?

4. 根据我国专利法相关规定,简述发明、实用新型专利权利要求书的内容。

5. 我国专利法规定的请求宣告专利权无效的理由有哪些?

6. 简述专利实施许可的方式及专利实施许可合同的主要条款。

7. 根据我国专利法的规定,不视为侵犯专利权的情形有哪些?

8. 我国专利法规定的发明和实用新型专利侵权判定的原则与方式是什么?

9. 根据我国专利法的规定,简述外观设计专利侵权的判定要求。

10. 根据我国专利法的规定,假冒专利行为的表现形式有哪些?

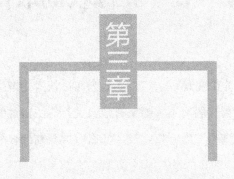

第二章

商标法律制度

第一节 ｜ 商标权的取得

商标权取得是指特定的主体以法定方式成为商标权人，取得商标权。商标法的发展历史表明，商标权取得一般离不开国家行政机关、司法机关的确权。理解商标权取得问题就是要理解"谁取得"商标权以及"怎么取得"商标权两个问题，前者要明确的是商标权主体，后者要明确的是商标权取得的方式。

一、商标权的主体

商标权是一种民事权利。依据我国民法通则的规定，自然人和法人是两类最为重要和常见的主体，自然人和法人依法享有民事权利能力，因此，只要其从事商标注册申请等特定的民事行为，就可能成为商标权人。

除自然人和法人外，实践中还存在一类特殊的民事主体，即"其他组织"。最高人民法院《关于适用〈民事诉讼法〉若干问题的意见》第40条规定，其他组织是指合法成立，有一定的组织机构和财产，但又不具备法人资格的组织，包括：依法登记领取营业执照的私营独资企业、合伙组织；依法登记领取营业执照的合伙型联营企业；依法登记领取我国营业执照的中外合作经营企业、外资企业；经民政部门核准登记领取社会团体登记证的社会团体；法人依法设立并领取营业执照的分支机构；中国人民银行、各专业银行设在各地的分支机构；中国人民保险公司设在各地的分支机构；经核准登记领取营业执照的乡镇、街道、村办企业；符合本条规定条件的其他组织。

我国《商标法》第4条规定，自然人、法人或者其他组织在生产经营活动中，对其商品或服务需要取得商标专用权的，应当向商标局申请注册商标。从该条规定来看，我国商标权的主体不仅包括"自然人、法人"，还包括实践中被认可的第三类民事主体——"其他组织"。

二、商标权取得的方式

商标权取得的方式主要有原始取得和继受取得两类。

（一）原始取得方式

原始取得方式，是指商标所有人对其商标所享有的商标权是依法首次产生的，是不以他人既存的权利和意志为依据而产生的权利。一般来讲，商标权的原始取得包括两类不同的原则：使用原则和注册原则。

1. 使用原则

指按照使用商标的先后顺序来确定商标权的归属问题，谁先使用某一特定的商标，该商标产生的商标权就属于谁。使用原则，类似于物权取得的先占原则，强调对商标首先使用人权利的承认，能够有效排斥后使用人因注册行为取得本不应享有的商标权，能够避免不同的使用人前后使用相同商标而对消费者选购商品或服务造成混淆。不过，依据使用原则取得的商标权存在权利状态极不稳定的弊端，商标权人的权利随时可能会因为他人主张自己为最先使用人而被推翻。目前，单纯采用使用原则的国家已极为少见。

实践中，采纳使用原则来确定商标权的制度并非绝对排除注册行为，只不过商标注册在法律上仅是起到申请和宣示的作用，起不到确定商标权归属的作用，在先使用人可以随时依据"使用在先"为对抗事由要求撤销他人已经注册的相同或近似的商标。

2. 注册原则

指按照申请注册的先后来确定商标权归属，谁先申请注册商标，那么商标权就授予谁。依据注册原则，商标权的取得需要"选定商标的行为""向商标行政主管机关的申请行为"以及"商标行政主管机关的核准行为"的互相结合才能够实现，商标的注册、核准是商标权取得的必经程序。只有经过注册与核准，商标所有人才能够取得受到法律保护的商标权。注册原则，可以有效克服使用原则下权属关系不稳定的问题，可以督促商标的使用人及时进行商标注册申请，同时，由于商标的注册申请相对较为容易查明，对于商标管理、商标权争议的解决等都是有利的。不过，注册原则也存在容易导致商标抢注、注册而不用等问题。

依据实践中相关法律的规定，注册原则并非绝对排斥"使用原则"。使用原则在特定的情形下也可能产生确权作用，如我国《商标法》第31条规定："两个或者两个以上的商标注册申请人，在同一种商品或者类似商品上，以相同或者近似的商标申请注册的，初步审定并公告申请在先的商标；同一天申请的，初步审定并公告使用在先的商标，驳回其他人的申请，不予公告。"

3. 发展趋势

使用原则和注册原则相互融合。在现代商标法律制度中，使用原则下并不排斥商标注册行为，注册原则下也越来越多地有条件承认和保护商标使用产生的权益，在立法中融合使用原则和注册原则是商标权原始取得制度发展的一个明显趋势。如德国《商标和其他标志保护法》第4条规定，商标保护的产生可来自：（1）一个标志在专利局设立的注册簿上作为商标注册；（2）通过在商业过程中使用，一个标志在相关商业范围内获得作为商标的第二含义；（3）具有《巴黎公约》第6条之二意义上的驰名商标的知名度。再如，从我国商标法律制度的发展历程来看，从20世纪60年代采用"全面注册""强制注册"的商标权产生模式到《商标法》第二次修订时增加对未注册驰名商标的保护，再到《商标法》第三次修订时增加了"商标先用权"，反映了我国商标权原始取得制度在采用注册原则的同时不断吸收和融合使用原则。

（二）继受取得方式

继受取得，是指商标权并非首次产生，而只是已经存在的商标权因特定的事实或行为而发生权利主体的变更。一般而言，继受取得的情形主要包括转让取得、继承取得和承继取得。

1. 转让取得

商标权转让取得是指商标权人与他人签订转让合同或赠与合同，根据合同，商标权人向他人有偿转让或无偿赠与其商标专用权，商标权转让后，作为出让人或赠与人的原商标权人不再享有商标专用权，受让人或受赠与人成为新的商标权人，享有商标专用权。

2. 继承取得

继承权是民事主体的一项民事权利，是指继承人依法取得被继承人遗产的权利。

自然人通过继承、遗赠等方式取得已死亡的被继承人所依法享有的商标专用权即为商标权的继承取得。由于商标权的继承实质上会导致商标权主体的变更，因此依据知识产权公示原则以及商标法相关基础理论，商标权的继承取得一般需要履行法定的手续。

3. 承继取得

承继取得是指法人或者其他组织通过合并、分立的方式取得商标权。在市场经济活动中，法人或其他组织的合并、分立是常有的，而且其法律后果往往是原法人或其他组织的消灭，因此，法人、其他组织一旦合并或分立，那么其商标权主体的身份就应当随之而发生变化。我国《民法通则》第44条第2款规定，企业法人分立、合并，其权利义务由变更后的法人享有或承担。作为民事权利的一种，商标权应属于该条规定中的"权利"的内容之一。在实践中，为了便于明确商标权等无形财产权的归属问题，法人或其他组织的分立或者合并通常可以在分立或合并协议中予以明确。和继承取得相似，变更后的法人或其他组织应当向商标局出具其承继商标权的证据和法律文书，并办理注册商标的承继。

三、商标注册的概念

理论上，商标注册有三层含义。第一层含义是指商标法所确立的一项法律制度，即自然人、法人或者其他组织为了取得商标专用权，将其使用或者准备使用的商标依照法律规定的条件、原则和程序，向国家商标行政主管部门（如我国的国家工商行政管理总局商标局）提出申请，经该部门审查核准予以注册的法律制度。第二层含义是指取得商标专用权的一系列程序组合，该程序主要包括自然人、法人或其他组织的商标注册申请行为；国家商标行政主管部门的审查行为；国家商标行政主管部门作出是否核准注册的行为等。第三层含义是指自然人、法人或者其他组织为取得商标专用权的注册申请行为。本节所说的商标注册更近似于其第二层含义。

商标注册对于商标权人和国家商标行政主管部门有着不同的意义和价值。就商标权人而言，商标注册是其取得法律确认与保护的商标专用权的一种必经途径，是实践中确定商标专用权归属与权利保护的最重要法律依据。就国家商标行政主管部门而言，商标注册是实现商标管理的重要法律措施之一，是商标管理工作的基础。国家商标行政主管部门通过商标注册实现对商标的严格审核，规范商标关系和商标领域的相关秩序，以便实现对商标权人及消费者合法利益的有效保护。

此外，商标注册与注册商标不同。注册商标特指实践中一种特殊状态的商标，即指获得法律确认而产生商标专用权的商标。获得注册商标是商标注册的最直接法律目的。不过，进行商标注册却并不一定能够获得注册商标，只有符合商标法规定条件的标记或符号才可能经由商标注册而成为注册商标。

四、商标注册的基本原则

依据我国商标法的相关规定，商标注册的基本原则主要包括：自愿注册原则，分类注册原则，申请在先和同日申请先使用原则，优先权原则。

（一）自愿注册原则

自愿注册原则和全面注册原则、强制注册原则等是一组关联原则。自愿注册原则，是指法律并不强制要求必须使用注册商标，商标使用人是否进行商标注册申请完全听凭其意愿。全面注册原则指凡是作为商标来了以使用的标记或符号均需进行商标注册，否则就不能作为商标来进行使用。全面注册原则也是强制注册原则，但强制注册原则除全面注册原则外，还存在一种特殊的情况，即在自愿注册原则下，法律或者行政法规对特定商品或服务领域强制要求必须使用注册商标。

目前，自愿注册原则已经成为国际上商标注册的一项惯例，该原则不仅与商标权属于私权的这一性质相契合，而且也符合商标使用实践的需要。因为在实践中，商标的使用人如果仅仅是短期内或暂时性试产试销、经营某项商品，其则未必需要使用注册商标，毕竟商标注册需要耗费一定的时间、缴纳相关费用。在自愿注册原则下，注册商标依法获得商标专用权，同时，未注册商标也可以使用并能获得一定程度的法律保护，这有利于商标法律制度的系统而客观的发展。

和自愿注册原则相比，全面注册原则、强制注册原则已经越来越少见。从历史的角度来看，我国国务院1957年发布的《中央工商行政管理局关于实现商标全面注册的意见》开始实施商标强制注册制度，要求各企业、合作社使用的商标必须注册；1963

年，国务院公布的《商标管理条例》，明确实行商标全面注册原则。究其原因，主要是当时我国处在计划经济时期且对商标功能的认识不准确，认为商标是商品质量的保证，是经济秩序管理的一种手段与工具。进入改革开放以后，虽然全面注册原则被自愿注册原则所取代，但在我国现行商标法律制度下，商标自愿注册原则下还存在一些例外，即《商标法》第6条规定："法律、行政法规规定必须使用注册商标的商品，必须申请商标注册，未经核准注册的，不得在市场销售。"1991年《烟草专卖法》规定："卷烟、雪茄烟和有包装的烟丝必须使用注册商标，未经核准注册的，不得生产、销售。"据此，我国对卷烟、雪茄烟和有包装的烟丝仍然采用强制注册原则。

（二）分类注册原则

作为区分商品或服务来源的标记或符号，每一个注册商标都是指定用于特定的商品或服务上的。在日常生活中，提到"长虹""海信"，人们会想到电视机；提到"茅台""五粮液"，人们会想到白酒。可以说，离开商品或服务的商标是不存在的。所以，商标注册时必须要准确表述要指定的商品或者服务及其所属的类别。

商品或服务分类是指一件商标注册申请可同时指定的商品或服务范围。为了便于商标的注册和管理，各国商标注册管理机关会根据一定的标准，将商品或服务划分为若干类别，并按照一定的顺序排列编制成表册，以供使用。目前，世界上商品或服务分类表主要有两大类：一类是各国独立实行的商品或服务分类表；另一类是国际统一的商品或服务分类表。我国于1988年11月加入《巴黎公约》，并同时于1988年11月1日起开始实行世界知识产权组织提供的《商标注册用商品国际分类》。目前，我国实行的《商标注册用商品与服务国际分类表》是《尼斯协定》各成员国于2012年1月1日起正式启用的第十版《尼斯分类》，该分类将商品和服务共分为45个类别。

商标注册中的分类注册原则是指一个商标只能注册在一类商品或服务之上，超越了这个类别范围而在另一个类别的商品或服务上或者在同一大类中的其他小类商品或服务上再使用同一标记或符号则是两个商标，需要再行提出商标注册申请。我国商标法实行的就是分类注册原则。《商标法》第22条第1款规定："商标注册申请人应当按规定的商品分类表填报使用商标的商品类别和商品名称，提出注册申请。"该法第23条规定："注册商标需要在核定使用范围之外的商品上取得商标专用权的，应当另行提出注册申请。"

在商标分类注册原则下，还存在"一标一类"和"一标多类"两种不同的方式。所谓"一标一类"，是指商标注册申请人在一份商标注册申请中只能对同一类商品或服务提出申请，不允许跨类申请；所谓"一标多类"，是指商标注册申请人可以在一份申请中就多个类别的商品或服务申请注册同一个商标，一个商标注册证书同时包含多个类别的商品或服务项目的注册。"一标多类"方式在欧盟以及《马德里协定》中均被予以认可，我国自2014年5月1日起也开始采用。《商标法》第22条第2款规定："商标注册申请人可以通过一份申请就多个类别的商品申请注册同一商标。"

在采"一标多类"的国家中，通常还存在相配套的商标分割制度。2014年5月1日生效的《商标法实施条例》第22条规定："商标局对一件商标注册申请在部分指定商品上予以驳回的，申请人可以将该申请中初步审定的部分申请分割成另一件申请，分割后的申请保留原申请的申请日期。需要分割的，申请人应当自收到商标局《商标注册申请部分驳回通知书》之日起15日内，向商标局提出分割申请。商标局收到分割申请后，应当将原申请分割为两件，对分割出米的初步审定申请生成新的申请号，并予以公告。"对于已经核准注册的商标，国家工商行政管理总局于2014年8月15日在其网站上更新的"常见问题解答"中明确："一标多类的商标发放一个注册证。一个商标的注册申请在部分类别被驳回的，注册证记载被核准注册的类别和核定使用的商品或服务。注册人不能申请分类别发放注册证，一个注册商标只能发放一个注册证。""一标多类"的商标如果要转让则"应整体办理，注册人对其在同一种类商品上注册的近似商标，或在类似商品上注册的相同近似商标，也应一并办理转让"。

（三）申请在先和同日申请先使用原则

申请在先原则和使用在先原则是一对关联的原则。申请在先原则，也叫作先申请原则，是指当两个或两个以上的申请人以相同或者近似的商标在同一种或者类似的商品或服务上提出注册申请时，申请在先的商标申请人可以获得商标专用权，申请在后的申请人之注册申请将会被依法驳回。使用在先原则，也叫作先使用原则，指当两个或两个以上的申请人以相同或者近似的商标在同一种或者类似的商品或服务上提出注册申请时，使用在先的商标申请人可以获得商标专用权，使用在后或尚没有使用的申请人之注册申请将会被依法驳回。使用在先原则下，在先使用人可以以使用在先为由对抗在后使用人的申请，即使其申请在时间上早于在先使用人的申请也不例外。比较而言，在商标权取得方式采注册原则的大背景下，申请在先原则更容易操作、更为合适。因为既然商标权的取得需要通过商标注册来实现，那么商标使用因素在商标权取得中影响力不应超过商标申请，谁先提交了商标注册申请，谁就有可能获得商标权。采取申请在先原则有助于鼓励自然人、法人或其他组织根据需要及时申请商标注册，以防止他人抢注其使用的商标。

我国《商标法》第31条规定："两个或者两个以上的商标注册申请人，在同一种商品或者类似商品上，以相同或者近似的商标申请注册的，初步审定并公告申请在先的商标；同一天申请的，初步审定并公告使用在先的商标，驳回其他人的申请，不予公告。"由此可以推断，我国商标注册申请采用以申请在先为主，以同日申请先使用为补充的原则。为进一步明确同日申请先使用原则的具体适用问题，《商标法实施条例》第19条规定："两个或者两个以上的申请人，在同一种商品或者类似商品上，分别以相同或者近似的商标在同一天申请注册的，各申请人应当自收到商标局通知之日起30日内提交其申请注册前在先使用该商标的证据。同日使用或者均未使用的，各申请人可以自收到商标局通知之日起30日内自行协商，并将书面协议报送商标局；不愿协商或者协商不成的，商标局通知各申请人以抽签的方式确定一个申请人，驳回其他人的注册申请。商标局已经通知但申请人未参加抽签的，视为放弃申请，商标局应当书面通知未参加抽签的申请人。"

（四）优先权原则

作为《巴黎公约》所确定的工业产权保护原则之一，优先权原则是涉及商标申请日计算的一个重要原则。按照《巴黎公约》的规定，优先权是指"以申请人在一成员国提出一项工业产权的正式申请为基础，在一定期限内该申请人可以在其他任何一个成员国提出对该工业产权的申请，这些在后的申请被认为是与第一次申请同一天提出的。"①优先权原则适用于专利、实用新型、外观设计以及商标四类工业产权，前两者的期限是12个月，后两者的期限为6个月。我国现行《商标法》落实了《巴黎公约》的这一原则，《商标法》第25条规定："商标注册申请人自其商标在外国第一次提出商标注册申请之日起6个月内，又在中国就相同商品以同一商标提出商标注册申请的，依照该外国同中国签订的协议或者共同参加的国际条约，或者按照相互承认优先权的原则，可以享有优先权。依照前款要求优先权的，应当在提出商标注册申请的时候提出书面声明，并且在3个月内提交第一次提出的商标注册申请文件副本；未提出书面声明或者逾期未提交商标注册申请文件副本的，视为未要求优先权。"

此外，优先权原则还包括展览优先权。我国《商标法》第26条规定："商标在中国政府主办的或者承认的国际展览会展出的商品上首次使用的，自该商品展出之日起6个月内，该商标的注册申请人可以享有优先权。依照前款要求优先权的，应当在提出商标注册申请的时候提出书面声明，并且在3个月内提交展出其商品的展览会名称、在展出商品上使用该商标的证据、展出日期等证明文件；未提出书面声明或者逾期未提交证明文件的，视为未要求优先权。"

五、商标注册的条件

（一）商标的构成要素

作为商标注册的标记或符号应当属于法定构成要素的范围。目前，大多数国家的商标立法中都对商标的构成要素予以了明确的规定，例如，德国《商标与其他标志保护法》第3条规定，商标的法定构成要素为包括人的姓名在内的文字、图形、字母、数字、听觉标志、包含商品或其包装的形状在内的三维外形及其他的包含颜色与颜色组合在内的装潢；日本《商标法》第2条规定，商标的构成要素为文字、图形、记号、立体形状或者它们的组合，或者它们与颜色的组合；韩国《商标法》第2条规定，商标的构成要素为：符号、文字图形、三维形状或者其组合体或与色彩的组合；未与其他形成组合的色彩或者色彩的组合、全息图、动作或者其他能在视觉上识别的；在声音、

---

① 张晔："国内申请人对我国商标优先权制度应用的探讨"，载《电子知识产权》2005年第6期，第25页。

气味等在视觉上不能识别的要素中，能以记号、文字、图形或者其他能以视觉的方式生动地表现的；法国《知识产权法典》第711-1条规定商标的构成要素为：各种形式的文字，如字、字的搭配、姓氏、地名、假名、字母、数字、缩写词；音响标记，如声音、乐句；图形标记，如图画、标签、戳记、边纹、全息图像、徽标、合成图像；外形，尤其是商品及其包装的外形或表示服务特征的外形；颜色的排列、组合或者色调等。

我国商标法对商标的构成要素也有明确规定，《商标法》第8条规定，文字、图形、字母、数字、三维标志、颜色组合和声音等，以及上述要素的组合，均可以作为商标申请注册。依据国家工商行政管理总局商标局的相关批复以及相关工作实践，一般来讲，商标构成要素中的文字既可以是汉字或外文，也可以是我国少数民族文字；既可以是简体字，也可以是繁体字，但一般不能为停止使用的异体字和不规范的简化字。商标构成要素中的颜色组合是指两种或两种以上的颜色以特定的方式组合在一起，并能够起到区别的作用。商标构成要素中的声音为《商标法》第三次修订新增加的内容，《商标法实施条例》第13条规定，以声音标志申请商标注册的，应当在申请书中予以声明，提交符合要求的声音样本，对申请注册的声音商标进行描述，说明商标的使用方式。对声音商标进行描述，应当以五线谱或者简谱对申请用作商标的声音加以描述并附加文字说明；无法以五线谱或者简谱描述的，应当以文字加以描述；商标描述与声音样本应当一致。

（二）显著性

现代商标法学基础理论认为，商标注册应满足显著性的要求。显著性，又称作识别性或区别性，是指商标所具有的标示商品或服务出处并使之区别于其他来源的商品或服务的属性。[①]显著性是商标国际保护条约以及各国商标立法中均有所涉及的内容，如《巴黎公约》规定"商标缺乏显著特征……各成员国商标注册主管机关可以拒绝注册或者宣告注册无效"；《加拿大商标与反不正当竞争法》第2条则专门解释了显著性的

---

① 彭学龙："商标显著性传统理论探析"，载《电子知识产权》2006年第2期，第20页。

含义，认为"当涉及商标时，它是指一个商标能够真实地将该商标所有人提供的与该商标有关的商品或服务与他人提供的商品或服务区别开来或者一个商标被改变以达到此目的"。我国《商标法》对显著性也有明确的规定，该法第9条强调"申请注册的商标，应当具有显著特征，便于识别"。

理论上来讲，显著性包括固有显著性和获得显著性两大类型。固有显著性是指在标记或符号本身转变为商标时天然具备识别、区分商标来源的能力；[①]获得显著性是指标记或符号所具备的识别、区分商品来源的能力是因标记或符号在市场中的实际使用而后天获得的。[②]

商标的固有显著性要求，商标应构成独特、富有个性，并且同指定使用的商品或服务无直接联系，能够直接起到区别商品或服务出处的作用。例如，"Apple"一词，其本身是指一种水果，如果将其用于水果这类商品上则难以让消费者清晰获知其来源，不具有显著性，而如果将其使用于智能手机这种商品上则会因其和商品无直接的联系而具备较强的显著性。对商标固有显著性的理解，还可以结合法律的相关反向规定来理解，例如，我国《商标法》第11条规定，仅有本商品的通用名称、图形、型号的；仅直接表示商品的质量、主要原料、功能、用途、重量、数量及其他特点的；其他缺乏显著特征的，不得作为商标注册；第12条规定，以三维标志申请注册商标的，仅由商品自身的性质产生的形状、为获得技术效果而需有的商品形状或者使商品具有实质性价值的形状，不得注册。

商标的获得显著性是法律赋予某一特定类别或类型的标记或符号一种特殊法律地位的制度。[③]在固有显著性下，一些不具有显著性的标记或符号（如《商标法》第11条列举的标记或符号），可以通过使用而取得"第二含义"，从而具备了显著性，可以被核准注册为商标。例如，"两面针""五粮液"等标记用于牙膏、白酒等商品上，其本身属于直接表示商品的主要原料，因而不具有显著性，但是经过实践中的长期使用，消费者可以将其和具体、特定来源的商品联系起来，所以被认为获得了标示商品来源

---

① 刘丽娟："显著性考（上）：写在《商标法》颁布30周年之后"，载《电子知识产权》2013年第11期，第48页。
② 马强："论商标的基础显著性"，载《知识产权》2011年第8期，第16页。
③ 刘丽娟："显著性考（下）：写在《商标法》颁布30周年之后"，载《电子知识产权》2013年第12期，第66页。

的"第二含义"，成为合法的商标。《商标法》第11条在规定通用名称以及直接表示商品质量等特点的标记或符号不具有显著性的同时，规定此类标记或符号"经过使用取得显著特征，并便于识别的，可以作为商标注册"。

标记或符号可以通过使用获得显著性表明，显著性并非是一成不变的。实践中，一些具有显著性的商标也可能会因使用不当等原因而导致显著性退化甚至丧失，从而使得一个原本有效的商标演变为商品的通用名称等而失去商标专用权，进入社会公有领域。例如，原为深圳市朗科科技有限公司生产的便携式计算机移动存储产品的商标——优盘，在2004年10月被商标评审委员会认定为通用名称。[1]无论是获得显著性，还是显著性的退化或丧失，都"取决于消费大众对商标之信赖与爱好之心理状态"[2]，在具体的案例中需要结合相关实际情况进行判断。

（三）不得违反禁用条款

商标不仅关乎商标权人的利益，而且还关乎消费者利益、其他商标权人利益以及社会公共利益，因此，《巴黎公约》第6条之三规定：对于同盟成员国的国徽、国旗、军事纹章、官方用以表明管制和保证的标记或官方检验印记，以及政府间国际组织的军事纹章、旗帜、其他证章、缩写和名称，同盟成员国同意采取适当措施拒绝或使其注册无效并禁止使用。我国《商标法》第10条遵循了《巴黎公约》的规定，并且从维护社会公共秩序等角度发展和增加了一些内容。

首先，为落实《巴黎公约》的要求，该条细化规定下列标志不得作为商标使用：同中华人民共和国的国家名称、国旗、国徽、国歌、军旗、军徽、军歌、勋章等相同或者近似的，以及同中央国家机关的名称、标志、所在地特定地点的名称或者标志性建筑物的名称、图形相同的；[3]同外国的国家名称、国旗、国徽、军旗等相同或

---

[1] 吴新华："商标与商品通用名称辨析——第1509704号'优盘'商标争议办案札记"，载《中华商标》2007年第10期，第59~61页。

[2] 曾陈明汝：《商标法原理》，中国人民大学出版社2003年版，第131页。

[3] 其中，"国歌""军徽""军歌"和"中央国家机关的名称、标志"为《商标法》第三次修订新增加的内容，这些内容的增加进一步加强了对涉及国家形象、军队形象的标记或符号的管理和规范，能有效防止商标使用或注册有损国家形象、军队形象等情况的发生。

者近似的，但经该国政府同意的除外；同政府间国际组织的名称、旗帜、徽记等相同或者近似的，但经该组织同意或者不易误导公众的除外；①与表明实施控制、予以保证的官方标志、检验印记相同或者近似的，但经授权的除外。②

其次，从其他相关国家惯例以及维护社会公共秩序角度出发，该条细化规定下列标志不得作为商标使用：同"红十字""红新月"的名称、标志相同或者近似的；③带有民族歧视性的；④带有欺骗性，容易使公众对商品的质量等特点或者产地产生误认的；⑤有害

---

① 我国《商标法》在落实《巴黎公约》相关内容时，充分考虑到对各国以及相关国际组织的尊重，除一般性规定这些主体相关的标记或符号不能作为商标使用外，又作了"该国政府同意的除外""经该组织同意或者不易误导公众的除外"等例外性规定。

② 此内容为我国《商标法》第二次修订时所增加的内容。之所以增加这一内容，一方面是为了落实《巴黎公约》的要求，另一方面也是从维护国家行政管理体系一性角度出发，防止因为官方标志、检验标记注册为证明商标或集体商标而导致国家相关认证标志管理和商标管理、保护产生矛盾。

③ 作为一个志愿的国际性救护、救济组织，红十字会在全球范围内受到广泛的尊重，各国商标立法中大多将红十字会所使用的标记确定为禁用标志。"红十字"为红十字会标记，"红新月"为伊斯兰教国家内与红十字会相对应的组织红新月会所使用的标记。此外，2007年1月14日，红十字会设立"红水晶"新标记，并与"红十字""红新月"享同等地位。

④ 这一内容是我国各民族平等政策在《商标法》中的落实和体现。在历史上，曾出现过"王回回"等涉嫌民族歧视性的商标被禁止使用的案例。

⑤ 此内容是《商标法》第三次修订对原有"夸大宣传并带有欺骗性的"的修改。有分析评论指出：这一修改十分必要。"夸大宣传并带有欺骗性的"的适用条件非常严格，范围很窄，而实践中由于法律规定不够明确，存在大量易产生误认的标志，在法律适用上产生了很多争议。在授权确权实践中，申请注册的商标易使相关公众对产品的功能、用途、质量、原料、价格等特点或者产地产生误认的，商标确权机关一般是根据《商标法》中另一禁用条款——"其他不良影响"的规定予以驳回或者不予核准注册。司法机关对此法条在具体适用上与行政机关有不同的理解。2010年最高人民法院发布的《关于审理商标授权确权行政案件若干问题的意见》第3条规定，人民法院在审查判断有关标志是否构成具有其他不良影响的情形时，应当考虑该标志或者其构成要素是否可能对我国政治、经济、文化、宗教、民族等社会公共利益和公共秩序产生消极、负面影响。由于该意见的表述较为原则，在不少评审案件的诉讼中，有些判决以该意见为依据，认为使相关公众产生误认的标志并不属于"其他不良影响"的范围，从而认定商标评审委员会适用法律错误。据统计，2010年，商标评审委员会因"其他不良影响"认定问题而败诉的案件比率达到全部败诉案件的13%，2011年为8%，2012年为6%。《商标法》第三次修订将"夸大宣传并带有欺骗性的"修改为"带有欺骗性，容易使公众对商品的质量等特点或者产地产生误认的"，使对商品的质量等特点或产地产生误认的情形有了明确的法律依据，可以部分消除目前关于"其他不良影响"在理解和适用上的争议。参见臧宝清："完善评审程序制止恶意抢注——解读新《商标法》关于商标评审的内容"，载《中国工商报》2013年11月21日，第B3版。

于社会主义道德风尚或者有其他不良影响的。[1]此外，该条还规定：县级以上行政区划的地名或者公众知晓的外国地名，不得作为商标。但是，地名具有其他含义或者作为集体商标、证明商标组成部分的除外；已经注册的使用地名的商标继续有效。[2]

（四）不得侵犯他人在先合法权利

民事权利理论要求他人尊重民事主体依法获得的权利。有鉴于此，不得侵犯他人在先合法权利成为商标注册的一项基本要求。例如，就商标保护相关国际条约而言，《巴黎公约》第8条规定："申请注册的商标不得侵犯被请求保护的国家中第三人的既得权利，否则，不予核准注册，已经核准注册的予以撤销。"TRIPs第18条规定："商标权不得损害任何已有的在先权利。"

---

① 依据国家工商行政管理总局《商标审查标准》等的内容，"社会主义道德风尚"，是指我国人们共同生活及其行为的准则、规范以及在一定时期内社会上流行的良好风气和习惯；"其他不良影响"，是指商标的文字、图形或者其他构成要素对我国政治、经济、文化、宗教、民族等社会公共利益和公共秩序产生消极的、负面的影响。有害于社会主义道德风尚或者具有其他不良影响的判定应考虑社会背景、政治背景、历史背景、文化传统、民族风俗、宗教政策等因素，并应考虑商标的构成及其指定使用的商品和服务。举例而言，有害于社会主义道德风尚或者具有其他不良影响的情形，如具有政治寓意的数字等构成的；与恐怖主义组织、邪教组织、黑社会名称或者其领导人物姓名相同或近似的；有害于种族尊严或者感情的；等等。

② 对于这项规定可从以下几个方面予以理解：首先，该规定并非适用于所有地名，只有县级以上行政区划的地名或公众知晓的外国地名，方适用此规定。依据国家工商行政管理总局《商标审查标准》等的内容，商标由公众知晓的县级行政区划以下的我国地名构成或含有此类地名，使用在其指定的商品上，容易使公众发生商品产地误认的，判定具有不良影响。其次，县级以上行政区划的地名或公众知晓的外国地名不得作为商标使用属于国际惯例。因为地名属于标示地理区域或自然形态的符号，是归属于社会公共资源的通用的名称，不具有显著性。如果允许地名注册为商标，不仅会导致消费者对商品产地的误认，而且也可能会对该地区其他竞争主体正当标注商品产地的行为受限，从而对市场竞争产生不利影响。再次，依据该规定，并非所有的县级以上行政区划的地名或公众知晓的外国地名都不能注册为商标，如果地名具有其他含义或者作为集体商标、证明商标组成部分的则可以作为商标使用，即构成地名的词汇本身有特殊含义的，如"长寿""凤凰"等词语在日常生活中代表着特定的含义，而且人们对其的理解一般先以其特定的含义为主，那么可以作为商标使用或申请商标注册；地名作为商标已经使用多年，获得显著性，消费者对其的理解一般先以商标为主，如"贵州茅台""香槟"酒等，则法律允许其申请商标注册；集体商标或证明商标为了实现其特点的功能或价值，往往会包含地名，如"金华火腿"等，这也是法律所允许的。最后，我国禁止使用地名作为商标始于1988年1月13日颁布的《商标法实施细则》，在该细则禁止使用地名作为商标之前，实践中已经存在了不少地名商标，如上海牌手表、北京牌电视等，为了解决这一现实与相关立法内容的相抵触问题，该细则规定禁止使用地名作为商标之前已经注册的使用地名的商标继续有效，该规定沿用至今。参见胡开忠：《商标法学教程》，中国人民大学出版社2008年版，第55~56页；储育明："试析我国商标立法中的'地名禁用条款'"，载《河北法学》1991年第2期，第17~18页。

作为《巴黎公约》、TRIPs的成员方，我国现行《商标法》也有相关规定。《商标法》第9条规定，"申请注册的商标……不得与他人在先取得的合法权利相冲突"；第32条规定，"申请商标注册不得损害他人现有的在先权利，也不得以不正当手段抢先注册他人已经使用并有一定影响的商标"。不过，我国现行《商标法》以及《商标法实施条例》并没有对"在先取得的合法权利""在先权利"作出具体的解释。

有观点认为：世界知识产权组织认为"他人合法的在先权利"至少包括已经受保护的厂商名称权、已经受保护的工业品外观设计权、版权、已经受保护的原产地名称权、姓名权、肖像权；《最高人民法院关于审理专利纠纷案件适用法律问题的若干规定》第16条和《专利法》第23条所称的在先取得的合法权利包括商标权、著作权、企业名称权、肖像权、知名商品特有包装或者装潢使用权等。参照这些相关的解释，结合2008年3月1日起施行的最高人民法院《关于审理注册商标、企业名称与在先权利冲突的民事纠纷案件若干问题的规定》以及我国商标权法律保护实践，商标法中"在先取得的合法权利""在先权利"应主要包括：他人已经取得的商标权、未注册商标权（主要为已经使用并有一定影响的未注册商标）、姓名权、肖像权、著作权、外观设计专利权、商号权等权利。

（五）不得存在法律所不允许的其他情形

商标注册除不得侵犯他人在先取得的合法权利外，也不得出现侵犯相关主体的合法利益、侵犯消费者合法权益等有违诚实信用原则的情形。我国《商标法》的第三次修订不仅在第7条中原则性规定了"申请注册和使用商标，应当遵守诚实信用原则"，而且在有关商标注册的规定中对其予以了具体化，更全面地规定了商标注册条件，以更好地保护相关主体的合法利益，保障商标注册工作的健康有序发展。具体来讲，主要表现在两个方面。

第一，禁止恶意抢注行为。针对一些代理机构、代理人和代表人利用其在业务上的优势而恶意抢注商标的问题，《商标法》第三次修订除保留了"未经授权，代理人或者代表人以自己的名义将被代理人或者被代表人的商标进行注册，被代理人或者被代表人提出异议的，不予注册并禁止使用"的规定外，还在第19条第1款规定"商标代理机构应当遵循诚实信用原则，遵守法律、行政法规，按照被代理人的委托办理商标注册申请或者其他商标事宜；对在代理过程中知悉的被代理人的商业秘密，负有保密义务"。

第二，禁止虚假地理标志注册。我国商标法承认和保护地理标志，但为了防止出现虚假地理标志注册这一违背诚实信用原则的行为，《商标法》第16条规定，商标中有商品的地理标志，而该商品并非来源于该标志所标示的地区，误导公众的，不予注册并禁止使用；但是，已经善意取得注册的继续有效。

六、商标注册的程序

（一）商标注册的申请

商标注册程序的启动始于商标注册申请，即自然人、法人或其他组织根据自身的需要依法向商标行政主管机关提交申请。依据我国现行商标法律制度，申请商标注册，应当按照公布的商品和服务分类表填报。每一件商标注册申请应当向商标局提交《商标注册申请书》1份、商标图样1份；以颜色组合或者着色图样申请商标注册的，应当提交着色图样，并提交黑白稿1份；不指定颜色的，应当提交黑白图样。商标图样应当清晰，便于粘贴，用光洁耐用的纸张印制或者用照片代替，长和宽应当不大于10厘米，不小于5厘米。以三维标志申请商标注册的，应当在申请书中予以声明，说明商标的使用方式，并提交能够确定三维形状的图样，提交的商标图样应当至少包含三面视图。以颜色组合申请商标注册的，应当在申请书中予以声明，说明商标的使用方式。以声音标志申请商标注册的，应当在申请书中予以声明，提交符合要求的声音样本，对申请注册的声音商标进行描述，说明商标的使用方式。对声音商标进行描述，应当以五线谱或者简谱对申请用作商标的声音加以描述并附加文字说明；无法以五线谱或者简谱描述的，应当以文字加以描述；商标描述与声音样本应当一致。申请注册集体商标、证明商标的，应当在申请书中予以声明，并提交主体资格证明文件和使用管理规则。商标为外文或者包含外文的，应当说明含义。

商标注册申请人可以通过一份申请就多个类别的商品申请注册同一商标。每件商标每申请办理任何一项注册事宜都视为一件申请，应提交办理相应事宜的申请书件，并按规定缴纳费用。商标注册申请等有关文件，可以以书面方式或者数据电文方式提出。

《商标法》第18条第1款规定，国内的申请人办理国内商标注册的途径有两种：一是自行办理，即由申请人直接办理商标注册申请；二是委托依法设立的商标代理机构办理。

比较而言，商标注册的自行办理和委托商标代理机构办理之间的区别主要体现在发生联系的方式、提交的书件和文件递交方式等方面。第一，在发生联系的方式方面，申请人直接到商标局办理的，在办理过程中申请人与商标局直接发生联系；委托商标代理机构办理的，在办理过程中申请人通过商标代理机构与商标局发生联系，而不直接与商标局发生联系。第二，在提交的书件方面，申请人直接到商标局办理的，申请人除应提交的其他书件外，还应提交经办人本人的身份证复印件；委托商标代理机构办理的，申请人除应提交的其他书件外，还应提交委托商标代理机构办理商标注册事宜的授权委托书，且授权委托书应当载明代理内容及权限。第三，在文件递交方式方面，申请人直接到商标局办理的，由申请人或经办人直接将申请文件递交到商标注册大厅受理窗口；委托商标代理机构办理的，商标代理机构可以将申请文件直接递交、邮寄递交或通过快递企业递交商标局，也可以通过网上申请系统提交商标注册申请。

另外，《商标法》第17条规定，外国人或者外国企业在中国申请商标注册的，应当按其所属国和中华人民共和国签订的协议或者共同参加的国际条约办理，或者按对等原则办理。其中，国际条约主要是指《巴黎公约》、TRIPs等知识产权国际条约。《商标法》第18条第2款规定，外国人或者外国企业在中国申请商标注册和办理其他商标事宜的，应当委托依法设立的商标代理机构办理。但依据我国《商标法实施条例》第5条规定，商标法第18条所称外国人或者外国企业，是指在中国没有经常居所或者营业所的外国人或者外国企业。也就是说，在中国有经常居所或者营业所的外国人或外国企业，可以自行办理商标注册。

（二）商标注册的审查与核准

1. 形式审查

申请人依法向商标局提交申请文件后，商标局对商标注册申请人是否具备商标注册的主体资格、商标申请文件是否齐全以及填写是否符合要求、是否交纳了相关费用等进行形式审查，并依法确定申请日，编写申请号。依照《商标法》第27条的规定，为申请商标注册所申报的事项和所提供的材料应当真实、准确、完整，若商标局通过形式审查认为相关申请文件填写准确、规范，手续齐备的即予以受理，发给"受理通知书"。

在形式审查中，商标局对申请手续不齐备或者未按照规定填写申请书件材料的，予以退回，不保留申请日期；如果商标局认为申请基本符合要求的，例如，存在申请人名称与章戳或证件不一致、申请书未附商标图样等非实质性问题的，将要求申请人补正，申请人接到商标局补正通知后逾期不补正的，退回申请，申请日不保留。

2. 实质审查

形式审查符合要求的申请进入实质审查阶段。实质审查是对申请商标注册的标记或符号是否符合商标注册条件进行审查。依据商标法，实质审查即是全面审查前文所述的商标注册之积极条件和消极条件。经过实质审查，对符合规定或者在部分指定商品上使用商标的注册申请符合规定的，予以初步审定，并予以公告。

经实质审查，被认为不符合规定的注册申请或者在部分指定商品上使用商标的注册申请不符合规定的，商标局依法予以驳回或者驳回在部分指定商品上使用商标的注册申请，并应当书面通知商标注册申请人，并说明理由。申请人对商标局的驳回申请或驳回在部分指定商品上使用商标的注册申请决定不服的，可以自收到通知之日起15日内向商标评审委员会申请复审；申请人对商标局的驳回申请决定不提出复审要求的，商标注册申请终止；申请人对商标局驳回在部分指定商品上使用商标的注册申请决定不提出复审要求的，商标局对核准部分进行初步审定并公告。

依据我国《商标法》的规定，在对商标注册进行审查过程中，商标局认为商标注册申请内容需要说明或者修正的，可以要求申请人作出说明或者修正。申请人应当自收到商标局通知之日起15日内作出说明或者修正，未作出说明或者修正的，不影响商标局作出审查决定。

3. 初步审定和公告

初步审定和公告是商标注册程序中形式审查和实质审查后的必经程序。申请注册商标的标记或符号进入初步审定和公告阶段则意味着该标记或符号通过了商标局的形式审查和实质审查。

依据我国现行商标法律制度，商标局会在其编印、定期出版的"专门用以公告有关商标注册事项及其他相关信息"的刊物——《商标公告》上刊登初步审定的商标，将商标注册及其审查信息向社会公众公开，并征询社会公众的意见，以便确保商标局核准商标注册行为的正确性。初步审定，仅仅表示商标局对商标注册申请依法作出初步核准的决定，而并不表明商标局已经最终核准了申请注册的商标，初步审定公告也并非是申请人取得商标专用权的凭证，而仅是取得商标专用权所需经历的程序之一。

4. 异议

商标注册申请一经初步审定公告后便进入了异议阶段，即自公告之日起3个月内，任何人均可依法对初步审定的商标提出反对注册的意见。设立异议程序，主要是为了提高商标审查的质量，将商标行政工作置于社会公众的监督之下，以便及时发现问题，纠正错误，避免或减少审查工作的失误，及时给予在先权利人或者利害关系人维护自身权益的机会。

异议程序在我国《商标法》第三次修订中得到了修订和完善。第三次修订前的《商标法》规定，"对初步审定的商标，自公告之日起3个月内，任何人均可以提出异议"。依照该规定，任何公民和法人，不管其是否属于在先权利人或与申请注册的商标是否存在利害关系，都可以提出反对注册的意见。这一规定在实践中导致了异议程序成为恶意阻止他人商标申请的手段，针对一个商标注册申请而频繁提出异议的情况时有发生，影响了商标注册申请程序的有序进行。为此，《商标法》的第三次修订对异议申请主体作出了适当的限制，根据不同的异议理由规定：在先权利人、利害关系人认为违反《商标法》第13条第2款和第3款、第15条、第16条第1款、第30条、第31条、第

32条规定的，可以向商标局提出异议；任何人认为违反本法第10条、第11条、第12条规定的，也可以向商标局提出异议。

此外，异议复审和司法审查程序不再适用于异议裁定核准注册的决定。依据我国《商标法》，如果自公告之日起3个月内无人提出异议，商标局予以核准注册。如果有人在异议阶段提出异议，异议申请由商标局受理。在听取异议人和被异议人陈述事实和理由以及调查核实后，商标局应当自公告期满之日起12个月内作出是否准予注册的决定，并书面通知异议人和被异议人。有特殊情况需要延长的，经国务院工商行政管理部门批准，可以延长6个月。商标局作出准予注册决定的，发给商标注册证，并予公告。异议人不服的，可以依法向商标评审委员会请求宣告该注册商标无效。商标局作出不予注册决定（包括在部分指定商品上不予注册决定），被异议人不服的，可以自收到通知之日起15日内向商标评审委员会申请复审。

依据我国《商标法》和《商标法实施条例》等的规定，异议人向商标局提出异议申请的，应当提交商标异议材料一式两份并标明正、副本，具体包括：有明确的请求和事实依据并附有关证据材料的商标异议申请书、异议人的身份证明以及异议人为在先权利人或者利害关系人的证明。商标局收到商标异议申请书后，经审查，符合受理条件的，予以受理，向申请人发出受理通知书。商标局对"未在法定期限内提出的""申请人主体资格或异议理由不符合商标法第33条规定的""无明确的异议理由、事实和法律依据的""同一异议人以相同的理由、事实和法律依据针对同一商标再次提出异议申请的"商标异议申请，不予受理，书面通知申请人并说明理由。对已经受理的商标异议申请，商标局应当将商标异议材料副本及时送交被异议人，限其自收到商标异议材料副本之日起30日内答辩。被异议人不答辩的，不影响商标局作出决定。当事人需要在提出异议申请或者答辩后补充有关证据材料的，应当在商标异议申请书或者答辩书中声明，并自提交商标异议申请书或者答辩书之日起3个月内提交；期满未提交的，视为当事人放弃补充有关证据材料。但是，在期满后生成或者当事人有其他正当理由未能在期满前提交的证据，在期满后提交的，商标局将证据交对方当事人并质证后可以采信。

5. 核准注册

初步审定并经公告的商标，公告期满无异议或异议不成立的，由商标局核准注册，商标局将核准注册商标和核定使用的商品在《商标注册簿》上予以登记、编号，在《商标公告》上刊登注册公告，并向申请人颁发商标注册证。公告期满无异议的，申请人自商标被核准注册之日起成为商标专用权人；经审查异议不成立而准予注册的商标，商标注册申请人取得商标专用权的时间自初步审定公告3个月期满之日起计算。自该商标公告期满之日起至准予注册决定作出前，对他人在同一种或者类似商品上使用与该商标相同或者近似的标志的行为不具有追溯力；但是，因该使用人的恶意给商标注册人造成的损失，应当给予赔偿。

商标注册证是商标局依据《商标法》颁发给商标注册人用以证明其商标专用权范围的法律文书，其主要记载的内容包括商标（图样）、商标注册号、商标注册人名义及地址、注册商标核定使用的商品或服务项目及其类别、商标专用权的有效期。直接办理商标注册申请的，当事人到商标注册大厅领取商标注册证；委托代理机构办理的，商标局将商标注册证发给代理机构，当事人到代理机构领取。商标注册证遗失或者破损的，商标注册人应向商标局提出补发商标注册证申请，及时申请补发。商标注册证遗失的，如补证申请书件齐备并符合规定，经审查核准后，商标局在《商标公告》上刊登遗失声明，发出《领取商标注册证通知书》；商标注册证破损的，申请人在提交补发申请时应将《商标注册证》交回商标局，如补证申请书件齐备并符合规定，经审查核准后，商标局发出《领取商标注册证通知书》。

（三）商标注册程序中的商标评审

为了实现对商标局确权工作的监督等，商标评审委员会有权处理"商标争议"。一般来讲，商标评审委员会处理的"商标争议"所涉商标在商标注册申请与审查过程中已经由商标局审查过，所以其对商标的审查属于再次审查，也称为商标评审。依据《商标法》，商标评审委员会处理的商标争议事宜主要包括：商标注册申请人对商标局"驳回申请、不予公告"的决定不服的案件，即驳回复审；对商标局作出的异议裁定不服的案件，即不予注册复审；对商标局作出宣告注册商标无效的决定不服的或者依法向商标评审委员会请求宣告注册商标无效的案件，即前者为无效宣告复审，后者为商标评审委员会的无效宣告；依法对商标局撤销或者不予撤销注册商标的决定不服的案件，即撤销复审。后两大类案件所涉商标为已经为商标局核准注册的商标，其直接影响到商标权的变更，故本章暂不讨论。前两大类所涉及的为尚处于注册审核状态的商标，属于商标注册流程中的重要组成部分。

就驳回复审而言，依据《商标法》第34条规定，商标注册申请人对商标局驳回申请、不予公告的决定不服的，可以自收到商标局的书面通知之日起15日内向商标评审委员会申请复审。商标评审委员会应当自收到申请之日起9个月内作出决定，并书面通知申请人。有特殊情况需要延长的，经国务院工商行政管理部门批准，可以延长3个月。当事人对商标评审委员会的决定不服的，可以自收到通知之日起30日内向人民法院起诉。

就不予注册复审而言，《商标法》第35条规定，在异议阶段，被异议人对商标局作出不予注册决定不服的，可以自收到通知之日起15日内向商标评审委员会申请复审。商标评审委员会应当自收到申请之日起12个月内作出复审决定，并书面通知异议人和被异议人。有特殊情况需要延长的，经国务院工商行政管理部门批准，可以延长6个月。被异议人对商标评审委员会的决定不服的，可以自收到通知之日起30日内向人民法院起诉。人民法院应当通知异议人作为第三人参加诉讼。

依据《商标评审规则》，商标评审委员会审理商标评审案件实行合议制度，由3名以上的单数商标评审人员组成合议组进行审理。合议组审理案件，实行少数服从多数的原则。当事人参加商标评审活动，可以以书面方式或者数据电文方式办理。商标评审委员会审理商标评审案件实行书面审理，但依照《商标法实施条例》第60条规定决定进行口头审理的除外。（商标注册流程简图见图3-1）

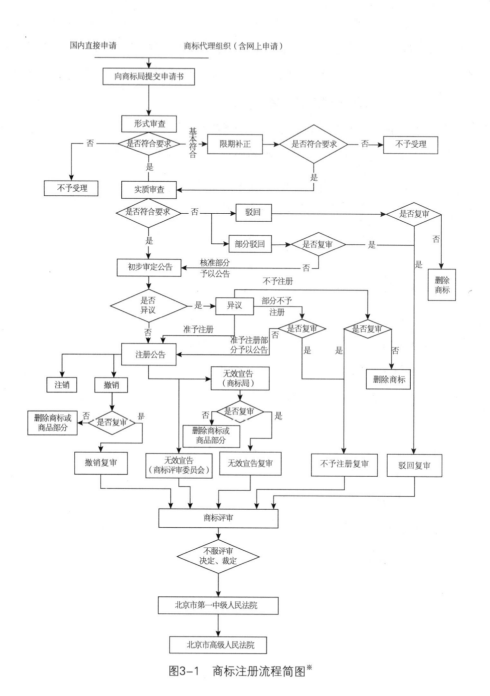

图3-1　商标注册流程简图※

※　本流程图来源于国家工商行政管理总局商标局，http://sbj.saic.gov.cn/sbsq/zclct/，2014年8月30日访问。

七、商标注册的审查时限

《商标法》第三次修订增加了关于商标注册审查时限的规定。《商标法》第28条规定:"对申请注册的商标,商标局应当自收到商标注册申请文件之日起9个月内审查完毕,符合本法有关规定的,予以初步审定公告。"同时,《商标法实施条例》第11条明确了"商标局、商标评审委员会文件公告送达的期间""当事人需要补充证据或者补正文件的期间以及因当事人更换需要重新答辩的期间""同日申请提交使用证据及协商、抽签需要的期间""需要等待优先权确定的期间""审查、审理过程中,依案件申请人的请求等待在先权利案件审理结果的期间"不计入商标审查、审理期限。

通过立法明确商标注册审查时限,本意是为了提高商标确权的效率,其也被普遍认为是《商标法》第三次修订的亮点之一,不过,这一做法在实践中也引发了关于"其能否真正实现"以及"是否会导致较多错误的审查结果"的担忧。首先,从域外经验来看,鉴于商标确权工作本身具有一定的复杂性,很少有国家能确保商标注册审查时限稳定处于一个较短的时间。其次,商标申请数量不断增加之趋势目前来看并不会停止,而商标局商标审查人员数量的增加往往很难保证同步,实现商标注册审查时限使得商标审查人员将承受较大的压力。最后,由于商标构成要素日趋丰富,图形商标、声音商标等的审查较为复杂,在法定的时间内完成审查工作具有较大难度。综上,立法明确商标注册审查时限,是否能够在实践中真正实现,是否会导致一些不利影响,还有待实践证明。

第二节 | 注册商标争议与解决

一、注册商标的宣告无效制度

注册商标的无效，是各国商标法律制度中保证注册商标质量、减少相关权利冲突、解决商标注册不当等问题的一种常见法律补救制度，其指依法不得作为商标使用、注册但已经注册的商标，或者以非法手段获得注册的商标，由商标局宣告无效，从而使商标权消灭。和注册商标的撤销不同，注册商标的无效是具有追溯力的，即被宣告无效的注册商标视为自始无效。这是因为被撤销的商标在其商标权产生之时一般并不存在缺陷，其被撤销主要是因为权利产生后权利人的不当使用或不使用；而被宣告无效的商标往往在商标权产生之初就存在不应该被核准注册的自身缺陷，在被宣告无效前注册商标的核准注册决定因此需要被改正。

我国在1993年《商标法》修订时，设置了注册商标无效的裁定程序，并在此后的修法中对注册商标无效制度予以了不断完善。依据我国现行商标法律制度，注册商标无效宣告的事由及其法定程序如下。

（一）以注册不当为由的商标权无效

《商标法》第44条规定：已经注册的商标，如果存在注册不当的情形，由商标局宣告该注册商标无效；其他单位或者个人可以请求商标评审委员会宣告该注册商标无效。所谓注册不当的情形主要包括：违反《商标法》第10条的规定，使用了禁止作为商标使用的标志；违反《商标法》第11条的规定，使用了欠缺显著特征的标志；违反《商标法》第12条的规定，以三维标志作为注册商标时违反了功能性特征的限制；以欺骗手段或者其他不正当手段取得注册的。

商标局作出宣告注册商标无效的决定，应当书面通知当事人。当事人对商标局的决定不服的，可以自收到通知之日起15日内向商标评审委员会申请复审。商标评审委员会应当自收到申请之日起9个月内作出决定，并书面通知当事人。有特殊情况需要延长的，经国务院工商行政管理部门批准，可以延长3个月。当事人对商标评审委员会的决定不服的，可以自收到通知之日起30日内向人民法院起诉。

其他单位或者个人请求商标评审委员会宣告注册商标无效的，商标评审委员会收到申请后，应当书面通知有关当事人，并限期提出答辩。商标评审委员会应当自收到申请之日起9个月内作出维持注册商标或者宣告注册商标无效的裁定，并书面通知当事人。有特殊情况需要延长的，经国务院工商行政管理部门批准，可以延长3个月。当事人对商标评审委员会的裁定不服的，可以自收到通知之日起30日内向人民法院起诉。人民法院应当通知商标裁定程序的对方当事人作为第三人参加诉讼。

（二）以违法损害他人合法权益为由的商标权无效

《商标法》第45条规定：已经注册的商标，存在违法损害他人合法权益的情形的，自商标注册之日起5年内，在先权利人或者利害关系人可以请求商标评审委员会宣告该注册商标无效。违法损害他人合法权益的情形主要包括：违反《商标法》第13条第2款和第3款的规定，复制、摹仿或者翻译他人驰名商标的；违反《商标法》第15条的规定，恶意注册他人商标的；违反《商标法》第16条第1款的规定，在商标中含有商品的地理标志，而该商品并非来源于该标志所标示的地区，误导公众的；违反《商标法》第30条的规定，申请注册的商标不符合商标法有关规定或同他人在同一种商品或类似商品上已经注册的或初步审定的商标相同或近似的；违反《商标法》第31条的规定，违反了商标申请在先原则的；违反《商标法》第32条的规定，损害他人现有的在先权利或以不正当手段抢先注册他人已经使用并有一定影响的商标的。

商标评审委员会收到宣告注册商标无效的申请后，应当书面通知有关当事人，并限期提出答辩。商标评审委员会应当自收到申请之日起12个月内作出维持注册商标或者宣告注册商标无效的裁定，并书面通知当事人。有特殊情况需要延长的，经国务院工商行政管理部门批准，可以延长6个月。当事人对商标评审委员会的裁定不服的，可以自收到通知之日起30日内向人民法院起诉。人民法院应当通知商标裁定程序的对方当事人作为第三人参加诉讼。

商标评审委员会在依照前款规定对无效宣告请求进行审查的过程中，所涉及的在先权利的确定必须以人民法院正在审理或者行政机关正在处理的另一案件的结果为依据的，可以中止审查。中止原因消除后，应当恢复审查程序。

二、注册商标的撤销制度

商标权的撤销是商标主管机关实现商标使用管理的一种行政制裁手段，即对于违反商标法有关规定使用注册商标的行为，商标局可以通过撤销注册商标、终止注册商标专用权来予以处罚。注册商标被撤销后，原商标权人彻底丧失基于该商标而享有的商标专用权，且依据法律规定，注册商标被撤销的，自被撤销之日起一年内，商标局对于该商标相同或相似的商标注册申请，不予核准。

依据我国《商标法》第49条的规定，以下几种情形将导致商标权被撤销。

（一）自行改变注册商标

注册商标专用权的范围是在核定使用的商品和服务上使用核准注册的商标，商标权的保护以核准注册的商标和核定使用的商品为限。自行改变经核准注册的商标在事实上超过了商标权保护的范围，而且也不利于消费者对于注册商标信息的准确了解和认知，有可能会有碍于市场竞争秩序的健康发展，故为了实现对注册商标专用权的有效保护，商标权人不能擅自改变注册商标的文字、图形、字母、数字、颜色组合等构成要素，否则可能导致注册商标被撤销。

注册商标的各个注册事项都是不能随意变动的，注册人名义、地址或者其他注册事项一并构成注册商标的完整信息，任何一个注册事项的变更都可能导致社会公众对注册商标产生误认，无法获得注册商标的完整信息，因此，自行改变注册商标注册人名义、地址或者其他注册事项等自行变更注册商标的行为属于违法使用注册商标的行为，由地方工商行政管理部门责令限期改正；期满不改正的，由商标局撤销其注册商标。

（二）注册商标退化为通用名称的

显著性是注册商标的必备要求，但商标的显著性是动态变化的，注册商标的显著性可能因使用不当而丧失。注册商标如果退化为其核定使用的商品的通用名称，则失去了显著性，商标权因此也就丧失了存在的基础，注册商标应当被撤销。依据《商标法实施条例》第65条的规定以及商标局商标申请指南的相关内容，注册商标一旦成为其核定使用商品或服务的通用名称，任何单位或者个人可以向商标局申请撤销该注册商标。

申请人办理撤销成为商品或服务通用名称注册商标申请时，应当基于明确的事实依据，提交《撤销成为商品或服务通用名称注册商标申请书》，并附送相关证据材料。商标局收到撤销申请后，经审查符合受理条件的，予以受理，向申请人发出撤销申请受理通知书，向商标注册人发出撤销答辩通知书，限其自收到通知之日起2个月内答辩。商标局收到商标注册人提供的答辩材料后，将对答辩材料进行审查，作出是否予以撤销该注册商标的决定，并向注册人和申请人发出是否予以撤销注册商标的决定书。期满未答辩的，不影响商标局作出决定。

（三）注册商标连续三年不使用的

商标资源并非是一种无限的资源，储备而不使用商标的行为在实质上导致了有限资源的浪费，因此，我国《商标法》规定，注册商标在没有正当理由的情况下连续三年不使用的，任何单位或者个人可以向商标局申请撤销该注册商标。《商标法实施条例》第67条规定了不会因连续三年不使用而导致商标被撤销的正当理由包括不可抗力、政府政策限制、破产清算以及其他不可归责于商标注册人的正当事由。商标局《商标审理标准》规定："连续三年"的计算，应当自申请人向商标局申请撤销该注册商标之日起，向前推算三年。

申请人以无正当理由连续3年不使用为由申请撤销注册商标的，应当自该注册商标注册公告之日起满3年后，向商标局递交《撤销连续三年停止使用注册商标申请书》，并应在撤销理由中说明被申请商标连续3年不使用的有关情况。商标局收到撤销申请后，经审查符合受理条件的，将向申请人发出撤销申请受理通知书，向商标注册人发出《关于提供注册商标使用证据的通知》，限其自收到通知之日起2个月内提交该商标在撤销申请提出前使用的证据材料或者说明不使用的正当理由。商标局收到商标注册人提供的注册商标的使用证据后，将对证据材料进行审查，作出是否予以撤销该注册商标的决定，并书面通知商标注册人和撤销申请人。期满未提供使用的证据材料或者证据材料无效并没有正当理由的，由商标局撤销其注册商标。

我国《商标法》对商标权撤销的救济和撤销决定的生效也予以了规定。《商标法》第54条规定：对商标局撤销或者不予撤销注册商标的决定，当事人不服的，可以自收到通知之日起15日内向商标评审委员会申请复审。商标评审委员会应当自收到申请之日起9个月内作出决定，并书面通知当事人。有特殊情况需要延长的，经国务院工商行政管理部门批准，可以延长3个月。当事人对商标评审委员会的决定不服的，可以自收到通知之日起30日内向人民法院起诉。该法第55条规定：法定期限届满，当事人对商标局作出的撤销注册商标的决定不申请复审或者对商标评审委员会作出的复审决定不向人民法院起诉的，撤销注册商标的决定、复审决定生效。被撤销的注册商标，由商标局予以公告，该注册商标专用权自公告之日起终止。

三、注册商标的注销

商标权是一种私权，具有财产权属性，商标权人有权自由处分其依法享有的财产权，因此，商标权人可以根据自己的意愿主动放弃其商标权。依据我国现行商标法律制度，商标权人自愿放弃其商标权的，应当到商标局办理注册商标的注销手续，申请注销注册商标无需缴纳规费。

除商标权人自愿放弃其商标权外，注册商标还可能因为以下原因而被注销，一是商标权人消亡且在法律规定的期限内无人要求继承该商标权，商标局可以依法注销该注册商标；二是商标权人在注册商标有效期届满后的宽展期内没有提出商标续展申请或者续展申请没有获得批准的，商标局注销该注册商标。

依照商标局商标申请指南，商标权人申请注销注册商标的，需要提交《商标注销申请书》，并交回《商标注册证原件》。质押查封中的商标，须经质权人同意才可注销；

冻结中的商标、专用期已届满但尚在宽展期内的商标以及异议、异议复审、诉讼中的商标不能被核准注销。注册商标被注销的，原《商标注册证》作废，并予公告；商标注册人申请注销其商标在部分指定商品上的注册的，重新核发《商标注册证》，并予公告。注销申请被不予核准的，商标局发出《不予核准通知书》。

商标注销直接导致商标权的消失，原商标权人不再享有注册商标专用权，而且《商标法》第50条规定：注册商标注销之日起一年内，商标局对于该商标相同或相似的商标注册申请，不予核准。

第三节 | 商标权的行使

商标权，在我国《商标法》中与注册商标专用权相等同，是指商标注册人对其注册商标所依法享有的权利。就权利内容而言，商标权包括：使用权，即指商标权人使用其注册商标的权利；禁用权，即商标权人有权禁止他人在相同或类似的商品或服务上使用与其享有使用权的商标相同或近似的商标；转让权，即商标权人有权依法将其注册商标转让给他人；许可使用权，即商标权人有权依法许可他人使用其注册商标并获得一定的报酬；出质权，即商标权人有权依法将其注册商标向金融机构出质以实施贷款融资；续展权，即商标权人有权依法通过续展手续使其在商标权有效期届满后继续重新享有注册商标专用权。

商标权的行使就是指商标权人基于其获得的商标权而依法实施相关的行为。商标权的行使是商标权人获取商标的最直接目的，保护商标权能够正常有效地行使也是商标法律保护制度最直接的目标。依据各国商标法律制度的规定，商标权的行使不仅仅是商标权人的权利，也同时是商标权人应当承担的法定义务，例如，我国《商标法》规定，注册商标，没有正当理由连续3年不使用的，任何单位或者个人可以向商标局申请撤销该商标；美国商标法律制度也要求商标注册后5年内应当提供使用证明，如果没有提供使用证明，商标局将撤销该注册商标。

一、商标权人的自我使用

（一）自我使用的界定

商标权人的自我使用就是商标权人依法行使其商标权，主要表现为商标权人依法使用其注册商标。商标权人自我使用注册商标应当满足以下几项条件。

首先，注册商标的自我使用是在特定商品或服务上的使用。商标权之使用权赋予商标权人有权在经核定的商品或服务上使用经核准的商标。从商标识别商品来源功能的实现角度来看，也只有当注册商标使用于特定的商品或服务时，才能在消费者和商品或服务之间建立联系，从而通过识别来源功能形成商誉。

其次，注册商标的自我使用应当属于商业性使用。商业性使用是指为了追求商业上的利益而在商业活动中使用商标。商标法赋予商标权人自我使用注册商标的权利就是为了保障商标能够在商业活动中帮助商人获取商业利益，如果对商标的使用是非商业性使用，则不属于商标法范畴的使用，也不归商标法所调整。

最后，注册商标的自我使用应当以法定的方式来进行。注册商标的使用方式多种多样，但只有能够为公众所感知的使用方式，才能够让消费者在市场活动中知晓该商标，实现商标的功能。我国《商标法》已经对"商标使用"做了界定，明确了商标使用的主要和常见的方式。《商标法》第48条规定：本法所称商标的使用，是指将商标用于商品、商品包装或者容器以及商品交易文书上，或者将商标用于广告宣传、展览以及其他商业活动中，用于识别商品来源的行为。

（二）自我使用的注意事项

从有效保护商标权、维护自身利益的角度出发，商标权人在自我使用注册商标时，应当注意以下事项。

（1）使用注册商标应避免不规范使用情形。据新闻媒体报道，2012年1月15日，泰国驻华使馆商务处向成都市工商行政管理局分局发函称"在成都开会时看到一家名为WOWO连锁经营店，标记两侧使用的颜色排列顺序以及外观样式，同泰国的国旗一模一样"。泰国商务部知识产权厅要求地方企业取消此图案样式的使用，尊重泰国对本国国旗的使用特权。2012年3月27日，国家工商行政管理总局商标局基于泰方的要求作出撤销四川WOWO超市连锁管理有限公司涉案注册商标的决定。该案提醒商标权人在自我使用商标时，应当注重商标使用的规范问题，因为该案的发生实际上就是因为商标权人在店面门牌使用注册商标时未能充分注意和重视到作为注册商标构成要素的颜色在历经风吹日晒后发生了褪色问题。

（2）使用注册商标应避免商标显著性的退化。由于商标显著性并非一成不变的，一旦出现显著性退化，注册商标就有可能转化为商品的通用名称，因此商标权人在使用注册商标时应当保持警惕，注意将商标和商品名称区分开来，及时有效防止相同商品生产者在市场中以自己的商标作为商品的别称。

二、注册商标的许可

（一）注册商标许可的概念与类型

注册商标的许可是指商标权人在不转让商标权的情况下允许他人以约定的方式使用其注册商标的行为。注册商标的许可是现代商标法律制度予以承认的商标权行使方式之一，我国《商标法》第43条规定：商标注册人可以通过签订商标使用许可合同，许可他人使用其注册商标。

依据《最高人民法院关于审理商标民事纠纷案件适用法律若干问题的解释》，注册商标许可包括三类。

1. 独占使用许可

指商标注册人在约定的期间、地域和以约定的方式，将该注册商标仅许可一个被许可人使用，商标注册人依约定不得使用该注册商标。此类使用许可中，被许可人在特定地域内享有特定期限的独占权，市场上不存在其他的任何主体可以使用该注册商标，被许可人可以依法独立向人民法院提起诉讼，要求市场上侵犯该商标权的当事人停止侵权并承担赔偿责任。

2. 排他使用许可

指商标注册人在约定的期间、地域，以约定的方式，将该注册商标权仅许可给一个被许可人使用，商标注册人依约定可以使用该注册商标，但不得另行许可他人使用该注册商标。此种情况下，如果遭遇侵权，被许可人可以和商标注册人共同起诉，也可以在商标注册人不起诉的情况下，自行提起诉讼。注册商标的排他使用许可，在商标注册人自己不使用注册商标的情况下，可以实现像独占使用许可下那样在特定市场内仅有一个使用该注册商标的主体，其也属于获得较宽泛权利范围的一种商标使用许可。

3. 普通使用许可

指商标注册人在约定的期间、地域，以约定的方式，许可他人使用其注册商标，并可自行使用该注册商标和许可他人使用其注册商标。此种情况下，被许可人只有经商标注册人明确授权，方能在市场上出现商标侵权时提起诉讼。

（二）注册商标许可的法定要求

依据我国商标法律制度，注册商标使用许可应符合以下要求。

第一，注册商标许可时，许可人应当监督被许可人使用其注册商标的商品品质，被许可人应当保证使用该注册商标的商品质量。这一规定是商标立法为维护商标品质保证功能而设立的，是希望通过对许可人和被许可人义务的加设来防止消费者因注册商标使用许可而购买到品质低下的商品。

第二，注册商标许可时，被许可人必须在使用该注册商标的商品上标明被许可人的名称和商品产地。为了保障消费者的信息获取，也为了便于依据商品上的信息来查找到商品真实来源，商标立法一般要求被许可人必须在商品上真实标明自己的名称和商品产地。

第三，注册商标使用许可时，许可人与被许可人应当签订《商标使用许可合同》。商标使用许可合同一般至少应包括以下内容：许可使用的商标及其注册证号；许可使用的商品范围；许可使用期限；许可使用商标的标识提供方式；许可人对被许可人使用其注册商标的商品质量进行监督的条款；在使用许可人注册商标的商品上标明被许可人的名称和商品产地的条款。

第四，许可他人使用其注册商标的，许可人应当将其商标使用许可报商标局备案，由商标局公告。商标使用许可未经备案不得对抗善意第三人。

（三）注册商标使用许可的备案

依据我国《商标法》《商标法实施条例》第69条以及国家工商行政管理总局商标申请指南的内容，许可他人使用其注册商标的，许可人应当在许可合同有效期内向商标局备案并报送备案材料。备案材料应当说明注册商标许可人、被许可人、许可期限、许可使用的商品或者服务范围等事项。办理注册商标使用许可备案的,申请需要提交《商标使用许可备案表》以及许可人和被许可人的身份证明文件等材料,并缴纳规费。

报送注册商标许可备案后,对符合受理条件的,商标局予以受理并书面通知许可人;不符合受理条件的,商标局不予受理,书面通知许可人并说明理由;需要补正的,商标局通知许可人予以补正,许可人自收到通知之日起30日内,按照指定内容补正并交回商标局。期满未补正的或者不按照要求进行补正的,商标局不予受理并书面通知许可人。

符合《商标法》《商标法实施条例》规定的,商标局予以备案并书面通知许可人;不符合相关规定的,商标局不予备案,书面通知许可人并说明理由。需要补正的,商标局通知许可人予以补正,许可人自收到通知之日起30日内,按照指定内容补正并交回商标局。期满未补正的或者不按照要求进行补正的,商标局不予备案并书面通知许可人。

三、注册商标的转让

商标权人可以依法将其商标转让给他人。商标权转让发生后,原商标权人丧失权利主体地位,受让人依法成为注册商标的权利人。

(一)注册商标转让的程序

《商标法》第42条规定,转让注册商标的,转让人与受让人应当签订转让协议,并共同向商标局提出申请。转让注册商标经核准后,予以公告。受让人自公告之日起享有商标专用权。依据此规定,注册商标转让程序如下:转让人与受让人签订注册商标转让协议;转让人与受让人应当共同向商标局提出转让注册商标申请;商标局依法对转让申请予以受理、进行审查,并作出是否核准决定。

转让申请提交后,对符合受理条件的转让申请,商标局向申请人发出《受理通知书》;不符合受理条件的,不予受理,并向申请人发出《不予受理通知书》;如果转让申请需要补正的,商标局向申请人发出补正通知,要求申请人限期补正,申请人未在规定期限内按要求补正的,商标局有权对转让申请视为放弃或不予核准。转让申请经审查予以核准后,商标局发给受让人转让证明,并将该商标的转让事宜刊登公告。证明上的落款日期为公告之日，受让人自该日起享有商标专用权。转让申请被视为放弃或不予核准的，商标局发出《视为放弃通知书》或《不予核准通知书》。

（二）注册商标转让的限制

虽然注册商标的转让是商标权人依法享有的权利，但是注册商标的转让除涉及商标权人利益外，还涉及受让人、消费者、其他市场主体的利益，因此，注册商标的转让应当依法受到一定的限制。

第一，注册商标的转让应当遵循"一并转让"的原则。即转让注册商标的，注册商标人对其在同一种商品上注册的近似的商标，或者在类似商品上注册的相同或者近似的商标，应当一并转让。只有一并转让，才能有效保障受让人获得应有利益，进而保障消费者不会因商标转让而发生误认。

第二，注册商标的转让不应有其他不良影响。如当注册商标已经许可他人使用时，未经被许可人的同意，商标权人将其商标予以转让的，可能会对被许可人的利益造成损害，因此，商标权人在此情况下应当先行征得被许可人的同意或先与被许可人协商解除许可关系。

第三，转让注册商标的，受让人应当保证使用该注册商标的商品质量。由于消费者基于消费体验和消费习惯而对商标和商品的质量形成关联认识，所以，为了保护消费者不因注册商标的转让而受利益损失，我国《商标法》明确规定受让人有义务保证使用该注册商标的商品质量。

四、注册商标专用权的质押

（一）商标权质押的概念

商标权的质押，是指商标注册人以债务或者担保人身份将自己所拥有的、依法可以转让的商标专用权作为债权的担保，当债务人不履行债务时，债权人有权依照法律规定，以该商标专用权折价或以拍卖、变卖该商标专用权的价款优先受偿。商标权的质押，属于权利质押的一种。我国《物权法》第223条、《担保法》第75条均规定依法可以转让的商标专用权可以质押。商标权质押有助于企业融资，是商标权的创新形式，也是金融机构支持企业与经济发展的新途径。

（二）商标权质押的登记

为降低或避免商标权质押的风险，《物权法》第227条规定：以注册商标专用权出质的，当事人应当订立书面合同，质权自有关主管部门办理出质登记时设立。《注册商标专用权质权登记程序规定》第2条规定：自然人、法人或者其他组织以其注册商标专用权出质的，出质人与质权人应当订立书面合同，并向商标局办理质权登记。质权登记申请应由质权人和出质人共同提出。质权人和出质人可以直接向商标局申请，也可以委托商标代理机构代理。在中国没有经常居所或者营业所的外国人或者外国企业应当委托代理机构办理。

向商标局申请商标权出质登记的，应提交经申请人签字或盖章的《商标专用权质权登记申请书》、出质人与质权人的主体资格证明或自然人的身份证明复印件、主合同和注册商标专用权质权合同原件或经公证的复印件、出质注册商标的注册证复印件、出质商标专用权的价值评估报告等材料。

《注册商标专用权质权登记程序规定》第5条规定，注册商标专用权质权合同一般包括以下内容：出质人、质权人的姓名及住址；被担保的债权种类、数额；债务人履行债务的期限；出质注册商标的清单，要列明注册商标的注册号、类别及专用期；担保的范围以及当事人约定的其他事项。该规定第6条规定，申请登记书件齐备、符合规定的，商标局予以受理。受理日期即为登记日期。商标局自登记之日起5个工作日内向双方当事人发放《商标专用权质权登记证》。《商标专用权质权登记证》应载明出质人和质权人的名称、出质商标注册号、被担保的债权数额、质权登记期限以及质权登记日期等信息。出质人、质权人遗失《商标专用权质权登记证》的，应及时向商标局提出补发登记证申请，由商标局予以补发。

此外，《注册商标专用权质权登记程序规定》第8条还规定，出质人名称与商标局档案所记载的名称不一致且不能提供相关证明证实其为注册商标权利人的，合同的签订违反法律法规强制性规定的，商标专用权已经被撤销、被注销或者有效期满未续展的，商标专用权已被人民法院查封、冻结以及其他不符合出质条件的，商标局不予登记。质权登记后，发现存在应不予登记情形的、质权合同无效或者被撤销的、出质的注册商标因法定程序丧失专用权的、提交虚假证明文件或者以其他欺骗手段取得商标专用权质权登记的，商标局应当撤销登记。

五、注册商标专用权的出资

商标权出资是指商标权人将能够依法转让的注册商标专用权作价，投入标的公司以获得股东资格的一种特殊的出资方式。知识产权经济时代，商标权等无形财产权的价值已经得到了广泛的认可，故为了盘活社会各类型资本、鼓励市场主体的多样化发展、放宽对市场主体及其投资行为的限制，各国法律制度逐渐承认了商标权人可以以商标权作价出资。我国《公司法》第27条规定，股东可以用货币出资，也可以用实物、知识产权、土地使用权等可以用货币估价并可以依法转让的非货币财产作价出资；对作为出资的非货币财产应当评估作价，核实财产，不得高估或者低估作价。据此，商标权人将其依法可以转让的注册商标专用权作价出资已是我国法律制度所承认的商标权人行使权利的特殊方式之一。商标权人将注册商标权专用权作价出资不仅有利于高效利用其掌握的资产，而也有利于发挥其商标在市场竞争方面的优势。

《公司法》2014年的修订对商标权等知识产权作价出资的行为予以了更为宽松的规定。首先，删除了"全体股东的货币出资金额不得低于有限责任公司注册资本的30%"的规定，该规定的删除旨在鼓励和支持资金尚不充分的创业者，使之能够在现有资金规模下启动创业，同时，其也在一定程度上使得知识产权人以注册商标专用权等知识产权出资时可以享有更大的股权比例。其次，取消了关于首次出资以及最低注册资本限制的相关规定，将注册资本"实缴"改为"认缴"，受此影响，在以注册商标专用权作价出资时，商标权人无需为了注册资本的缴纳而要在公司设立前就办理商标权的转让手续，商标权人可以在公司设立后再将其出资的商标权转让给公司，这增加了商标权出资的可操作性。最后，取消了"股东缴纳出资后，必须经依法设立的验资机构验资并出具证明"的规定，使得商标权的出资也无需在公司设立前就要经过验资机构验资环节。原来在公司设立前就要经历和完成的"商标权评估、商标权转让和验资机构验资"三个环节,现在简化为在设立前只需要完成商标权评估即可。当然,商标权的评估不得高估或者低估作价。

六、商标权的续展

商标权的续展,是指商标权人在其注册商标有效期届满后,如果需要继续享有注册商标专用权,则可依照法律规定申请并经批准延续其注册商标有效期的一种制度。我国《商标法》第39条规定,注册商标的有效期为10年,自核准注册之日起计算。该法第40条规定,注册商标有效期满,需要继续使用的,商标注册人应当在期满前12个月内按照规定办理续展手续;在此期间未能办理的,可以给予6个月的宽展期。每次续展注册的有效期为10年,自该商标上一届有效期满次日起计算。期满未办理续展手续的,注销其注册商标。

我国《商标法实施条例》第33条规定:注册商标需要续展注册的,应当向商标局提交商标续展注册申请书。商标局核准商标注册续展申请的,发给相应证明并予以公告。依据此规定,只有经过商标局的审查与核准,商标权的续展方能成功,并使得商标权的有效期限得以延续。

依据商标局发布的商标申请指南,办理商标权续展,需要提交《商标续展注册申请书》,并按照规定缴纳续展规费。商标局收到续展申请后,经过审查,如果认为符合法律规定的,应当予以核准,并发给申请人续展证明;如果认为续展申请需要补正的,商标局将向申请人发出补正通知,要求申请人限期补正,规定期限内未按要求补正的,商标局有权对续展申请不予核准;如果认为申请存在超过宽展期、自行改变注册商标的构成要素以及其他违反商标法规定的行为,商标局将作出不予核准决定,并发出《不予核准通知书》。

第四节 ｜ 商标权的保护

一、商标侵权行为的类型

商标侵权行为就是指侵犯注册商标专用权的行为。依据我国《商标法》第57条、《商标法实施条例》以及相关司法解释，商标侵权行为主要有如下类型。

（一）商标假冒行为

所谓商标假冒行为，就是指未经商标注册人的许可，在同一种商品上使用与注册商标相同之商标的行为。我国《商标法》第57条第1款对此类侵权行为作了规定。商标假冒行为是最为典型、最为直接的商标侵权行为，其将直接导致商品来源的混淆，损害了商标权人的合法权利，并对消费者构成误导。对于商标假冒行为，法律推定混淆可能性的存在，因而商标权人也无需承担举证责任。只要该行为存在，侵权行为就成立，除非行为人确有证据能够证明其行为不会造成混淆。

（二）商标仿冒行为

所谓商标仿冒行为，就是指未经商标注册人的许可，在同一种商品上使用与注册商标近似的商标，或者在类似商品上使用与注册商标相同或者近似的商标，容易导致混淆的行为。我国《商标法》第57条第2款对此类侵权行为作了规定。该条款中"容易导致混淆的"是《商标法》第三次修订新增的内容，该新增内容明确了混淆可能性为商标侵权的判断标准，因此，商标权人在主张权利时必须证明混淆的存在。

此外，根据现行《商标法实施条例》第76条的规定，在同一种商品或者类似商品上将与他人注册商标相同或者近似的标志作为商品名称或者商品装潢使用，误导公众的，亦属于我国《商标法》第57条第2款规定的商标侵权行为。

（三）销售侵犯商标专用权之商品的行为

我国《商标法》第57条第3款规定，销售侵犯注册商标专用权之商品的行为属于商标侵权行为。不过，该法第64条第2款又规定：销售不知道是侵犯注册商标专用权的商品，能证明该商品是自己合法取得并说明提供者的，不承担赔偿责任。综合这两条的规定可以发现，无论销售者是否存在主观上的过错或过失，销售侵犯注册商标专用权之商品的，商品侵权行为均成立，但销售者只有在"知道或者应当知道"销售的系属侵犯注册商标专用权的商品时方需要承担赔偿责任。销售者面对侵犯商标权的情况下，可以通过提供证据以证明该商品是自己合法取得的且说明提供者的方式来免除因侵权而产生的赔偿责任。[1]此外，在此种行为下，如果销售者在知道侵权成立后仍然继续销售而不停止侵权的，免除赔偿责任的规定将不再适用，销售者应当因此而承担赔偿责任。

（四）非法制造及销售他人注册商业标识的行为

我国《商标法》第57条第4款规定，伪造、擅自制造他人注册商标标识或者销售伪造、擅自制造的注册商标标识之行为构成商标侵权。在此类行为中，所谓的伪造，是指未经商标权人同意或许可，模仿商标权人的注册商标图样或者实物，制作与商标权人之注册商标标识相同的商业标识；所谓擅自制造，是指未经商标权人同意或许可，制作商标权人之注册商标标识；所谓销售伪造、擅自制造的注册商标标识的行为，是指采用零售、批发、内部销售等方式，出售伪造或者擅自制造的商标权人之注册商标标识。[2]此类行为违反了我国《商标印制管理办法》的相关规定，侵害了商标权人印制其注册商标的专有权，属于商标侵权行为。

---

[1] 所谓"提供证据以证明该商品是自己合法取得的"，是指销售者能够提供进货商品的发票、付款凭证以及其他相关证据，从而证明该商品是通过合法途径取得的。所谓"说明提供者"，是指销售者能够说明进货商品的提供者的姓名或者名称、住所以及其他线索，并且能够查证属实的。

[2] 国务院法制办公室：《中华人民共和国商标法（含商标法实施条例）注释与配套》（第三版），中国法制出版社2014年版，第50页。

（五）反向假冒行为

所谓反向假冒行为，就是指未经商标注册人同意，更换其注册商标并将该更换商标的商品又投入市场的行为。北京市第一中级人民法院1994年受理的北京服装厂诉北京百盛商业中心和新加坡鳄鱼公司侵犯"枫叶"商标专用权案件通常被认为是我国第一起商标反向假冒案件，该案推动了我国商标法律制度对商标反向假冒行为作出明确的规定。目前，我国《商标法》第57条第5款明确规定此种行为为商标侵权行为。商标反向假冒行为，不仅妨碍了原商标权人商标功能的实现，损害了原商标权人的利益；还破坏了消费者和原商标权人之间通过商标而进行的信息传递与交流，损害了消费者的知情权和相关利益。

（六）商标帮助侵权行为

所谓商标帮助侵权行为，是指故意为侵犯他人商标专用权行为提供便利条件的，帮助他人实施侵犯商标专用权的行为。我国《商标法》第三次修订在第57条第6款新增了此种商标侵权行为。现行《商标法实施条例》第75条规定，为侵犯他人商标专用权提供仓储、运输、邮寄、印制、隐匿、经营场所、网络商品交易平台等，属于提供便利条件。和前几种商标侵权行为相比，商标帮助侵权行为并没有直接侵犯注册商标专用权，而是在别人侵犯注册商标专用权时提供了帮助，从而构成间接侵权。正因此，商标帮助侵权行为的构成要件中应当强调行为人的主观状态，即只有当行为人在故意为侵犯人提供便利条件的才构成侵权。

（七）造成其他损害的行为

我国《商标法》第57条第7款对上述6种行为以外的商标侵权行为做了兜底性规定。《最高人民法院关于审理商标民事纠纷案件适用法律若干问题的解释》第1条规定，"造成其他损害的行为"至少包括：将与他人注册商标相同或者相近似的文字作为企业的字号在相同或者类似商品上突出使用，容易造成相关公众误认的；复制、摹仿、翻译他人注册的驰名商标或其主要部分在不同或者不相类似商品上作为商标使用，误导公众，致使该驰名商标注册人利益可能受到损害的；将与他人注册商标相同或者相近似的文字注册为域名，并且通过该域名进行相关商品交易的电子商务，容易使相关公众产生误认的。

二、商标侵权纠纷的解决

商标侵权纠纷的解决有多种选择，依照我国现行《商标法》的规定，双方当事人可以协商解决；不愿意协商或者协商不成的，商标注册人或者利害关系人可以向人民法院起诉，也可以请求工商行政部门处理。

向人民法院起诉的，应当遵循商标法律制度关于司法保护管辖与诉讼时效的规定。我国《最高人民法院关于审理商标民事纠纷案件适用法律若干问题的解释》第6~7条规定，因侵犯注册商标专用权行为提起的民事诉讼，由侵权行为的实施地、侵权商品的储藏地或者查封扣押地、被告住所地人民法院管辖。所谓的侵权商品的储藏地是指大量或者经常性储存、隐匿侵权商品所在地；所谓的查封扣押地是指海关、工商等行政机关依法查封、扣押侵权商品所在地。对于涉及不同侵权行为实施地的多个被告提起的共同诉讼，原告可以选择其中一个被告的侵权行为实施地人民法院管辖；仅对其中某一个被告提起诉讼的，该被告行为实施地的人民法院有管辖权。侵犯商标专用权的诉讼时效为2年，自商标注册人或者利害关系人知道或者应当知道侵权行为之日起计算。商标注册人或者利害关系人超过2年起诉的，如果侵权行为在起诉时仍在持续，在该注册商标专用权有效期内，人民法院应当判决被告停止侵权行为，侵权损害赔偿数额应当自权利人向人民法院起诉之日起向前推算2年计算。

为了防止商标侵权行为不利影响的发生或扩大，商标权人在向人民法院起诉前还可以依法采取一些诉前措施。

（一）临时保护措施

商标注册人或者利害关系人有证据证明他人正在实施或者即将实施侵犯其注册商标专用权的行为，如不及时制止将会使其合法权益受到难以弥补的损害的，可以依法在起诉前向人民法院申请采取责令停止有关行为和财产保全的措施。临时保护措施是

TRIPs和我国《商标法》均予以承认的诉前措施之一。临时保护措施主要针对即发侵权，即尚未发生，但马上确实会发生的侵权，该措施有助于制止将要发生的侵权、阻止已经发生的侵权进一步扩大。

向人民法院申请采取责令停止有关行为和财产保全措施的主体是商标注册人或利害关系人。申请人在提交申请时应当向法院提交包括当事人陈述、书证、物证、视听资料、电子数据、证人证言、鉴定意见、勘验笔录等证据材料，这些证据材料应能够证明他人正在实施或者即将实施侵犯其商标权的行为，如果不及时制止，将会使其合法权益受到难以弥补的损失。

（二）证据保全

为了制止侵权行为，在证据可能灭失或者以后难以取得的情况下，商标注册人或者利害关系人可以依法在起诉前向人民法院申请保全证据。所谓"可能灭失"是指因证据的自然特征、性质，或者因人为因素，使证据有灭失的可能；所谓"以后难以取得"是指由于客观情况的变化，证据在今后不能取得，或者虽然可以取得，但是会失去其作用的情形。

商标注册人或者利害关系人向人民法院提出诉前证据保全的申请时，应当递交书面申请状。申请状应当载明：当事人及其基本情况；申请保全证据的具体内容、范围和所在地；请求保全的证据能够证明的对象；申请的理由，包括证据可能灭失或者以后难以取得，且当事人及其诉讼代理人因客观原因不能自行收集的具体说明。

三、商标侵权行为的查处

工商行政管理部门可以依职权查处侵犯注册商标专用权的行为，涉嫌犯罪的，应当及时移送司法机关依法处理。县级以上工商行政管理部门在根据已经取得的违法嫌疑证据或者举报，对涉嫌侵犯他人注册商标专用权的行为查处时，主要享有以下职权。[1]

---

[1] 国务院法制办公室：《中华人民共和国商标法（含商标法实施条例）注释与配套》（第三版），中国法制出版社2014年版，第57~59页。

（一）询问与调查权

县级以上工商行政管理部门在依法查处涉嫌侵犯他人注册商标专用权行为时，有权到相关当事人所在的住所、工作场所、生产经营地询问相关当事人，或责令相关当事人将其了解的情况用书面形式提交给工商行政管理部门，或责令相关当事人将其掌握的与侵权行为有关的物品、工具、数据等提供给工商行政管理部门。

（二）查阅与复制权

县级以上工商行政管理部门在依法查处涉嫌侵犯他人注册商标专用权行为时，有权查阅、复制当事人与侵权活动有关的合同、发票、账簿以及其他有关资料，以便了解涉案行为的具体情况并在必要时保存相关证据，以便判断相关行为的性质、情节以及危害后果。

（三）检查权

县级以上工商行政管理部门在依法查处涉嫌侵犯他人注册商标专用权行为时，有权对相关当事人涉嫌从事商标侵权行为的生产加工场所或经营场所、涉嫌从事商标侵权行为的商品或商标标识的存放场所等进行现场检查，以及对与侵权活动有关的物品予以检查。

（四）查封或扣押权

县级以上工商行政管理部门在依法查处涉嫌侵犯他人注册商标专用权行为时，有权查封或扣押有证据证明是侵犯他人注册商标专用权的物品，包括与侵犯注册商标专用权有关的产品及其包装、主要用于制造侵权商品或伪造注册商标标识的工具等。

四、侵犯注册商标专用权的法律责任

（一）商标侵权行为的民事责任

我国《民法通则》第118条以及商标法律制度规定的商标侵权行为应承担的民事责任主要有停止侵害、消除影响和赔偿损失三种。

（1）停止侵害。是指侵权人停止正在进行或者可能进行的侵权行为。对于商标权人而言，停止侵害能够有效防止侵权影响继续扩大，有助于其商标权的及时保护。

（2）消除影响。商标侵权行为不仅侵害了商标权人的财产权，还极有可能导致商标权人商标声誉受到不利影响，因此，在商标侵权民事纠纷的处理中，人民法院可以责令侵权人消除其侵权行为产生的不利影响。

（3）赔偿损失。商标侵权行为往往会给商标权人造成经济损失，因此，商标权人有权要求侵权人赔偿损失。人民法院在审理商标侵权纠纷案件中，根据案件具体情况，在侵权人行为不存在免责情形的情况下，可以依法判决侵权人赔偿损失。被控侵权人的免责情形主要包括商标权人的权利存在瑕疵以及销售者无侵权主观故意两种，即"注册商标专用权人请求赔偿，被控侵权人以注册商标专用权人未使用注册商标提出抗辩的，人民法院可以要求注册商标专用权人提供此前3年内实际使用该注册商标的证据。注册商标专用权人不能证明此前三年内实际使用过该注册商标，也不能证明因侵权行为受到其他损失的，被控侵权人不承担赔偿责任"以及"销售不知道是侵犯注册商标专用权的商品，能证明该商品是自己合法取得并说明提供者的，不承担赔偿责任"。

赔偿损失是商标侵权行为人承担民事责任的最常见、最重要的方式。其核心是赔偿数额的计算方式。我国原《商标法》以"填平原则，即损失多少赔偿多少"为基准，列举了赔偿数额的计算方式，但由于实践中商标权人的维权成本较高，且填平原则常使侵权人存有侥幸心理，故而《商标法》第三次修订引入了惩罚性赔偿制度，并进一步明确了赔偿数额各种计算方式的适用顺序。《商标法》第63条规定："侵犯商标专用权的赔偿数额，按照权利人因被侵权所受到的实际损失确定；实际损失难以确定的，可以按照侵权人因侵权所获得的利益确定；权利人的损失或者侵权人获得的利益难以确定的，参照该商标许可使用费的倍数合理确定。对恶意侵犯商标专用权，情节严重的，可以在按照上述方法确定数额的一倍以上三倍以下确定赔偿数额。赔偿数额应当包括权利人为制止侵权行为所支付的合理开支。"[①]

---

① 《最高人民法院关于审理商标民事纠纷案件适用法律若干问题的解释》第17条规定，所谓的"为制止侵权行为所支付的合理开支"，包括权利人或者委托代理人对侵权行为进行调查、取证的合理费用。人民法院根据当事人的诉讼请求和案件具体情况，可以将符合国家有关部门规定的律师费用计算在赔偿范围内。

鉴于很多商标侵权纠纷案件中的证据都掌握在侵权人手中，而侵权人往往不愿意提供对自己不利的证据，因此，我国现行《商标法》第63条还规定，人民法院为确定赔偿数额，在权利人已经尽力举证，而与侵权行为相关的账簿、资料主要由侵权人掌握的情况下，可以责令侵权人提供与侵权行为相关的账簿、资料；侵权人不提供或者提供虚假的账簿、资料的，人民法院可以参考权利人的主张和提供的证据判定赔偿数额。

实践中，商标侵权案件较为复杂，权利人因被侵权所受到的实际损失、侵权人因侵权所获得的利益、注册商标许可使用费等的确定往往具有较大难度，因此当这些相关参考标准难以确定时，则由人民法院根据侵权行为的情节判决给予三百万元以下的赔偿。其中，侵权行为的情节，应当包括"侵权行为的性质、期间、后果"等因素，还应当包括"商标的声誉、商标使用许可的时间以及制止侵权行为的合理开支"等因素。[①]

（二）商标侵权行为的行政责任

商标侵权行为的行政责任主要有：责令立即停止侵权行为；没收、销毁侵权商品和主要用于制造侵权商品、伪造注册商标标识的工具；罚款。

在工商行政管理部门处理时，如果认定侵权行为成立，对违法经营额5万元以上的，可以处违法经营额五倍以下的罚款，没有违法经营额或者违法经营额不足5万元的，可以处25万元以下的罚款。对5年内实施两次以上商标侵权行为或者有其他严重情节的，应当从重处罚。工商行政管理部门在计算违法经营额时，可以考虑以下因素：侵权商品的销售价格；未销售侵权商品的标价；已查清侵权商品实际销售的平均价格；被侵权商品的市场中间价格；侵权人因侵权所产生的营业收入以及其他能够合理计算侵权商品价值的因素。

销售不知道是侵犯注册商标专用权的商品，能证明该商品是自己合法取得并说明提供者的，由工商行政管理部门责令停止销售，并将案件情况通报侵权商品提供者所在地工商行政管理部门。可以认定为能证明该商品是自己合法取得的情形包括：有供货单位合法签章的供货清单和货款收据且经查证属实或者供货单位认可的；有供销双

---

① 国务院法制办公室：《中华人民共和国商标法（含商标法实施条例）注释与配套》（第三版），中国法制出版社2014年版，第62页。

方签订的进货合同且经查证已真实履行的；有合法进货发票且发票记载事项与涉案商品对应的；以及其他能够证明合法取得涉案商品的情形。

（三）商标侵权行为的刑事责任

商标侵权行为严重的，应当承担刑事责任。根据我国《刑法》《商标法》第67条等的规定，商标侵权行为构成犯罪的主要有三种罪名。

（1）假冒注册商标罪。指未经商标注册人的许可，在同一种商品上使用与其注册商标相同的商标，情节严重的行为。所谓情节严重，是指非法经营数额在5万元以上或者违法所得数额在3万元以上的；假冒两种以上注册商标，非法经营数额在3万元以上或者违法所得数额在2万元以上的；以及其他情节严重的情形。对假冒注册商标罪，可以判处3年以下有期徒刑或者拘役，并处或者单处罚金。如果行为人非法经营数额在25万元以上或者违法所得数额在15万元以上的；假冒两种以上注册商标，非法经营数额在15万元以上或者违法所得数额在10万元以上的；或者有其他情节特别严重的情形，应当以假冒注册商标罪判处3年以上7年以下有期徒刑，并处罚金。

（2）非法制造、销售非法制造的注册商标标识罪。指伪造、擅自制造他人注册商标标识或者销售伪造、擅自制造的注册商标标识，情节严重的。伪造、擅自制造或者销售伪造、擅自制造的注册商标标识数量在2万件以上，或者非法经营数额在5万元以上，或者违法所得数额在3万元以上的；伪造、擅自制造或者销售伪造、擅自制造两种以上注册商标标识数量在1万件以上，或者非法经营数额在3万元以上，或者违法所得数额在2万元以上的；以及有其他情节特别严重的情形的，属于情节严重，应当以非法制造、销售非法制造的注册商标标识罪判处3年以下有期徒刑、拘役或者管制，并处或者单处罚金。伪造、擅自制造或者销售伪造、擅自制造的注册商标标识数量在10万件以上，或者非法经营数额在25万元以上，或者违法所得数额在15万元以上的；伪造、擅自制造或者销售伪造、擅自制造两种以上注册商标标识数量在5万件以上，或者非法经营数额在15万元以上，或者违法所得数额在10万元以上的；以及有其他情节严重的情形的，属于情节特别严重，应当以非法制造、销售非法制造的注册商标标识罪判处3年以上7年以下有期徒刑，并处罚金。

（3）销售假冒注册商标的商品罪。指销售明知是假冒注册商标的商品，销售金额数额较大的。销售明知是假冒注册商标的商品，销售金额在5万元以上的，属于刑法规定的"数额较大"，应当以销售假冒注册商标的商品罪判处3年以下有期徒刑或者拘役，并处或者单处罚金。销售金额在25万元以上的，属于刑法第214条规定的"数额巨大"，应当以销售假冒注册商标的商品罪判处3年以上7年以下有期徒刑，并处罚金。

五、驰名商标的认定及特别保护

目前，驰名商标并没有一个公认的概念。简而言之，驰名商标就是指为相关公众所熟知的商标。相关公众包括与使用商标所标示的某类商品或者服务有关的消费者，生产前述商品或者提供服务的其他经营者以及经销渠道中所涉及的销售者和相关人员等。驰名商标既可能是注册商标，也可能是未注册商标。

（一）驰名商标的认定

驰名商标的认定是对其予以特殊保护的基础。但如何认定驰名商标却是实践中的较为复杂的工作。

（1）驰名商标的认定机构。依据《巴黎公约》的规定，商标是否驰名应当由行政主管部门或者司法机关来认定。我国《商标法》第15条明确了商标局、商标评审委员会以及最高人民法院指定的人民法院为驰名商标的认定机构。该条规定："在商标注册审查、工商行政管理部门查处商标违法案件过程中……商标局根据审查、处理案件的需要，可以对商标驰名情况作出认定；在商标争议处理过程中……商标评审委员会根据处理案件的需要，可以对商标驰名情况作出认定；在商标民事、行政案件审理过程中……最高人民法院指定的人民法院[①]根据审理案件的需要，可以对商标驰名情况作出认定。"

（2）驰名商标认定的原则。驰名商标认定都应当遵循个案认定、被动保护的原则。

[①] 最高人民法院于2009年1月6日下发了《关于涉及驰名商标认定的民事纠纷案件管辖问题的通知》，明确只有三类法院可以受理涉及驰名商标认定的民事纠纷案件：省、自治区人民政府所在地的市、计划单列市中级人民法院、直辖市辖区内的中级人民法院。其他中级人民法院管辖此类民事纠纷案件，需报经最高人民法院批准，未经批准的中级人民法院不受理此类案件。

依据该原则：第一，商标持有人只有在其商标权益受到损害的具体案件中，才能请求商标局、商标评审委员会、人民法院对其商标是否驰名予以认定，并给予相应的保护。商标局、商标评审委员会、人民法院不会对商标的驰名状态予以主动审查，且应当根据具体案件的需要来作出是否予以接受当事人请求的决定。第二，驰名商标的认定效力仅限于个案之中，驰名商标的认定结果并不必然能够影响之后发生的商标侵权纠纷的处理。在涉及驰名商标保护的纠纷中，如果对方当事人对所涉商标的驰名状态提出异议的，则商标的驰名状态需要依法重新审查。此外，驰名商标的认定是一种事实认定。《最高人民法院关于审理涉及驰名商标保护的民事纠纷案件应用法律若干问题的解释》第13条规定：在涉及驰名商标保护的民事纠纷案件中，人民法院对于商标驰名的认定，仅作为案件事实和判决理由，不写入判决主文；以调解方式审结的，在调解书中对商标驰名的事实不予认定。

（3）驰名商标认定的标准。驰名商标的认定需要综合考虑多项要素，我国《商标法》第14条规定，认定驰名商标应当考虑下列因素。

第一，相关公众对该商标的知晓度。社会公众对商标的知晓度反映了商标标识来源功能的强弱，也能在一定程度上反映商标承载商誉的可能状况，因此，商标驰名状态的认定应当考虑社会公众对商标的知晓度。实践中，并非所有的商品或服务都能被普通公众广泛地接触到，有些商品或服务会因自身的特征与特点而仅销售或提供给部分公众，因此，我国现行商标法律制度对商标知晓度仅仅要求考察与使用商标所标示的某类商品或者服务有关的消费者，生产前述商品或者提供服务的其他经营者以及经销渠道中所涉及的销售者和相关人员等相关公众的知晓情况。

第二，该商标使用的持续时间。商标使用的持续时间表示消费者接触到商标的可能性。使用时间持续较长的商标，往往被消费者获得和认识的可能性较大，消费者也因此有可能在生活中形成对该商标的认可度。请求认定商标驰名状态的当事人应当提供证据材料证明该商标使用的持续时间。相关证据材料如该商标使用、注册的历史和范围的材料。我国现行《驰名商标认定和保护规定》要求：如果该商标为未注册商标的，应当提供证明其使用持续时间不少于5年的材料。该商标为注册商标的，应当提供证明其注册时间不少于3年或者持续使用时间不少于5年的材料。①

第三，该商标的任何宣传工作的持续时间、程度和地理范围。在现代市场环境下，对商标进行宣传是商家获取市场、争夺消费者的重要手段。日常生活中，消费者也往往会从宣传渠道来获知某个商标及其相关信息。因此，请求认定商标驰名状态的当事人应当提供证明该商标的任何宣传工作的持续时间、程度和地理范围的材料，如近3年广告宣传和促销活动的方式、地域范围、宣传媒体的种类以及广告投放量等材料。

第四，该商标作为驰名商标受保护的记录。虽然驰名商标的认定以"个案认定"为原则，但作为驰名商标受保护的记录，可以反映出该商标在特定时期相关公众的知晓度，有助于对该商标驰名状态的重新判断，因此，请求认定商标驰名状态的当事人可以提供证明该商标曾在中国或者其他国家和地区作为驰名商标受保护的材料。

第五，该商标驰名的其他因素。请求认定商标驰名状态的当事人还可以提供使用该商标的主要商品在近3年的销售收入、市场占有率、净利润、纳税额、销售区域等材料，以证明该商标的驰名状态。

（二）驰名商标的特殊待遇

认定驰名商标主要是为了更有效、全面地保护为相关公众所熟知的商标。《巴黎公约》、TRIPs以及我国《商标法》等都对驰名商标的保护予以了特殊规定。具体而言，驰名商标的特殊待遇主要体现如下。

1. 注册豁免

《巴黎公约》里斯本修订版明确了驰名商标注册豁免的权利，即未注册商标可以因商标的驰名而获得专用权。我国《商标法》给予了未注册驰名商标注册豁免，该法第13条第2款规定，"就相同或者类似商品申请注册的商标是复制、摹仿或者翻译他人未在中国注册的驰名商标，容易导致混淆的，不予注册并禁止使用"。该法第58条规定，"将他人注册商标、未注册的驰名商标作为企业名称中的字号使用，误导公众，构成不正当竞争行为的，依照《中华人民共和国反不正当竞争法》处理"。此外，为了实现对

---

① 所称"3年""5年"，是指被提出异议的商标注册申请日期、被提出无效宣告请求的商标注册申请日期之前的3年、5年，以及在查处商标违法案件中提出驰名商标保护请求日期之前的3年、5年。

未注册驰名商标的有效保护，《最高人民法院关于审理商标民事纠纷案件适用法律若干问题的解释》第2条规定，"复制、摹仿或者翻译他人未在中国注册的驰名商标或其主要部分，在相同或者类似商品上作为商标使用，容易导致混淆的，应当承担停止侵害的民事责任"。

2. 跨类保护

TRIPs在《巴黎公约》的基础上进一步加强了对驰名商标的保护，规定了对驰名商标的跨类保护，即对驰名商标而言，在与其经核定使用的商品或服务不相同或不相类似的商品或服务上也可能受到保护。如我国《商标法》第13条第3款规定"就不相同或者不相类似商品申请注册的商标是复制、摹仿或者翻译他人已经在中国注册的驰名商标，误导公众，致使该驰名商标注册人的利益可能受到损害的，不予注册并禁止使用"。在商标侵权行为判断时，复制、摹仿或者翻译他人已经在中国注册的驰名商标或者其主要部分在不相同或者不类似商品上作为商标使用，误导公众，致使该驰名商标注册人的利益可能受到损害的，属于商标侵权行为，行为人应当承担相应的法律责任。

除注册豁免以及跨类保护外，驰名商标的权利人还可能获得一些其他的特殊待遇，如依据我国现行商标法律制度，违法损害他人合法权益的注册商标，自商标注册之日起5年内，在先权利人或者利害关系人可以请求商标评审委员会宣告该注册商标无效，但对恶意注册的，驰名商标所有人不受5年的时间限制。

（三）驰名商标异化及其治理

驰名商标的异化，是指在驰名商标的认定、使用过程中，基于多方面的原因所导致的有违驰名商标制度的宗旨、背离驰名商标的传统价值、与人们对驰名商标的合理期待相冲突的种种反常现象。[①]就其表现而言，形式多种多样，典型的如一些企业在追求驰名商标的认定时所期望的目标不是为了解决商标侵权、不正当竞争等法律争议，而是为了获得荣誉称号、广告资源、物质奖励、政策优惠等目的，甚至是基于从众心理等因素；一些企业在认定驰名商标的过程中，通过策略性地选择或比较行政认定或

---

① 董新凯："对驰名商标'异化'的另一种认识"，载《现代经济探讨》2010年第1期，第35页。

司法认定途径，或者策略性地选择或制造相对当事人（被异议人、被申请人、被告等）或争议纠纷，甚至单方面或合谋地弄虚作假，以符合认定驰名商标的程序，从而满足认定驰名商标的条件或达到认定驰名商标的结果；一些企业在获得驰名商标认定之后，并没有遵循个案有效的原则，而将驰名商标当作荣誉称号等资本，并广泛运用于宣传等法律保护意义之外的领域。①

驰名商标的异化，可以算是我国独有的一种社会现象，其违背了商标立法设立驰名商标特殊保护制度的初衷，危害了商标保护的正当性，应当予以必要的法律规制。正因此，最高人民法院2009年4月发布了《关于审理涉及驰名商标保护的民事纠纷案件应用法律若干问题的解释》，试图从司法认定驰名商标的案件适用范围的界定、认定驰名商标应当考虑因素的明确、当事人在诉讼中主张驰名商标举证责任的规范等方面遏制驰名商标的异化。而为了更为有效地应对驰名商标的异化，针对实践中驰名商标被作为一种荣誉称号而进行宣传的现象，《商标法》第三次修订明确规定"生产、经营者不得将'驰名商标'字样用于商品、商品包装或容器上，或者用于广告宣传、展览以及其他商业活动中"，如果违反此规定，地方工商行政管理部门有权责令改正，处10万元罚款。

---

① 袁真富："防止驰名商标异化：司法解释的制度设计及其评价"，载《电子知识产权》2009年第8期，第24页。

本章思考题

1. 根据我国现行《商标法》，申请注册的商标必须符合哪些条件？

2. 简述商标权的概念及其内容。

3. 比较商标权注册取得原则和使用取得原则。

4. 注册商标许可应遵循哪些法定要求？

5. 注册商标转让依法受到哪些限制？

6. 可能导致注册商标被撤销的情形有哪些？

7. 商标侵权行为的表现方式有哪些？

8. 工商行政管理部门查处涉嫌商标侵权行为时享有哪些职权？

9. 商标侵权行为的民事责任有哪些？

10. 认定驰名商标时应当考虑哪些因素？

第四章

著作权法律制度

著作权是知识产权的基本类型，也是企业享有的重要无形财产权利。按照我国《著作权法》的规定，著作权即版权，它是指权利人对文学、艺术、科学作品依法享有的财产权利和人身权利。广义上看，著作权还包括邻接权，亦即表演者、录音录像制作者、广播电视组织者等作品的传播者在作品传播过程中就表演、录音录像制品和广播电视节目信号等依法享有的权利。企业创作文化创意产品、开发计算机软件、制作唱片等活动，会产生系列的著作权。同时，企业在利用他人创作的作品、表演、唱片和广播节目时，也必须尊重权利人的著作权。技术的发展、文化产业的兴起已经使著作权摆脱了其所处的次要地位。各类企业都应该了解著作权的基本法律规则，重视著作权的法律保护。

第一节 ｜ 著作权的客体

实践中，企业会面对着各种各样的作品，如小说、电影、动漫、软件等，其中，哪些对象受著作权保护，哪些可以自由使用，不能一概而论。某个企业投资拍摄了一部电视连续剧，结果主要是重复、抄袭前人的作品而成，不仅不能享有权利，反而属于违法行为。是否构成作品，也不能以字数或者艺术成就为评判标准。一个企业组织人员开发的动物形象，虽然看起来简单，只要具有独创性，也能够受到法律保护，并为企业带来实实在在的收益。由此可见，判断某一种表达形式是否能够成为作品，需要依照法律规定，结合法学理论和实践进行分析。

一、作品的要件

在著作权法中，作品由思想和表达两个不同的要素构成。作品中的"思想"，是指作品的思路、观念、理论、构思、创意、概念、工艺、系统、操作方法、技术方案等；作品中的"表达",是指对于上述思想观念的各种形式或方式的表达,如文字的、音符的、数字的、线条的、色彩的、造型的、形体动作的表述或传达等。琼瑶女士在《还珠格格》中创作了一首打油诗:"走进一间房,四面都是墙;抬头见老鼠,低头见蟑螂。"它既包括一定的"意思和观念",又通过文字形式表现出来,具备"思想"和"表达"这两个要素,属于作品。但是如果将其修改为"进走间一房,四者墙是面;老见头鼠抬,螂头蟑见低",因为这时读者不再能够理解其"意思",也就是没有"思想",当然不能成为作品。同样道理,如果创作者只是"胸有成竹",却不能将其表现出来,也不能将其认定为作品。

我国《著作权法实施条例》第2条对作品所下的定义是:文学、艺术和科学领域内,具有独创性并能以某种有形形式复制的智力创造成果。作品的实质条件,就是独创性或称原创性和可复制性。不符合实质条件的对象,不是著作权法意义上的作品。

(一)独创性

要想成为受著作权法保护的作品,最核心的要素就是具有独创性。独创性是典型的法律术语,也称为原创性,其基本含义是由作者独立构思而成的,作品的内容或者表现形式与已经发表的作品不相同,即不是抄袭、剽窃、篡改他人的作品形成的。这种界定虽然严格,但是却不好操作。实际上,如何判断独创性是整个著作权制度中最基本的问题,也是非常难理解的问题。

独创性意味着作品乃作者独立创作完成,不存在任何抄袭、剽窃,也没有完全照搬已有的创作。也就是说,即便是针对同样的主题,作品也应该有着不同于以往的表达,反映作者个人的心得体会。对于某些作品,虽然其部分元素是借鉴前人的作品,但是在整体上具有独创性,也应该称为作品,得到著作权保护。就好比是立体三角形的每一个平面虽然都是已有的,但并不影响其整体的独立创作属性。

在美国曾经有法官运用"额头冒汗"的原则来判断是否具有独创性。"额头冒汗"是非常形象的说法,也就是说,只要在创作过程中开动脑筋并且让额头都出了汗的时候,最终形成的成果才具有独创性。它表明作品不必达到一定创作高度才受到保护。因此,以高新技术和创作行为相结合而产生的诸多信息产品理应纳入著作权的保护范畴。

现在的趋势是,在判定独创性标准时,大多数国家的立法还是强调作品应该体现一定程度的创造性，反映作者个人的意志、观念和想法。智力活动是人脑的思维活动，作者通过大脑思维，将客观存在的各种素材、资料加以综合、提炼，并将自己的创作意图或独特构思融入其中，产生出别人可以感知的具有作者个人风格的文学、艺术或科学作品，这个过程就是创作。在创作过程中，作者的主观创造是不可缺少的，不能是简单的现象罗列，事实堆积。

云南某卷烟厂以"五朵金花"为名称，生产销售香烟，并于1983年向国家工商局申请注册了香烟商标。《五朵金花》电影剧本的作者得知后，以卷烟厂侵犯其著作权为由向法院提起诉讼。本案争议的焦点是：电影剧本《五朵金花》作品的名称是否单独受我国著作权法保护？该案一、二审法院审理均认为，电影剧本《五朵金花》作品名称不具有独创性，不能单独受我国著作权法保护。

独创性针对的是作品的表现形式，而不是作品所蕴含的思想。对于同样的思想观念，可以有不同形式的表述，如文字的、线条的、色彩的，等等。即便是文字的表述，也可以有不同的文字组合、不同的情节和不同的叙述方式。所谓的独创性，正是对这些表现形式的要求，而不会涉及思想领域。例如，大家都可以将《罗密欧与朱丽叶》以及《梁山伯与祝英台》的主题思想归纳为"歌颂爱情"，但是绝不能因为二者主题思想的一致而否定这两部作品的独创性。

（二）可复制性

作品必须具有可复制性。作品虽不需要以有形载体予以固定，但可以通过印刷、绘画、摄影、录制、表演、放映等多种方式得以再现。

此外，在英国、美国等国家还规定受到保护的作品必须以有形形式固定。也就是说作品必须依附于一定的物质载体。但是，也有不少国家对此并无要求。《伯尔尼公约》第2条规定，各成员国可以通过立法决定一般作品或者某一特定种类作品享受保护的条件是必须以某种有形形式加以固定。我国《著作权法》规定，作品无论以何种形式表现出来，一经创作即自动取得著作权。也就是说，作品无论是否以有形形式固定，都可以受到著作权法保护。但是《计算机软件保护条例》第4条规定："受本条例保护的软件必须由开发者独立开发，并已固定在某种有形物体上。"因此，计算机软件受到著作权法保护的条件中包括物质固定性。

二、作品的分类

理论上，作品有不同的分类标准。根据表现形式，作品可以分为：（1）以语言文字表现的作品，如书籍、小册子、演讲；（2）以动作表现的作品，如舞蹈、哑剧作品；（3）以声音表现的作品，如音乐作品；（4）以形状或色彩表现的作品，如美术作品；（5）以图纸或模型表现的作品，如模型作品等。按照作品的创作来源，可以分为原始作品、演绎作品及组合作品。按照作品是否发表，可以分为已发表作品和未发表作品。按照作品的署名情况，可以将作品分为实名作品、假名作品和无名作品。[①]

在立法实践中，不同立法例会根据不同的划分方法或角度，规定受保护的作品种类。我国《著作权法》第3条规定，本法所称的作品，包括以下列形式创作的文学、艺术和自然科学、社会科学、工程技术等作品。这些作品具体包括：文字作品；口述作品；音乐、戏剧、曲艺、舞蹈、杂技艺术作品；美术、建筑作品；摄影作品；电影作品和以类似摄制电影的方法创作的作品；工程设计图、产品设计图、地图、示意图等图形作品和模型作品；计算机软件；法律、行政法规规定的其他作品。《著作权法》第6条规定，民间文学艺术作品的著作权保护办法由国务院另行规定。这表明，我国立法将民间文学艺术作品纳入著作权保护范围。

三、著作权客体的排除领域

著作权法保护的客体范围广泛，但是并非所有作品都适用著作权法保护。判断哪些作品不为著作权法保护，存在三个方面的基本考虑：其一是本国的政策选择；其二是促进该类作品传播；其三是保护消费者和其他使用者的利益。实际上不同国家所排除的著作权客体既有相同点，也存在不同之处。例如，官方立法文件在中国不适用著作权法保护，但在英国却是著作权保护的客体。我国2010年《著作权法》修正案出台之前，违禁作品不受著作权法保护，后来这一条款被删除。

[①] 冯晓青：《著作权法》，法律出版社2010年版，第44页。

具体来说，我国《著作权法》第5条规定了三种不适用的对象：（1）法律、法规，国家机关的决议、决定、命令和其他具有立法、行政、司法性质的文件，及其官方正式译文。（2）时事新闻。时事新闻是指通过报纸、期刊、广播、电视台等传播媒介报道的单纯事实消息。传播报道他人采编的时事新闻，应当注明出处。（3）历法、通用数表、通用表格和公式。

企业常见问题解答

问题：企业组织人员绘制的配有精美图案的陶瓷或者以特定艺术造型铸造的陶瓷能不能得到著作权法保护？

解答：能受到保护。上述企业提到的陶瓷，实际上就是我们常常说到的实用艺术作品。这种作品在企业的生产实践中经常碰到：生产台灯的企业会为台灯设计精美的造型，生产床单的企业会为产品绘制精美的图案。对于这些作品是否被保护，保护什么内容？需要具体分析。一般来说，实用艺术作品就是指具有实用性的艺术作品。实用艺术品可以受到著作权和外观设计权的双重保护。实用艺术作品包括艺术性与实用性不可分离、艺术性与实用性可以分离两种情况，前者如玩具、珠宝饰物、造型实用物品等，后者如印花布、绣品、陶瓷等。如果实用艺术品中的实用功能和美感功能可以划分开来的，包括物理上或者观念上区分开来，那么，著作权法可以就其所具有的美感部分提供法律保护。例如，有人使用优美的人体造型作为香水瓶装香水，虽然该香水瓶具有装香水的实用功能，但即使香水瓶不涉及人体造型，也不会影响其装香水的功能。在这种情况下香水瓶的艺术美感能够与其实用功能在观念上进行分离，因此仍然受到著作权法的保护。相反，如果一部小汽车的流线型设计能够基于动力学原理降低小汽车在高速行驶时遇到的空气阻力，并保持车身平稳，则无论该设计多么赏心悦目、具有美学价值，都不能受到著作权法的保护。[1]此外，著作权法保护的实用艺术作品中的艺术成分，还必须满足独创性等著作权客体保护的一般要求。

---

[1] 王迁：《著作权法学》，北京大学出版社2007年版，第33页。

第二节 | 著作权的主体

企业在日常知识产权管理活动中，除了要知晓自身生产、创造或者投资的哪些智力成果可以受到著作权保护外，还应该清楚知道自己在何种情况下可以成为权利人。在利用他人的作品时，也必须准确把握何者享有授权资格。否则，若与错误的对象进行著作权利用的谈判，就会产生南辕北辙的后果。

一、著作权主体的概念和分类

著作权主体，也称著作权人，是依法对文学、艺术和科学作品享有著作权的自然人、法人或者其他组织。一般情况下，作品的创作者就是作者。如有特殊规定，创作作品的公民也可能不是作者，如"由法人或者其他组织主持，代表法人或者其他组织意志创作，并由法人或者其他组织承担法律责任的作品，法人或者其他组织视为作者"。

著作权的主体是本国主体与外国主体的统一。不仅本国人依照法律规定，可以成为受本国著作权法保护的著作权主体，而且外国人也可以依照法律规定成为著作权主体。我国《著作权》第2条第2~4款规定了外国人受到中国著作权法保护的条件。虽然这是一种"有条件的国民待遇"，但其基本精神与《伯尼尔公约》和《世界版权公约》的要求完全一致。具体来说，有三种情况：（1）外国人、无国籍人的作品根据其作者所属国或者经常居住地国同中国签订的协议或者共同参加的国际条约享有著作权，受本法保护。可见，判断作品是否受本国著作权法保护，首先要看作者的国籍。如果作者是《伯尔尼公约》成员国国民，当然受到我国著作权法保护；如果非《伯尔尼公约》成员国的作者，但是在成员国中有经常居住地，也应该受到我国著作权法的保护。（2）外国人、无国籍人的作品首先在中国境内出版的，依照本法享有著作权。（3）未与中国签订协议或者共同参加国际条约的国家的作者以及无国籍人的作品首次在中国参加的国际条约的成员国出版的，或者在成员国和非成员国同时出版的，受本法保护。此外，外国人、无国籍人的作品在中国境外首次出版后30日内在中国境内出版的，视为该作品同时在中国境内出版，受到我国著作权法保护。上述第（2）和（3）种情况下自出版之日起受保护。

二、作者

根据《著作权法》第11条第2款和第3款，作者是创作作品的公民。由法人或者其他组织主持，代表法人或者其他组织意志创作，并由法人或其他组织承担责任的作品，法人或者其他组织视为作者。根据《著作权法实施条例》第3条第2款的规定，为他人创作进行组织、提供咨询意见、物质条件或其他服务的人不能认为是作者。这些为创作进行组织、提供有关参考资料、审阅校订稿件、提供咨询意见的人，可以统称为创作中的辅助者。由于辅助者所进行的劳动并不是创作活动，他们没有在自己的思想或情感基础上形成相应的表达方式，因此不能成为作者。同样的道理，在建筑作品中，作者是建筑物的设计者而不是具体的建筑施工者。

例如，画家韩某为宁夏回族自治区40周年大庆构思设计出手绘草图。韩某先后将其构成设计的手绘图稿及其他有关照片及资料交原告宁夏威海公司在电脑上合成，确定初步效果图后，并根据"大庆办"和自治区领导的审查修改意见制作出定稿图样。现原告宁夏威海公司主张对该美术作品的著作权，起诉至法院。一审法院认为，画家韩某是纪念品图案作品的著作权拥有者。原告在制作效果图过程中，仅凭计算机操作技术，运用计算机的功能和程序将韩某制作的美术作品在计算机上合成后制作成效果图，该效果图没有超出原创作手稿的框架，不是一种新的作品表现形式，而是对原作品的合成制作。原告只是付出了一定的劳务，可获得劳务报酬。

我国《著作权法》第11条第4款规定，如无相反证明，在作品上署名的公民、法人或者其他组织为作者。这里的署名包括各种惯常的署名方式。推定署名者为作者，意味着只有署名者可以行使与该作品相关的著作权。这也有利于维护作品传播者或使用者的利益，只要查明作品的署名与权利行使者保持一致，利用作品的一方即可主张已经尽到合理的注意义务。

在著作权原始主体不能确定时，可以根据作品署名或占有原件的事实，在没有相反证据的情形下，直接推定署名者或者原件持有者为作者，享有著作权。我国《著作权法实施条例》第13条规定："作者身份不明的作品，由作品原件的所有人行使除署名权以外的著作权。作者身份确定后，由作者或者其继承人行使著作权。"

当确认作者出现争议时，需要由当事人提供证明作者身份的证据。根据《最高人民法院关于审理著作权民事纠纷案件适用法律若干问题的解释》第7条第1款规定，当事人提供的涉及著作权的底稿、原件、合法出版物、著作权登记证书、认证机构出具的证明、取得权利的合同等，可以作为证据。

三、特殊作品的著作权归属

著作权主体的归属依一定的身份、法律的直接规定和双方协议而确定。其中，作者成为著作权主体，主要是依据其创作者主体身份。在合作作品、委托作品、电影类作品、职务作品等情形下依照法律规定直接确定著作权主体。在委托作品中往往出现依据协议确定著作权归属。此外，演绎作品、汇编作品以及美术作品、自传体作品等在确认著作权主体归属时也存在一些特殊情况。

1. 演绎作品的著作权归演绎作者享有

改编、翻译、注释、整理已有作品而产生的作品。演绎作品的创作者为著作权主体。演绎作品著作权人只能对其演绎之作品享有著作权，对被演绎之作品不享有任何权利。因此，演绎作品著作权人不仅要尊重被演绎作品著作权人的权利，而且不得无故阻止他人对同一作品进行同样的演绎。

2. 演绎作品的著作权归合作作者

合作作品也称为共同作品，是指两个或两个以上的自然人、法人或其他组织共同创作完成的作品。合作作品的创作者称为合作作者，没有参加创作的人，不能成为合作作者。合作作品的著作权由合作作者共同享有。因此，合作作品的创作者是其著作权主体。但是，合作作品可以分割使用的，作者对各自创作的部分可以单独享有著作权。

3. 汇编作品著作权由汇编人享有

汇编若干作品、作品的片段或者不构成作品的数据或者其他材料，对其内容的选择或者编排体现独创性的作品，为汇编作品。如无特殊情况，汇编人就是汇编作品的著作权主体。汇编人行使其汇编作品著作权时，仅能及于自己具有独创性的汇编作品本身，不能及于被汇编的资料。换言之，汇编人无权禁止他人对相同的资料进行汇编，在行使其著作权时也不得侵犯被汇编资料之著作权。

4. 电影作品的著作权归属于制片者

电影作品和以类似摄制电影的方法创作的作品的著作权由制片者享有，但编剧、导演、摄影、作词、作曲等作者享有署名权，并有权按照与制片者签订的合同获得报酬。电影作品和以类似摄制电影的方法创作的作品中的剧本、音乐等可以单独使用的作品的作者有权单独行使其著作权。

5. 汇编作品著作权归属存在两种不同的情况

职务作品也被称为雇佣作品，是指自然人为完成法人或者其他组织工作任务所创作的作品。它包括普通职务作品和特殊职务作品两种。特殊职务作品是指主要是利用法人或者其他组织的物质技术条件创作，并由法人或者其他组织承担责任的工程设计图、产品设计图、地图、计算机软件等职务作品，以及法律、行政法规规定或者合同约定著作权由法人或者其他组织享有的职务作品。普通职务作品是指除特殊职务作品以外的其他职务作品。普通职务作品的著作权由作者享有，但法人或者其他组织有权在其业务范围内优先使用。作品完成两年内，未经单位同意，作者不得许可第三人以与单位使用的相同方式使用该作品。特殊职务作品的作者享有署名权，著作权的其他权利由法人或者其他组织享有，法人或者其他组织可以给予作者奖励。

6. 委托作品的著作权归属依照约定或者法定确立

委托作品是受托人根据与委托人订立合同，根据委托人的要求为其创作的作品。受委托创作的作品，著作权的归属由委托人和受托人通过合同约定。合同未作明确约定或者没有订立合同的，著作权属于受托人。当委托作品著作权属于受托人时，委托人在约定适用范围内享有使用作品的权利；双方没有约定使用作品范围的，委托人可以在委托创作的特定目的范围内免费使用该作品。

7. 美术作品的权利主体归属具有一定的特殊性

美术作品等作品原件所有权转移，著作权仍为原来创作作品的作者享有。这是著作权法上的一项基本原理。因为所有的作品载体所有权的转移，都不会导致著作权的转移。但是，比较特殊的是，美术作品原件的展览权由原件所有人享有。

四、著作权的继受主体

继受主体是指通过受让、继承、受赠或法律规定的其他方式取得全部或一部分著作权的人。

（一）因继承、遗赠、遗赠抚养协议取得著作权

《著作权法》第19条规定："著作权属于公民的，公民死亡后，其本法第10条第1款第（5）项至第（17）项规定的权利在本法规定的保护期内，依照继承法的规定转移。著作权属于法人或者其他组织的，法人或者其他组织变更、终止后，其本法第10条第1款第（5）项至第（17）项规定的权利在本法规定的保护期内，由承受其权利义务的法人或者其他组织享有；没有承受其权利义务的法人或者其他组织的，由国家享有。"《著作权法实施条例》第15条规定："作者死亡后，其著作权中的署名权、修改权和保护作品完整权由作者的继承人或者受遗赠人保护。著作权无人继承又无人受遗赠的，其署名权、修改权和保护作品完整权由著作权行政管理部门保护。"

例如，《我的前半生》是末代皇帝溥仪的自传，2007年，群众出版社以该书没有著作权继承人、著作权人去世时也没有遗嘱为由向西城区人民法院申请确认该书为无主财产。8月22日，曾在20世纪60年代出版发行了《我的前半生》的群众出版社作为申请人，申请法院认定该书为无主财产。出版社称，1967年溥仪去世，该书的著作权由溥仪的夫人李淑贤女士继承。1997年，李淑贤去世，而她无儿无女，也没有其他继承人，去世时也没有遗嘱。西城区人民法院受理申请后，依法进行了审查核实。2007年9月25日，依照特别程序规定，对上述财产在《人民法院报》发出"财产认领公告"。公告写明，自公告之日起1年内如果无人认领，法院将依法判决。就在一年公告期将至之际，2008年8月22日，一位自称是溥仪侄女的金女士到西城区人民法院申请认领《我的前半生》版权。金女士称，溥仪夫人李淑贤晚年的日常生活全由她和丈夫照料，当看到法院发布的版权认领公告后，金女士想起李淑贤女士临终前曾交给她一份委托书，内容

是希望将《我的前半生》版权拍卖，所得款项用于处理李淑贤和溥仪的身后事务。对于认领后如何处理《我的前半生》一书，金女士说，她认领版权后，将按照李淑贤女士遗愿处理版权，办理李淑贤和溥仪的有关事务。法律规定，在财产认领公告期内，有人对财产提出请求，当事人可以另行起诉，同时，此案特别程序依法终结。西城区人民法院依法裁定该无主财产案终结审理。

（二）因合同而取得著作权

包括两种情形：第一种情形是指依委托合同取得著作权。这种情形下委托人既可以取得著作财产权，又可以取得著作人身权。第二种情形是指著作权的转让和许可使用。这时一般只发生全部或部分著作财产权的移转。

著作权转让是著作权人将其作品使用权的一部分或者全部在法定有效期内转移给他人的法律行为。仅限于著作财产权的转让。著作权许可使用是指著作权人将自己的作品以一定的方式，在一定的地域和期限内许可他人使用的行为。著作权的转让，是指著作权人将其著作权中的财产权部分或全部出让给他人的一种法律行为。通过转让，受让人成为部分或全部著作权的继受主体，转让人则丧失了所转让的著作财产权。我国《著作权法》规定了著作权转让制度。该法第10条第3款规定，著作权人可以全部或者部分转让著作权人享有的财产权，并按照约定或者法律规定获得报酬。

著作权许可是权利人利用著作权并获得经济利益的基本形式。除法律另有规定外，使用受著作权保护的作品应该取得著作权人的许可，否则就构成侵犯著作权的行为。著作权许可又称为著作权许可使用，它是指著作权人授权他人在一定的地域和期限内以一定的方式使用，进而获得相应经济利益的法律行为。根据著作权许可使用的权利性质之不同，可以将其划分为专有许可和非专有许可两种。前者是指被许可人获得在合同约定期间和地域范围对作品享有排他的使用权；后者是指被许可人在合同约定的时间和地域范围内对作品享有使用权，但无权阻止著作权人自己或者授权他人以相同的方式使用该作品。在专有许可中，如果著作权人在内的一切第三者都不能在许可范围内使用作品的，称为独占许可；如果著作权人可以在该范围内使用，但是其他人不能使用时，称为独家许可。

第三节｜著作权的内容、取得和期限

　　企业创作的作品获得著作权后，可以形成相应的控制力，不仅可以自己合法使用，获得精神利益和财产利益，而且能够禁止其他人未经许可的使用。这是企业强化著作权保护的基本动因。从法律内容上看，著作权包括人身权和财产权两种。对于企业而言，作品使用方式非常丰富，甚至在不同类型作品上因使用作品而能够带来的利益也不完全相同。例如，对于小说类文字作品，一般人最先想到的利用方式自然是将作品交由出版社出版，通过复制、发行获得经济利益。除此之外，还可以授权他人将小说改编成戏剧或电影，从而获得一定的收益。

一、著作权的内容

　　著作权，是指自然人、法人或者其他组织对文学、艺术和科学作品依法享有的财产权利与精神权利的总和。著作权是控制一定行为并获得利益的权利。在具体的内容上包括著作权人身权和著作权财产权两种。

（一）著作人身权

　　著作人身权，也称精神权利，是著作权原始主体，尤其是作品的创作者，依法享有的与其人身不可分离的非财产性权利。著作人身权具有以下特点：（1）不可让与性。著作人身权专属于作者，视为作者的法人或其他组织也享有著作人身权，通常不得转让、继承和放弃。（2）永久性。著作人身权一旦形成，大部分情形下永久存在，即使作者死亡以后，著作人身权也不会消灭。（3）身份性。著作人身权依附于创作者，基于作品的存在而存在，如影随形。我国法律规定著作权人身权主要包括以下四种。

1. 发表权

即决定作品是否公之于众的权利。发表权的核心是发表，它包括两个要素：有将作品公之于众的行为；将作品以某种方式公开，并为公众知晓。《最高人民法院关于审理著作权民事纠纷案件适用法律若干问题的解释》第9条规定：著作权法第10条第（1）项规定的"公之于众"，是指著作权人自行或者经著作权人许可将作品向不特定的人公开，但不以公众知晓为构成条件。

2. 署名权

即表明作者身份，在作品上署名的权利。传统著作权法的理论认为，作者以外的任何人都无权享有署名权，因为署名权实际上是一种作者资格权。署名权属著作权人的人身权利范畴，其权利不能转让、抵押、继承、赠与。著作权人在自己创作的作品上的署名可以是真名，也可以是笔名、艺名，还可以是假名、化名，甚至可以不署名。按照我国《著作权法》第48条的规定，"制作、出售假冒他人署名的作品"为著作权侵权行为。所以，在我国立法上，假冒他人的姓名发表自己的作品，已经构成对署名权的侵害。

例如，被告欲拍卖署名吴某的载有"炮打司令部"字样的《毛泽东肖像》画一幅，估价为30万~35万港元。1993年10月中旬，吴某得知此消息后，表示自己从未画过《毛泽东肖像》并向有关部门反映了此情况。但被告执意进行拍卖。1993年11月22日，吴某向上海市中级人民法院民庭提起侵害姓名权、名誉权之诉，未获支持。1994年7月6日，吴某向上海市中级人民法院知识产权庭提起侵害著作权之诉。法院经过审理后认为，《毛泽东肖像》系假冒吴某署名的伪作，判决两被告侵犯了吴某的著作权。

合作作品的署名权属于每个合作作者，合作作者有权共同决定署名方式和顺序。《最高人民法院关于审理著作权民事纠纷案件适用法律若干问题的解释》第11条规定，因作品署名顺序发生的纠纷，人民法院按照下列原则处理：有约定的按约定确定署名顺序；没有约定的，可以按照创作作品付出的劳动、作品排列、作者姓氏笔画等确定署名顺序。这表明，如果合作作者没有按照商定的顺序署名，也会构成对署名权的侵犯。此外，如果合作作者将合作作品以个人名义发表，则是侵害他人署名权的行为。

在某些特定情形使用他人作品时可以不署名。《著作权法实施条例》第19条规定："使用他人作品的，应当指明作者姓名、作品名称；但是，当事人另有约定或者由于作品使用方式的特性无法指明的除外。"

3. 修改权

即修改或者授权他人修改作品的权利。与其他著作权内容表述不同，修改权只是从行为的积极方面来表述该种权能的基本特质，该行为的消极特征，亦即禁止未经许可的修改，则由保护作品完整权进行规定。修改权也可以经作者授权他人行使或法律规定由他人行使。《著作权法》第34条规定，图书出版者经作者许可，可以对作品修改、删节。报社、期刊社可以对作品作文字性修改、删节。对内容的修改，应当经作者许可。《著作权法实施条例》第10条规定："著作权人许可他人将其作品摄制成电影作品和以类似摄制电影的方法创作的作品的，视为已同意对其作品进行必要的改动，但是这种改动不得歪曲篡改原作品。"

4. 保护作品完整权

即保护作品不受歪曲、篡改的权利。歪曲系故意改变事物的真相或内容，在著作权法上表现为对作品主题、情节、人物形象等的故意改变；篡改是指用作伪的手段对作品进行改动或曲解。

（二）著作财产权

著作财产权，是指著作权人依法享有的自己利用或者许可他人利用其作品并获得报酬的权利。包括：复制权、发行权、出租权、展览权、表演权、放映权、广播权、信息网络传播权、摄制权、改编权、翻译权、汇编权和其他法律赋予的权利。此外，著作权人可以将著作财产权转让和许可给他人。

1. 复制权

根据我国《著作权法》的规定，复制权是指以印刷、复印、拓印、录音、录像、翻版等方式将作品制成一份或者多份的权利。传统上看，复制权是著作财产权中最基本的权能。我国《著作权法》非封闭式列举了复制的基本途径：印刷、复印、拓印、录音、录像、翻录、翻拍等方式。其主要包括三种类型：第一种是以手抄、拓印、雕刻等方式完成的手工复制；第二种是以印刷、录制、照相、复印等方式完成的机械复制；第三种是数字环境下的复制行为。包括将作品以各种形式固定在芯片、光盘、硬盘等媒介，下载到计算机等。

2. 发行权

根据我国《著作权法》的规定，发行权是指以出售或者赠与方式向公众提供作品的原件或者复制件的权利。著作权法意义上的发行是"公开发行"，它是面向不特定的公众提供作品或者复制件的行为。如果是非公开地提供作品原件或复制件，则不构成发行行为。例如，在校园里散发作品复制件的行为，属于公开发行，但是将作品复制件赠送给同寝室好友的行为，因不具有公开性而不属于发行权控制。发行权的权利穷竭，也称为发行权一次用尽或首次销售原则，是指当作品原件或复制件经过著作权人同意永久性进入市场后，著作权人无权再控制作品的销售或者赠与。也就是说，作品载体的首次销售或赠与由著作权人控制，二次销售不能由著作权人控制。

3. 出租权

据我国《著作权法》的规定，出租权是指著作权人有偿许可他人临时使用电影作品和以类似摄制电影的方法创作的作品、计算机软件的权利。如果出租的计算机程序本身不是出租的主要标的，则不能受到出租权的控制。例如，出租的计算机软件依附于硬件，出租人提供的是该硬件，承租人所要获取的也是该硬件，这时即使硬件中包含计算机程序，也不必征得权利人同意。

4. 表演权

根据我国《著作权法》规定，表演权即公开表演作品，以及用各种手段公开播送作品表演的权利。我国立法上的表演权主要控制三种行为：（1）公开朗诵或公开口述。即以言辞或扩音器或其他器材向公众现场传达作品的内容。它主要针对文字类作品进行表演。也就是说，如果将音乐作品的词曲分开，单纯朗诵其歌词，也属于对文字作品的表演。（2）现场表演。是指以演技、舞蹈、歌唱、弹奏乐器或扩音器或其他器材向公众现场传送作品的内容。从通常意义上讲，表演权首要控制的正是对音乐作品、戏剧作品的现场表演行为。（3）机械表演。是指以物质载体的形式，借助放映机、录音机、录像机等技术设备，向公众传播被记录下来的文字、声音、图像。它可以打破时间、地域的限制，再现表演。在此语境下，借助机械设备播放音乐作品、文字作品属于机械表演行为。

5. 广播权

根据我国《著作权法》的规定，广播权是指以无线方式公开广播或者传播作品，以有线传播或者转播的方式向公众传播广播的作品，以及通过扩音器或者其他传送符号、声音或者图像的类似工具向公众传播广播作品的权利。根据广播技术的不同，涵盖以下三个方面：（1）以无线方式广播作品的权利。（2）以有线传播或者转播的方式向公众传播广播作品的权利。（3）通过扩音器或者其他传送信号、声音、图像的类似工具向公众传播广播作品的权利。可见，广播权所能控制的行为并不限于无线广播，还包括有线广播和其他形式的广播。值得注意的是，限于缔约时的技术环境，《伯尔尼公约》规定的有线广播的范围非常狭窄，只包括以有线传播或转播广播作品的情况，直接进行的有线广播并不在此限。

6. 展览权

根据我国《著作权法》的规定，展览权是指公开陈列作品的原件或者复制件的权利。展览权的对象可以是作品原件或复制件。

7. 放映权

根据我国《著作权法》的规定，放映权是指通过放映机、幻灯机等技术设备公开再现美术、摄影、电影和以类似摄制电影的方法创作的作品的权利。它控制公开上映行为，亦即以单一或多数视听机或其他传送影像的方法在同一时间向现场或现场之外一定场所传达作品的内容。

8. 信息网络传播权

根据我国《著作权法》的规定，信息网络传播权是指以有线或者无线方式向公众提供作品使公众可在其个人选定的时间和地点获得作品的权利。这一权利是应对网络技术交互式传播的特征而新增设立。我国《著作权法》上的信息网络传播权具有以下特征：（1）著作权人享有的信息网络传播权和表演者、录音录像制作者享有的向公众提供权是同一种权利。（2）信息网络传播权是在信息网络中提供作品的权利。信息网络包括以计算机、电视机、固定电话机、移动电话机等电子设备为终端的计算机互联网、广播电视网、固定通信网、移动通信网等信息网络，以及向公众开放的局域网络。（3）信息网络传播权控制行为的本质特征是交互式传播，或者也称为按需传播。"交互性"是指通过信息网络独立接触作品不受时间的限制,公众可在任何时间、地点主动地根据需要而获得作品,这一特征从不同角度也可以称为"异地异时"获得作品或"按需传播"。

9. 改编权

改编权是改编作品,创作出具有独创性的新作品的权利。这是著作权人享有的对自己的作品进行再创作的权利。所谓改编,意指在原有作品基础上,通过改编表现形式或用途,创作出具有独创性的新作品。原作与改编作品的区别仅在于表现形式的差异,但二者的内容基本一致,同时原著的某些独创性特点会反映在改编作品中。就这个意义上讲,改编后的作品并不是全新的创作,一般消费者也能够通过阅读感受到二者之间前后相继的关联。

10. 翻译权

翻译权是指将作品从一种语言文字转换成另一种语言文字的权利。例如,阿来的《尘埃落定》是汉语言文字原版,其享有分别授权他人以英语、德语、法语、日语等语言文字进行翻译的权利。

11. 汇编权

汇编权是指将作品或者作品的片段进行选择或者编排,汇集成新作品的权利。一般来说,汇编行为带有若干"演绎"的默许,也就是汇编者在获得授权后,可以对作品进行适当的删减和处理,通过有针对性地选择来实现汇编作品的独创性。例如,汇编者挑选原作中描写人物的语句进行汇编,或者在汇编中将注释和参考文献一并删除等。

12. 摄制权

摄制权是指以摄制电影或者以类似摄制电影的方法将作品固定在一定的载体上的权利。摄制权控制的行为中,以改编行为为中心,但同时也包括复制、表演、演奏和公开演奏等。

13. 其他权利

我国《著作权法》规定了其他权利作为兜底条款。亦即著作权人享有"应当由著作权人享有的其他权利"。例如,我国《著作权法》第12条规定"改编、翻译、注释、整理"其他作品而形成的演绎作品权利归属。从体系上解释可以判定"注释权""整理权"为其他权利。

问题：本公司经营一家网吧，现在听说还要向电影著作权协会交付版权使用费，请问是否有相应的依据？

解答：有相应的依据中国电影著作权协会自获批成为著作权集体管理组织以来，即将工作重点之一瞄准了电影作品"放映权、表演权和信息网络传播权"的收费许可上。2010年7月30日至2010年8月8日，国家版权局公示《电影作品著作权集体管理使用费收取标准》。该标准规定，网吧每天使用费=电脑总量×网吧每小时收费标准×7.5%；长途汽车每辆车每年收取365~500元。这笔费用是十分巨大的，以网吧业为例，全国共有注册网吧15万家，以每天两角计算，电脑数量为100台的一间网吧每年需缴纳数千元使用费，全国网吧业能收取10亿元。如果按我国大中型营运客车保有量约100万辆计算，假如该费用能全部收取，每年可收取30亿~50亿元。电影著作权协会相关负责人曾表示，将把实收费用的10%作为管理费，剩下的90%都会直接分给会员单位权利人。对于代非会员单位权利人收取的著作权使用费，协会将会把实收费用的15%作为管理费。

二、著作权的取得方式

著作权的取得可分为原始取得和继受取得。著作权的原始取得方式包括自动取得、注册取得、经加注著作权标记三种模式。我国《著作权法》第2条规定，中国自然人、法人或者其他组织的作品，自创作完成之日起自动产生著作权，不必办理任何法律规定的手续；外国人或者无国籍人的作品，可依据其所属国或者惯常居住地国与我国共同参加的国际条约或者互惠原则等，自动取得著作权，不必办理任何法律规定的手续。可见，我国著作权的取得方式上采取自动取得原则，这与《伯尔尼公约》和TRIPs的规定相一致。

我国行政机关也鼓励进行作品自愿登记。1994年12月31日，国家版权局发布了《作品自愿登记试行办法》。各省、自治区、直辖市版权局负责本辖区的作者或其他著作权人的作品登记工作。国家版权局负责外国以及我国台湾、香港和澳门地区的作者或其他著作权人的作品登记工作。登记作品经作品登记机关核查后，由作品登记机关发给作品登记证。作品登记是对其著作权在形式上的确定，以进一步明确著作权的归属，在发生著作权纠纷时也可作为初步证据。

三、著作权的期限

（一）著作人身权的保护期限

《著作权法》第20条规定，作者的署名权、修改权、保护作品完整权的保护期不受限制。这表明：在我国，著作人身权中的署名权、修改权和保护作品完整权是永久性的权利。在著作财产权保护期限届满后，他人亦不得随意更改作品署名、擅自修改作品或破坏作品的完整性。

《著作权法》第21条规定，作品的发表权保护期与财产权相同。之所以作出这样的规定，是因为如果没有发表权的期限性，很多作品尤其是未发表作品的财产权的期限性将成为空谈。

《著作权法实施条例》第15条规定，作者死亡后，其著作权中的署名权、修改权和保护作品完整权由作者的继承人或者受遗赠人保护。著作权无人继承又无人受遗赠的，其署名权、修改权和保护作品完整权由著作权行政管理部门保护。

（二）著作财产权的保护期限

根据《著作权法》第21条和《著作权法实施条例》第18条的规定，著作财产权的保护期限有以下情形。

1. 一般作品的著作财产权保护期

（1）自然人的作品，权利的保护期为作者终生及其死亡后50年，截止于作者死亡后第50年的12月31日；如果是合作作品，截止于最后死亡的作者死亡后第50年的12月31日。

（2）法人或者其他组织的作品、著作权（署名权除外）由法人或者其他组织享有的职务作品，权利的保护期为50年，截止于作品首次发表后第50年的12月31日，但作品自创作完成后50年内未发表的，不再保护。

2. 特殊作品的著作财产权保护期

根据法律规定，下列作品的著作财产权的保护期为50年，截止于作品首次发表后第50年的12月31日，但作品自创作完成后50年内未发表的，不再受到保护：（1）电影作品和以类似摄制电影的方法创作的作品；（2）摄影作品；（3）匿名作品和假名作品的保护期。其中，匿名作品和假名作品的作者身份确定后，适用一般作品著作财产权保护期限的规定。

上述规定中，有必要特别强调死亡日期的计算方法。按照我国著作权法的规定，死后50年并不是从作者死亡之年的确切日期起算，因为这很难准确计算著作权有效期的终期。正确的做法是，不问死亡的具体日期，径行将保护期限的终期确定为第50年的12月31日。

企业常见问题解答

问题：1986年6月8日，某作者甲以假名方式将其小说首次出版。该作者1997年5月10日去世。1999年5月3日，该作者的儿子乙向社会披露了甲之身份。该作品的发表权和财产权的保护期的终止时间应计算到什么时候？

解答：根据《著作权法实施条例》第18条，假名作品的著作权保护期限，在作者身份未确定时，从发表之日起保护50年；作者身份确定后，适用一般作品著作财产权保护期限的规定。甲的身份被乙披露后，保护期限为作者生前加死后50年的12月31日。所以，甲1997年去世，保护期终期为50年后即2047年12月31日。

第四节 | 邻接权

企业在日常著作权经营活动中还经常要面对另外一个概念——邻接权。邻接权的字面意思是与著作权相邻接的权利，其实质含义是作品传播者对其在传播作品过程中所创造的智力成果依法享有的各项权利，包括出版者权、表演者权、录音录像制作者权和广播组织权。

一、邻接权的概念和特征

邻接权，又称相关权，或者与著作权相关的权利，是权利人对传播作品等信息过程中智力成果所享有的权利。我国立法中规定的邻接权有：表演者权、录音录像制作者权、广播组织者权和出版者权。邻接权人享有的权利没有著作权广泛，不同邻接权人享有的权利也不一样。例如，表演者能够享有精神权利，其他邻接权人往往无此权利。表演者和唱片者在我国可以享有向公众提供权，但是广播组织却不能享有此种权利。因此，邻接权人能够享有哪些权利，可以控制哪些具体的行为，取决于法律的直接规定。

一般情形下，邻接权的存在离不开作品，但是邻接权的保护对象并非作品。这是狭义上的著作权与邻接权的基本区别。实际上，邻接权的客体是表演、唱片和节目信号等在传播作品过程中形成的智力成果。只是由于这些智力成果独创性低，有些还是智力投资的产物，所以虽然不能得到著作权保护，却可以受到邻接权的调整。

需要指出的是，尽管邻接权保护的对象与作品之间有着密切关联，但是这并不意味着只有作品被传播过程中形成的智力成果才会产生邻接权。实际上，在法律允许的情况下，传播者对于非作品进行传播所形成的智力成果也会产生邻接权。例如，表演者表演民间文学艺术也会产生表演者权，广播组织在播放足球节目、奥运会开幕式等内容时也可以对其节目信号享有邻接权。

例如，王某的短篇小说《活在都市里》被程某改编为剧本，由甲剧团以话剧的方式演出，该话剧被乙公司录像制作成光盘发售。该事例中，王某作为短篇小说的作者，享有著作权；程某改编作品，也是作者，享有著作权；甲话剧团表演了该作品，享有表演者权；乙公司进行录像，享有音像制作者权。

二、表演者权

表演者权是表演者权利的简称，就是指表演者因表演作品而对该表演所享有的专有权利。表演者权的主体是表演者，包括演员和演出单位。我国《著作权法》第37条从人身权利及财产权利两方面对表演者的权利进行规定。

表演者人身权利包括：（1）表明表演者身份的权利。这是指向公众表明演员的姓名、演出单位的名称；（2）保护表演形象不受歪曲的权利。歪曲表演者的表演形象，会直接损害表演者的名誉、声望，还会给表演者的演出生涯造成难以弥补的损害，影响其经济收入。表演形象不同于表演者的形象。前者指被表演者所展现的形象，是著作权邻接权问题；后者指表演者自身的形象，是肖像权问题。表演者的财产权利包括：（1）许可他人从现场直播和公开传送其现场表演，并获得报酬的权利；（2）许可他人录音录像，并获得报酬的权利；（3）许可他人复制、发行录有其表演的录音录像制品并获得报酬的权利；（4）许可他人通过信息网络向公众传播其表演，并获得报酬的权利。

表演者使用作品时应该尊重著作权人的权利。根据法律规定，有以下要求：（1）表演者使用他人作品演出的，应当取得著作权人许可，并支付报酬。演出组织者组织演出的，应当由该组织者取得著作权人许可，并支付报酬；（2）表演者使用改编、翻译、注释、整理已有作品而产生的作品进行演出的，应当取得改编、翻译、注释、整理作品的著作权人和原作品的著作权人许可，并支付报酬；（3）表演者依照著作权法使用他人作品的，不得侵犯著作作者的署名权、修改权、保护作品完整权和获得报酬的权利。

表演者的人身权利没有保护的期限，具有永久性。至于表演者的财产权，则存在法定的保护期限。根据《著作权法》第39条第2款的规定，表演者财产权利的保护期为50年，截止于该表演发生后第50年的12月31日。

三、音像制作者权

音像制作者权是录音录像制作者权的简称，也就是录音录像制作者对于录音录像制品享有的专有权利。音像制作者在录音录像过程中，不仅进行技术、资金的投入，而且也能够通过智力活动改善音像效果，形成音像制品。因此，尽管音像制品本身并不是具有独创性的作品，却因为是在传播作品过程中形成的智力成果，而可以得到邻接权的保护。

根据我国《著作权法》的规定，录音录像制作者对其制作的录音录像制品，享有许可他人复制、发行、出租、通过信息网络向公众传播并获得报酬的权利。根据《著作权法》第46条规定，电视台播放他人的电影作品和以类似摄制电影的方法创作的作品、录像制品，应当取得制片者或者录像制作者许可，并支付报酬；播放他人的录像制品，还应当取得著作权人许可，并支付报酬。这表明，录像制作者比录音制作者还多享有一项权利，即广播权。

录音录像制作者使用他人作品时应该尊重著作权人的权利。根据法律规定，有以下要求：（1）录音录像制作者使用他人作品制作录音录像制品，应当取得著作权人许可，并支付报酬；（2）录音录像制作者使用改编、翻译、注释、整理已有作品而产生的作品，应当取得改编、翻译、注释、整理作品的著作权人和原作品著作权人许可，并支付报酬；（3）录音制作者使用他人已经合法录制为录音制品的音乐作品制作录音制品，可以不经著作权人许可，但应当按照规定支付报酬；著作权人声明不许使用的不得使用。

例如，作曲家甲创作了一首歌曲《雪花飘飘》，唱片公司乙经甲同意并请歌星丙演唱，将该歌和其他歌曲一起制作成DVD唱片。某酒店将合法购买的该正版DVD唱片在其咖啡厅播放。某酒店虽然是合法购买的正版DVD，但是在咖啡厅播放的行为，仍属于机械表演，受到著作权人表演权的控制。甲是著作权人，酒店未经许可对该作品的机械表演，侵犯其表演权。由于表演者和录音制作者是没有表演权的，因此唱片公司乙和歌星丙的权利并未受到侵犯。

录音录像制作者使用他人表演时应该尊重表演者的权利。根据法律的规定，录音录像制作者制作录音录像制品，应当同表演者订立合同，并支付报酬。电视台播放录像制品，应当取得录像制作者许可，并支付报酬。

录像制作者享有的是财产权，这是有保护期限限制的权利。根据我国《著作权法》的规定，录音录像制作者的权利的保护期为50年，截止于首次制作完成后第50年的12月31日。

四、广播组织者权

广播组织者权，也称为广播电台、电视台权利，是指广播组织享有的授权或禁止他人利用其广播信号的权利。我国《著作权法》第45条规定，广播电台、电视台有权禁止未经其许可的下列行为：（1）将其播放的广播、电视转播；（2）将其播放的广播、电视录制在音像载体上以及复制音像载体。

广播电台、电视台使用他人作品时应该尊重著作人的权利。根据法律规定，有以下要求：（1）广播电台、电视台播放他人未发表的作品，应当取得著作权人许可，并支付报酬；（2）广播电台、电视台播放他人已发表的作品，可以不经著作权人许可，但应当支付报酬。但是播放他人的电影作品和以类似摄制电影的方法创作的作品，应该征得权利人许可并支付报酬；（3）广播电台、电视台播放已经出版的录音制品，可以不经著作权人许可，但应当支付报酬。当事人另有约定的除外；（4）广播电台、电视台播放已经出版的录像制品，应该征得著作权人许可并支付报酬。

我国《著作权法》第45条规定，广播组织者权的保护期为50年，截止于该节目首次播放后的第50年的12月31日。

五、出版者权

出版者权，就是图书、期刊的出版社在出版作品过程中形成的创造性成果享有的权利。在我国，出版者权就是指出版者的版式设计权，也就是图书、期刊的出版社对于作品出版过程中的版式设计享有的独占性权利。版式设计是指图书、期刊等版面格

式的设计，包括字体、横排竖排、行距、格式、页边空格、标点符号、页码等。版式
设计是编辑、加工、设计的智力成果，但往往不会构成作品，所以需要由专门的邻接
权制度予以保护。出版者对其版式设计享有的版式设计权是有期限的。根据法律规定，
该权利的保护期截止于使用该版式设计的图书、期刊首次出版后第10年的12月31日。

第五节 ｜ 著作权的管理

企业在进行内部著作权管理的同时，还应该了解、接受和参与相应的外部管理。当前，企业所应该接受的最重要的著作权外部管理来自行政机关。在我国，进行著作权行政管理的部门是各级政府机构中的版权局，它一般与新闻出版广电部门合署办公。近年来，有的地方也探索建立了涵盖版权管理的综合知识产权行政管理机构。此外，著作权管理中还包括集体管理，也就是著作权人授权某些社会团体集中行使权利人的有关权利，最终实现自身利益的行为。企业可以考虑将自己的著作权授权给集体管理组织集中管理，也可以借助这些组织快速便捷地获得合法授权，减少各种交易成本。

一、著作权行政管理

著作权行政管理，是指国家著作权行政管理机关，通过行政行为，代表国家对著作权工作进行管理的行为。《著作权法》第7条规定，国务院著作权行政管理部门主管全国的著作权管理工作；各省、自治区、直辖市人民政府的著作权行政管理部门主管本行政区域的著作权管理工作。

根据有关规定，国务院著作权行政管理部门的职能有：（1）贯彻著作权法律、法规，制定与著作权行政管理有关的办法；（2）查处在全国有重大影响的著作权侵权案件；（3）批准设立著作权集体管理机构、涉外代理机构和合同纠纷仲裁机构，并监督、指导其工作；（4）负责著作权涉外管理工作；（5）负责国家享有的著作权管理工作；（6）指导地方著作权行政管理部门的工作；（7）颁发强制许可证；（8）承担国务院交办的其他著作权管理工作。

《著作权法》同时还明确各省、自治区、直辖市人民政府的著作权行政管理部门主管本行政区域的著作权管理工作。《著作权法实施条例》第37条第1款规定："有著作权法第48条所列侵权行为，同时损害社会公共利益的，由地方人民政府著作权行政管理部门负责查处。"因此，立法应该规定，县级以上地方人民政府的著作权行政管理部门主管本行政区域的著作权管理工作。具体说来，县级以上地方著作权行政管理部门的职能主要包括：（1）检查本地区内著作权法的实施情况，了解本地区著作权法实施过程中存在的问题，提出解决问题的建议，并及时向国家著作权行政管理部门反映；（2）对于发生在本地区的侵权行为进行查处；（3）接待来信、来访，并为著作权人及有关部门提供法律咨询、服务；（4）宣传、普及著作权法律知识，组织本地区内的各种宣传工作，为各行业部门举办讲座、培训，编写出版有关著作权保护的资料、刊物；（5）在人民法院需要时，为其处理著作权纠纷案件提供帮助。

二、著作权集体管理

著作权集体管理，是指著作权集体管理组织经权利人授权，集中行使权利人的有关权利并以自己的名义进行的集中管理活动，包括与使用者订立著作权或者与著作权有关的权利许可使用合同；向使用者收取使用费；向权利人转付使用费；进行涉及著作权或者与著作权有关的权利的诉讼、仲裁等。

著作权集体管理组织，是指为权利人的利益依法设立，根据权利人授权、对权利人的著作权或者与著作权有关的权利进行集体管理的社会团体。我国《著作权法》第8条规定："著作权集体管理组织是非营利性组织，其设立方式、权利义务、著作权许可使用费的收取和分配，以及对其监督和管理等由国务院另行规定。"

近年来，我国的著作权集体管理组织的制度建设和设立工作得到有序推进。为了进一步规范集体管理活动，明确著作权集体管理组织的设立和运行规则，2004年12月22日国务院第74次常务会议通过《著作权集体管理条例》，该条例自2005年3月1日起施行。截至目前，我国已经建立了五家有代表性的著作权集体管理组织，分别是：中国音乐著作权集体管理协会，中国音像著作权集体管理协会，中国文字著作权协会，中国摄影著作权协会和中国电影著作权协会。

第六节 | 著作权的保护和限制

对于企业而言，著作权的保护具有双层意义：当自身享有的权利受到侵害时，可以运用法律赋予的各种救济途径实现法律规定的利益；当发生侵犯其他民事主体的著作权时，企业将面临民事、行政乃至刑事上的处罚。同样道理，著作权的限制既是著作权控制行为的例外领域，进而构成企业免除相应法律责任的抗辩形式，也是企业避免滥用诉权，浪费各种社会资源的制度依据。

一、著作权侵权行为及其法律责任

（一）著作权侵权行为

著作权侵权行为，是指侵犯著作权或者邻接权的行为。具而言之，著作权侵权行为，是指未经著作权人或者相关权人许可，擅自实施其权利，使用其作品，依法应当承担法律责任的行为。著作权侵权行为是民事侵权行为之一，与一般民事侵权行为的构成要素基本相同，即（1）行为的违法性；（2）行为人具有主观过错；（3）行为人的行为给著作权人或者相关权人造成了损害；（4）行为人的过错与权利人的损害之间存在因果关系。但是，与一般民事侵权行为相比，它又有自己的特征。表现在以下方面：（1）被侵害的对象是著作权或者相关权；（2）被侵害的权利受著作权法保护，即权利已经产生，受我国《著作权法》保护，且尚未超过保护期，不属于著作权限制的情形。

从理论上看，著作权侵权行为可划分为直接侵权行为和间接侵权行为两种类型。直接侵权是指他人未经著作权人的许可，直接实施著作权人所享有的专有权利，进而直接利用了相关作品的行为。我国《著作权法》以及相应行政法规所列举的侵犯著作权的行为，无论是普通侵权行为还是严重侵权行为，均是从直接侵权的角度进行梳理和分类。实际上，著作权直接侵权行为与著作权的内容紧密联系在一起，因此可根据权利内容的构成进行分类。就此而言，著作权直接侵权行为包括侵犯著作权、出版者权、表演者权、录音录像制作者权和广播电视组织者权等类型；侵犯著作权又可分为侵犯著作人身权和侵犯著作财产权两类；依据我国《著作权法》，侵犯著作财产权又可细分为侵犯复制权、发行权、出租权、展览权、表演权、放映权、广播权、信息网络传播权、摄制权、改编权、翻译权、汇编权等。例如，甲网站未经许可，将乙撰写的论文进行了上传，此时，由于乙享有信息网络传播权，在无合理使用和法定许可等抗辩理由存在时，甲的行为就侵犯了乙的信息网络传播权。因此，即便立法没有具体列举著作权直接侵权行为，也可以从著作权的内容上推演出其具体类别。

著作权间接侵权是指即使行为人并未直接实施受专有权利控制的行为，如果其行为与他人的直接侵权行为之间存在特定关系，也可基于公共政策原因而被法律认定为侵权行为。包括：教唆和引诱他人侵权及故意帮助他人侵权；直接侵权的预备行为和扩大侵权后果的行为；网络服务提供者的间接侵权行为。

（二）著作权的保护方式

著作权侵权行为发生后，著作权人或者相关权人可以通过协商解决，也可以通过调解解决，还可以通过仲裁解决。在具体的解决手段上看，典型的著作权公力救济形式包括民事保护、行政保护和刑事保护三种方式。

民事保护是著作权被侵害后到法院起诉，追究侵权人民事责任的制度。民事责任的形式主要有停止侵权和赔偿损失，还包括赔礼道歉、消除影响等。赔偿损失是最常见的民事责任形式，它是指责令侵权行为人以自己的财产弥补受害人因其侵权行为而造成的损失。《著作权法》第49条规定，侵犯著作权或者与著作权有关的权利的，侵权人应当按照权利人的实际损失给予赔偿；实际损失难以计算的，可以按照侵权人的违法所得给予赔偿。赔偿数额还应当包括权利人为制止侵权行为所支付的合理开支。权利人的实际损失或者侵权人的违法所得不能确定的，由人民法院根据侵权行为的情节，判决给予50万元以下的赔偿。

民事制裁是指人民法院依法对违反民事法律应负民事责任的行为人所处的制裁、

处罚措施，包括训诫、责令其悔过、收缴进行非法活动的财物和非法所得、罚款和拘留等。《著作权法》第52条规定，人民法院审理案件，对于侵犯著作权或者与著作权有关的权利的，可以没收违法所得、侵权复制品以及进行违法活动的财物。《民法通则》第134条第3款还允许施加罚款。可见，人民法院在审理著作权民事案件中，除了根据当事人的请求追究行为人的民事责任外，还可以对侵权人施加民事制裁，民事制裁的手段包括没收和罚款等。如果著作权行政管理部门对相同的侵权行为已经给予行政处罚的，人民法院不再予以民事制裁。

行政保护可由行政机关依照职权主动追究，也可在权利人报案后采取行政执法措施。主要的行政责任形式有没收和罚款。根据《著作权法》第48条规定，著作权行政管理机关可视其情节，责令停止侵权行为，对于严重的著作权侵权行为分别给予没收违法所得，没收、销毁侵权复制品，处以罚款及没收主要用于制作侵权复制品的材料、工具、设备等。著作权行政管理部门可以处非法经营额3倍以下的罚款；非法经营额难以计算的，可以处10万元以下的罚款。《著作权法实施条例》第36条规定，有著作权法第48条所列侵权行为，同时损害社会公共利益的，著作权行政管理部门可以处非法经营额3倍以下的罚款；非法经营额难以计算的，可以处10万元以下的罚款。2013年1月16日国务院第231次常务会议通过对《著作权法实施条例》的修改决定。将"可以处10万元以下的罚款"修改为"非法经营额5万元以上的，可处非法经营额1倍以上5倍以下的罚款；没有非法经营额或者非法经营额5万元以下的，根据情节轻重，可处25万元以下的罚款"。2009年4月21日，国家版权局通过《著作权行政处罚实施办法》，就著作权行政处罚类型、管辖和适用、处罚程序、执行程序等进行了详细规定。

刑事保护是由公安机关侦查、人民检察院起诉、人民法院予以判决，追究严重违法行为者刑事责任的措施。责任形式主要有拘役、有期徒刑和罚金。《刑法》第217条规定，以营利为目的，有下列侵犯著作权情形之一，违法所得数额较大或者有其他严重情节的，处3年以下有期徒刑或者拘役，并处或者单处罚金；违法所得数额巨大或者有其他特别严重情节的，处3年以上7年以下有期徒刑，并处罚金：（1）未经著作权人许可，复制发行其文字作品、音乐、电影、电视、录像作品、计算机软件及其他作品的；（2）出版他人享有专有出版权的图书的；（3）未经录音录像制作者许可，复制发行其制作的录音录像的;（4）制作、出售假冒他人署名的美术作品的。《最高人民法院、最高人民检察院关于办理侵犯知识产权刑事案件具体应用法律若干问题的解释》第11条第3款规定，通过信息网络向公众传播他人文字作品、音乐、电影、电视、录像作品、计算机软件及其他作品的行为，应当视为刑法第217条规定的"复制发行"。我国《刑法》第218条规定，以营利为目的，销售明知是本法第217条规定的侵权复制品，违法所得数额巨大的，处3年以下有期徒刑或者拘役，并处或者单处罚金。

此外，为了加强对著作权的法律保护，我国《著作权法》专门规定了诉前停止侵权行为、诉前证据保全和诉前财产保全等三种执法措施。当权利人有证据证明他人正在实施或者即将实施侵犯其权利的行为，如不及时制止将会使其合法权益受到难以弥补的损害的，可以在起诉前向人民法院申请采取责令停止有关行为的措施。为制止侵权行为，在证据可能灭失或者以后难以取得的情况下，权利人可以在起诉前向人民法院申请保全证据。人民法院在接受申请后，必须在48小时内作出裁定。裁定采取保全措施的，应当立即开始执行。人民法院可以责令申请人提供担保，申请人不提供担保的，驳回申请。申请人在人民法院采取措施后15日内不起诉的，人民法院应当解除保全措施。当权利人有证据证明他人正在实施或者即将实施侵犯其权利的行为，如不及时制止将会使其合法权益受到难以弥补的损害的，可以在起诉前向人民法院申请采取财产保全的措施。

二、著作权的限制

著作权限制，就是法律规定自然人、法人或者其他组织可以不经著作权人许可，使用其版权作品且不构成侵权的制度。我国法律上的著作权限制途径主要包括合理使用和法定许可两种情况。

（一）合理使用

合理使用，是指自然人、法人或者其他组织，根据法律规定，可以不经著作权人许可而使用其版权作品，也不必支付报酬的制度。关于合理使用的条件有"因素主义"立法体例和"规则主义"立法体例两种。"因素主义"立法体例以美国的"合理使用"

为代表，是指法律对是否构成著作权合理使用只作原则性的规定，把合理使用的构成概括为若干要素，如使用的目的、性质等，符合要素规定的条件就构成合理使用。[1]"规则主义"立法体例在大陆法和欧洲国家得到采用，它建立在对合法行为具体规则的详尽列举基础上。在现代信息技术的冲击和著作权保护国际化的双重影响下，两种立法体例正走向融合，其基本的趋势就是在规定"因素"条款之后再列举合理使用的具体规则。

我国《著作权法》采取规则主义，共列举了12种合理使用情形，具体包括：（1）为个人学习、研究或者欣赏，使用他人已经发表的作品；（2）为介绍、评论某一作品或者说明某一问题，在作品中适当引用他人已经发表的作品；（3）为报道时事新闻，在报纸、期刊、广播电台、电视台等媒体中不可避免地再现或者引用已经发表的作品；（4）报纸、期刊、广播电台、电视台等媒体刊登或者播放其他报纸、期刊、广播电台、电视台等媒体已经发表的关于政治、经济、宗教问题的时事性文章，但作者声明不许刊登、播放的除外；（5）报纸、期刊、广播电台、电视台等媒体刊登或者播放在公众集会上发表的讲话，但作者声明不许刊登、播放的除外；（6）为学校课堂教学或者科学研究，翻译或者少量复制已经发表的作品，供教学或者科研人员使用，但不得出版发行；（7）国家机关为执行公务在合理范围内使用已经发表的作品；（8）图书馆、档案馆、纪念馆、博物馆、美术馆等为陈列或者保存版本的需要，复制本馆收藏的作品；（9）免费表演已经发表的作品，该表演未向公众收取费用，也未向表演者支付报酬；（10）对设置或者陈列在室外公共场所的艺术作品进行临摹、绘画、摄影、录像；（11）将中国公民、法人或者其他组织已经发表的以汉语言文字创作的作品翻译成少数民族语言文字作品在国内出版发行；（12）将已经发表的作品改成盲文出版。上述规定适用于对出版者、表演者、录音录像制作者、广播电台、电视台的权利的限制。

《信息网络传播权保护条例》第6条规定，通过信息网络提供他人作品，属于下列情形的，可以不经著作权人许可，不向其支付报酬：（1）为介绍、评论某一作品或者说明某一问题，在向公众提供的作品中适当引用已经发表的作品；（2）为报道时事新

---

[1] 于玉：《著作权合理使用制度研究》，知识产权出版社2012年版，第78页。

闻，在向公众提供的作品中不可避免地再现或者引用已经发表的作品；（3）为学校课堂教学或者科学研究，向少数教学、科研人员提供少量已经发表的作品；（4）国家机关为执行公务，在合理范围内向公众提供已经发表的作品；（5）将中国公民、法人或者其他组织已经发表的、以汉语言文字创作的作品翻译成的少数民族语言文字作品，向中国境内少数民族提供；（6）不以营利为目的，以盲人能够感知的独特方式向盲人提供已经发表的文字作品；（7）向公众提供在信息网络上已经发表的关于政治、经济问题的时事性文章；（8）向公众提供在公众集会上发表的讲话。

例如，作家汪某将其代表作之一小说《受戒》的电影、电视剧改编权、拍摄权转让给原告北京北影录音录像公司，被告北京电影学院的学生吴某为完成改编课程作业，将小说《受戒》改编成电影剧本，被告北京电影学院选定将该剧本用于学生毕业作品的拍摄，并投资5万元，组织该院的毕业生联合摄制了电影《受戒》。该片完成后，曾在北京电影学院小剧场放映一次，用于教学观摩，观看者为该校师生。此后，被告北京电影学院组团携《受戒》等片参加法国国际学生电影节，在电影节期间该片被放映两次，电影节组委会对外公开出售少量门票，观众系参加电影节的各国学生、教师，也有当地公民。法院认为，原告根据作者的授权拥有小说《受戒》的电影、电视剧改编权、拍摄权，吴某为完成改编课程作业将小说《受戒》改编成电影剧本，其改编行为虽未经原作品著作权人同意，但其改编目的是为个人学习之用，构成对他人已发表作品的合理使用。被告北京电影学院为教学之需将该剧本拍摄成电影，在校园内为教学观摩放映，也属于学校课堂教学中的使用，应该属于合理使用。但是后来将该片送到国外参展并使之进入公有领域的行为，超出了合理使用的范围，侵犯了作者的著作权，应承担相应的法律责任。

（二）著作权的法定许可

法定许可使用，是指特定的自然人、法人或者其他组织根据法律规定，可以不经著作权人许可而使用其版权作品，但应当按照规定支付报酬的制度。我国《著作权法》规定的合理使用情形主要包括：（1）作品刊登后，除著作权人声明不得转载、摘编的外，其他报刊可以转载或者作为文摘、资料刊登；（2）录音制作者使用他人已经合法录制为录音制品的音乐作品制作录音制品；（3）广播电台、电视台播放已经发表的作品（不包括电影类作品）和已经出版的录音制品（不包括录像制品）；（4）为实施9年制义务教育和国家教育规划而编写出版教科书，或者远程教育机构通过信息网络向注册学生提供使用有关作品制作的课件。

企业常见问题解答

问题：本企业为制作一部宣传改革开放30周年的短片，决定使用20世纪80年代广为传唱的某首歌曲。为取得授权，与唱片公司谈了很久，实在是对方要价太高了，无法取得授权，怎么办呢？

解答：如果该企业是制作录音制品，此时可以适用法定许可，无须该歌曲作者和唱片公司的授权，但需要支付报酬。在企业制作其他视频时，则属于授权许可的范畴。在我国未规定为了文化教育宣传目的可以针对本国作品进行复制权强制许可的情形下，企业并无其他良法解决自己的困境。

三、网络环境下的著作权保护

现代信息技术影响最深远的知识产权制度，当推著作权法。数字和网络技术的发展，深刻影响着著作权的保护方式。网络著作权保护模式包括两种：一种是融入式，将网络著作权融入已有的制度框架中。例如，针对网络环境，调整著作权的内容和限制机制。另一种是创新式，针对网络环境的特点，建立全新的制度框架。典型的代表是为技术措施和权利管理电子信息提供著作权保护，以及建立网络服务提供者侵犯著作权的责任机制。

（一）技术措施的著作权保护

技术措施也称为技术保护措施，是指权利人为防止、限制其作品、表演、录音录像制品或者广播电视节目被复制、浏览、欣赏或者通过信息网络传播而采取的有效技术、装置或者部件。

技术措施保护的内容就是通过著作权法禁止规避技术措施的行为以及禁止提供规

避技术措施设备、服务以达到最终保护权利人利益的具体规范。不同的立法例在技术措施保护的内容上存在一些差异：有的立法既禁止直接规避技术措施的行为，也禁止为规避技术措施提供设备和服务的间接规避行为；有的立法则只是禁止间接规避行为。我国《信息网络传播权保护条例》既禁止直接规避行为，也禁止间接规避行为，为技术措施提供了较为完整和全面的保护。我国《信息网络传播权保护条例》第4条规定，任何组织或者个人不得故意避开或者破坏技术措施，任何组织或者个人不得故意制造、进口或者向公众提供主要用于避开或者破坏技术措施的装置或者部件，不得故意为他人避开或者破坏技术措施提供技术服务。故意避开或者破坏技术措施的，应承担民事责任；同时损害公共利益的，可处以罚款；情节严重的，著作权行政管理部门可以没收主要用于提供网络服务的计算机等设备；构成犯罪的，依法追究刑事责任。故意制造、进口或者向他人提供主要用于避开、破坏技术措施的装置或者部件，为他人避开或者破坏技术措施提供技术服务的，应该由著作权行政管理部门予以警告，没收违法所得，没收主要用于避开、破坏技术措施的装置或者部件；情节严重的，可以没收主要用于提供网络服务的计算机等设备，并可处以10万元以下罚款；构成犯罪的，依法追究刑事责任。

例如，A公司开发一款游戏软件，该程序需要网络用户在下载客户端程序后共同连接到A公司的网络服务器上，互相"对打"晋级，或者互相合作比拼。现在B公司私自架设了一台服务器，也能够提供该游戏所需的连接服务，游戏玩家无需连接到A服务器，而是进入B服务器就可以进行"比拼"，产生相同的游戏效果，这就是"私服"行为。对于私自架设服务器的行为，往往可以按照非法经营行为追究责任。但同时，在"私服"过程中，违规架设的服务器必然要拷贝相应的合法程序，所以也往往会构成对复制权的侵犯。同时由于他们还在互联网上提供程序的下载，因此也侵犯信息网络传播权。"私服"得以存在的过程中，还会破解合法程序软件著作权人的技术措施，或者侵害其商业秘密，进而成为规避技术措施的行为，或者构成不正当竞争。

当然，技术措施的版权保护也不是绝对的。按照《信息网络传播权保护条例》第12条的规定，存在下列情形时，使用者可以避开技术措施，但不得向他人提供避开技术措施的技术、装置或部件：（1）为学校课堂教学或者科学研究，通过信息网络向少数教学、科研人员提供已经发表的作品、表演、录音录像制品，而该作品、表演、录音录像制品只能通过信息网络获取；（2）不以营利为目的，通过信息网络以盲人能够感知的独特方式向盲人提供已经发表的文字作品，而该作品只能通过信息网络获取；（3）国家机关依照行政、司法程序执行公务；（4）在信息网络上对计算机及其系统或者网络的安全性能进行测试。

（二）权利管理信息的著作权保护

权利管理信息是指说明作品及其作者、表演及其表演者、录音录像制品及其制作者、广播电视节目及其广播电台、电视台的信息，作品、表演、录音录像制品以及广播电视节目权利人的信息和使用条件的信息，以及表示上述信息的数字或者代码。

权利管理信息保护的内容就是通过著作权法的途径保护权利管理信息，禁止规避权利管理信息，禁止提供权利管理信息被规避后的作品、表演、录音录像制品和广播节目。《信息网络传播权保护条例》第5条规定，未经权利人许可，任何组织或者个人不得进行下列行为：（1）故意删除或者改变通过信息网络向公众提供的作品、表演、录音录像制品的权利管理电子信息，但由于技术上的原因无法避免删除或者改变的除外；（2）通过信息网络向公众提供明知或者应知未经权利人许可被删除或者改变权利管理电子信息的作品、表演、录音录像制品。该条例第18条规定，规避权利管理信息的行为，应当承担相应的法律责任。

在著作权法规定对权利管理信息提供保护的同时，也应设定相应的限制措施，以平衡权利人利益和公共利益。我国《信息网络传播权保护条例》第6条规定，由于技术上的原因无法避免删除或者改变权利管理电子信息的，可以作为例外情况，享受法律上的豁免。

四、网络服务提供者侵犯著作权的责任与豁免

网络服务提供者是指通过信息网络向公众提供信息或者获取网络信息等目的提供服务的机构。就目前的技术发展状况而言，网络服务提供者主要包括提供传输通道服务的网络服务提供者、提供系统缓存服务的网络服务提供者、提供信息存储空间服务

的网络服务提供者、提供搜索服务的网络服务提供者、提供链接服务的网络服务提供者、提供对等网络服务的网络服务提供者、网络内容提供者等。

（一）网络服务提供者侵犯著作权的责任

网络服务提供者的直接侵权责任是指网络服务提供者由于直接侵权行为而应承担的民事责任。例如，服务提供者未经著作权人同意擅自将网下报纸、杂志、文字图片上载网络，就构成直接侵权。一般来说，网络内容提供者是可以承担普通侵权责任的主体。在此种情形下，侵权者可能表现为网络出版者、数据库制作者、数字图书馆、远程教育机构、P2P服务中的用户等。至于其他服务提供者，因为并不直接复制、点播、广播和表演作品等信息，公众也并不能在该服务提供者处直接获得作品、表演和录音录像制品，因此不会构成直接侵犯著作权的法律责任。网络内容提供者承担直接侵权的损害赔偿责任应以过错为主观要件。具言之，如果网络内容提供者明知是侵权作品而在互联网上提供，或者应该知道上传的是侵权作品却未尽到审查义务时，都可以认定为具有主观过错，应该承担损害赔偿责任。

例如，百代公司享有"没有人""一个人的精彩""晴天娃娃""父亲你是安静的"等歌曲的音像制作者权，陕西电视台—陕视网www.sxtvs.com在视听频道www.sxtvs.com传播上述CD音乐作品。百代公司认为陕视网向公众提供的百代公司享有录音制作者权的曲目的在线播放服务，侵犯了自己的合法权益，提起诉讼。法院经审理认为，百代公司依法享有争讼之作品的著作权；陕西电视台未经许可，在其经营的网站上向公众提供涉案歌曲的在线播放服务，构成侵权，判决：陕西电视台赔偿百代公司损失50 000元；驳回百代公司其余诉讼请求。

网络服务提供者的间接侵权责任是指网络服务提供者就其间接侵权行为而应该承担的民事责任。此时，网络服务提供者并没有直接实施侵权行为，而是因引诱教唆行为和帮助行为等间接侵权行为而承担责任。《侵权责任法》第36条第3款规定："网络服务提供者知道网络用户利用其网络服务侵害他人民事权益，未采取必要措施的，与该网络用户承担连带责任。"《最高人民法院关于审理侵害信息网络传播权民事纠纷案件适用法律若干问题的规定》（以下简称《信息网络传播权司法解释》）第7条第1款规定："网络服务提供者在提供网络服务时教唆或者帮助网络用户实施侵害信息网络传播权行为的，人民法院应当判令其承担侵权责任。"这些均是对网络服务提供者间接侵权责任的明确规定。

具体来说，网络服务提供者承担间接侵权损害赔偿责任的构成要件有：（1）明知或应知他人利用网络服务侵害著作权；（2）实施了间接侵权行为，主要包括帮助行为、教唆行为、引诱行为等；（3）存在多个侵权人，而网络服务提供者是作为间接侵权人的身份出现。

从客观方面讲，网络服务提供者实施了间接侵权行为。主要包括帮助侵权行为、引诱侵权行为和其他间接侵权行为。帮助侵权行为是指对于他人实施的侵害传播权行为提供物质、空间、通道等服务上帮助的侵权行为。网络服务提供者实施的帮助侵权行为主要包括以下情形：（1）提供信息传播通道；（2）提供系统缓存服务；（3）提供搜索服务；（4）提供链接服务；（5）提供信息存储空间。根据相关规定，网络服务提供者明知或者应知网络用户利用网络服务侵害信息网络传播权，未采取删除、屏蔽、断开链接等必要措施，或者提供技术支持等帮助行为的，人民法院应当认定其构成帮助侵权行为。引诱教唆行为是指利用言语、广告或者采取鼓励措施开导、说服或者刺激、利诱、怂恿等方法使他人实施侵犯著作权的行为。网络服务提供者实施的引诱教唆行为主要发生于P2P服务和存储空间服务中。《信息网络传播权司法解释》网络服务提供者以言语、推介技术支持、奖励积分等方式诱导、鼓励网络用户实施侵害信息网络传播权行为的，人民法院应当认定其构成教唆侵权行为。其他间接侵权行为是指网络服务提供者与他人以分工合作等方式共同提供作品、表演、录音录像制品，构成共同侵权行为的情况。

从主观方面讲，网络服务提供者知道侵权行为的发生而未采取必要措施。此处的"知道"包括"明知"和"应知"两种。在间接侵权场合，网络服务提供者往往没有审查义务，所以网络服务提供者未对网络用户侵害信息网络传播权的行为主动进行审查的，人民法院不应据此认定其具有过错。只有在网络服务提供者接到权利人以书信、传真、电子邮件等方式提交的通知，未及时采取删除、屏蔽、断开链接等必要措施的，才应当认定其明知相关侵害信息网络传播权行为。对此，《侵权责任法》第36条第2款规定："网络用户利用网络服务实施侵权行为的，被侵权人有权通知网络服务提供者采取删除、屏蔽、断开链接等必要措施。网络服务提供者接到通知后未及时采取必要措施的，对损害的扩大部分与该网络用户承担连带责任。"

至于"应知"的判定，则尤为复杂。较好的做法是根据网络服务提供者应该承担的注意义务进行综合判定。也就是说，各行为人对损害后果是否应该具有共同的认识和预见，要根据一个合理的、谨慎的人是否应该预见和认识损害后果来加以判断。但是，不同类型的网络服务提供者在不同情况下所应该尽到的注意义务是不同的，为统一裁判标准，有必要就相应的考量因素进行司法解释。《信息网络传播权司法解释》第9条规定，人民法院应当根据网络用户侵害信息网络传播权的具体事实是否明显，综合考虑以下因素，认定网络服务提供者是否构成应知：（1）基于网络服务提供者提供服务的性质、方式及其引发侵权的可能性大小，应当具备的管理信息的能力；（2）传播的作品、表演、录音录像制品的类型、知名度及侵权信息的明显程度；（3）网络服务提供者是否主动对作品、表演、录音录像制品进行了选择、编辑、修改、推荐等；（4）网络服务提供者是否积极采取了预防侵权的合理措施；（5）网络服务提供者是否设置便捷程序接收侵权通知并及时对侵权通知作出合理的反应；（6）网络服务提供者是否针对同一网络用户的重复侵权行为采取了相应的合理措施；（7）其他相关因素。

网络服务提供者提供服务时是否营利，对于判断其注意义务会产生影响。《信息网络传播权司法解释》规定，网络服务提供者从网络用户提供的作品、表演、录音录像制品中直接获得经济利益的，人民法院应当认定其对该网络用户侵害信息网络传播权的行为负有较高的注意义务。网络服务提供者针对特定作品、表演、录音录像制品投放广告获取收益，或者获取与其传播的作品、表演、录音录像制品存在其他特定联系的经济利益，应当认定为直接获得经济利益。网络服务提供者因提供网络服务而收取一般性广告费、服务费等，不属于该情形。

网络服务提供者提供热播影视作品、设置榜单或推荐时，虽然不需要承担审查义务，但却同样需要承担更高的注意义务。《信息网络传播权司法解释》规定，网络服务提供者在提供网络服务时，对热播影视作品等以设置榜单、目录、索引、描述性段落、内容简介等方式进行推荐，且公众可以在其网页上直接以下载、浏览或者其他方式获得的，人民法院可以认定其应知网络用户侵害信息网络传播权。有下列情形之一的，人民法院可以根据案件具体情况，认定提供信息存储空间服务的网络服务提供者应知网络用户侵害信息网络传播权：（1）将热播影视作品等置于首页或者其他主要页面等能够为网络服务提供者明显感知的位置的；（2）对热播影视作品等的主题、内容主动进行选择、编辑、整理、推荐，或者为其设立专门的排行榜的；（3）其他可以明显感知相关作品、表演、录音录像制品为未经许可提供，仍未采取合理措施的情形。

例如，香港正东唱片有限公司（以下简称正东唱片公司）诉北京世纪悦博科技有限公司（以下简称世纪悦博公司）一案。被告世纪悦博公司所拥有的CHINAMP3音乐极限网站是一家颇有影响的专业音乐网站。他们通过网络搜索的方式，收集了大量有关音乐网站的信息，如地区、歌手、歌单、歌词等，并将有关信息进行选择、编排整理，提供给用户浏览使用。正东唱片公司发现，由歌星陈慧琳演唱、其享有录音制作者权的35首歌曲也可以在该网站上进行下载。自己录制的歌曲在网络上被鼠标一点即可被人下载欣赏，毫无疑问，自己的利益受到了损害。正东唱片公司将世纪悦博公司告上了法庭，要求世纪悦博公司停止侵权，并且提出了70万元的赔偿请求。经过审理，一审法院于2005年年初作出了一审判决，判决世纪悦博公司停止侵权，赔偿10万元。世纪悦博公司认为自己提供的只是链接服务，而非下载，是被链接网站侵权，自己并不需要审查链接内容的合法性，遂提起了上诉。二审法院经审理认为，世纪悦博公司设置链接的行为，为侵权录音制品的传播提供了渠道和便利，使用户得以下载侵权的录音制品，从而使被链接网站的侵权行为得以实施、扩大和延伸，因此，世纪悦博公司客观上参与、帮助了被链接网站实施侵权行为，侵害了正东唱片公司对其录音制品享有的合法权益。而且，从世纪悦博公司提供服务的方式来看，其完全有能力对链接信息的合法性进行逐条甄别，有能力注意到被链接信息的合法性。同时，该公司的音乐网站为专业性网站，其提供服务有明显的商业目的，应当负有更高的对所提供服务的合法性的注意义务，因此其主观上具有过错，所以构成了对正东唱片公司的侵权，应当承担相应的民事责任。于是，二审法院维持了一审判决。

（二）"避风港"规则和"通知—删除"程序

"避风港"规则是指网络服务提供者在保持技术中立的客观环境下，没有理由知道侵权行为发生，根据权利人通知有能力移除且及时删除了侵权信息的，免除损害赔偿责任的制度规则。"通知—删除"程序与"避风港"规则的关系，有着不同的认识。一般认为，网络服务提供者履行了"通知—删除"程序并不必然导致进入"避风港"，它必须同时具备无过错主观要件时才可免除损害赔偿责任。根据我国法律的规定，"通知—删除"程序应该遵循以下步骤和要求。

1. 通知

《信息网络传播权保护条例》第14条规定：对提供信息存储空间或者提供搜索、链接服务的网络服务提供者，权利人认为其服务所涉及的作品、表演、录音录像制品，侵犯自己的信息网络传播权或者被删除、改变了自己的权利管理电子信息的，可以向该网络服务提供者提交书面通知，要求网络服务提供者删除该作品、表演、录音录像制品，或者断开与该作品、表演、录音录像制品的链接。通知书应当包含下列内容：（1）权利人的姓名（名称）、联系方式和地址；（2）要求删除或者断开链接的侵权作品、表演、录音录像制品的名称和网络地址；（3）构成侵权的初步证明材料。权利人应当对通知书的真实性负责。

2. 对通知的处理

《信息网络传播权保护条例》第15条规定：网络服务提供者接到权利人的通知书后，应当立即删除涉嫌侵权的作品、表演、录音录像制品，或者断开与涉嫌侵权的作品、表演、录音录像制品的链接，并同时将通知书转送提供作品、表演、录音录像制品的服务对象；服务对象网络地址不明、无法转送的，应当将通知书的内容同时在信息网络上公告。《信息网络传播权司法解释》对此进行了修正，只是要求网络服务提供者"及时"采取删除、屏蔽、断开链接等必要措施。同时规定，人民法院认定网络服务提供者采取的删除、屏蔽、断开链接等必要措施是否及时，应当根据权利人提交通知的形式，通知的准确程度，采取措施的难易程度，网络服务的性质，所涉作品、表演、录音录像制品的类型、知名度、数量等因素综合判断。

3. 反通知

《信息网络传播权保护条例》第16条规定：服务对象接到网络服务提供者转送的通知书后，认为其提供的作品、表演、录音录像制品未侵犯他人权利的，可以向网络服务提供者提交书面说明，要求恢复被删除的作品、表演、录音录像制品，或者恢复与被断开的作品、表演、录音录像制品的链接。书面说明应当包含下列内容：（1）服务对象的姓名（名称）、联系方式和地址；（2）要求恢复的作品、表演、录音录像制品的名称和网络地址；（3）不构成侵权的初步证明材料。服务对象应当对书面说明的真实性负责。

4. 恢复

《信息网络传播权保护条例》第17条规定：网络服务提供者接到服务对象的书面说明后，应当立即恢复被删除的作品、表演、录音录像制品，或者可以恢复与被断开的作品、表演、录音录像制品的链接，同时将服务对象的书面说明转送权利人。权利人不得再通知网络服务提供者删除该作品、表演、录音录像制品，或者断开与该作品、表演、录音录像制品的链接。

5. 错误通知的责任

《信息网络传播权保护条例》第24条规定，因权利人的通知导致网络服务提供者错误删除作品、表演、录音录像制品，或者错误断开与作品、表演、录音录像制品的链接，给服务对象造成损失的，权利人应当承担赔偿责任。

（三）不同网络服务提供者责任豁免的条件

《信息网络传播权保护条例》针对四种网络服务提供者规定了责任豁免的具体条件。

1. 提供传输通道服务的网络服务提供者责任限制

《信息网络传播权保护条例》第20条规定：网络服务提供者根据服务对象的指令提供网络自动接入服务，或者对服务对象提供的作品、表演、录音录像制品提供自动传输服务，并具备下列条件的，不承担赔偿责任：（1）未选择并且未改变所传输的作品、表演、录音录像制品；（2）向指定的服务对象提供该作品、表演、录音录像制品，并防止指定的服务对象以外的其他人获得。

2. 提供系统缓存服务的网络服务提供者的责任限制

《信息网络传播权保护条例》第21条规定：网络服务提供者为提高网络传输效率，自动存储从其他网络服务提供者获得的作品、表演、录音录像制品，根据技术安排自动向服务对象提供，并具备下列条件的，不承担赔偿责任：（1）未改变自动存储的作品、表演、录音录像制品；（2）不影响提供作品、表演、录音录像制品的原网络服务提供者掌握服务对象获取该作品、表演、录音录像制品的情况；（3）在原网络服务提供者修改、删除或者屏蔽该作品、表演、录音录像制品时，根据技术安排自动予以修改、删除或者屏蔽。

3. 提供信息存储服务的网络服务提供者的责任限制

《信息网络传播权保护条例》第22条规定：网络服务提供者为服务对象提供信息存储空间，供服务对象通过信息网络向公众提供作品、表演、录音录像制品，并具备下列条件的，不承担赔偿责任：（1）明确标示该信息存储空间是为服务对象所提供，并公开网络服务提供者的名称、联系人、网络地址；（2）未改变服务对象所提供的作品、表演、录音录像制品；（3）不知道也没有合理的理由应当知道服务对象提供的作品、表演、录音录像制品侵权；（4）未从服务对象提供作品、表演、录音录像制品中直接获得经济利益；（5）在接到权利人的通知书后，根据规定删除权利人认为侵权的作品、表演、录音录像制品。

4. 提供搜索或者链接服务的网络服务提供者的责任限制

《信息网络传播权保护条例》第23条规定：网络服务提供者为服务对象提供搜索或者链接服务，在接到权利人的通知后，按规定断开与侵权的作品、表演、录音录像制品的链接的，不承担赔偿责任；但是，明知或者应知所链接的作品、表演、录影录像制品侵权的，应当承担共同侵权责任。

第七节 | 计算机软件的著作权保护

对于企业而言，软件是一种特殊的智力成果形式：它既是一件作品，又可能具有解决技术问题、达到技术效果的功能性特征。进入21世纪以来，随着微型计算机、个人计算机和网络技术的发展，软件已经成为信息市场上的主导产品，是从事现代信息交流的基础。随着软件用户的急剧增加和通用软件的大量上市，计算机软件的知识产权保护模式在不断变革中逐渐走向成熟和多元化。

一、计算机软件的保护条件和模式

计算机软件是指计算机程序及有关文档。计算机程序，是指为了得到某种结果而可以由计算机等具有信息处理能力的装置执行的代码化指令序列，或者可以被自动转换成代码化指令序列的符号化指令序列或者符号化语句序列。同一计算机程序的源程序和目标程序为同一作品。文档，是指用来描述程序的内容、组成、设计、功能规格、开发情况、测试结果及使用方法的文字资料和图表等，如程序设计说明书、流程图、用户手册等。

软件作为知识产品的特殊属性，决定了软件保护模式选择的困难。总体上看，计算机软件的著作权和专利权保护是最主要的途径。此外，商标法、商业秘密法、合同法、反不正当竞争法也可以用来保护计算机软件。我国1990年通过的《著作权法》明确将计算机软件作为一种作品，给予版权保护。尽管如此，我国《专利法》并未将计算机软件排除于保护之外。具而言之，对于那些符合专利条件的计算机软件，软件开发者也可以申请专利，授予专利权。如果涉及计算机程序的发明专利申请的解决方案执行计算机程序的目的是解决技术问题，在计算机上运行计算机程序从而对外部或内部对象进行控制或处理所反映的是遵循自然规律的技术手段，并且由此获得符合自然规律的技术效果，则这种解决方案属于专利保护的客体。例如，如果涉及计算机程序的发明专利申请的解决方案执行计算机程序的目的是实现一种工业过程、测量或测试过程控制，通过计算机执行一种工业过程控制程序，按照自然规律完成对该工业过程各阶段实施的一系列控制，从而获得符合自然规律的工业过程控制效果，则这种解决方案属于专利保护的客体。

企业常见问题解答

问题：选择著作权或者专利权保护本企业的计算机软件，各有什么优点和缺点？

解答：就企业软件的著作权和专利权保护而言，两者虽存在一定的区别，但各有利弊。以专利权保护计算机软件的优点主要是：计算机软件被授予专利权后，软件专利权人具有绝对的独占性，任何人不经专利权人许可，都不得以营利目的制作、销售、使用、进口和许诺销售该计算机软件，因此专利权人能尽快获得利益，收回投资成本。但其缺点也很突出，即为了获得专利权，软件开发者必须向社会公开其软件的内容，达到使他人能够制作的程度；此外，专利权保护期较著作权保护期短。以著作权保护计算机软件的优点是：软件著作权人不必向社会公开其软件内容就可依法自动产生著作权，获得保护，而且其保护期可达50年。但其缺点是：软件著作权无权禁止他人独立开发并制作、使用、销售、进口或者许诺销售相同软件，以致无法独占市场。

二、计算机软件著作权保护的内容和限制

（一）软件著作权的归属

软件著作权在确定权利归属时还存在一些特殊的情形。根据法律规定，主要包括以下情况。

1. 合作开发软件著作权的归属

合作开发的软件是相对于单独开发软件而言，是指由两个或以上的自然人、法人或其他组织合作开发的软件。合作开发者必须具有共同进行开发的合意，并且实施了共同开发软件的智力创造活动。《计算机软件保护条例》第10条规定，由两个以上的自

然人、法人或者其他组织合作开发的软件，其著作权的归属由合作开发者签订书面合同约定。无书面合同或者合同未作明确约定，合作开发的软件可以分割使用的，开发者对各自开发的部分可以单独享有著作权；但是，行使著作权时，不得扩展到合作开发的软件整体的著作权。合作开发的软件不能分割使用的，其著作权由各合作开发者共同享有，通过协商一致行使；不能协商一致，又无正当理由的，任何一方不得阻止他方行使除转让权以外的其他权利，但是所得收益应当合理分配给所有合作开发者。合作开发的软件进行著作权登记的，可以由全体著作权人协商确定一名著作权人作为代表办理。著作权人协商不一致的，任何著作权人均可在不损害其他著作权人利益的前提下申请登记，但应当注明其他著作权人。软件著作权包括人身权和财产权。人身权包括：发表权、署名权、修改权。财产权包括：复制权、发行权、出租权、信息网络传播权、翻译权和应当由软件著作权人享有的其他权利。

2. 委托开发软件著作权的归属

委托开发软件是指接受他人委托开发的软件。在法律关系上，存在委托人和受托人，受托人依据委托人的要求进行开发。这通常需要签订委托开发合同，明确双方的权利、义务和责任。《计算机软件保护条例》第11条规定，接受他人委托开发的软件，其著作权的归属由委托人与受托人签订书面合同约定；无书面合同或者合同未作明确约定的，其著作权由受托人享有。

3. 为完成国家下达任务而开发软件的归属

在一些重大项目中，国家会下达任务，要求承接单位按照国家机关的要求完成软件开发，对于该类软件的著作权归属，不宜笼统地规定由开发者或者下达任务的国家机关享有，而是可以由项目任务书或者合同约定。《计算机软件保护条例》第12条规定，由国家机关下达任务开发的软件，著作权的归属与行使由项目任务书或者合同规定；项目任务书或者合同中未作明确规定的，软件著作权由接受任务的法人或者其他组织享有。

4. 职务开发软件著作权的归属

职务开发软件是指为完成法人或者其他组织的工作任务而开发的软件。《著作权法》第16条第2款规定，主要是利用法人或者其他组织物质技术条件创作，并由法人或者其他组织承担责任的计算机软件职务作品，由作者享有署名权，著作权的其他权利由法人或者其他组织享有，法人或者其他组织可以给予作者奖励。《计算机软件保护条例》第13条规定，自然人在法人或者其他组织中任职期间所开发的软件有下列情形之一的，该软件著作权由该法人或者其他组织享有，该法人或者其他组织可以对开发软件的自然人进行奖励：（1）针对本职工作中明确指定的开发目标所开发的软件；（2）开发的软件是从事本职工作活动所预见的结果或者自然的结果；（3）主要使用了法人或者其他组织的资金、专用设备、未公开的专门信息等物质技术条件所开发并由法人或者其他组织承担责任的软件。

（二）软件著作权的内容

软件著作权包括人身权和财产权两种，前者包括发表权、署名权和修改权，后者包括复制权、发行权、出租权、信息网络传播权、翻译权和应当由软件著作权人享有的其他权利。

1. 发表权

发表权是指决定是否将软件公之于众的权利。公之于众的方式，包括演示、网络传播、固定在电脑硬件进行销售等。公之于众的结果，就是不特定的多数人可以获取该软件。至于是否被确定获取，则在所不问。

2. 署名权

署名权是指公开表明开发者身份，在软件上署名的权利。软件开发者可以在软件作品上署名，也可以不署名；可以署上真名，也可以是假名。署名权既包括在自己的作品上署名的权利，也包括禁止在并非自己创作的作品上署名的权利。

3. 修改权

修改权是指对软件进行增补、删节，或者改变指令、语句顺序的权利。修改权的设立旨在禁止未经许可对软件的改动。此处的修改权兼有经济属性和精神属性。由于软件具有实用性，对软件的修改在本质上是对软件指令和功能的改动，从而与软件著作权人的财产利益联系在一起。与普通作品不同，修改计算机软件指令需要对该指令进行改编、重新编排或者其他改动，因而修改权也具有改编权等演绎权的性质。

4. 复制权

复制权是指将软件制作成一份或多份的权利。复制权是软件著作财产权中的基础性的权利，具有重要地位。由于软件是一种以数字化形式存在的高科技产品，软件复制行为与一般复制存在不同，它需要借助计算机、存储磁盘、光盘等技术设备进行。在实践中，侵害复制权也是软件著作权侵权的重要表现形式。由于复制软件相比开发软件而言在成本上低得多，软件行业的发展需要法律提供某种形式关于复制的保护。赋予软件作品以复制权，这是软件著作权保护的最主要理由。无论是目标代码的版本还是源代码的版本，他人未经授权都不得予以复制。

5. 发行权

发行权是指以出售或赠与方式向公众提供软件的原件或者复制件的权利。发行权涉及的客体是软件的原件或复制件，提供的对象必须是公众，也就是向不特定的主体出售或者赠与软件原件或者复制件。发行权遵循一次耗尽的原则，软件原件或者复制件经过第一次发行后，权利由此穷竭，软件原件或者复制件的所有权人可以自由交易该软件，不再受到著作权人的控制。

6. 出租权

出租权是指有偿许可他人临时使用软件的权利，但是软件不是出租的主要标的的除外。该权利具有几个方面的特征：首先，它是临时使用软件的行为。如果是变更权利主体，则应该由发行权控制。其次，出租行为是有偿的，否则就是"出借"。出借行为不受软件著作权人的控制。最后，出租的标的限于软件本身或者软件是出租的主要标的。如果软件不是出租的主要标的，则不受出租权的制约。例如，出租冰箱的过程中，冰箱里也包括各种软件，但显然不是出租的主要标的，则不是出租权控制的对象。

7. 信息网络传播权

信息网络传播权是指以有线或无线方式向公众提供软件，使公众可以在其个人选定的时间和地点获得该软件的权利。随着信息网络技术的发展，信息网络传播权日益成为软件著作权人重要的权能。在云计算技术条件下，软件即服务，消费者并不需要实际复制该软件。软件著作权人需要更多借助信息网络传播权维护自身利益。

8. 翻译权

翻译权是指将原软件从一种自然语言文字转换成另一种自然语言文字的权利。软件具有多种表现形式，各种表现形式之间具有可转换性。将一种计算机语言译成另一种计算机语言，将一种高级语言写成的源程序改变为另一种高级语言，都属于翻译权控制的行为。

9. 应当由软件著作权人享有的其他权利

这是兜底性的权利。随着科学技术的发展，出现新的软件作品利用方式的，可以在满足充分说理的前提下，由法官自由裁量适用其他权利条款，赋予著作权人以更宽泛的权能。

除却上述软件著作权人享有的支配性权利之外，权利人同样享有债权性质的权利，亦即许可权和转让权。根据规定，软件著作权人可以许可他人行使其软件著作权，并有权获得报酬。软件著作权人可以全部或者部分转让其软件著作权，并有权获得报酬。

（三）软件著作权的取得

与普通作品著作权取得模式相同，软件著作权采取自动保护原则。《计算机软件保护条例》第5条第1款规定，中国公民、法人或者其他组织对其所开发的软件，不论是否发表，依照本条例享有著作权。但是，对于外国人和无国籍人，则需要根据不同情况区别对待。《计算机软件保护条例》第5条第2款、第3款规定，外国人、无国籍人的软件首先在中国境内发行的，依照本条例享有著作权。外国人、无国籍人的软件，依照其开发者所属国或者经常居住地国同中国签订的协议或者依照中国参加的国际条约享有的著作权，受到保护。

企业常见问题解答

问题：企业开发设计出软件后，是否一定需要登记？怎样登记？计算机软件著作权登记究竟有什么样的作用？

解答：我国现行立法对计算机软件没有实行登记注册制度。2002年1月1日实施的修改后的《计算机软件保护条例》第7条规定，软件著作权人可以向国务院著作权行政管理部门认定的软件登记机构办理登记。软件登记机构发放的登记证明文件是登记事项的初步证明。2002年，国家版权局制定《计算机软件著作权登记办法》对此进行了详细规范。在我国，国家版权局主管全国软件著作权登记管理工作。国家版权局认定中国版权保护中心为软件登记机构。经国家版权局批准，中国版权保护中心可以在地方设立软件登记办事机构。

虽然立法并不要求将软件登记作为提起行政处理或者诉讼的前提，也不将其作为著作权获取的必备条件和程序，但是，计算机软件著作权登记仍然具有重要的法律意义和商业价值。具体包括：（1）软件著作权登记具有备案效力。无论是行政机关和企事业单位，都可以借助软件登记进行更为便捷的著作权查询和管理。（2）软件著作权登记具有证明效力。在发生软件著作权争议时，如果不经登记，著作权人很难举证说明作品完成的时间以及所有人。相反，如果进行了软件著作权登记，则可以作为享有著作权的初步证明，在缺乏相反证据时，可以初步认定被登记的软件开发者为著作权人。（3）软件著作权登记具有公示公信效力。在进行著作权转让、许可和质押等活动时，软件登记可以产生一定的公信力，可以成为交易相对方相信软件著作权效力的凭证。（4）软件著作权登记具有商业价值。通过登记机构的定期公告，可以向社会宣传自己的计算机软件产品。在进行软件版权贸易时，登记可以增加软件作品的价值。在进行软件企业认定和高新技术企业认定时，登记可以作为自主开发或拥有知识产权软件产品的证明材料。

（四）软件著作权的保护期限

《计算机软件保护条例》第14条规定，自然人的软件著作权，保护期为自然人终生及其死亡后50年，截止于自然人死亡后第50年的12月31日；软件是合作开发的，截止于最后死亡的自然人死亡后第50年12月31日。法人或者其他组织的软件著作权，保护期为50年，截止于软件首次发表后第50年的12月31日，但软件自开发完成之日起50年内未发表的，法律不再保护。

《计算机软件保护条例》第15条规定，软件著作权属于自然人的，该自然人死亡后，在软件著作权的保护期内，软件著作权的继承人可以依照《中华人民共和国继承法》的有关规定，继承本条例第8条规定的除署名权以外的其他权利。软件著作权属于法人或者其他组织的，法人或者其他组织变更、终止后，其著作权在本条例规定的保护期内由承受其权利义务的法人或者其他组织享有；没有承受其权利义务的法人或者其他组织的，由国家享有。

三、计算机软件著作权侵权的法律责任与限制

（一）软件著作权侵权的法律责任

《计算机软件保护条例》第23条规定普通的软件著作权侵权行为包括：（1）未经软件著作权人许可，发表或者登记其软件的；（2）将他人软件作为自己的软件发表或者登记的；（3）未经合作者许可，将与他人合作开发的软件作为自己单独完成的软件发表或者登记的；（4）在他人软件上署名或者更改他人软件上的署名的；（5）未经软件著作权人许可，修改、翻译其软件的；（6）其他侵犯软件著作权的行为。《计算机软件保护条例》第24条规定的严重的软件著作权侵权行为有：（1）复制或者部分复制著作权人的软件的；（2）向公众发行、出租、通过信息网络传播著作权人的软件的；（3）故意避开或者破坏著作权人为保护其软件著作权而采取的技术措施的；（4）故意删除或者改变软件权利管理电子信息的；（5）转让或者许可他人行使著作权人的软件著作权的。

针对软件著作权侵权行为，侵权人应当根据情况，承担停止侵害、消除影响、赔礼道歉、赔偿损失等民事责任；同时损害社会公共利益的，由著作权行政管理部门责令停止侵权行为，没收违法所得，没收、销毁侵权复制品，可以并处罚款；情节严重的，著作权行政管理部门并可以没收主要用于制作侵权复制品的材料、工具、设备等；触犯刑律的，依照刑法关于侵犯著作权罪、销售侵权复制品罪的规定，依法追究刑事责任。

（二）限制

软件著作权侵权的限制情形主要有以下四种情况。

（1）软件的合法复制品所有者享有相应的权利。《计算机软件保护条例》第16条规定，软件的合法复制品所有人享有下列权利：① 根据使用的需要把该软件装入计算机等具有信息处理能力的装置内；② 为了防止复制品损坏而制作备份复制品。这些备份复制品不得通过任何方式提供给他人使用，并在所有人丧失该合法复制品的所有权时，负责将备份复制品销毁；③ 为了把该软件用于实际的计算机应用环境或者改进其功能、性能而进行必要的修改；但是，除合同另有约定外，未经该软件著作权人许可，不得向任何第三方提供修改后的软件。

（2）反向工程。《计算机软件保护条例》第17条规定，为了学习和研究软件内含的设计思想和原理，通过安装、显示、传输或者存储软件等方式使用软件的，可以不经软件著作权人许可，不向其支付报酬。

（3）软件复制品的出版者、制作者、发行者、出租者、持有者主观上没有过错，能够证明软件的合法授权或者来源，不承担损害赔偿责任。但是软件复制品的出版者、制作者不能证明其出版、制作有合法授权的，或者软件复制品的发行者、出租者不能证明其发行、出租的复制品有合法来源的，应当承担法律责任。软件的复制品持有人不知道也没有合理理由应当知道该软件是侵权复制品的，不承担赔偿责任；但是，应当停止使用、销毁该侵权复制品。如果停止使用并销毁该侵权复制品将给复制品使用人造成重大损失的，复制品使用人可以在向软件著作权人支付合理费用后继续使用。

（4）软件开发者开发的软件，由于可供选用的表达方式有限而与已经存在的软件相似的，不构成对已经存在的软件的著作权的侵犯。

本章思考题

1. 如何理解著作权法上作品的独创性?

2. 简述我国著作权客体的排除领域。

3. 什么是著作权法上的作者? 如何判定作者?

4. 我国著作权法规定了哪些特殊作品的归属? 试述其具体规定。

5. 简述因合同而取得著作权的情况。

6. 简述著作人身权的内容。

7. 什么是信息网络传播权? 该权利有何特征?

8. 试述表演者权。

9. 试比较著作权合理使用和法定许可。

10. 结合实践谈谈企业应如何保护著作权。

第五章

商业秘密
法律制度

第一节 ︱ 商业秘密的构成要件

一、商业秘密的构成要件

商业秘密是一种可用的知识信息，是人类智力劳动的成果，商业秘密构成要件既是商业秘密法律保护制度的核心内容，也是权利人寻求商业秘密法律保护的前提。《与贸易有关的知识产权协议》（TRIPs）第39条明确规定，商业秘密必须符合下列条件：是一种秘密，并非有关工作领域的人们所普遍知悉或者容易获得，因属于秘密而具有商业价值；合法控制该信息的人，采取了合理的保密措施。我国立法要求商业秘密应具备的要件可从我国《反不正当竞争法》第10条第3款的规定得知为秘密性、价值性和保密性三个构成要件。

（一）秘密性

秘密性，是商业秘密最核心的构成要件，是商业秘密区别于其他知识信息的最根本的属性，也是决定信息是否属于商业秘密的最权威的因素。法律上的秘密性是指信息"不为公众所知悉"，这一方面要求有关信息不为所属领域的相关人员普遍知悉或者容易获得，另一方面要求该信息未进入公有领域，并非公知信息。具体到"不为公众所知悉"如何理解和适用，国家工商行政管理局《关于禁止侵犯商业秘密行为的若干规定》第2条第2款指出："本规定所称不为公众所知悉，是指该信息是不能从公开渠道直接获取的。"由此可知，从信息内容上法律要求作为商业秘密的信息不为本行业的人普遍知悉，不是本行业内的公开和公知信息；从信息来源上法律要求作为商业秘密的信息不是通过正常途径就能获知的信息。以下再对"公众""知悉"做进一步解释。

1. 公众

信息如果被公众知悉便不具有秘密性，故公众的范围是判断秘密性时需要判定的重要因素。在判定公众的范围时需注意公众的相对性，因为《反不正当竞争法》调整的是竞争者之间的竞争行为，故商业秘密相对的"公众"并不泛指社会上不特定的多数人，而是指同行业或同领域的人，否则不会产生商业上的竞争关系；同时，公众的相对性还体现在它不是指除了商业秘密权利人以外的所有同行业或同领域的人均不知悉，而是指该信息在本行业或本领域内不为公众所普遍知悉。因为在今天这样的社会化大生产的条件下，权利人基于成果转化的需要不可能由一人控制全部流程，从事与该信息有关的技术开发、经营管理活动的科技人员、生产人员、销售人员、管理人员知悉该信息不影响其秘密性。

2. 知悉

在理解"信息要具有秘密性就必须不被同行业或者同领域的人们公知或者普遍知悉"时，需特别注意"知悉"的两种状态：实际知悉和容易知悉。

实际知悉指的是该信息在某一范围内被知悉已经成为客观事实，多数人已经实际掌握了该信息。而容易知悉指的是该信息在某一范围内被知悉还没有成为客观事实，多数人还未实际掌握该信息，但是该领域的大多数人具备了可以通过合法途径获取该信息的可能性。例如，该信息已经被公开发表，公开使用或者通过演讲、报道等方式公开，虽然可能大多数的人还没有阅读到此公开发表的信息或者还没有实际听到此演讲或报道的信息，但是已经不存在获取该信息的合法障碍。即不特定的主体获得这些信息的渠道是畅通的，同时这些信息也客观地处于容易知悉的状态。

不论权利人的信息是被实际知悉还是处于容易知悉的状态，此信息都将丧失其秘密性。在具体判断某项信息是否为公众所知悉时，《最高人民法院关于审理不正当竞争民事案件应用法律若干问题的解释》作出了规定，该解释第9条指出，有关信息不为其所属领域的相关人员普遍知悉和容易获得，应当认定为反不正当竞争法第10条第3款规定的"不为公众所知悉"。具有下列情形之一的，可以认定有关信息不构成不为公众所知悉：（1）该信息为其所属技术或者经济领域的人的一般常识或者行业惯例；（2）该信息仅涉及产品的尺寸、结构、材料、部件的简单组合等内容，进入市场后相关公众通过观察产品即可直接获得；（3）该信息已经在公开出版物或者其他媒体上公开披露；（4）该信息已通过公开的报告会、展览等方式公开；（5）该信息从其他公开渠道可以获得；（6）该信息无需付出一定的代价而容易获得。

同时，以下情况不会导致商业秘密的秘密性丧失：（1）程序合法的技术成果鉴定不会破坏信息的秘密性；（2）企业内部员工因为业务需要而掌握信息不会破坏信息的秘密性；（3）业务伙伴合理知悉并承担相应保密义务的，商业秘密不丧失秘密性。

而且，秘密性不能仅依照知悉人数判定，还需和权利人的保密意识结合考虑，如果权利人由于缺乏保密意识在未约定保密义务的情况下将信息提供给他人，导致信息进一步扩散，不论知悉该信息的人是多数还是少数，该信息的秘密性都视为丧失；相反，如信息虽为部分人知悉，但是特定的知悉人员采取了保密措施防止信息的进一步扩散，那么该信息仍具有秘密性。

（二）价值性

国家工商行政管理总局《关于禁止侵犯商业秘密行为的若干规定》第2条第3款规定："本规定所称能为权利人带来经济利益、具有实用性，是指该信息具有确定的可应用性，能为权利人带来现实的或者潜在的经济利益或者竞争优势。"该解释揭示了商业秘密的本质特征。能为权利人带来经济利益指的是商业秘密的价值性，正是商业秘密可以作为财产权得到法律认可和保护的基本原因。对商业秘密价值性的认定需要考虑以下因素。

1. 积极信息和消极信息都可以成为商业秘密

判断一项信息是否具有价值性，不应仅从权利人角度出发，应以其在市场竞争中有无经济价值为判断标准。所以积极信息和消极信息都可以成为商业秘密。积极信息是指经权利人实质研发获得，对自己生产经营直接有用的信息。消极信息是指权利人经过研发但是对自己生产经营活动未能产生效用的信息，例如研发产品失败产生的相关研究数据或者配方信息等。积极信息可以构成商业秘密自不待言，而对于消极信息，虽然权利人没有能够从中直接获得利益，但若被竞争者获得，竞争者就可以从中得到借鉴，缩短研发过程，避免时间和资源的浪费，强化其在市场中的竞争地位，对于竞争者来说，权利人的消极信息仍是有效信息，所以消极信息也可以构成商业秘密。

2. 价值性包括现实的价值和潜在竞争优势

我国《反不正当竞争法》第10条要求商业秘密能为权利人带来经济利益。国家工商行政管理总局《关于禁止侵犯商业秘密行为的若干规定》第2条第3款对此解释为"能为权利人带来现实的或者潜在的经济利益或者竞争优势"。由此可知，商业秘密的价值性包括"现实的或者潜在的经济利益或者竞争优势"，不以现实的价值为限。一般来说，对于技术秘密价值性的要求是技术上的先进性，若此技术可以令权利人降低产品成本、节约原材料、改进产品质量从而提高劳动生产率或者权利人因使用了自己所掌握的先进技术取得在市场竞争中的优势地位，则会被认定为具有价值性而受到保护；对于经营秘密价值性的认定则可以考虑：与贸易相关的产品采购、销售、营销、经营信息能够令权利人降低原材料成本或者产品采购价格、拓宽产品销售渠道或者提高销售价格；与管理相关的能为权利人提高劳动生产率、节约成本或者促进生产资料的优化组合从而令权利人在竞争中处于更有利的地位，创造更多的利润等。

3. 价值性要求信息具有实用性

实用性要求商业秘密信息不仅是理论方案，而且是能在生产经营中实施并由此产生经济利益的方案。具有确定的实用性，是实现商业秘密价值性的必然要求。而实用性的判断则集中在具体性和确定性两个方面。

实用性条件要求技术信息、经营信息具有确定性，它应该是相对独立完整的、具体的、可操作性的方案或阶段性技术成果。实用性还体现在商业秘密必须有具体的载体，如具体产品配方、制造产品的技术方案、管理的方法等。实用性并不要求权利人已经切实利用了商业秘密，只要该信息满足应用的现实可能性即可。实用性与价值性是密切相关的，实用性是价值性的基础，没有实用性就不会有价值性。虽然商业秘密的价值可以是将来的、潜在的价值，但实用性同样要求这种价值是具体的，可预期的，一经运用则会产生实际的经济价值，那些没有实用性的经营信息和技术信息，如不能以具体的可操作方案的形式呈现，则不能称为商业秘密，不能获得商业秘密法律保护。

4. 价值性没有量和时间的要求

商业秘密的价值没有量的要求，无论是像可口可乐配方一样具有巨大经济价值的商业秘密还是家庭作坊中能为权利人带来稍强于同业竞争者的竞争优势，都能成为商业秘密。商业秘密的价值性没有时间性的规定，无论是能产生的是持续性的价值还是短暂甚至是一次性的价值，都属于商业秘密价值性的体现。

（三）保密性

商业秘密的保密性是指商业秘密经权利人采取了合理的保密措施，从而令一般人不易从公开渠道直接获取，该要件强调的是权利人的保密行为，而不是保密的结果。保密性在商业秘密构成要件中有其重要意义，一方面可以成为认定权利人主观秘密性的依据，另一方面商业秘密的财产权属性也能得以证明。

世界各国法律均要求商业秘密具有保密性，我国《反不正当竞争法》第10条也要求商业秘密必须"经权利人采取保密措施"。国家工商行政管理总局《关于禁止侵犯商业秘密行为的若干规定》第2条将此解释为："本规定所称权利人采取保密措施，包括订立保密协议，建立保密制度及采取其他合理的保密措施。"此条主要以列举的形式确定了保密措施的一些具体形式。最高人民法院《关于审理科技纠纷案件若干问题的规定》第51条规定："拥有者采取了适当保密措施，并且未曾在没有约定保密义务的前提下将其提供给他人。"

关于保密措施的具体形式，我国的一些地方性法规也对此进行了列举。《深圳经济特区企业技术秘密保护条例》第12条规定企业可以建立保密措施，主要包括：（1）限定涉密信息的知悉范围；（2）对涉密信息、载体标明保密标志或采取防范措施；（3）签订保密协议；（4）对涉密场所使用者、来访者的保密要求；（5）其他合理措施。《珠海市企业技术秘密保护条例》第4条规定，本条例所称保密措施是：（1）企业对技术秘密明确划定密级和范围；（2）企业与知悉或者可能知悉技术秘密的员工及有关人员签订了保密协议，或者提出书面的保密要求并经签名确认；（3）企业对技术秘密的存放、使用、转移等采取了合理、有效的管理办法和控制手段。

法律要求权利人对商业秘密采取合理的保密措施，所谓"合理"，指的是从手段上来讲，与保密客体相对应的保密措施是适当的，即在保密客体所处环境中，保密措施可以防止一般人以合法手段获知；从效果上来讲，与保密客体相对应的保密措施是有效的，即保密措施是能切实发挥保密作用且达到保密目的的。法律对保密措施的要求为"合理"而非"完美"，原因在于：一方面，对自己商业秘密信息进行完美保护是一种理想状态，权利人在客观上不具有这种能力，要求权利人采取万无一失的保密措施是不切实际的，过高的保护要求既可能会妨碍商业秘密的利用，使权利人无法展开正常的经营活动，还可能会导致权利人保护成本过高从而打击其研发的积极性，最终也将影响社会科技的进步。另一方面，商业秘密立法的本意就在于权利人主观上有保密意识客观上有保密行为的前提下，帮助权利人进行更好的商业秘密保护，防止他人违反商业道德利用不正当手段获取他人商业秘密，如果权利人可以将自己的商业秘密保护得万无一失，他人不可能获取其商业秘密，则不需要保护商业秘密的法律存在。因此，美国法院通过判例，提出了商业秘密法律保护的"围墙原则"，即权利人需要修砌一道"围墙"来保护自己的秘密信息，对此围墙的高度要求并不是让他人不可攻克，而是令侵权人不能通过合法途径进入的同时警告其不得进入即可。我们假设A投入了100元的科研经费，开发了一项商业秘密信息，市场价值200元，假设竞争对手会定期经过A的研究地点。若A不修砌"围墙"，则信息就会被竞争者窥探到，而且会因为A没有作出合理的保密措施而得不到商业秘密的法律保护，技术终将进入公共领域。同时，假设修"围墙"需要100元。我们先不考虑长期的收益，就从单次来说，若A投入100元修"围墙"，再加上100元的科研经费，就和市场价值200元相等，即不能获得收益。但A若不投入资金修"围墙"则不能保护这项技术。此时，"围墙原则"为A提供了一种解决方案：可以无需将围墙修得那么高，只要围墙的高度足以防备他人的合法视线即可，权利人未能做到的周延保护则可以借助商业秘密法律制度来完成。该原则实现了一种利益的双赢，一方面为权利人保留了一定的利益空间，另一方面也可以维持权利人的研发动力，从而促进社会整体利益的实现。"围墙原则"只是立法的一项原则，具体到保护实践中，应该如何认定权利人的保密措施是否合适？所谓合理的保密措施，就是权利人所采取的保密措施应达到：足以使竞争对手或其他人通过正常、合法手段难以获取商业秘密，或者足以令义务人清楚自己的保密义务即可。国家工商行政管理总局《关于商业秘密构成要件问题的答复》将合理的保密措施解释为："权利人采取保密措施，包括口头或书面的保密协议、对商业秘密权利人的职工或与商业秘密权利人有业务关系的他人提出保密要求等合理措施。只要权利人提出了保密要求，商业秘密权利人的职工或与商业秘密权利人有业务关系的他人知道或应该知道存在商业秘密，即为权利人采取了合理的保密措施，职工或他人就对权利人承担保密义务。"《关于审理不正当竞争民事案件应用法律若干问题的解释》第11条还规定了应当认定权利人采取了保密措施的7种情形：（1）限定涉密信息的知悉范围，只对必须知悉的相关人员告知其内容；（2）对于涉密信息载体采取加锁等防范措施；（3）在涉密信息的载体上标有保密标志；（4）对于涉密信息采用密码或者代码等；（5）签订保密协议；（6）对于涉密的机器、厂房、车间等场所限制来访者或者提出保密要求；（7）确保信息秘密的其他合理措施。

商业秘密的构成条件就是判定一个信息是不是商业秘密的标尺，符合条件的信息就是商业秘密，否则就不是商业秘密。商业秘密的构成要件是将受法律保护的信息和不受法律保护的信息区分开的界限。不受法律保护的信息是公共信息，或者是商业秘密所有人非积极主动寻求法律保护的信息。受法律保护的信息是具备法律保护条件的信息，这是在依靠私力保护不充分的情况下，借助法律进行保护。①

二、商业秘密的类型

根据我国《反不正当竞争法》的规定和国家工商行政管理总局《关于禁止侵犯商业秘密行为的若干规定》的列举，可以将商业秘密分为以下两类。

（一）技术信息

技术信息指生产者在生产的实验、生产、维修和操作等过程中产生的技术性成果。例如配方，研究开发的资料、图纸，设备改进的方案、工艺程序等。

（二）经营信息

经营信息是指技术信息以外的能构成商业秘密的其他信息。技术信息侧重于工业生产中的技术知识和经验，经营信息则侧重于企业管理中的知识和经验。经营信息一般包括以下两类：（1）经营管理方法和与经营管理方法相关的资料和信息，这一般是指合理有效地管理各部门各行业之间的相互合作与协作，使生产与经营有效运转的信

---

① 宋惠玲："论商业秘密的构成要件"，载《法学杂志》2008年第6期。

息，如管理的模式、方法、经验等。（2）具有秘密性的市场以及与市场密切相关的商业情报或信息，如原材料价格、销售市场和竞争公司的情报、招投标中的标底及标书内容，还包括供销渠道、贸易记录、客户名单、产销策略等。

客户名单是一种重要经营信息，相对于技术信息来说，经营信息的范围和构成条件较难把握，客户名单这种特殊的经营信息更是如此。如何判断客户名单是否能够得到商业秘密保护，我们仍根据商业秘密的构成要件"秘密性""价值性""保密性"进行判断。

客户名单的秘密性是判断客户名单是否为商业秘密的最重要因素，首先，"他人正当获取客户名单的难易程度"是判断客户名单商业秘密属性时所应该考虑的重要因素，即必须使该客户名单能与从公开渠道易于获得的一般名单区别开来。例如，从公开发行的电话号码簿、政府行政管理部门的登记材料等直接复制而形成的客户名单，则会因为其能够从公开渠道易于获得而不具有秘密性；其次，客户名单不能简单理解成客户名称的列举，而应当是客户综合信息的说明，除了客户的名称，还应当包括客户的需求类型、需求习惯、经营规律、价格承受能力等全面的信息；最后，客户名单的形成是否付出了时间、资金和精力，也是判断其是否具有秘密性的重要佐证。

客户名单的价值性，体现在其能够为权利人带来竞争优势。客户名单既可以是已经实现交易的现有客户，也可以是可能进行交易的潜在客户。价值性的证明非常简单，其实因客户名单而引起纠纷以至诉讼，本身就是客户名单具有价值性的最好证明。

客户名单的保密性要求和技术信息以及其他经营信息一致，只要权利人采取了合理的保密措施，这种保密措施是有效的并能为竞争者所识别即可，如果权利人在获取客户名单以后没有采取相应保密措施，例如，未标明保密字样，或者允许员工及合作伙伴任意使用甚至任意公开，就可能会因为不具有保密性而不被认定为商业秘密。

故能够得到商业秘密法律保护的客户名单一般是指客户的名称、地址、联系方式以及交易的习惯、意向、内容等构成的区别于相关公知信息的特殊客户信息，包括汇集众多客户的客户名册，以及保持长期稳定交易关系的特定客户信息。

第二节 | 商业秘密侵权的认定

一、商业秘密侵权的表现形式

我国《反不正当竞争法》第10条明确列举了侵犯商业秘密的行为，规定经营者不得采用下列手段侵犯商业秘密。

（一）以盗窃、利诱、胁迫或者其他不正当手段获取权利人的商业秘密

所谓盗窃，通常是指侵权人秘密窃取权利人的商业秘密。所谓利诱，是指侵权人以给付物质利益或其他利益的方式引诱了解商业秘密的雇员、合作伙伴及其他知情人员告知其权利人的商业秘密。所谓胁迫，是指对商业秘密的权利人及其雇员及其他知情人以生命、健康、名誉、财产等进行威胁或者要挟，强制其披露商业秘密或者交出有关商业秘密的文件或者其他载体的行为。所谓其他不正当手段是指除盗窃，利诱、胁迫三种手段以外，以欺诈或诱导他人泄密等方法获取他人商业秘密的行为。应该注意，以不正当手段获取商业秘密的行为主体可以是企业内部人员，也可以是外部人员，同时这种侵权行为的一个显著的特点是其手段的不正当性，非法获取商业秘密的行为本身就构成侵权，而不论行为人获取他人的商业秘密后是否公开或者利用。

（二）非法披露、使用或者允许他人使用以前项手段获取的权利人的商业秘密

非法披露是指未经权利人许可或者违反保密义务的规定或者约定而向他人扩散商业秘密，包括行为人以口头、书面或者其他方法将商业秘密权利人的商业秘密向他人传播，而且披露的后果是否导致权利人商业秘密的秘密性丧失不影响该侵权行为的构成。包括在要求对方保密的条件下向特定人、少部分人透露商业秘密以及向社会公开

商业秘密。

披露商业秘密的行为一般包括以下类型。

（1）向特定的人披露。特定人可能在知晓该商业秘密以后仅仅自己使用而未告知其他人，严格控制了商业秘密的知悉范围，但是哪怕特定人未继续传播该商业秘密，商业秘密权利人的竞争优势也会因为特定人的知晓而丧失，因而披露行为本身也构成违法。

（2）向相关不特定的小部分人披露。侵权人在某种私下场合谈论其用不正当手段获得的商业秘密，或在公共场所公开谈论，这时的听众虽然是少数人，但属于公众的一部分，已经构成商业秘密为社会公众所知的事实。

（3）通过报纸、媒体等其他手段向社会公开传播。这种公开的目的彻底破坏了商业秘密的秘密性，使其进入公知领域，以损害权利人的经济利益，使其失去竞争优势。

非法披露商业秘密的侵权行为主要有两种表现形式：一是"非法取得，非法披露"，即不正当获取人将非法获取的商业秘密向他人扩散。这类行为是前述不正当获取他人商业秘密的进一步延伸，因为侵权人如果仅仅不正当获取他人商业秘密，不一定会造成权利人利益的损害，而非法披露则会直接导致权利人的商业秘密被公开从而丧失竞争优势。二是"合法取得，非法披露"，即权利人以外的人违反约定的保密义务或违反权利人的保密要求，将其通过正当手段或合法途径取得或知悉的商业秘密非法披露给他人。这种情况下，尽管行为人对商业秘密的获取是合法的，但因行为人对商业秘密权利人负有保密义务，行为人的披露行为就违反了约定或义务而具有违法性。

非法使用商业秘密是指行为人未经权利人同意或违反约定将其获取的商业秘密在各种有用的场合加以运用。其可能用于生产，也可能用于经营或销售及其他方面。用于什么场合，不影响侵权行为的成立。非法使用包括两种方式：直接使用和间接使用。直接使用是指侵权人在生产经营活动中进行使用，这种使用可能与生产活动有关，如利用获得的技术秘密生产产品、维修服务、更新设备等，也可能与经营活动有关，如运用所获得的商业秘密制作产品销售计划、开展业务咨询等。间接使用是指侵权人将以不正当手段获取的商业秘密用于科研活动中，表面上看不存在使用，实际上可以减少其科研经费、人员的投入，并能以更快的速度创造更大的成果，这也是一种使用行为。

非法使用既包括非法自己使用，也包括非法许可他人使用。许可他人使用是指以不正当手段获取的商业秘密侵权人将以不正当手段获取的权利人的商业秘密提供给他人使用，这种许可可以是有偿的，也可以是无偿的，但不论有偿还是无偿，只要是以不正当手段获取的商业秘密，再允许别人使用，就再次构成侵权行为。

（三）违反约定或者违反权利人有关保守商业秘密的要求，披露、使用或者允许他人使用其所掌握的商业秘密

与权利人有业务关系的单位和个人违反合同约定或者权利人的保密要求，披露、使用、许可他人使用其所掌握的权利人商业秘密。"业务"既包括与权利人生产经营活动有直接关系的业务，也包括与权利人的生产经营活动有间接关系的业务。具体而言，与权利人有业务关系的单位和个人包括：权利人的业务伙伴，如贷款银行、供货商、代理商、加工商等；支付使用费取得使用权的受让方；为权利人提供某种服务的外部人员，如高级顾问、律师、注册会计师等；权利人以其商业秘密作为投资的合作伙伴等。上述单位和个人掌握权利人的商业秘密是有合法依据的，对权利人负有明示或者默示的保密义务。明示的保密义务是指与权利人之间订有保密合同，或者权利人对其有明确的保密要求；默示的保密义务是指根据具体情况可以推出，如果侵权人不默示其承担保密义务，权利人就不可能告知以商业秘密。除去有业务关系的合作伙伴，商业秘密权利人的员工也有可能违反合同约定或者违反权利人的保密要求，披露、使用、许可他人使用其所掌握的权利人商业秘密，为保护商业秘密，我国已开始实行竞业禁止制度，企业与职工之间通过签订劳动合同或者保密合同，禁止本单位的职工在其任职期间或离职以后利用本单位的商业秘密从事与本单位相同的业务或其他与本单位竞争的行为，从而有效地保护企业的商业秘密。

（四）第三人明知或者应知前述违法行为，获取、使用或者披露他人商业秘密

第三人是指直接获得权利人商业秘密的行为人以外的人。在侵犯商业秘密行为中，商业秘密权利人为第一人；而直接获得权利人商业秘密的行为人为第二人，第二人包括以不正当手段获取、使用或者允许他人使用的行为人，以及虽通过正当途径获得商

业秘密但违反保密约定或要求而披露、使用或允许他人使用其所掌握的商业秘密的行为人。第三人有善意第三人与恶意第三人之分。善意第三人的行为是指第三人不知且不应该知道第二人实施了违反《反不正当竞争法》第10条第1款的违法行为而获取、使用或者披露他人的商业秘密的行为，善意第三人因为不知且不应该知道第二人的行为违法，故善意第三人获取、使用、披露他人商业秘密的行为不具有违法性，不应承担法律责任。恶意第三人的侵权行为是指第三人明知或者应知第二人实施了违反《反不正当竞争法》第10条第1款的违法行为，仍获取、使用或者披露他人商业秘密的行为。恶意第三人的行为的社会危害性实质上同第二人的行为一样，也是对权利人商业秘密的侵犯。可见，此类行为中第三人构成侵权必须具备两个条件：一是第三人主观上对他人的违法行为明知或应知，《反不正当竞争法》将恶意第三人的明知行为和应知行为同等对待，均认定为侵犯商业秘密的行为；二是第三人也实施了违法行为，即获取、使用、披露权利人的商业秘密。

法律上规范第三人的侵权行为，其意义体现在：一方面可以规范人才的合理流动，使人才流入单位承担合理的注意义务，不得以此获取人才流出单位的商业秘密；另一方面可以规范商业秘密转让行为，提高商业秘密侵权人的违法成本，增加商业秘密转让的安全性。受让人如果违约再转让，第三方如明知或应知受让方无权转让而仍从受让方获取商业秘密的行为，同属于侵权行为。

二、排除商业秘密侵权的行为

知识产权和其他民事权利一样，都应该受到相应的限制，商业秘密权也不例外，商业秘密权的限制主要集中在秘密的相对性上，秘密的相对性是指尽管该信息为权利人以外的其他人知悉，但并不能由此否认该信息为商业秘密，侵权方以此作为非罪的抗辩理由不能成立。我国《反不正当竞争法》中未明确列举排除商业秘密侵权的行为，但是司法实践中认可了以下几种排除商业秘密侵权的行为。

（一）反向工程

根据商业秘密权利人投入市场的产品，他人通过自己的研究发现该产品的商业秘密，即为"反向工程"。也就是说，商业秘密法是认可权利人以外的人通过自行独立研发或反向工程获得与权利人相同商业秘密的。排除商业秘密侵权的行为。反向工程需要满足以下条件。

1. 合法取得

反向工程是一种从结果推导原因、从产品推导制作方法的逆向行为，该行为的性质就决定了其实施过程不得违反诚实信用原则。从产品源头来讲，用于分析研究的产品必须通过购买、继承、接受赠与等合法方式取得所有权。

2. 不违反"黑箱封闭"条款

"黑箱封闭"是指产品从法律上受到保护不得开拆或分解，而且法律上的保护往往源于双方当事人之间合同的约定。因为一旦合法获得商业秘密载体，民事主体当然地可以自由拆分并从中获取商业秘密。但是，如果不是合法获取商业秘密载体，而只是合法占有了该物，并且和权利人明示或默示约定不得将该物分拆，则当然地不能通过这种手段获取商业秘密，这就是学者刘有东在《商业秘密权》一书中提到的"黑箱封闭"。以违反"黑箱封闭"条款手段获取的商业秘密不仅是违约行为，也是商业秘密侵权行为。

3. "净室程序"

美国知识产权法里的"净室程序"指的是如果通过反向工程获取他人商业秘密，工作程序上要求研发过程必须完全由自己完成。如果参与反向工程的研发人员是已经接触过或者了解此商业秘密的人，则这种过程就受到了"污染"而不符合"净室程序"的要求。我国也通过立法认可了该原则，《关于审理不正当竞争民事案件应用法律若干问题的解释》第12条规定，"反向工程"，是指通过技术手段对从公开渠道取得的产品进行拆卸、测绘、分析等而获得该产品的有关技术信息。当事人以不正当手段知悉了他人的商业秘密之后，又以反向工程为由主张获取行为合法的，不予支持。

（二）独立研发

商业秘密权只具有相对排他性，权利人只能禁止他人违反诚实信用原则非法获取商业秘密，却不能禁止他人以反向工程和独立开发的方法获取商业秘密。由于商业秘密是一种以秘密状态存在的知识产权，即会出现多个权利人自行研发并都以为自己是该商业秘密的唯一权利人的情况，因商业秘密不具备完全的排他性，同一行业或者同一领域内数人共享商业秘密的情况亦是法律允许的，只要是权利人各自独立研发并采取了相应的保密措施，他们的共同使用是并行不悖的。是否能禁止第三人利用独立开发或者反向工程获得的技术信息，正是商业秘密保护和专利保护的重要区别。《关于审理不正当竞争民事案件应用法律若干问题的解释》第12条第1款规定通过自行开发研制或者反向工程等方式获得的商业秘密，不认定为反不正当竞争法第10条第（1）、（2）项规定的侵犯商业秘密行为。但值得注意的是，以独立开发为抗辩事由也应该受到"净室程序"的限制，当事人如果已经知道权利人的商业秘密，却又主张该信息是通过独立研发而获取的，该抗辩理由不能成立。

第三节 | 企业内部商业秘密保护

一、我国商业秘密保护的现状与误区

（一）我国商业秘密保护的现状

企业对商业秘密的保护经历了一个渐进的过程。在计划经济体制下，企业普遍缺乏商业秘密保护意识，对商业秘密不够重视，也未将其视为无形资产加以保护。由于保密措施的疏漏而使企业走向破产的例子比比皆是，现在，随着市场经济的发展和企业竞争的日益激烈，企业对自身商业秘密的保护日益重视，逐渐开始在企业内部采取相应的商业秘密保护措施。商业秘密的保护现状具有以下特点。

（1）大多数的企业尤其是中小企业未能认识到自己拥有商业秘密，有的企业虽然认识到本企业的一些信息是商业秘密，但未能采取切实有效的保护措施。例如对主要涉密部门及人员未采取妥善的保密措施，以致商业秘密被泄露，有的企业虽制定了保密措施却形同虚设，虽设立了保密合同，却不严格执行，管理松散，都极不利于商业秘密的保护。

（2）大多数企业未将商业秘密作为一种无形资产加以保护，某些企业缺乏商业秘密保护意识，在与外商合作过程中只注重短期利益，有时为了能达成合作协议，不惜将本企业的商业秘密低价转让甚至无偿提供，使企业利益和国家利益受到严重损害。

（3）人才流动中商业秘密的泄露已成为普遍现象。尤其是一些技术含量高的企业，在人才流动中带走商业秘密的现象极为普遍。虽然我国企业商业秘密保护的观念逐渐增强，但是在实践中企业的商业秘密保护还是受到了严重的挑战，泄密时有发生。

（二）我国商业秘密保护的误区

我国企业商业秘密保护意识普遍比较淡薄，保护水平不高，这与企业在商业秘密保护工作中存在的误区有关。

误区之一：认为只有大企业才有商业秘密，小企业没有商业秘密，事实上商业秘密并非大企业才有，美国学者丹尼斯翁科维奇（Dennis Unkovic）这样介绍保护商业秘密的必要性：所有企业均会有商业秘密，商业秘密与是否高科技企业无关，与企业的规模无关，即使是一个只有20人的机械工具生产企业，50年没有改变任何变生产方式，也可存在很多有价值的商业秘密。实际上，一家企业从成立之日起，每天都在源源不断地诞生商业秘密。企业主不想让他人知道的可以为其带来经济利益的信息，都有可能成为商业秘密。如果企业意识不到，不能对其提供相应的保密措施，也就只能让它流失。

误区之二：认为只有高端先进的技术需要保护，落后的技术就不需要保护。两个企业在市场竞争中，落后一方的相关信息若被有优势的一方掌握，优势方可以凭借技术、产品和管理方面的优势制定出针对性极强的策略，利用极低的成本就能让落后方处于市场竞争中的不利地位；而如果优势方不能完全掌握其信息，在竞争中就不得不小心翼翼地去揣摩对方的信息，从而增加其竞争成本，妨碍其优势的充分发挥。

误区之三：认为企业到处都是秘密，盲目将保护范围扩大。有些企业将把已经处于公开状态的公知信息当作商业秘密加以保护，一方面增加了企业的保护成本；另一方面，也不能做到有的放矢，反而令真正重要的商业秘密得不到有力的保护。因此，企业要严格比照商业秘密的构成要件，从法律的角度认识企业的信息，防止此类错误的发生。

误区之四：重技术信息的保护而轻经营信息的保护。随着市场经济的发展，现下很多企业都明白"科学技术是第一生产力"。也就对应地认识到技术信息的重要性从而对其进行保护，比如会对技术开发人员和知晓其技术信息的合作伙伴提出保密要求，签订保密协议等，但是对于了解其经营信息的管理人员却没有足够的保密意识，其实在市场竞争中，不仅技术信息是有力武器，包括市场开拓计划、供销渠道、营销策略、管理方法等在内的经营信息很多时候更是企业生存和发展的关键，经营信息的泄露轻则带来直接的经济损失，重则影响到企业的竞争优势，甚至带来毁灭性的后果。因此，企业的商业秘密保护策略中，应将经营信息的保护放在和技术信息同样重要的位置。

误区之五：缺乏综合保护措施，企业的各种重要信息由于类别和载体形式的不同，被侵犯的难度也会不同，相应地，保护的方法和措施也要适合它们各自的特点。应该将商业秘密保护和其他的权利保护相结合。

误区之六：过分信赖保密制度和保密合同的约束力。很多企业的管理者认为只要确立了保密制度，和相关员工签订了保密合同，商业秘密就处于安全状态，这种考虑是片面的，任何企业都难以保证没有不忠诚的员工，也不能忽略涉及本企业商业秘密的合作伙伴、谈判对手、重要客户、服务提供单位有不守信用的可能。对这些不忠诚的员工和不守信用的涉密单位，保密制度和保密合同的约束常常显得乏力，他们会利用法规和制度的空挡或心存侥幸对自己掌握的商业秘密进行泄露。有学者说过："在商业秘密诉讼中没有赢家。"即使权利人因为有保密制度和保密合同，最后取得了商业秘密诉讼的胜利，但是其商业秘密的泄露却是不可挽回的，其竞争力的丧失同样是不可挽回的。所以即使有相关的保密制度和保密合同，仍要积极地管理自己的商业秘密，以免商业秘密被侵犯后仍一无所知，给企业带来难以弥补的损失。

二、商业秘密保护和专利保护的比较

商业秘密保护作为知识产权保护的一种，和著作权保护、商标法保护有着较为清晰的界限，在知识产权保护中，容易让权利人产生选择疑虑的主要是商业秘密保护和专利保护。通过商业秘密和专利方式，都可以对一项技术信息进行法律保护。无论是专利还是商业秘密，从本质上来讲，都是通过赋予权利人一定程度的技术垄断来保护其对特有智力成果所享有的利益。两者相比，专利权人是依靠法律的直接规定取得排他性的使用权利，而商业秘密权利人则是通过自身的保护手段来获取同样的独占使用。二者在保护期限、保护范围、保护费用等方面也存在差别。正是这些差别，导致商业秘密保护与专利保护相比既有优势也有劣势。

（一）商业秘密保护与专利保护的差异

1. 权利的产生方式不同

依民法概念而言，商业秘密的取得属于原始取得，基于权利人自身的智力劳动成果，智力劳动成果一经产生即已获得，无须经他人批准；而专利权的取得除了本身的智力成果的创造，还须依申请获得，即"国务院专利行政部门负责管理全国的专利工作；统一受理和审查专利申请，依法授予专利权"。

2. 权利的产生条件不同

权利产生的条件即是否对于其技术信息予以公开为取得前提。相较于专利权而言，商业秘密的获得是以不公开技术信息为要件的，即对于技术信息的保密是商业秘密产生的最基本条件。对于专利权而言，其垄断性权利的获得是以向社会公众公开其专利，并与社会签订一项特殊的契约为条件。故是否公开是两种权利产生的最基本不同条件。

3. 获得权利的主体范围不同

通览各国专利法，一项发明只授予一项专利权，专利权的取得采取先申请或先发明的原则，其权利主体是唯一的，其他人以后即使作出相同的发明也不能再取得专利权，也不能自由将其加以使用。而商业秘密权利的获得主体则是没有明确限制的，甚至可以说是竞争性的。只要相互独立的主体之间通过其独立研发、创造或其他的合法手段，取得相同或类似的技术，只要不向外界公布，均可以成为商业秘密权利人。

4. 权利的客体范围不同

商业秘密分为技术信息和经营信息，本书所称的商业秘密特指技术信息。而专利权的客体，即发明、实用新型和外观设计，均属于技术信息的范畴。此外，专利权的客体只能是完整的技术方案，而商业秘密的客体范围更广，除了完整的技术方案，还包括未完成的技术方案。

5. 权利的取得要件不同

对于专利权而言，授予专利权的发明和实用新型，应当具备新颖性、创造性和实用性。法律对于专利权的取得要件有着明确而又详细的规定，一项专利的取得将有诸多的限制。而商业秘密由于是以不公开为要件的自动取得，因此，只要有秘密性即可。

（二）商业秘密保护的优势

综上，可以看出商业秘密保护与专利保护比较，主要在以下方面存在优势。

1. 权利保护期限方面

商业秘密保护无期限限制。根据《反不正当竞争法》的规定，只要商业秘密符合法定的条件，并且义务人知道或应该知道该商业秘密的，则就应当履行保密义务，直至该商业秘密被公开为止。故保密义务的期限与商业秘密存续的期限相同，即商业秘密未被公开的期间内，义务人就应当履行保密义务。只要商业秘密权利人采取的保护措施足以令商业秘密不被泄露，就可以无期限地获得商业秘密带来的经济利益。而法律明确规定了专利的保护期限，专利保护期限是以提交专利的申请日开始计算的，其中发明专利保护期限是20年，实用新型专利和外观设计专利保护期限是10年。法定保护期限届满，专利权就终止，即该专利技术将成为社会共有的资源，任何人都可以无偿使用，专利权利人不再享有独占权，这也是法律对专利权利人垄断权的限制。

2. 权利取得方式方面

商业秘密保护无需申请。商业秘密权利取得方式和著作权一致，为原始取得。一项技术信息或者经营信息只要符合法律对于商业秘密的要求，权利人可以自动取得商业秘密权，无需经过繁杂的申请程序。相对而言，获得专利保护的程序就繁杂得多，专利申请人需要依照专利法的相关规定，充分准备申请材料，到国务院专利行政部门申请登记，经过初步审查和公布等程序后，确定符合我国法律规定的授予专利权的条件，才发给相应的专利证书，同时予以登记和公告。

3. 权利保护条件方面

商业秘密获得法律保护标准较低。商业秘密的构成要件包括不为公众所知悉、能给权利人带来经济利益、具有实用性和经权利人采取了保密措施。与专利相比，对商业秘密的新颖性和创造性要求都比较低。"不为公众所知悉"仅仅要求商业秘密不为与权利人同行的领域的人所普遍知悉。而关于采取的保密措施，我国法律设置的标准为"合理"即可。

4. 权利维护方面

维护商业秘密无需缴纳费用。与专利权人是依靠法律的直接规定取得排他性的使用权利不同，商业秘密权利人主要是通过自身采取的保密措施对其所有的商业秘密进行保护，保密的成本多为采取保密措施、建立保密规章制度、对员工进行保密教育，签订保密协议等费用支出。但商业秘密的保密支出具有灵活的特点，权利人可以根据商业秘密价值的大小，灵活地决定保密成本的多少。而就专利保护来说，不论专利价值的大小，都要求专利权人必须依法缴纳申请费和年费等费用，否则将承担不利的法律后果。

5. 权利保护对象方面

商业秘密的保护对象包括技术信息和经营信息。技术信息和经营信息均可得到商业秘密保护。技术信息不仅包括有关设计、程序、产品配方、制作工艺、制作方法等完整的技术方案，还包括开发过程中的阶段性技术成果、取得的有价值的技术数据，以及针对技术问题的技术诀窍。经营信息主要包括：经营策略、管理诀窍、客户名单、货源情报、产销策略、招投标中的标底及标书内容等信息。而专利保护的对象仅为技术信息，经营信息无法获得专利保护。

6. 权利内容保密方面

商业秘密信息不需公开。法律要求商业秘密的构成要件是处于"不为公众所知悉"的秘密状态，这种状态能给权利人带来经济利益和竞争优势。而且采取商业秘密方式保护的权利人无需向任何人公开该商业秘密的内容，正因为不需要公开商业秘密，就可以避免他人在参考原有商业秘密的基础上，创造出更具有竞争性的商业秘密，从而影响原商业秘密的优势竞争地位。而获得专利保护是以公开专利技术内容为代价的，申请专利需要公开技术，技术内容一旦公开，就不能禁止他人在合法的前提下参考已公开的技术信息，研发出作用相同或更有价值的技术，对专利权人的经济利益和竞争地位造成潜在的威胁。

（三）商业秘密保护的劣势

1. 商业秘密保护具有相对性

商业秘密权是相对权利，其禁止效力仅限于侵犯商业秘密的行为，而不及于他人合法获取商业秘密的行为。因此，权利人无权禁止他人通过独立研发、反向工程等合法手段取得相同的商业秘密。专利保护则不然，专利申请人一旦经国务院专利行政部门依法审查合格后被授予专利权，便对该专利享有独占权，有权排除在后的任何单位和个人对相同或近似的专利再申请专利，而不管其是否通过合法的方式获得。商业秘密权允许多个权利主体并存。商业秘密法的保护精神不禁止技术的合法取得，因此如果第三人合法发现了某项技术信息，商业秘密的持有人不能对其进行干涉。

2. 商业秘密权利丧失的风险较大

《反不正当竞争法》中规定了"商业秘密因公开而消灭"的法律后果，故商业秘密一旦公开，商业秘密权即会随之消灭。而商业秘密的公开包括权利人的主动公开和第三人的公开，第三人的公开又包括了通过侵权行为公开和通过独立开发、反向工程等合法手段获得商业秘密权以后公开。公开手段繁杂、公开途径多样就决定了商业秘密权利丧失的风险远远大于通过专利行政管理机关依法授权的专利权，除非特殊情况的出现，在专利保护期限届满之前，专利权人一般都不会丧失其专利权。

3. 商业秘密侵权案中权利人举证较为困难

商业秘密权利取得方式为原始取得，无需经过法律和相关部门的认可，故商业秘密权利人也不会拥有证明其权利存在的权利证书。在发生商业秘密侵权案件以后，商业秘密权利人不仅要提供证据证明对方当事人使用的信息与其商业秘密相同或者实质相同、对方当事人采取了不正当手段的事实，并且具有获取商业秘密的条件，还应证明该商业秘密符合法律规定的条件，且为其合法所有。如果无法证明其起诉侵犯的信息符合商业秘密的构成要件，则很难得到法律的保护。专利侵权案件中专利权权利人只需证明对方当事人实施了不正当行为侵犯了其专利权即可，而无需再提供证据证明其专利符合法律规定的专利条件。

（四）商业秘密保护与专利保护的选择依据

1. 考量该技术信息获得专利的可能性

首先应该考虑该项技术本身是否能够获得专利，是否属于专利授予的范围，是否符合我国专利法对授予专利规定的三个要件，即新颖性、创造性与实用性。企业经常会有一些技术创新，但是不具备获取专利的条件，如果企业将这些创新成果申请专利最后却未能获批，那么该技术创新将变成公知技术。技术成果开发成功以后，应先在企业内部进行初次评估其获取专利权的可能性，有一定把握时再向国家进行申请。对于被授予专利可能性高的科研成果，可以考虑选择专利保护，对于被授予专利可能性低的科研成果，可以考虑选择商业秘密保护。

2. 考量该技术信息反向工程的难易程度

如果该项信息是不易为一般的研究工作所发现，且该项信息并不能够很轻易地被反向工程所获得，那么就可以采取商业秘密的方式进行保护。反之，则应采用专利权的方法进行保护。

3. 考量该技术信息的市场前景

如果该项信息能够在长时间之内保持先进性，且可以得到市场的认可，价值周期较长，则应适用商业秘密的保护方式。如果其价值具有明显的时代性，存在的时间较短，则应对其进行专利权的申请，在专利的期限之内尽可能地完成对于专利技术的运用，以获得最大利润。如果是一项价值周期较长的技术信息，同时还要考虑到，之后的技术进步会不会对产品产生威胁，在对于该技术进行商业秘密的保护过程中是否存在成本不断增大的可能性等。

4. 考量该技术信息的经济价值

由于获得专利保护的前提是向专利部门支付一定的费用，因此，从企业利益考虑，对于经济价值低的科研成果不必要选择专利保护而应该选择商业秘密保护，对于经济价值高且市场需求大的科研成果则应申请专利保护。

5. 考量该技术信息被侵权的救济途径

不论是进行专利还是商业秘密的运作，都存在被侵权的可能性。在这种情况之下，应当考虑该项信息技术在受到侵害的时候，哪一种方式的救济成本更低，程序更快捷。由于知识产权的即时性，如果在很长一段时间后才得到救济，那么本身权利受到救济的隐性成本也就被忽略了。如果是在全球范围内使用，还要考虑到有关的其他限制，如专利权的先用权、临时过境、强制许可等情况。故此，根据该项信息本身综合考虑救济途径也是选择知识产权保护方式所必须注意的问题。

由于技术构成往往具有复杂性和系统性，所以企业在构建知识产权保护制度时，应当明确技术信息可以选择部分申请专利保护，部分选择商业秘密保护，实现商业秘密与专利权对技术的交叉保护，例如，有一些周边技术，它容易被人破解进行反向工程，或者其他人容易研制开发，这样的技术可以申请专利。但是申请专利以后，并不等于所有的技术点都要公开，还可以对某个技术点进行商业秘密保护。交叉保护还存在阶段性，即先作为商业秘密进行保护，到一定阶段，企业认为技术更替以后，再将储备的技术申请专利。

三、商业秘密保护的基本措施

（一）日常保密工作

1. 强化员工保密意识

企业需提高全体员工的商业秘密保护意识，特别是因工作本身的需要与商业秘密接触的职工，如技术人员、网络管理人员以及文件管理人员，并对这类人要进行保密培训，以强化其保密意识、保密责任以及防范商业间谍意识。同时可以通过定期培训，加强企业文化建设，让员工对企业文化产生认同感，为商业秘密保护营造良好环境。

2. 强化企业保密制度

企业需建立商业秘密保护制度，合理的规章制度一方面可以得到法律保护，另一方面也能成为权利人主张无形财产权的依据，有利于在侵权诉讼中举证。保密规章制度的制订要合理合法并且切实可行，规章制度如果过于琐碎，反而会造成工作障碍，影响经营活动。相反，过于简单，又起不到保密的规范作用。一般而言，企业制订保密规章制度应包含以下几方面内容：

（1）商业秘密的范围；

（2）商业秘密的管理者及责任；

（3）商业秘密载体保密管理制度；

（4）商业秘密载体对外交往要求；

（5）涉密活动、涉密会议管理制度；

（6）商业秘密档案管理制度；

（7）商业秘密的申报与审查程序；

（8）商业秘密的保密义务、处罚；

（9）雇佣期间产生的商业秘密的归属等。

建立商业秘密保护制度是不可或缺的，但并不意味着所有的企业都要制定同样的商业秘密管理制度，也不意味着所有企业在建立商业秘密保护制度的时候都需要追求完美。因为事实上，保密程度越高，付出的成本也就越高。不同类别、不同规模以及不同发展阶段的企业，能够支付的保密成本也不同，所以应根据企业自身的实际情况，制定相应的保密制度，从而使企业获得最佳的投入产出比。

一般来说，企业可以根据发展的不同阶段，制定不同的商业秘密保护措施。

（1）初步阶段：在企业发展的初步阶段，虽然认识到商业秘密保护的重要性，但是企业管理不够规范，也无法为保护商业秘密支付太多的费用时，可以选择使用和相关员工签订保密协议、竞业禁止协议、增加劳动合同的保密条款等方式，对商业秘密形成初步的保护。

（2）发展阶段：在企业的稳定发展阶段，企业可能有了更大的能力去进行商业秘密保护，这时应该在企业内建立基本的商业秘密保护和管理制度。

（3）稳定成长阶段：在企业进入稳定成长阶段以后，内部管理和运营变得更加规范，大量的技术信息和经营信息产生，尤其是一些核心技术要求企业给予更为周全的保护，这时，企业应该建立专门的商业秘密管理机构，在前一阶段的基础上继续完善商业秘密保护制度。

（二）物理保密措施

1. 区域管理

管理商业秘密本身的基本思路是将商业秘密与外界进行隔离，多一个不相关的人知道企业秘密就多一分泄密的危险，区域管理最重要的原则就是严格地控制接触商业秘密的人数。具体管理措施包括以下几点方面。

（1）加强门卫设防。对来访者，需要验明身份并问清来访事由，不让无关人员特别是竞争对手随便进入公司。建立登记制度，必要时对携带的可以拍照或录音类物品予以寄存。对重点部位安装电子监控报警、人员身份识别系统等，严禁来访者任意进入保密区域。

（2）加强保密区域的管理。建立内部监控设施、防盗系统，无关人员禁止随便进出如技术部、产品开发部、资料室等高度涉密区域。在公司内部严禁员工任意串岗，让涉密人员处在可控范围内。

（3）对企业的商业秘密进行等级划分。企业可以根据商业秘密载体的形式及性质将其分为商绝密级、商机密级和商秘密级或者商密A级、商密AA级、商密AAA级等，令他人接触到该商业秘密时立即可以得到相关提示。

2. 电脑管理

随着电脑迅速发展和普及，现在绝大多数的企业员工都是运用电脑进行工作，在这样的环境下，商业秘密的泄密风险就更高，企业要加强商业秘密管理，电脑管理当然不能忽略。电脑管理措施包括：

（1）设置电脑进入密码；

（2）对重要文件进行软件加密，将文件设置为禁止复制或更改；

（3）拆除USB接口及光盘刻录等；

（4）对计算机与网络设备送交外部人员修理时，必须先拆卸涉密存储设备，防止商业秘密被修理人员窃取；

（5）遗弃旧电脑时，务必将旧电脑的存储设备进行技术性清理；

（6）隔断没有必要的网络连接。如今黑客技术已经达到通过网络侦寻联网计算机内的硬盘信息的程度，因此计算机特别是涉密计算机上网是非常危险的。

3. 网络管理

网络时代，企业通过互联网可以更快获取资料，交换信息，共享资源，一方面为企业带来了便利，另一方面也为企业的商业秘密保护带来了更大的挑战，如何在充分利用互联网带来便利的同时采取积极有效的措施防止网络泄密，成为网络时代商业秘密保护共同的难题。

目前，网络侵犯商业秘密主要通过以下途径：在网络上公布共享软件的注册码；

将商业秘密置放在公共空间，访客可以下载；利用电子邮件窃取商业秘密；侵入公司内部数据库获取商业秘密等。针对这些侵权路径，企业应采取以下措施进行防范。

（1）密码管理。为了确保雇员只能接触他们需要知晓的信息，可以由中央控制服务系统分配给每个授权用户一个独特的密码，这个密码只能由自己保护及保密，且密码需要定期更换。

（2）禁止安装摄像头。摄像头的安装不但有可能泄露企业的运作流程，同时还有可能因直接对准有商业秘密的文件而导致泄密。

（3）禁止下载和工作无关的程序。由于有些程序会含有间谍程序，如果擅自下载和工作无关的程序，很容易不经意间就被安装了间谍程序。

（4）在涉密信息中添加安全说明。在涉密信息打开的时候，该说明就会提示打开信息的用户文件中含有涉密信息，作为合理保密措施的证据存在。

（5）高层管理者进行网络监控。在此之前，管理人员应该告知员工，在工作期间内，不能用电脑从事私人活动，公司可以监视到员工在工作时传输的信息和电子邮件等，告知后，公司可就工作内容进行网络监控。

四、雇员商业秘密保护

商业秘密保护，不仅要靠制度、技术，更重要的是对涉密人员的管理。企业的科研开发、生产经营必须要依靠员工进行，员工在工作中也就不可避免地要接触企业的商业秘密，而且，侵犯商业秘密案件的绝大多数泄密案件都是由于知晓企业商业秘密的员工违反规定的行为引起的，因此，对于员工商业秘密的管理成为企业商业秘密管理的最重要的环节。

（一）强化涉密员工管理

涉密员工是指由于工作需要，在涉密岗位合法接触、知悉或管理企业商业秘密的人员。

（1）对涉密员工范围进行界定，明确涉密员工的职权和责任，此举一方面可以节约保密成本，另一方面能更好地保护商业秘密。按照接触、知悉或管理商业秘密的程度，涉密员工也可以分为核心涉密人员、重要涉密人员和一般涉密人员。在涉密岗位上工作并接触、知悉或管理绝密级商业秘密的涉密员工应当确定为核心涉密员工；在涉密岗位上工作并接触、知悉或管理机密级商业秘密的涉密员工应当确定为重要涉密员工；在涉密岗位上工作并接触、知悉或管理秘密级商业秘密的涉密员工应当确定为一般涉密员工。

（2）应该严格控制商业秘密的接触范围，只有在充分必要的情况下，才让员工接触相关的商业秘密信息；尽量避免将完整的商业秘密信息告知员工，按照员工实际需要仅告知其必须知晓的被分割后的部分信息。

（3）需对涉密员工进行上岗培训，培训内容包括：保密法律规章、保密知识技能、保密的权利和义务等。通过培训令涉密员工增强保密意识，了解和掌握保密知识技能和保密法律法规，提高保密责任感，自觉履行保密职责。

（二）保密协议

《劳动法》规定，劳动者应该根据用人单位的要求，保护用人单位的商业秘密。用人单位要求员工保守商业秘密，一方面可以通过规章制度的方式，另一方面也可以与员工签订保密协议。用人单位通过与员工订立保密协议来保护商业秘密是最常见也是保护成本较低的有效方法。保密协议能让员工明确其保密义务和保密范围，也是企业采取了合理保密措施的有效证明。保密协议应包括以下主要条款。

（1）用人单位应与员工约定商业秘密的范围和权属。关于保密协议的内容和范围，我国法律只概述了商业秘密可以包括技术信息和经营信息，而没有明确信息以何种形式、何种内容呈现才算是商业秘密，企业可以采用列举的方式来明确员工保密的范围和具体内容，以免在发生纠纷时就是否属于商业秘密及是否应当保密产生分歧。

（2）用人单位应与员工约定商业秘密的有效期限。因为保密的期限往往会超过劳动关系存续的期限而延续到劳动者离职以后的一段时间，特别是解除劳动合同后的一段时间。用人单位可以要求员工在离职后继续承担对仍在存续期间的商业秘密的保密义务。

（3）用人单位应与员工约定商业秘密的具体保密措施。如商业秘密不得向公司外部及内部无关人员泄露，不得复制含有商业秘密的文件，不得在有竞争关系的企业兼职，在劳动关系终止前6个月，用人单位有权单方决定调动劳动者的工作岗位等。

（4）用人单位应与员工约定员工职务发明与非职务发明的范围。具体内容包括员工在任职期间创造的发明成果应该及时汇报，对该成果的实施、转让以及权利归属进行明确约定。

（5）用人单位应与员工约定保守商业秘密的补偿条款。包括保密的待遇和以"保密津贴"形式存在的经济补偿等，当然，用人单位还可以和员工约定离职后其承担的商业秘密保护义务不以得到额外补偿为前提条件。

（6）用人单位应与员工约定保密的义务和责任，以及违反保密义务的违约责任和赔偿条款。

违约责任可以按照《合同法》的规定约定一定数额或者比例的违约金，也可以根据违约的不同情形约定违约金的具体数额。违约金不足以弥补实际损失的，可要求违约员工按照实际损失进行赔偿。

关于保密协议的签订，有两个问题值得注意：

第一，保密协议不以支付保密津贴为对价。很多人都有一个误区，认为法律里有"权利义务相一致"原则，用人单位既然要求涉密员工承担保密义务，就必须向涉密员工支付保密津贴。这种误解往往导致一些涉密员工在没有取得保密津贴的情况下，想当然地认为自己不承担保密义务。根据法律的基本理论，义务来源于法律的明文规定或合同约定。在我国所有的法律条文中，只规定了接触商业秘密的人有保守他人商业秘密的义务，而没有规定权利人必须为此支付保密费用。所以，在未约定支付保密费用的前提下，涉密员工任何要求用人单位支付保密津贴的行为都是缺乏法律依据的，保守公司的商业秘密的义务是单方义务，不是双方义务。但是，虽然从法律规定来看，保密义务是涉密员工忠诚义务的体现，法律不要求用人单位支付任何额外报酬为对价，但是一定数额的保密津贴一方面可以提示涉密员工明确自己的保密义务，另一方面在遇到商业秘密纠纷时可以用来证明涉密员工存在保密义务以及用人单位实施了合理保密措施。所以，用人单位在经济能力允许的情况下，向涉密员工支付一定的保密津贴是可行的。

第二，保密义务不以保密协议为前提。保密义务源自法律的诚实信用原则，也就是权利人在实施商业秘密的过程中，如果不可避免地令他人接触到自己的商业秘密，即使没有保密协议，接触者也存在保密义务。保密义务的确定需要具备两个前提条件：

一是接触者接触到了商业秘密，了解商业秘密的内容；二是接触者明知或应知自己需要保密。一旦具备这两个条件，接触者就应该根据诚实信用原则履行保密义务，以保护商业秘密权利人的权利。同时，接触者应当注意，保密义务的时间与商业秘密的存续时间一致，只要商业秘密的秘密性尚未消失，接触者的保密义务就不会消失。

（三）竞业禁止协议

目前商业秘密纠纷主要表现为雇员带走雇主的商业秘密，继而与前雇主展开不正当竞争。竞业禁止协议就是针对上述现象的防范措施。竞业禁止协议是指根据法律规定或合同约定，劳动者在任职期间或离职后一定期限内不得自营或者为他人经营与用人单位有竞争关系的同类产品或业务。其核心内容就在于约定离职者不得利用在原单位掌握的商业秘密从事此行业的不正当竞争业务。在拥有商业秘密的公司，雇主与雇员建立雇佣关系时一般通过与雇员签订协议的方式要求雇员在离开该企业后的一定期限内，不得在潜在对手处任职。签订竞业禁止协议的目的主要在于一方面可以防止员工离职带走原单位的商业秘密为另一单位服务；另一方面可以防止员工离职后另起炉灶，从事与原单位业务相同的经营或服务。

竞业禁止的限制对象负有不从事特定竞业行为的义务，这种义务的产生原因一是基于法律的直接规定，如公司法对董事、经理等的竞业禁止义务所作的规定；二是基于当事人之间签订竞业禁止协议进行约定，此类协议通常用于保护雇主的商业秘密。由此可知，竞业禁止的形式一种是法定竞业禁止，是当事人基于法律的直接规定而产生的竞业禁止义务；另一种是约定竞业禁止，是当事人基于民事合同或劳动合同的约定，而产生的竞业禁止义务。

1. 法定竞业禁止

法定竞业禁止是当事人基于法律的直接规定而产生的竞业禁止义务。法定竞业禁止最早规定于我国的《中外合资经营企业法》，后在《公司法》《合伙企业法》《刑法》中也有规定。法定竞业禁止的义务主体包括中外合资经营企业的总经理、副总经理；有限公司及股份有限公司的董事、经理；国有独资公司的董事长、副董事长、董事、经理；合伙企业的所有合伙人。法定竞业禁止的内容主要包括：首先，不得自营与所任职企业相同、类似的营业。自营即为自己经营，包括为自己独资或参股的企业经营。因为董事、经理、合伙人都是企业的高层管理人员，拥有管理公司或企业事务的权利，他们是整个企业的决策、业务的执行者。而且，由于职务的关系，他们直接掌管或知悉本公司商业秘密。因此，如果允许他们自行从事同类营业，将有可能利用职务之便利，或利用因其职权获得的商业秘密与公司进行竞争，以谋取私利，从而损害公司的合法权益，这当然为法律所不许。其次，不得为他人经营与所任职企业相同、类似的营业。"为他人经营"，是指为自己不出资但却从中获取报酬的经营。为自身利益经营，法律要禁止，为他人利益经营，法律也仍然禁止，因其可能损及企业利益，有违其对所在企业所负的忠实义务。最后，法律还规定了中外合资企业的总经理、副总经理，国有独资企业的董事长、副董事长、董事不得兼任其他经营组织的负责人。

2. 约定竞业禁止

约定竞业禁止是当事人基于民事合同或劳动合同的约定而产生的竞业禁止义务。在运用约定竞业禁止时应当注意以下几点。

其一，竞业禁止的认定。竞业禁止的范围指的是"同类且有竞争关系"的企业，只生产经营同类产品而没有竞争关系的企业不形成竞业禁止的前提条件。例如，两家公司都生产同一种产品，但是甲的产品只能在国内销售，而乙的产品只能销往国外，国内不得销售，这种情况就可以认定不存在竞业禁止，因为甲乙企业之间不存在竞争关系。

其二，受限制时间不能太长。竞业禁止的期限应当取决于商业秘密在市场竞争中所具有的竞争优势、持续时间以及雇员掌握该商业秘密的程度和技术水平的高低等因素，竞业禁止的期限一般不超过离职后2年。

其三，竞业禁止不能适用于全体员工。一般来讲，约定竞业禁止的员工必须是企业的关键涉密人员，也就是掌握和了解商业秘密的人，包括技术人员、研发人员、高级管理人员等。

其四，竞业禁止协议签订后用人单位应当给予涉密员工适当合理的补偿金。由于竞业禁止使员工所掌握的经验和技能不能有效发挥，也会影响到员工的再次择业，收入降低在所难免，那么，用人单位就应当对其给予一定的经济补偿。关于竞业禁止补偿金的发放，应注意以下几点：第一，补偿金支付标准，对于竞业禁止的补偿金数额，法律没有明确和权威的规定。按照深圳和珠海的相关规定，补偿金的数额须不少于该员工年收入的1/2，如果补偿金支付的数额明显过少，法院有时也会判决该竞业禁止协议无效。第二，补偿金何时支付，从目前法院受理的案件来看，绝大多数的用人单位通过在每个月的工资中发放一定的数额或比例的补偿金作为竞业禁止补偿金。如果有些劳动者在签订竞业禁止协议后不久就离开了原单位，实际领到的补偿金就会很少。也就达不到补偿金的给付标准。所以，为了避免此类问题的发生，最好对补偿费的给付时间进行规定。国外规定一般定为"竞业禁止期间"，也就是如果约定了离职以后的竞业禁止，那么补偿金应当在离职时起到竞业禁止期届满前支付。

上文提到用人单位在和员工签订竞业禁止协议时，应该给予一定的经济补偿金，如果用人单位没有支付约定的经济补偿金，已签订过竞业禁止协议的员工是否就可以当然地不遵守竞业禁止协议？我们通过以下案例说明：原告北京中科大洋科技发展股份有限公司（以下简称大洋公司）诉称，大洋公司和成都索贝数码科技股份有限公司（以下简称索贝公司）均为专业电视多媒体开发生产企业。陈某原为大洋公司股东、董事和副总经理，主要负责市场营销、市场推广及销售与管理的协调工作。2004年1月，陈某正式就职于索贝公司，任主管市场的副总裁职务，负责产品的市场推广、销售及与其他部门的协调。大洋公司认为，陈某多年在大洋公司担任高级职务，掌握公司的技术秘密、价格体系、销售渠道、客户关系等商业秘密。大洋公司章程规定了董事和股东不得在工作期间和离开公司两年内从事与公司竞争的行业。陈某亦做过相应的书面保证。2002年年底，陈某以进修为由提出辞职，并在未经公司同意的情况下离开大洋公司，前往大洋公司在国内最主要竞争对手之一的索贝公司工作。陈某不履行股东、董事和保证书约定的竞业禁止义务，给大洋公司造成重大的经济和商誉损失，应依法承担赔偿责任。

被告陈某辩称，原告没有给予陈某竞业禁止补偿费，竞业禁止条款应属无效。陈晋苏请求法院驳回原告对其的全部诉讼请求。由该案例产生的疑问是：约定并支付补偿费是否是构成竞业禁止条款有效的必要条件？

法院认为，法律允许企业与劳动者设立竞业禁止合同，用双方共同的意思表示平衡双方之间的利益关系。竞业禁止合同一经签订，劳动者若对竞业禁止存有异议，可以通过法律途径要求撤销合同或给付竞业禁止补偿金，择业者仅以竞业禁止合同无效作为事后择业进行不正当竞争的抗辩理由，并不能排除其主观上的不良动机。法院还认为，我国合同法并未将竞业禁止条款没有约定合理经济补偿金的情形明确规定为无效。经济补偿规定的本意，在于作为对劳动者劳动权受到限制的补偿，应以被竞业者的生活水平不因被竞业而受到影响为标准，而不应单纯以约定经济补偿与否作为合同是否有效的要件。综合考虑，陈某应为其不履行竞业禁止义务的行为作出适当赔偿。可见，在实际的案例里面，并不能以单位没有支付约定的经济补偿金，就当然地不遵守竞业禁止协议。在法律的构成要件里面，主观因素往往也会计入考量，否则就很难避免员工以未收到补偿金为由，恶意暴露原雇主的商业秘密，如果对这种行为放任不管，也就违背了诚信原则。法律支持未取得合理补偿的员工以法律手段维护自己的权益，但是不支持你不仁我不义。劳动者仅以竞业禁止合同没有支付补偿费而进行不正当竞争，就不能排除其主观上的不良动机。所以，如果雇员具有这种主观上的不良动机，没有得到补偿金就不能当然地导致竞业禁止合同无效。但是，《上海市劳动合同条例》中规定，因用人单位原因不按协议约定支付经济补偿金，经劳动者要求仍不支付的，劳动者可以解除竞业禁止协议。另外，在实际的案例操作中，如果单位没有支付经济补偿金，雇员可以另行起诉要求其支付补偿金，而不能绝对地导致竞业禁止合同无效。

由以上分析可知，保密协议与竞业禁止协议都是保护用人单位商业秘密的有效方法，两者的区别如下：第一，两者产生的依据不同。保密协议产生的基础是用人单位对商业秘密享有的民事权利；竞业禁止协议（条款）产生的基础是当事人双方间的劳动关系。第二，两者保护的对象不同。保密协议保护的是抽象的技术信息和经营信息；竞业禁止协议保护的是用人单位在某一具体的技术领域、经营领域的竞争力。第三，两者禁止的行为不同。保密协议禁止的是对商业秘密的泄露、擅自使用行为；竞业禁止协议禁止的是从事某种专业、业务或经营某种产品或服务的行为。第四，两者的限制期限不同。保密协议约定的保密期限和商业秘密存续期限一致，可能很长；而竞业禁止协议的期限则不宜过长，在我国相关立法中规定不得超过2年。第五，两者保护商业秘密的范围不同。保密协议的范围比较宽泛，除了重要商业秘密外，还可包括一般的保密信息；竞业禁止协议所保护的商业秘密多为用人单位的重要商业秘密，不包括一般的保密信息。第六，两者所受的限制不同。保密协议一般仅在商业秘密的范围上受到限制，要求协议双方商业秘密的范围给予界定；竞业禁止协议则在较多方面受到限制，该限制甚至可以决定协议本身的法律效力。第七，两者保护商业秘密的成本不同。保密协议的签订不以支付保密津贴为对价，即使支付也没有具体的标准；竞业禁止协议的签订如果没有支付保密补偿金，义务人在无恶意的情况下有可能导致协议无效，并且保密补偿金不能过少。

（四）脱密期

脱密期也称"提前通知期"，指掌握商业秘密的员工在劳动合同终止前或提出解除劳动合同后的一定时期，这段时期企业可将上述员工调动到非商业秘密的工作岗位，变更合同内容，逐步使其淡忘所知道的商业秘密。待此期满，员工方可办理离职手续。脱密期是用人单位通过约定，要求员工在离职前提前通知用人单位，在员工通知用人单位后，还必须为用人单位再工作一定期限，该期限届满，员工才可以正式离职，在通知后的这段时间内，用人单位可以将员工调至不需保密的工作部门，以确保员工不再获知新的商业秘密。关于脱密期，劳动部《关于企业职工流动若干问题的通知》第2条规定：用人单位与掌握商业秘密的职工在劳动合同中约定保守商业秘密有关事项时，可以约定在劳动合同终止前或该职工提出解除劳动合同后的一定时间内（不超过6个月），调整其工作岗位，变更劳动合同中相关内容。《上海市劳动合同条例》第15条规定：劳动合同可以对掌握用人单位商业秘密的劳动者要求解除劳动合同的提前通知期，作出特别约定。提前通知期最长不得超过6个月。在此期间，用人单位可以采取相应的脱密措施。

用人单位在运用脱密期保护自己商业秘密时，应当注意：第一，员工的工作岗位必须涉及商业秘密。这是单位运用脱密期来约束员工的前提，如果员工的工作岗位根本不涉及商业秘密，单位就不应该设立脱密期。第二，脱密期需要双方约定，不能是单位单方面的要求，如果没有书面协议，单位没有权利要求员工履行脱密义务。第三，脱密期长短必须符合法律规定。一般来说，脱密期不能超过6个月，如果员工与单位约定的脱密期超过了6个月，员工只需要履行6个月的脱密期即可。第四，脱密期间员工仍与单位有劳动关系，享有员工待遇。脱密期间单位不得让员工回家待岗，以此为借口不发工资或者克扣工资，因为脱密期间员工仍然是与单位有劳动关系的员工。

竞业禁止协议和脱密期的运用都是用人单位为了保护其商业秘密而实施的以涉密员工为对象的保密措施，两者的区别如下：第一，限制的内容不同。竞业禁止限制的是"不得自营或到同类竞争企业中工作"；脱密期限制的是在劳动者在提出辞职时"提前6个月书面通知公司"。第二，限制的时间不同。竞业禁止是在双方劳动关系解除或终止后才产生的，其前提是用人单位应当给予劳动者相应的经济补偿且期限不得长于2年；脱密期是在劳动合同关系解除前即存在的，其目的是让用人单位有足够的时间采取相应的脱密措施，脱密期不得长于6个月。第三，雇员和前单位的关系不同。竞业禁止期内，员工与原用人单位之间已没有劳动关系，可以与其他用人单位建立劳动关系，取得劳动报酬；脱密期内，员工仍与单位存在劳动关系，身份未变，不可以与其他用人单位再建立劳动关系。第四，经济补偿不同。竞业禁止期内，虽然员工与原用人单位之间已没有劳动关系，但是原单位仍应当支付竞业禁止补偿费，且数额不能过低；脱密期内，员工仍与单位存在劳动关系，单位只需要对其支付工资即可。

由于竞业禁止和脱密期的适用都有时间的限制，用人单位为了保护自己的商业秘密，能否与涉密的劳动者既签订协议约定脱密期又约定解除合同后的竞业限制期，以达到延长对雇员商业秘密的控制呢？我们通过以下案例说明：姜某系某化工公司工程师，与公司签订有无固定期劳动合同。工作中，姜某参与了公司的一项新工艺流程设计，公司要求姜某签订协议。协议中约定：姜某在工作期限内应对公司的技术秘密予以保密；姜某如要解除合同离开公司，则必须提前6个月通知公司，公司将采取调离其原岗位另行安排工作的防泄密措施；姜某因任何原因离开公司，应在离开后两年内不得前往与公司有竞争关系的单位工作；公司同意按月支付姜某一定数额的津贴。经协商一致，双方签署了上述协议。数月后，姜某因个人原因申请辞职，公司要求姜某继续工作6个月，并对其重新安排工作岗位，并再次提醒姜某在6个月后不得到有竞争关系的单位工作。姜某认为这份协议过于苛刻，且对其今后就业极为不利，于是要求公司取消有关"离开公司后两年内不得前往与公司有竞争关系的单位工作"的协议规定。公司认为协议经双方协商同意并已签字，履行保密义务是员工的职责，因此拒绝了姜某的要求。姜某不服，双方于是发生劳动争议。姜某认为，自己在离开公司时提前6个月通知，公司可以马上调换其岗位以保护公司的技术秘密；自己离开公司后，不再接触公司的技术秘密，因此，公司再规定自己在离开后两年内不得前往与公司有竞争关系的单位工作，限制了自己的就业权利，违反了劳动法的规定。而公司则认为，姜某在公司工作期间所接触的技术均是公司的核心机密，协议经双方协商同意签订，公司已按月支付了保密津贴，姜某现在反悔没有依据。那么用人单位能否与涉密的劳动者签订协议约定脱密期又约定解除合同后的竞业限制期？答案是否定的，《上海市劳动合同条例》第16条第2款规定，"劳动合同双方当事人约定竞业限制的，不得再约定解除合同的提前通知期。"根据以上规定，提前通知期和竞业限制不能同时约定。如果在保密协议中，既规定了竞业限制期，又规定了提前通知期，对劳动者的择业权作了过度的限制，违反了劳动法规的相关规定。因此，公司在保密协议中约定了姜某的竞业限制期，就不得再约定解除合同的提前通知期，双方的解除合同提前6个月通知的约定不能产生法律约束力。①

（五）不可避免泄露规则

我国商业秘密保护主要集中于事后救济，着重对实际侵权行为进行防范，而对于潜在的商业秘密侵权行为则缺乏相应的事前救济途径。而诚如前述，商业秘密诉讼中没有赢家，即使权利人赢得商业秘密侵权诉讼，也可能因为商业秘密遭到泄露，对企业竞争优势产生侵权补偿无法弥补的影响。在此情况下，我们可以尝试参照美国的"不可避免泄露规则"进行处理。

不可避免泄露规则是指雇员与前雇主之间虽然没有签订竞业禁止协议，但根据前、后雇主及其产品的性质，雇员在前后两个机构中担任职务的相似性等证据，有理由认为该雇员必然会在履行其新职务的过程中披露前雇主的商业秘密，在上述情况下，法院可以认定该雇员存在潜在的侵权可能性，并可依此颁发禁止雇员一定时期内在相关领域执业的禁令。

---

① "竞业限制期与提前通知期不能并用"，http://edu.sina.com.cn/l/2003-04-10/40897.html。

由于商业秘密的侵权案件很大程度上是由于雇员的"跳槽"所引起，据统计，在美国至少85%的商业秘密案件的侵权人是商业秘密权利人的雇员或商业伙伴。"不可避免泄露规则"就由此而产生。"不可避免泄露规则"允许原雇主请求法院颁发禁令来阻止知晓其商业秘密的离职雇员在竞争单位工作一定的期限，虽然离职雇员没有实际泄露原雇主的商业秘密，但原雇主只需证明离职雇员会不可避免地泄露其商业秘密，就可以导致不可避免泄露规则的适用。

我们可以通过以下案例进一步了解"不可避免泄露规则"：原告Bimbo公司是位于宾夕法尼亚州的美国最大的糕点公司之一，拥有众多知名的糕点品牌。被告Botticella自2001年起开始担任该公司在加州业务的副总裁，他直接负责五个生产工厂并监管产品质量和成本、劳动和新产品的研发，他还与公司的销售团队具有密切的联系。因此，Botticella作为Bimbo公司的资深高管有权知悉公司的大量秘密信息，包括产品信息和经营信息。尤其Botticella知悉如何制作Bimbo公司的一项拳头产品"托马斯英国松饼"，包括该松饼所独有的"松软极致"口感背后的秘密，该公司仅有7个人知悉这一商业秘密。而这一款松饼每年所带给Bimbo公司的销售收入大约5亿美元。2009年3月，Botticella与Bimbo公司只签订了保密协议、禁止招揽协议和发明转让协议，而唯独没有签署竞业限制协议。2009年9月，Bimbo公司的一家主要竞争对手Hostess公司向Botticella发出聘请要约，其职位是负责在东部地区糕点运营的副总裁。2009年10月，Botticella接受了这份要约并同意于2010年1月开始任职。但是，Botticella当时没有将该计划透露给Bimbo公司，并仍然正常在Bimbo公司工作。2009年12月，Hostess公司还让Botticella签署了一个"承认和陈述书"，其实质内容是表明Hostess对于Botticellla从Bimbo公司那里获取的商业秘密并不感兴趣，且Botticella也不会透露这样的信息给Hostess公司。

2010年1月4日，Botticella告知了Bimbo公司其打算于2010年1月15日离职，但仍没有透露会去竞争单位就职。而在1月12日，Hostess公司曾宣布，东部地区的副总裁退休，Botticella会在1月18日正式接替其职位。在1月13日这一天，Bimbo公司人事部门得知该消息并马上要求Botticella与其联系。Botticella在当天早上10点就在电话中取得了联系，并告知了其打算去Hostess公司工作的意向，其当天被免去了职务。在Botticella接受Hostess要约到其离职的这段时间，他仍然接触到Bimbo公司的商业秘密。比如，在

2009年12月Botticella与Bimbo公司的其他高管开会中讨论了关于公司在加州的战略计划的秘密信息。Botticella也承认,如果当时他向Bimbo公司透露了去Hostess公司工作的意向,Bimbo公司会对其接触公司商业秘密进行限制,但他自己坚称,不透露是由于对于公司商业秘密的远离会使他对其工作感觉不适应,并且当他收到含有公司秘密信息的电子邮件或文档时,他都会对其进行删除,在开会时接触到秘密信息时他也会将这些信息排除在脑海之外。可是,Botticella在2010年1月4日之后以工作需要的理由让电脑技术员恢复了电脑中文件。Bimbo公司在Botticella离职之后,委托了一个计算机的司法专家对其在2009年12月到2010年1月使用其笔记本电脑的情况进行鉴定。这份鉴定显示,Botticella在最后离职前几个礼拜内仍然接触了Bimbo公司的高度敏感的秘密信息。甚至,在离职当天,Botticella在电话里告知打算去Hostess公司工作之后,还在笔记本电脑中接触了12份具有秘密信息的文件,其时间持续了13秒钟。另外,鉴定报告还显示,Botticella的笔记本电脑还一度多次与诸如U盘的移动外部存储器连接过。联邦第三巡回上诉法院在2010年7月27日作出判决,法院根据宾夕法尼亚州法律适用了不可避免泄露规则,同意地区法院所颁发的禁令,Bimbo公司获得了禁止Botticella在Hostess公司工作的禁令救济。[①]

由此可见,不可避免泄露规则主要是针对商业秘密潜在的侵占行为采取的保护方式。与传统的商业秘密保护方式相比,不可避免泄露规则具有以下特点。

第一,强调事前救济。在传统的商业秘密保护模式中,原雇主只有在确定了其员工加入竞争对手企业并实施了商业秘密侵权行为后才能提起诉讼请求法律保护,而此时往往已经造成了难以挽回的损失;在不可避免泄露规则下,原雇主只需在其实施侵权行为前提供其侵权的可能性即可,这种事前救济更有利于商业秘密的保护。

第二,举证责任要求降低。不可避免泄露规则里原雇主需要证明的不是实际发生的侵权行为,而仅为实施侵权行为的可能性。举证责任的降低解决了很多商业秘密侵权案件中举证难的问题。

第三,被告的主观心理状态是否为恶意无须考虑。适用不可避免泄露规则不考虑

---

① 阮开欣:"美国商业秘密法中不可避免泄露规则的新发展及其解读——以Bimbo案为视角",载《科技与法律》2013年第4期。

被告的主观心理状态是否为恶意，只需要让法官相信如果允许员工加入竞争对手的企业，泄密将不可避免即可。

第四，以发布禁令为救济方式。传统的商业秘密保护模式下的商业秘密侵权行为，损害赔偿是一种主要救济手段。而不可避免泄露规则里，权利人的商业秘密权可能还未受到实际侵害，故以发布禁令为救济方式。

当然，仅站在原雇主的立场上思考不可避免泄露规则的优势是不够的，商业秘密法律保护的核心就是在维持正当竞争秩序的同时保护权利人的商业秘密，按照自由竞争原则，每一个市场主体都可以就同类产品或者服务与其他市场主体进行充分和公平的竞争。这种竞争，也包括人才的竞争。每一个市场竞争主体都可以提供优厚的条件来吸引优秀技术人员和管理人员，进而提升自身的市场竞争地位。同样，拥有各种技能的优秀人才，也可以自由选择适合于自身发展的市场主体，不断从一个企业流向另一个企业。人才的自由流动是市场经济和自由竞争的应有之义。所以，不可避免泄露规则的适用并不是毫无限制的，从主体上来看，不可避免泄露规则只适用于高级技术职员和经理阶层，不适用于普通员工。从内容上来看，不可避免泄露规则需考虑前后工作职责类似程度以及商业秘密性质。

美国法院在适用不可避免泄露规则主要参考以下事实因素：

（1）原雇主与在后雇主之间的竞争程度；

（2）雇员在原职位与在后职位的相似程度；

（3）雇员有相关不良行为的证据；

（4）在后雇主试图防止在先雇主的商业秘密的泄露和使用；

（5）商业秘密的相对价值；

（6）商业秘密的被保护程度；

（7）竞业限制合同是否存在；

（8）公共利益及其损害的衡量。

法院也会根据案件的具体事实来灵活考虑以上因素，只有在确定具有侵权的可能性时，该原则才能加以适用。

第四节 ┃ 商事交易中的商业秘密保护

一、技术开发中的商业秘密保护

技术开发中的商业秘密保护主要是指技术开发过程中企业内部的商业秘密保护。此阶段对即将产生的商业秘密进行保护，包括以下几个方面的内容。

（一）明确技术成果商业秘密的权利归属

权利的分配，一部分来自法律的直接规定，另一部分来自当事人的自由约定。技术成果的归属原则为：谁创造，谁享有。法律另有规定或当事人另有约定的除外。非职务发明，创造者当然享有该技术成果的所有权；职务发明技术成果的所有权归属于创造者所在单位。

职务发明是指企业、事业单位、社会团体、国家机关的工作人员执行本单位的任务或者主要是利用本单位的物质条件所完成的职务发明创造。职务发明创造分为两类：一类是执行本单位任务所完成的发明创造。包括下列三种情况：发明人在本职工作中完成的发明创造；履行本单位交付的与本职工作无关的任务时所完成的发明创造；退职、退休或者调动工作后1年内作出的、与其在原单位承担的本职工作或者单位分配的任务有关的发明创造；另一类是主要利用本单位的物质条件（包括资金、设备、零部件、原材料或者不向外公开的技术资料等）完成的发明创造；如果仅仅是少量利用了本单位的物质技术条件，且这种物质条件的利用，对发明创造的完成无关紧要，则不能因此认定是职务发明创造。职务发明产生的商业秘密，其技术成果的所有权属于该单位。单位应当对发明人或设计人给予奖励。为了明确员工和用人单位之间的知识产权归属，在订立劳动合同时，可以对此类内容进行约定。

（二）预防员工在项目进行过程中跳槽

在技术开发过程中，最常见的风险是员工突然离职令用人单位的商业秘密处于失控状态。如果没有良好的防范手段，该情况的发生对于用人单位的商业秘密保护和研发进程都有极大影响。可以考虑从以下几方面建立防线。

第一道防线：为特定员工量身定做劳动合同，并将合同期限和项目研发期限相结合。

《劳动合同法》第12条规定劳动合同分为固定期限劳动合同、无固定期限劳动合同和以完成一定工作任务为期限的劳动合同。同时，《劳动合同法》第15条还规定了以完成一定工作任务为期限的劳动合同，是指用人单位与劳动者约定以某项工作的完成为合同期限的劳动合同。用人单位可以根据需要，和员工订立以完成一定工作任务为期限的劳动合同。

如果员工有意提前离职，根据《违反〈劳动法〉有关劳动合同规定的赔偿办法》第4条规定，劳动者违反规定或劳动合同的约定解除劳动合同，对用人单位造成损失的，劳动者应赔偿用人单位下列损失：用人单位招收录用其所支付的费用；用人单位为其支付的培训费用，双方另有约定的按约定办理；对生产、经营和工作造成的直接经济损失；劳动合同约定的其他赔偿费用。

第二道防线：签订竞业禁止协议或者约定脱密期。

用人单位可以通过与员工签订竞业禁止协议或者约定脱密期的方法避免员工在项目进行过程中跳槽为竞争对手工作。

二、技术使用许可中的商业秘密保护

技术秘密使用许可是指技术秘密权利人或经其授权的人作为许可人许可被许可人在一定范围内使用其技术秘密并支付一定费用的行为。将技术秘密许可他人使用是技术秘密权利人行使其权利以获取利益的重要方式之一。我国《合同法》明文规定了专利实施许可，而未规定技术秘密使用许可，由于两者的性质及内容的相似，可以参照对专利实施许可的规定进行处理。

对技术秘密权利人来说，技术秘密使用许可只是对技术秘密使用权的有偿让渡，而技术秘密的权利主体不会发生变化。同时，被许可人也只能在约定的时间、地域范围以一定的方式使用技术秘密，一方面不能超出约定使用技术秘密，另一方面也不能将该技术秘密进行转让或者许可他人使用。

根据技术秘密使用许可当事人的权利义务不同，可以将其分为技术秘密独占使用许可、技术秘密排他使用许可、技术秘密普通使用许可、技术秘密分使用许可和技术秘密交叉使用许可。

（一）技术秘密独占使用许可

是指受让人在规定的范围内享有对合同规定的技术秘密的使用权，让与人或任何第三方都不得同时在该范围内拥有对该项技术秘密的使用权。按照合同，技术秘密权利人允许被许可人在一定的期限和地域范围内享有独占使用其技术秘密的权利，被许可人按照约定的数额支付给技术秘密权利人使用费。这类合同要求技术秘密权利人在规定的时间和地域范围内，不但不能许可第三者使用该技术秘密而且自己也不得使用。

（二）技术秘密排他使用许可

是指技术秘密权利人在约定的期间、地域和以约定的方式，将该技术秘密仅许可一个被许可人使用，技术秘密权利人依约定可以使用该技术秘密但不得另行许可他人使用该技术秘密。

（三）技术秘密普通使用许可

是指技术秘密权利人在约定的期间、地域和以约定的方式，许可他人使用其技术秘密，并可自行使用和许可他人使用该技术秘密。

（四）技术秘密分使用许可

又称技术秘密可转让许可，是指许可方根据许可合同，除了允许被许可方在约定的期限与范围内使用所许可的技术秘密外，还允许被许可方向其他第三方许可其取得的全部或部分的技术秘密使用权。

（五）技术秘密交叉使用许可

是指交易各方将各自拥有的技术秘密的使用权相互许可使用，互为技术供方和受方。在合同期限和地域内，合同双方对对方的许可权利享有使用权、产品生产和销售权。各方的许可权利可以是独占的，也可以是非独占的。双方权利对等，一般不需支付使用费。

在技术秘密使用许可中，应该明确被许可人使用技术秘密的时间和地域范围以及使用方式等，尤其应当注意在保密条款中明确被许可人的保密义务。在许可合同中，被许可人应当按照约定使用技术秘密，否则应当承担违约责任，同时被许可人应当保守该技术秘密，违反约定的保密义务的，应当承担违约责任。

三、对外交往中的商业秘密保护

企业在对外宣传、销售、技术交流、投资合作等交易过程中，不可避免地需要将自己的商业秘密透露给客户或者合作伙伴，这也构成商业秘密流失的一个巨大风险。为了规避此类风险，权利人在向相关人员透露商业秘密信息之前，应当采取相应保密措施，要求对方承担保密义务。在此类业务关系中，商业秘密的主要保护方式是交易之前和客户或者合作伙伴签署保密协议，可以通过单独的保密合同确认对方的保密义务，也可以通过业务合同中的保密条款来进行确认。很多企业的经验证明，这是最为有效的自我保护手段。

与企业内部的保密协议不同，该保密协议的双方不具有隶属关系，而是处于平等地位的客户或者合作伙伴；签订合同的原因在于双方具有合同关系或者拟成立合同关系，根据业务上的需要权利人需要将自己的商业秘密告知对方。此类保密协议的主要内容包括以下方面。

（一）商业秘密的范围

对外保密协议和内部保密协议一样，需要具体表述义务承担方的义务承担范围。为了保证商业秘密范围条款的可操作性，信息接收方应该对接收到附有商业秘密信息内容的文件进行签收，并注明文件名称、主要内容和签收日期等。

（二）信息接收方的保密义务

权利人可以要求信息接收方只能在双方合作目的的范围内使用对方的保密信息；不能将权利人的保密信息向任何第三人公开、转让、许可，也不以其他方式让无权接触该信息的第三人接触该信息；应该约束其接触保密信息的员工遵守保密义务；如果双方最终未能建立合作关系，接收方不能以任何方式公开、使用权利人的保密信息；如果双方合作关系终止，接收方应该按照权利人要求将保密信息及其载体返还给权利人；信息接收方除自身需要履行保密义务以外，还应当要求其合作公司和顾问、律师等履行相同的义务。

（三）保密期限

一般来说，商业秘密的保密期限应该等同于商业秘密的寿命，双方可以约定：在权利人的商业秘密信息未成为公知信息之前，信息接收方应该永久性地为权利人保守商业秘密。

（四）违约责任

信息接收方违反保密义务披露权利人的商业秘密将会给权利人带来不可弥补的损失，而且该损失在大部分情况下难以准确地加以评估和确认。因此，为了避免出现此类情况，权利人可以和信息接收方约定一定数额的违约金，根据违约金条款，权利人不需要证明其损失就可以要求违约方支付约定的违约金。同时根据法律规定，如果权利人能够证明其损失大于约定的违约金，则可以要求违约方按照能够证明的损失进行赔偿。

第五节 | 商业秘密侵权法律救济

在市场经济条件下，商业秘密成为极具商业价值的无形财产。美国参议院在制定《1996年经济间谍法》的报告书中指出："商业秘密就如工厂之于企业的价值一样，盗窃商业秘密所造成的损害甚至比纵火者将工厂付之一炬的损害还要大。"基于对商业秘密重要性的认可，各国都通过立法对侵犯商业秘密的行为加以规制，鼓励技术创新，并在尊重商业道德的基础上维护市场竞争。因此，商业秘密侵权法律救济具有重要的意义，一方面因为商业秘密具有财产的一般属性，是一种无形资产，对其进行法律保护有利于维护商业秘密权人的合法利益，使权利人可以更好地对其商业秘密行使占有、使用、收益和处分的权利。商业秘密关系企业的竞争与发展，商业秘密的有效利用，可以为企业带来巨大的经济利益甚至是持续的竞争优势；为了开拓市场或合作的需要，企业也可将商业秘密的使用权转让给他人或允许他人使用，这也可以为企业获取巨大的经济效益。商业秘密在生产经营领域中的重要作用，已成为生产经营者的共识，重视商业秘密的保护，是市场经济发展中竞争的需要，也是企业生存和发展的要求。另一方面，商业秘密侵权法律救济有利于维护良好的市场竞争秩序，保护商业秘密所有人的合法权益，也是为了维护公平竞争的良好经营秩序。对于商业秘密侵权行为，各国都采取了不同的法律救济方法，就我国来看，从商业秘密侵权法律救济的立法而言，我国与英美国家一致，综合运用民事、行政和刑事等法律手段加强对商业秘密的保护。我国《反不正当竞争法》《刑法》以及《关于禁止侵犯商业秘密行为的若干规定》等法律法规分别对商业秘密的民事、行政和刑事责任进行了规定。

一、商业秘密侵权的民事救济

侵犯商业秘密的行为首先是一种民事侵权行为，因此应当承担民事责任。《民法通则》第106条规定，公民、法人违反合同或者不履行其他义务的，应当承担民事责任。公民、法人由于过错侵害国家的、集体的财产，侵害他人财产、人身的，应当承担民事责任。由此可见，民事责任是一种独立的法律责任，依据违反义务的性质是法定还是约定，分为违约责任和侵权责任。商业秘密保护的基础有违反合同和侵权行为两种，所以侵犯商业秘密的民事责任也分为违约责任和侵权责任。承担违约责任的方式主要是停止违约行为、支付违约金或者赔偿损失等；承担侵权责任的主要方式包括停止侵权、赔偿损失、消除影响以及赔礼道歉等。如果违约责任和侵权责任发生竞合，受害人可以就两种请求权作出选择。

我国《反不正当竞争法》未具体就侵犯商业秘密的行为规定侵权人的民事责任，只在该法第20条规定：经营者违反本法规定，给被侵害的经营者造成损害的，应当承担损害赔偿责任，被侵害的经营者的损失难以计算的，赔偿额为侵权人在侵权期间因侵权所获得的利润；并应当承担被侵害的经营者因调查该经营者侵害其合法权益的不正当竞争行为所支付的合理费用。被侵害的经营者的合法权益受到不正当竞争行为损害的，可以向人民法院提起诉讼。故《反不正当竞争法》中商业秘密侵权的民事责任主要集中于损害赔偿责任。商业秘密也是权利人的智力劳动成果，对商业秘密侵权行为，还可以依据《民法通则》有关保护知识产权的规定，追究侵权人的民事责任。《民法通则》第134条规定的10种承担民事责任的方式：停止侵害；排除妨碍；消除危险；返还财产；恢复原状；修理、重作、更换；赔偿损失；支付违约金；消除影响、恢复名誉；赔礼道歉。这都可以适用于侵犯商业秘密的行为，可以单独适用，也可以合并适用。以下介绍几种主要的承担民事责任的方式。

（一）停止侵害

停止侵害是商业秘密侵权责任的主要形式之一，与损害赔偿一起构成对被侵害人完整的实际救济。[①]可以是侵害人应权利人的要求主动停止，也可以是经法院判决后侵害人停止侵害行为。

---

① 张玉瑞：《商业秘密法学》，中国法制出版社1999年版，第641页。

（二）损害赔偿

损害赔偿是指当事人一方因侵权行为或不履行债务而对他方造成损害时应承担补偿对方损失的民事责任。对于权利人来说，损害赔偿是一种重要的保护民事权利的手段；对于义务人来说，它是一种重要的承担民事责任的方式。商业秘密权利人提起诉讼的目的，也多在于补偿其因侵权人的侵权行为带来的实际利润或潜在竞争优势方面的损失。前述《反不正当竞争法》第20条的规定适用于商业秘密侵权行为的民事责任追究；《合同法》第43条规定，当事人在订立合同过程中知悉的商业秘密，无论合同是否成立，不得泄露或不正当地使用。泄露或者不正当地使用该商业秘密给对方造成损失的，应当承担损害赔偿责任。可见在合同关系中，对方当事人负有保守商业秘密的义务，如果泄露或者不正当地使用，则应当承担损害赔偿责任。据此，如果商业秘密权利人和侵权人之间有合同明确约定的责任，按照约定处理；无约定的按照《反不正当竞争法》第20条的原则处理。

我国目前的侵权损害赔偿的基本原则就是损益相当的"填平损失"原则，也就是说，赔偿应当与损害大小一致，以损害填补损失，损害赔偿的结果不应当使受害人较损害前更为优越。即侵权人的赔偿责任限于弥补受害人的损失，使受害人的利益恢复到侵权以前的状态。这种恢复强调的是补偿性赔偿额和实际损失相符而不是绝对的相等。TRIPs第45条规定："对已知或有充分理由应知自己从事之活动，系侵权的侵权人，司法当局应有权责令其向权利人支付足以弥补因侵犯知识产权而给权利人造成损失的损害赔偿费；还应有权责令侵权人向权利持有人支付其他开支，其中包括适当的律师费。"《关于审理不正当竞争民事案件应用法律若干问题的解释》第17条规定，确定反不正当竞争法第10条规定的侵犯商业秘密行为的损害赔偿额，可以参照确定侵犯专利权的损害赔偿额的方法进行；因侵权行为导致商业秘密已为公众所知悉的，应当根据该项商业秘密的商业价值确定损害赔偿额。商业秘密的商业价值，根据其研究开发成本、实施该项商业秘密的收益、可得利益、可保持竞争优势的时间等因素确定。

商业秘密侵权损害赔偿额的确定因素主要有：权利人因为侵权行为受到的损失额、侵权人因为侵权行为所获得的利润、参考商业秘密许可使用费确定赔偿数额。法官可以视侵权行为的情节，在1万~100万元酌定赔偿数额。

1. 以商业秘密权利人因侵权行为遭受的损失为赔偿额

这种赔偿的计算方式要求侵害人对于商业秘密权利人可计算的财产、收入方面的损失，应全部予以赔偿。第一，过去的研制开发成本，主要包括花费的时间、金钱和付出的努力等，必须将该部分成本计入实际损失。第二，目前的现实利益损失，是指商业秘密给权利人带来的经济利益，包括生产成本的降低、销售额的提高、利润率的增加等。侵犯商业秘密造成权利人现实利益的丧失属于实际损失。第三，将来的竞争优势，即权利人对将来利益的合理预期。因为披露而使商业秘密丧失，或者实际情况表明不易责令停止违法行为的情况下，将来的竞争优势的丧失往往是实际损失的组成部分。确定此种损失应当考虑商业秘密新颖性的程度、经济价值的大小、利用周期的长短、市场竞争的程度、市场前景的预期等。

2. 以侵权人因侵权行为获得的利润为赔偿额

对于违法将商业秘密出卖给他人的，以其违法出卖的收入为赔偿额；对于违法使用商业秘密进行生产经营活动的，以其获得或增加的利润为赔偿额。

3. 以不低于商业秘密许可使用合同的合理费用为赔偿额

当商业秘密权利人与他人曾签有商业秘密许可使用合同时，可采用此种方法计算赔偿数额。这是假定侵权人在正常情况下取得权利人商业秘密的许可使用时，其许可使用费的数额，再推定该数额为赔偿数额。但这并不意味着侵权人就此获得了商业秘密的合法使用权，侵权人在支付赔偿金的同时仍必须停止侵权行为。当然，使用该方法计算赔偿数额，还应防止商业秘密权利人与他人串通虚构许可使用合同及许可使用费，以向侵权人收取巨额赔偿金。

4. 定额赔偿

定额赔偿是由人民法院根据案件的具体情况酌情确定赔偿额。在知识产权侵权损害赔偿中，经常出现原告的损失和被告的获利均无法查明的情况，司法实践中采取酌情赔偿的方法来处理。侵犯商业秘密行为的损害赔偿额，可以参照确定侵犯专利权的损害赔偿额的方法进行。

《专利法》第65条规定，侵犯专利权的赔偿数额按照权利人因被侵权所受到的实际损失确定；实际损失难以确定的，可以按照侵权人因侵权所获得的利益确定。权利人的损失或者侵权人获得的利益难以确定的，参照该专利许可使用费的倍数合理确定。赔偿数额还应当包括权利人为制止侵权行为所支付的合理开支。权利人的损失、侵权人获得的利益和专利许可使用费均难以确定的，人民法院可以根据专利权的类型、侵权行为的性质和情节等因素，确定给予1万元以上100万元以下的赔偿。

由于商业秘密侵权适用定额赔偿缺乏明确的法律指引，任意性较大，所以在适用定额赔偿时应当考虑以下因素：商业秘密的种类，即创新程度的高低；侵权行为的性质、持续时间、范围、后果等；原告可能遭受损失、被告可能获得的利益；合理的转让费、许可使用费的收益；被告的过错程度；被告有无侵权史；被告有无对权利人侵权判决未予执行或完整执行的记录；原告因侵权行为受到商业信誉损失的，还可以将商业信誉损失作为确定赔偿数额的因素。

此外，还应考虑被告实施侵权行为的过错对酌定赔偿数额的影响，如侵权人恶意侵权、重复侵权、规模化侵权等可以从重处罚，使其违法成本高于守法成本；如果侵权人主动致歉，采取补救措施者，可以酌减赔偿额。

在进行商业秘密侵权民事救济时，还应当注重对善意第三人的保护，在我国，第三人如不知《反不正当竞争法》第10条第1款的违法行为而获取、使用或者披露他人的商业秘密，构成善意第三人。根据民事责任承担的过错原则，善意第三人不承担相应的民事责任。自其知悉上述违法行为以后，善意第三人可以向权利人支付使用费，在权利人同意的情况下继续使用。

二、商业秘密侵权的行政救济

为保证反不正当竞争法关于商业秘密保护的规定落到实处，国家工商行政管理总局颁布了《关于禁止侵犯商业秘密行为的若干规定》，该规定不仅对商业秘密的内涵做了进一步解释，而且明确了工商行政管理机关是处理商业秘密纠纷的行政机关。同时，该规定明确了商业秘密纠纷的行政处理程序以及工商行政管理机关可以采取的行政强制措施和行政处罚。该规定的颁布实施是对《反不正当竞争法》的有力补充，将商业秘密自然而然地置于行政法的保护之下。

我国《反不正当竞争法》和《关于禁止侵犯商业秘密行为的若干规定》确立的侵犯商业秘密行为的主要行政救济方式是责令停止违法行为和罚款两种。

（一）责令停止违法行为

《行政处罚法》第23条规定："行政机关实施行政处罚时，应当责令当事人改正或者限期改正违法行为。"在此主要是通过阻止、矫正行政违法行为，责令违法当事人改正违法行为，恢复被侵害的管理秩序而体现的。[①]《反不正当竞争法》第25条规定："违反本法第十条规定侵犯商业秘密的，监督检查部门应当责令停止违法行为，可以根据情节处以1万元以上20万元以下的罚款。"《关于禁止侵犯商业秘密行为的若干规定》第7条对责令停止违法行为的具体内容和形式进行了界定："违反本规定第三条的，由工商行政管理机关依照《反不正当竞争法》第25条的规定，责令停止违法行为，并可以根据情节处以1万元以上20万元以下的罚款。工商行政管理机关在依照前款规定予以处罚时，对侵权物品可以作如下处理：（1）责令并监督侵权人将载有商业秘密的图纸、软件及其他有关资料返还权利人。（2）监督侵权人销毁使用权利人商业秘密生产的、流入市场将会造成商业秘密公开的产品。但权利人同意收购、销售等其他处理方式的除外。"

（二）罚款

根据上述《反不正当竞争法》第25条和《关于禁止侵犯商业秘密行为的若干规定》第7条的规定，对侵犯商业秘密的行为，工商行政管理机关或者监督检查部门可以根据情节处以1万元以上20万元以下的罚款。罚款是工商行政管理机关依法适用的行政处罚方法，可以和责令停止违法行为共同适用。其中责令停止违法行为是必须适用的行政救济措施，而罚款则不是必须适用的。是否罚款以及罚款数额如何确定，应该根据侵权人侵犯权利人商业秘密的手段恶劣程度、商业秘密经济价值的大小、侵害后果的严重程度以及侵权人侵权后是否采取了补救措施等方面来进行综合判定。

---

① 张耕主编：《商业秘密法律保护研究》，重庆出版社2002年版，第341页。

《关于禁止侵犯商业秘密行为的若干规定》第8条规定："对侵权人拒不执行处罚决定，继续实施本规定第3条所列行为的，视为新的违法行为，从重予以处罚。"可见，处罚的力度是根据侵权人行为的程度进行判定的。

三、商业秘密侵权的刑事救济

1997年修改后的《刑法》增加了"侵犯商业秘密罪"，首次在我国立法上确定商业秘密是一种无形财产，纳入知识产权保护范畴。《刑法》第219条规定了侵犯商业秘密罪："有下列侵犯商业秘密行为之一，给商业秘密的权利人造成重大损失的，处3年以下有期徒刑或者拘役，并处或者单处罚金；造成特别严重后果的，处3年以上7年以下有期徒刑，并处罚金：（1）以盗窃、利诱、胁迫或者其他不正当手段获取权利人的商业秘密的；（2）披露、使用或者允许他人使用以前项手段获取的权利人的商业秘密的；（3）违反约定或者违反权利人有关保守商业秘密的要求，披露、使用或者允许他人使用其所掌握的商业秘密的。明知或者应知前款所列行为，获取、使用或者披露他人的商业秘密的，以侵犯商业秘密论。本条所称商业秘密，是指不为公众所知悉，能为权利人带来经济利益，具有实用性并经权利人采取保密措施的技术信息和经营信息。本条所称权利人，是指商业秘密的所有人和经商业秘密所有人许可的商业秘密使用人。"此条规定令市场经济条件下出现的大量严重侵犯商业秘密的行为依法有了追究刑事责任的根据，也弥补了我国以往刑法保护商业秘密不力的状况。应当说我国刑法对侵犯商业秘密罪的犯罪构成规定在世界范围内可能是最宽泛的，也是最严厉的。根据该条的规定，侵犯商业秘密行为情节严重的，可能构成犯罪，需要承担刑事责任。根据刑法和行政法的原则，如果侵犯商业秘密的行为构成犯罪的，行为人承担刑事责任后，就不需要再承担行政责任，但仍需要承担民事责任。商业秘密侵权的刑事救济中还应注意以下问题。

（一）侵犯商业秘密罪中重大损失的认定

关于"重大损失"的范围，2001年《最高人民检察院、公安部关于经济犯罪案件追诉标准的规定》界定为"给商业秘密权利人造成直接经济损失数额在50万元以上的；致使权利人破产或者造成其他严重后果的"。2004年《最高人民法院、最高人民检察院关于办理侵犯知识产权刑事案件具体应用法律若干问题的解释》中规定，实施《刑法》第219条规定行为之一，给商业秘密权利人造成损失数额在50万元以上的，属于"给商业秘密权利人造成重大损失"，给商业秘密权利人造成损失数额在250万元以上的，属于"造成特别严重后果"。这里的"重大损失"除了经济损失还应当包括开发成本、现实优势、未来优势；权利人的名誉、荣誉等。同时，"重大损失"除了直接经济损失还包括应得到而未得到的合理预期收入，预期优势下降产生的收益减损等。

（二）侵犯商业秘密罪中重大损失的计算方式

侵犯商业秘密罪中重大损失的计算应当包括被告人因为侵权所获得的利益、权利人收入的减少额和商业秘密的价值等。其中被告人因为侵权所获得的利益包括被告人因为犯罪获得的利润、被告人的销售收入减去权利人的成本、第三人的销售收入乘以同行业的平均利润率、被告人侵权产品的销售量乘以权利人被侵权前的平均销售利润、被告人因为向他人披露商业秘密获得的利益以及被告人生产出的产品价值。商业秘密的价值包括商业秘密的研发费用、商业秘密的许可使用费以及商业秘密的市场价格等。

（三）侵犯商业秘密罪中重大损失的评估

在对侵犯商业秘密罪中重大损失进行评估时应当考虑商业秘密的研制开发成本、商业秘密的利用周期、商业秘密的使用及转让情况、商业秘密的成熟程度、市场容量和供求状况、受害人营业额实际减少量以及行为人对商业秘密的窃取程度和披露范围以及使用状况等因素。

商业秘密侵权频发，既不利于促进我国市场主体的技术创新活动，不利于市场主体建立和巩固自身的技术优势，也不利于我国创新型国家的建设。故应不断加强商业秘密保护，商业秘密保护需要依靠企业的自身努力，更需要构建一个良好的法制环境。构建良好的商业秘密保护法制环境，一方面法律应当进一步明确商业秘密的侵权行为及责任，合理扩大商业秘密保护范围，加大对商业秘密侵权行为的刑事惩处力度；另一方面还应大力加强对商业秘密的行政保护。

本章思考题

1. 商业秘密的构成要件是什么？

2. 简述商业秘密的类型。

3. 商业秘密侵权行为的表现形式有哪些？

4. 我国司法实践中认可的商业秘密侵权排除行为有哪些？

5. 商业秘密保护与专利保护的主要差异是什么？

6. 简述商业秘密保护中的"不可避免泄露规则"。

7. 在商业秘密保护中保密协议与竞业禁止协议的区别是什么？

8. 在商业秘密保护中的保密协议一般应当包括哪些主要条款？

9. 商业秘密侵权行为人承担民事责任的方式主要有哪些？

10. 是否可以同时适用竞业禁止和脱密期对商业秘密进行保护？

第六章

知识产权
国际保护

第一节│综合性的知识产权国际条约

综合性的知识产权国际条约是指相关国家或者地区的政府就多种类型的知识产权事务的处理所签署的条约，这种国际条约的成员通常比较多，覆盖面比较广，具有较大的影响。目前有影响的综合性知识产权国际条约主要是《巴黎公约》、TRIPs和《建立世界知识产权组织公约》（以下简称WIPO公约）。

一、《巴黎公约》

（一）工业产权的范围

《巴黎公约》是专门关于工业产权保护的国际公约，其所称的工业产权究竟指的是什么呢？对此，不能顾名思义，将该公约规定的工业产权限制在工业领域。《巴黎公约》对工业产权作了最广义的理解，依其规定，工业产权不仅应当适用于工业和商业本身，而且也应当适用于农业和采掘业，适用于一切制成品和天然产品。

《巴黎公约》所保护的工业产权具有形式多样性的特点，既包括各种专利，即发明专利、实用新型、工业品外观设计，也包括各种商业标志，即商标、服务标记、厂商名称、货源标记或者原产地名称，还包括制止不正当竞争。

（二）保护工业产权的基本原则

《巴黎公约》对于工业产权的保护有三个基本的规定，可以看成是保护工业产权的三个基本原则。

1. 国民待遇原则

所谓国民待遇原则，是指在保护工业产权方面，《巴黎公约》的任何一个成员国的国民或者相当主体在其他成员国所享有的待遇或者所受到的保护不得低于该成员国对于其本国国民所给予的待遇或者保护水平。比如，A国和B国都是《巴黎公约》的成员国，甲公司是A国的公司，乙公司是B国的公司；如果甲公司向B国要求保护其工业产权，则B国对于甲公司提供保护的水平不得低于其给予乙公司的保护水平。如果B国在处理相同的知识产权事务方面给予乙公司的待遇高于其给予甲公司的待遇，则甲公司可以认为B国违反了国民待遇原则，可以请求本国政府与B国政府进行交涉。

享受国民待遇的条件是请求保护的人是《巴黎公约》成员国的国民，请求保护的人不需要在被请求保护的国家拥有住所或者营业场所，被请求保护的国家也不得要求请求保护的人在该国有住所或者营业场所。

享受国民待遇的人主要是《巴黎公约》成员国的国民，但不限于该公约成员国的国民；如果非《巴黎公约》成员国的国民在某一《巴黎公约》成员国的领土内设有住所或者具有真实有效的工商业营业所，也可以获得这种待遇。

国民待遇是指被请求保护的国家给予其本国国民在工业产权保护方面的待遇，既包括目前法律所授予的利益，也包括以后法律可能授予的利益；既包括实体方面的权利，也包括程序方面的权利，即各种针对侵权行为的法律救济手段。但是，请求保护其工业产权的人也应当遵守被请求保护国家法律对于其本国国民在实体条件和程序方面所规定的限制和要求。

2. 优先权原则

所谓优先权原则，是指已经在《巴黎公约》的一个成员国提出工业产权申请后又在其他成员国提出申请的，在规定的期限内在其他成员国享有优先权，即以其在第一个成员国的申请日作为其在其他成员国的申请日。例如，A、B、C三个国家均是《巴黎公约》成员国，甲公司在2010年2月6日就使用在服装上的"BOYAND"标志第一次在A国申请商标注册，随后又于同年5月9日到B国提出同样的申请，然后又于同年8月20日到C国提出同样的申请。依《巴黎公约》的规定，甲公司在B国享有优先权，以其第一次在A国提出申请的日期"2月6日"为其在B国的申请日；而在C国甲公司的申请已经超过了规定的6个月期限（从其第一次在A国的申请时间计算，而非从其此前在B国的申请时间计算），不享有优先权，仍以其实际申请日期"8月20日"为其在C国的申请日。

优先权原则针对的工业产权为发明专利、实用新型专利、外观设计专利、注册商标和发明人证书。享受优先权的基本条件是第一次在某一成员国提出符合该国要求的申请后又在规定的期间内向其他成员国提出申请，这里"规定的期间"，对于发明专利和实用新型专利来说是12个月，对于外观设计专利和商标来说是6个月，均自第一次在某一成员国提出申请日的次日起计算。可以要求优先权的人既可以是第一次申请的申请人，也可以其权利继受人。

申请人如果要获得优先权，还须在程序上满足一定要求：应当在提出后一申请时作出声明，说明第一次申请的日期及受理该申请的国家；在受理后一申请的国家规定的期限内向该国提交符合该国要求的第一次申请的副本。

3. 权利独立原则

所谓权利独立原则，是指在《巴黎公约》任何一个成员国申请与取得专利权或者商标权，不受该专利或者商标在其他国家申请、授权或者效力状况的影响和限制。例如，A、B两国是《巴黎公约》成员国，C国不是该公约的成员国。甲公司就某一发明创造分别向A、B、C三国申请了专利权，但A国在授予了专利权后不久又依其法律宣告该专利无效，而C国认为该发明创造不符合其授予专利权的条件而未授予专利权。B国经过审查确定该发明创造符合其授予专利权的条件，则B国可以不受该发明创造在A、C两国的处理情况的影响，仍然依照其自身的规定授予其专利权。

根据权利独立原则，在《巴黎公约》一个成员国申请或者授予的专利权或者商标权，不仅不受其在其他成员国处理情况的影响，也不受其在非成员国处理情况的影响。也就是说接受申请的成员国，只是根据自己法律规定的条件、程序来决定是否授予工业产权、是否使已经授予的工业产权失效，而不考虑该工业产权在其他任何国家的申请、授权、失效、续展等情况。

（三）专利权的保护和限制

1. 与专利相关的权利

《巴黎公约》强调了成员国对于发明创造人权利的尊重及在几种特殊情况下成员国对于专利权人权利的尊重和保护。

（1）根据《巴黎公约》的规定，发明人有权在专利上标记自己为发明人。这是发明创造人根据该公约的规定享有的一种重要的人身权。

（2）发明创造的可专利性不受成员国法律禁止或者限制产品销售规定的影响。也就是说，即使一种专利产品或者利用一种专利方法生产的产品在《巴黎公约》的某一成员国是被禁止销售或者限制销售的，这种产品或者制造产品的方法在该成员国仍然可以获得专利授权，针对这种产品或者制造产品的方法所获得的专利权也不能因为法律禁止或者限制产品的销售而被宣告无效。

（3）专利权人有权进口其专利产品。也就是说，在《巴黎公约》某一成员国获得产品专利的权利人，即使从其他任何一个成员国将该专利产品进口到授予其产品专利的成员国，其产品专利的效力不应受到影响。另外，专利权人有权禁止他人进口依其在进口国享有专利权的专利方法生产的产品。

（4）对在规定的展览会上展出产品获得临时保护的权利。《巴黎公约》规定，对在任何成员国境内由官方主办或者承认的国际展览会上展出的产品涉及的可以取得专利的发明、实用新型和外观设计，成员国应当依其法律给予临时保护。企业需要注意的是，这种临时保护在各国并不是相同的，取决于展会所在的成员国的法律规定的情况。

（5）专利权人有权获得缴纳专利维持费的宽限期。依《巴黎公约》规定，成员国至少应当给予专利权人6个月缴纳专利维持费的宽限期，但可以规定缴纳附加费。企业是否缴纳附加费及缴纳费用的多少，要根据各成员国的规定确定。

另外，对于外观设计专利权人，《巴黎公约》还规定其专利权不受专利的实施状况影响，也就是说，即使专利权人未实施该项专利，成员国也不能在任何情况下取消其专利。而且，即使外观设计专利权人进口与其外观设计相同的产品，成员国也不能以任何理由取消其专利。

2. 专利的强制许可

《巴黎公约》规定其成员国在一定的条件下可以对其授予的专利实行强制实施许可，但又对强制实施许可进行了限制。

根据《巴黎公约》规定，成员国为了防止专利权人滥用其专利权可以通过立法对于专利权实行强制实施许可，实施强制许可的条件由各成员国自行规定，因此，企业在面临专利的强制许可问题时，需要查阅相关成员国法律的规定。但《巴黎公约》

为了防止成员国滥用强制许可权力，又规定强制实施许可必须满足多方面的要求：（1）专利权人存在滥用其专利的问题，其最常见的情形便是专利权人没有正当理由不实施其专利。如果专利权人有正当理由，即便其在较长时间内没有实施其专利，也不能因此而授予他人强制许可。（2）强制实施许可只能针对发明专利和实用新型专利，不能针对外观设计专利。（3）强制许可的授予只能在规定的期限届满后进行。自提出专利申请之日起未满4年，或者自授予专利之日起未满3年的，不得以不实施或者不充分实施为理由申请强制许可。（4）所授予的强制实施许可是非独占性的，且被许可人不得再进行分许可，除非与利用该强制许可的企业或者其商誉一起转让。

另外，根据《巴黎公约》的规定，在授予强制实施许可的基础上，为了防止专利权人滥用其专利，成员国可以进一步采取取消专利的措施。但取消专利诉讼的提起受到一定的限制，通常是在成员国给予第一个强制实施许可后，仍不足以防止专利权人滥用其专利的，自第一个强制实施许可授予之日起满2年的，成员国才可以通过诉讼取消该专利。

3. 专利的合理使用

《巴黎公约》对专利权人的专利进行了另一种限制，那就是该公约规定的合理使用制度，即他人在规定的情形发生时，可以不经专利权人同意而使用其专利，并且不需要向专利权人支付专利使用费用。

《巴黎公约》规定的合理使用主要是针对临时过境的交通工具。这里的合理使用必须符合两个要求：（1）对交通工具的要求。交通工具必须是临时或者偶然经过某一成员国，且该交通工具来自另外一个成员国。如果交通工具来自一个非成员国，或者在成员国中长期、稳定地使用，则不享受这种待遇。（2）对于专利使用状况的要求。就临时过境的船舶而言，仅限于船舶本身及其装备、器具或者附件使用了构成专利对象的器械，且是为了船舶的运行而必须使用该专利器械；就临时过境的飞机和车辆而言，仅限于在飞机或者车辆的构造及其附件中使用了构成专利对象的器械，或者基于飞机或者其附件操作的需要而使用了构成专利对象的器械。

（四）对商业标志的保护和限制

1. 对减少商标保护行为的限制

为了防止成员国随意弱化对商标的保护，《巴黎公约》对成员国在一些特定情况下减少商标保护的行为作出了禁止性和限制性规定，主要是针对三种情况：（1）商标注册人不使用注册商标。即使在某一成员国注册商标的使用是强制性的，只有商标注册人在规定的期限内没有正当理由而不使用其注册商标，才可以撤销其注册。如果其有正当理由而不使用，或者其不使用的时间较短，都不能撤销其注册。（2）商标所有人使用了有差异的商标。即使商标所有人使用了在形式上与其在某一成员国所注册的商标的一些要素不同的商标，只要未改变其显著性，就不应导致注册无效，也不应减少对商标所给予的保护。（3）共有人在相同或者类似商品上使用同一商标。如果某一商标为在某一成员国的几个工商企业共有，这些企业在相同或者类似商品上使用同一商标的，该成员国不应拒绝注册，也不应以任何方式减少对该商标所给予的保护，除非这种使用导致公众产生误解，或者违反了公共利益。

2. 对驰名商标的保护

《巴黎公约》规定了其成员国依本国法律加强对注册国或者使用国主管机关认定的驰名商标进行保护的义务。依其规定，对于驰名商标的保护主要涉及以下几个方面。

（1）提供保护的条件：一是所涉及的商标已经被其注册国或者使用国的主管机关承认为在该国驰名的商标；二是该驰名商标为《巴黎公约》成员国的企业所拥有；三是他人在相同或者类似商品使用的商标构成对该驰名商标的复制、仿制或者翻译，且容易产生混淆。他人的使用包括其商标的主要部分构成对驰名商标的复制或仿制。

（2）应当采取的措施：对于他人申请注册的商标，应当拒绝注册并禁止使用；对于他人已经注册的商标，应当撤销注册。

（3）进行保护的程序：成员国主管机关可以依职权主动采取保护措施，也可以根据利害关系人的申请而采取相应的保护措施。对于利害关系人的申请，成员国可以规定一个申请撤销的期限，但该期限不应当少于5年；也可以规定一个利害关系人请求禁止使用的期限，超过规定的期限，不能再提出禁止使用的要求。但如果他人的注册或者使用系出于恶意，则不能对利害关系人的请求规定时间的限制。

3. 对商标构成的限制

《巴黎公约》禁止将国家标志以及特定的官方标志用作商标或者商标的组成部分，除非这种使用不会使公众理解为有关组织与这种徽章、旗帜、徽记、缩写和名称有联系。这些禁用的标志主要有：（1）未经成员国主管机关的许可而在商标中使用该成员国的国徽、国旗或者其他象征国家的徽记；（2）未经成员国主管机关的许可而使用该国用以表明监督或者保证的官方符号或者检验印章；（3）未经许可使用《巴黎公约》成员国参加的政府间国际组织的徽章、旗帜、其他徽记、缩写和名称。

根据《巴黎公约》规定，对于违反规定而使用上述禁用标志的商标，成员国主管部门应当拒绝注册或者使注册无效，并禁止使用。因此，企业为了避免其在他国使用或者注册的商标遭遇麻烦，必须确保其商标不涉及这些禁用的标志。

4. 对商标转让的限制

根据《巴黎公约》规定，一个成员国可以通过法律要求商标的转让必须与其所属营业的转让同时进行；也就是说，成员国也可以对于商标的转让不施加这样的限制。如果成员国法律有这样的要求，那么当商标所有人将其营业在该国的部分，连同在该国制造或者销售标有被转让商标的商品的专有权一起转移给受让人，就可以认定商标的转让是有效的。基于此，企业在《巴黎公约》的某一成员国转让其商标时，必须首先查阅该国法律对于商标转让的要求。

同时，《巴黎公约》规定，如果商标的转让会使公众对使用该商标的商品的原产地、性质或者基本品质发生误解的，那么成员国可以拒绝承认该商标转让的法律效力。

5. 注册商标在其他成员国的注册与保护

对于在原属国已经正规注册的商标，《巴黎公约》要求其他成员国应当像原属国一样接受注册申请和给予保护；即使商标与其在原属国注册的商标有所不同，但只要未改变其显著性和同一性，其他成员国也应给予注册和保护。所谓原属国是指下列情形之一：（1）申请人在该国设有真实、有效的工商业营业所的成员国；（2）申请人虽然没有前述营业所，但在该国设有住所的成员国；（3）申请人虽然没有营业所和住所，但是其国民的成员国。

同时，《巴黎公约》规定成员国在一定的情况下可以拒绝对在其他成员国已经注册的商标给予注册，或者使注册无效。例如，（1）商标具有侵犯本国第三人在先权的情形；（2）商标缺乏显著标志；（3）商标完全是由商业中用以表示商品的种类、质量、数量、用途、价值、原产地或者生产时间的符号或标记所组成；（4）商标使用了该国惯用的用语；（5）商标违反了道德或者公共秩序，特别是具有欺骗公众的情形。因此，企业若要使自己的商标在其他成员国获得注册和保护，其商标的构成就不能存在这五种情形。

6. 对商标所有人利益的保护

《巴黎公约》保护商标所有人的利益不受其代理人或者代表人的损害，这种保护主要是两个方面：（1）禁止不当注册。依其规定，商标所有人的代理人或者代表人没有正当理由不得以自己的名义将商标所有人的商标向一个或者多个《巴黎公约》成员申请注册，否则，商标所有人有权要求拒绝该注册或者取消该注册，或者根据给予注册的成员国的法律，要求将该注册商标转让给自己。（2）禁止擅自使用。未经商标所有人授权，其代理人或者代表人不得使用其商标。

7. 对集体商标的保护

《巴黎公约》要求各成员国对于集体商标给予注册和保护，除非该商标损害公共利益。只要一个社团在其所属国依法成立，即使在某一成员国没有营业场所，该成员国也应当受理其申请，并保护其集体商标。

8. 对厂商名称的保护

《巴黎公约》高度重视对厂商名称的保护，强调成员国对于他国厂商名称的保护。依其规定，即使厂商名称未在本国申请或者注册，也不是商标的一部分，成员国也应当给予保护。

9. 对违法商品的扣押

《巴黎公约》对于其成员国施加了对贴有违法标志的商品进行扣押或者采取类似措施的义务。该规定主要涉及两个内容。

（1）扣押措施针对的商品。一是非法标有商标或者厂商名称的商品；二是标有虚伪的原产地或生产者标记的商品。

（2）扣押或者类似的措施。对于前述商品，在进口到《巴黎公约》的成员国时应依该国法律予以扣押，在发生非法黏附上述标记的国家或者在该商品已进口的国家，扣押应同样予以执行；各成员国主管机关对于过境商品没有执行扣押的义务；如果成员国法律不准许在进口时扣押，应代之以禁止进口或者在国内扣押；如果成员国法律也不准许禁止进口或者在国内扣押，则应采取该国国民在此种情况下按该国法律可以采取的诉讼和救济手段。

10. 保护商标注册人的其他规定

《巴黎公约》还作出了其他一些有利于商标注册人的规定，如商标注册人未在商品或者包装上记载其注册商标标志的，不应当影响其所受到的保护；对于商标注册人缴纳注册维持费用的时间应当给予至少6个月的宽限期。

（五）关于不正当竞争的规定

1. 不正当竞争的概念

《巴黎公约》对于不正当竞争的含义作了简单的规定，将其界定为在工商业事务中违反诚实的习惯做法的竞争行为。

2. 不正当竞争的典型表现

（1）采用任何手段使公众对竞争对手的营业场所、商品或者工商业活动产生混淆的行为；

（2）在经营过程中损害竞争对手的营业场所、商品或者工商业活动的信用的行为。

（3）在经营过程中使用会使公众对商品的性质、制造方法、特点、用途或者数量产生误解的表示或说法。

3. 制止不正当竞争的义务

《巴黎公约》要求所有成员国采取有效措施制止其境内的不正当竞争行为，给予受损害的经营者以有效的保护。

（六）组织机制

为了保证《巴黎公约》的有效实施，该公约还对于组织机构和财务活动作出了较为详细的规定，主要有关于会员大会的规定、关于执行委员会的规定、关于负责公约行政工作的国际局的规定、关于财务的规定等。

二、TRIPs

（一）TRIPs的基本情况

1. TRIPs的主要特点

TRIPs于1994年4月15日签署，1995年开始生效。相对于其他知识产权国际条约，该协议是当前世界在知识产权保护方面涉及面广、保护力度大、保护水平高、制约能力强的一个国际公约，而且该公约将知识产权保护与国际贸易有机结合起来。该协议几乎涉及知识产权的各个领域，其保护水平在多方面明显超过了已有的知识产权相关国际公约，并强化了知识产权执法程序与保护措施，为各国在知识产权方面争端的解决提供了有效的机制和途径。

2. TRIPs的基本构造

TRIPs共有73个条款，其内容包括7个部分，分别是：（1）总条款与基本原则；（2）有关知识产权的效力、范围及利用的标准；（3）知识产权执法；（4）知识产权的获得与维持及有关当事人之间的程序；（5）争端的防止与解决；（6）过渡协议；（7）机构安排、最后条款。

对于企业而言，需要熟悉该协议的基本原则，以便保证其在知识产权方面的行动符合该协议的精神和方向；需要熟悉该协议关于知识产权的效力、范围及利用标准的规定，从而正确认识其所享有的权利及在利用其知识产权时应当注意的问题；需要了解知识产权执法方面的要求，以便有效地利用相关成员国的执法程序保护自身的利益。至于其他四个部分的内容，完全是针对成员国政府的，对于企业没有直接的价值，只需稍作了解即可。

（二）关于知识产权保护的基本规定

1. 知识产权的范围

TRIPs规定的知识产权包括7种权利：版权与相关权；商标权；地理标志权；工业品外观设计权；专利权；集成电路布图设计权；未披露过的信息专有权。其中的工业品外观设计权实际上相当于我国法律规定的外观设计专利，而其中的专利权比我国法律规定的专利权的范围小得多，实际上仅相当于我国法律规定的发明专利；其所规定的未披露过的信息专有权实际上相当于我国法律规定的商业秘密，是在《巴黎公约》规定的制止不正当竞争的基础上进一步明确了对商业秘密的保护。

2. TRIPs与原有国际公约的关系

根据TRIPs的规定，该协议的主要部分与《巴黎公约》的实体条款、《伯尔尼公约》《罗马公约》和《集成电路知识产权条约》相符；协议成员国都要承担前述四个国际公约的义务（但不适用《伯尔尼公约》关于精神权利的规定）。

3. 知识产权保护的基本原则

（1）国民待遇原则。与《巴黎公约》规定的国民待遇原则相当，指在保护知识产权方面，每一成员方给予其他成员方国民的待遇及优惠不得少于它给予自己国民的优惠。但是，在司法程序和行政程序方面，只要不是变相限制贸易，可以有例外，如在委托知识产权事务代理人方面便可以对其他成员方的企业作出不同的要求。我国企业在其他国家经营时可以根据这一原则要求所在国在知识产权事务方面给予自己与当地企业一样的待遇；否则，该企业可以向我国政府反映，由我国政府确定该国是否违反了TRIPs的国民待遇原则，以便决定是否与该国政府进行交涉。

（2）最惠国待遇原则。在知识产权的保护方面，由一成员方授予任一其他成员方国民的任何利益、优惠、特权或者豁免均应立即无条件地给予所有其他成员方的国民。但TRIPs也规定了一些例外情况。我国企业在其他国家从事经营活动时，可以根据这一原则判断自己是否受到了比其他外国企业不利的待遇。如果我国企业觉得自己在WTO的某一成员国受到了不同于其他外国企业所获得的待遇，可以向我国政府反映，由我国政府对该国是否违反了TRIPs的最惠国待遇原则作出判断，再决定是否采取进一步的措施。

（3）维护公共利益原则。与《巴黎公约》《伯尔尼公约》等其他公约强调对知识产权保护的做法不同，TRIPs在关注知识产权保护的同时还重视不同利益的平衡，特别是在保护知识产权这种私权的同时还强调对公共利益的维护，也就是从公共利益的角度对于知识产权保护进行了一定程度的限制。TRIPs规定各成员方可采取必要措施以保护公众健康和营养，促进对其社会经济和技术发展至关重要部门的公众利益；可以采取必要措施防止知识产权所有者滥用知识产权或者限制竞争。因此，我国企业在境外申请、运用知识产权或者请求保护自己的知识产权时，需要关注一下所在国法律在保护公共利益方面有什么具体的规定，以便采取相应的应对措施。

（三）关于版权及相关权的规定

TRIPs在《伯尔尼公约》保护版权及相关权的基础上对一些具体问题的处理作出了规定。

1. 版权保护的范围

TRIPs明确版权保护的对象是思想、概念、工艺和方法的表达，而不保护思想、概念、工艺和方法本身；另外，与《伯尔尼公约》不同，TRIPs强调对经济权利的保护，而不是对精神权利（我国通常所称的人身权利）的保护。

TRIPs增加了对计算机程序和数据汇编作品的保护。依其规定，计算机程序都属于可以作为版权保护的作品；数据和材料本身不能获得版权的保护，但如果数据和材料的汇编体现了作者在内容安排和选择方面的独创性，可以作为版权作品获得保护。

2. 出租权

TRIPs就出租权作了规定，但有较多的限制。并非所有的作品都涉及出租权，只有计算机程序和电影艺术作品的版权包含出租权；出租权的权利人仅限于作者及其合法继承人，被许可使用作品的人不享有出租权；出租权的对象包括作品本身和作品的复制品；出租权包括许可出租和禁止他人出租两个方面的权利。但是，成员方可以在一定的情况下对这两种作品的出租权作出一定的限制。我国的企业如果在其他TRIPs成员方拥有计算机程序和电影艺术作品的版权，需要事先了解一下所在国的法律对于出租权的具体规定，再确定是否通过一定的方式出租其作品的原件或者复制品。

3. 作品的保护期限

TRIPs在承认《伯尔尼公约》所规定的作品保护期限的基础上作了一些补充规定。如果一个成员方未将作品的保护期限与作者的寿命结合起来，则作品的保护期限自该作品被授权出版的日历年年终起算，不得少于50年；如果作品在创作后50年内未被授权出版，则该作品的保护期限从创作年的年终起算，不得少于50年。

但是，摄影作品和实用艺术作品的保护期限没有这么长，而是依《伯尔尼公约》处理，如果成员方对这类作品提供保护的，其保护期限从作品完成后起算，不得少于25年。

4. 对相关权的保护

TRIPs赋予了表演者对其表演的录制与传播权，表演者有权禁止他人未经其许可而录制和翻录其尚未录制的表演，有权禁止他人未经其许可而将其现场表演做无线电广播和向公众传播。该权利的期限至少为50年，从演出进行的日历年度的年终起算。

TRIPs规定了录音制品制作者对其录音制品的权利，主要是授权或者禁止他人直接或者间接翻制其录音制品的权利，以及出租或者授权他人出租其录音制品的权利。该权利的期限至少为50年，从录音制品被制作的日历年度的年终起算。

TRIPs规定了广播组织对其电视广播所享有的权利，主要是禁止他人未经其许可而录制、翻录、以无线广播手段转播，以及向公众传播同一录音制品的电视广播。TRIPs也允许各成员方不向广播组织授予此种权利；某一成员方未授予广播组织这种权利，则由广播内容的版权所有者享有上述权利。广播组织的权利至少持续20年，从电视广播播出的日历年度的年终起算。

（四）关于商标的规定

TRIPs在《巴黎公约》的基础上针对商标的保护作了一些补充规定，并扩大了对高知名度商标的保护范围。

1. 可以用作商标的标志

TRIPs规定的商标标志较为宽泛，凡是能够将一个企业的商品或者服务与另一企业的商品或者服务区别开来的标志或者标志的组合均可以作为商标；也就是说，只要具有区别功能，无论是可视性的平面标志或者立体标志，还是声音和气味，都可以用作商标。标志的区别功能既可以是标志本身所固有的，例如，企业自行设计的具有某种独特性的图形；也可以是通过长期的使用而具有的，比如有些通用的标志经过某个企业长期使用后，已经与该企业紧密联系在一起，成了该企业商品或者服务的代表，也就具有了区别其他企业商品或者服务的功能。

TRIPs也允许成员方将注册商标限制在视觉可以感知的标志上，即限制在平面标志或者立体标志上，如我国2001年修订的《商标法》就作了类似规定。因此，我国的企业如果想在TRIPs的成员国申请注册声音商标或者气味商标，应当首先了解该国法律是否对用作商标的标志进行了限制。

2. 商标的注册

TRIPs允许成员方对商标的注册条件进行一定的限制，或者规定一些拒绝注册的理由，只要不违反《巴黎公约》规定的义务即可。但不允许仅仅将企业没有使用商标作为拒绝注册的理由；也不允许将使用商标的商品或者服务的性质作为拒绝注册的理由，也就是说，企业不论将其商标用于什么样的商品或者服务上，都不应因此而被拒绝注册。

TRIPs还在商标注册程序方面对权利保护作出了规定，主要是要求成员方对于商标注册事项予以公布，并给其他人提供反对注册或者取消注册的机会。我国的企业对于境外注册的商标有异议的，应当查阅所在国法律依据TRIPs所规定的相关程序，及时采取相应的措施。

3. 注册商标所有人的权利及其期限

TRIPs规定了一般的注册商标所有人享受的权利，即禁止他人未经其同意而在相同或者类似商品上使用容易引起公众混淆的相同或者近似的标志。也就是说，他人仅仅是在相同或者类似商品上使用相同或者近似的标志，还不能认定为侵权，必须是这种使用会造成混淆才需要禁止；TRIPs同时规定了一种推定具有混淆效果的情形，那就是在相同的商品上使用了与注册商标相同的标志。另外，TRIPs还规定注册商标所有人的这些权利不能损害他人的在先权，即他人在商标注册前所享有的权利不受注册商标所有人权利的影响。

TRIPs规定各成员方应当对注册商标的期限及其续展后的期限作出规定，首次注册的期限不得少于7年，并可以无限续展，每次续展后的有效期限也不得少于7年。

4. 对驰名商标的保护

TRIPs对驰名商标作了一些比《巴黎公约》更为具体的规定，并将驰名商标的规定扩展适用到服务商标上。

对于驰名商标的认定，TRIPs要求成员方应当考虑到相关公众对于该商标知晓的情况，考虑企业对于商标的推广宣传情况。这里的相关公众不是指一般的公众，而是与使用商标的商品的生产、销售、消费等活动有关联的组织或者个人。例如，在认定挖掘机上使用的商标是否驰名时，不能看一般的社会大众是否知晓该商标，而是要考察挖掘机这个行业的公众（包括生产商、销售商、销售人员、采购人员、使用人等）对该商标的知晓情况。

对于驰名商标的保护范围，TRIPs将其扩大到不相类似的商品或者服务上，也就是说，即使将驰名商标使用在不相类似的商品或者服务上，只要这种使用会使公众将该商品或者服务与驰名商标拥有者的商品或者服务联系起来，并使驰名商标拥有者的利益受到损害，就属于侵权行为。可以看出，TRIPs并未将所有在不相类似的商品或者服务上使用他人驰名商标的行为都看成是侵权行为，还要考虑其所产生的实际影响。

5. 对注册商标所有人权利的限制

TRIPs允许成员方对注册商标所有人的权利作出一定的例外规定，只要这种例外规定平衡了注册商标所有人与第三人的合法利益即可。例如，他人因善意使用自己的姓名、肖像，其他企业对其产品以正常的方式进行说明，即使与注册商标相冲突，也不能作为侵权行为处理。我国的企业在境外从事经营活动时，也应当关注所在国法律的例外规定，以避免盲目维权，或者借此对境外企业的维权行为进行正当的抗辩。

6. 对注册商标使用的要求

TRIPs允许成员方将注册商标的使用作为维持注册商标效力的条件，但同时作出了限制：只有商标注册人连续3年没有正当理由而未使用其注册商标，才能撤销其商标注册。而且，如果他人对注册商标的使用是在商标注册人控制之下的，如经过商标注册人的许可而使用，也应当作为商标注册人使用了其注册商标处理。

除此之外，TRIPs禁止成员方要求商标注册人以有损正当的贸易需要的方式使用其注册商标，如要求注册商标与其他商标一同使用，或者要求注册商标以某种特殊的方式使用。我国的企业如果在境外遇到这些违反TRIPs的要求，可以向我国政府报告，由我国政府判断这种行为的性质后确定是否针对某成员方进一步采取相关的措施。

7. 注册商标的许可与转让

TRIPs规定各成员方可以确定注册商标许可的条件和转让的条件，但与专利不同，注册商标不存在强制许可的问题，成员方不能对注册商标实施强制许可。另外，注册商标是否与企业一同转让，商标注册人有充分的自主权，他可以保留企业而将其注册商标单独转让，也可以将注册商标与企业一起转让。我国的企业在境外进行注册商标许可或者转让，或者接受注册商标的许可或者转让时，应当及时查阅所在国法律关于许可和转让条件的规定，以避免其许可或者转让行为因为违反当地法律而被当成无效行为。

（五）关于地理标志的规定

TRIPs对地理标志的保护作了一般性规定，并基于葡萄酒产品的特殊性而对葡萄酒产品的地理标志作了专门规定。

1. 对地理标志的保护

TRIPs界定了地理标志，指标示某商品来自.某成员地域内或者来源于该地域内的某个地区或者地方，该商品的特定质量、信誉或者其他特征主要与该地理来源相关联的标志。这与我们通常对地理标志的解释一致。

为了保护地理标志的标识作用和对消费者的引导作用，TRIPs成员方应当禁止针对地理标志的下列行为：（1）不论以任何手段，在商品的称谓或者表达上，明示或者暗示商品来源于某个地方，而商品事实上并非来源于这个地方。如果这种行为会使公众对商品的原产地产生误认，则应当被禁止。（2）采取任何不正当手段，使人对商品的原产地产生混淆的，应当被禁止。（3）商标中如果包含某一地理标志，而商品并非来源于该地理标志指示的地方，会使公众对商品的原产地产生误认的，则应当拒绝该商标的注册或者撤销注册。（4）如果一个地理标志所表示的商品原产地在字面上无误，但却使公众误以为其原产于另外一个地方，则应当予以禁止。

2. 对葡萄酒或者烈性酒地理标志的补充规定

TRIPs要求，如果某种葡萄酒或者烈性酒使用了某一地理标志，而这种酒事实上并非产自该地理标志所指示的地方，成员方应当为相关利益人提供法律手段以禁止这种行为。即使使用者在产品上标明其产品的真实产地，也应当禁止。对于不产自某一地方而使用了指向该地方的地理标志的葡萄酒或者烈性酒，应当拒绝其商标注册或者撤销其注册。

另外，考虑到在同一地方有多个葡萄酒厂为了标示其真实产地而使用同一地理标志的情况比较常见，TRIPs规定不同的葡萄酒使用同名的地理标志的，均应受到保护；但为了防止公众混淆，各成员方应当确定将不同葡萄酒区分开来的现实条件。

考虑到地理标志的特殊性，TRIPs对地理标志的使用又规定了多个方面的例外，如善意或者在先使用、使用通常用语、基于其名称权的使用等。

（六）关于工业品外观设计的规定

TRIPs对工业品外观设计的保护作了一些简单的规定。主要有以下几点。

1. 工业品外观设计受到保护的条件

TRIPs要求各成员方都应当对工业品外观设计提供保护，但受保护的工业品外观设计必须具备下列条件：（1）具有新颖性，即属于新的或者原始的设计，如果设计与已知的设计或者其组合没有重大区别，则成员方可以不予保护。（2）为设计人独立创造。（3）设计在实质上不是基于技术或者功能上的要求。

2. 对纺织品外观设计保护的特别规定

TRIPs考虑到纺织品上的设计的特殊性，特别强调成员方对纺织品外观设计的保护要求不得在实质上损害设计人获得保护的机会，比如在费用、检查等方面提出过高要求使得设计人不得不放弃保护要求。

3. 保护工业品外观设计的模式

TRIPs规定成员方既可以通过工业品外观设计法履行其保护义务，也可以通过版权法履行其保护义务。对于在境外从事经营活动的企业，在对其工业品外观设计寻求保护时，应当查阅所在国这两个方面的法律规定，选择对自己有利的保护模式。

4. 工业品外观设计拥有者的权利

工业品外观设计的所有者有权阻止他人未经其同意而出于商业目的生产、销售或者进口含有或者体现其受保护外观设计的复制品或者实质上是这种复制品的设计的物品。但成员方可以在不损害外观设计正常利用的基础上，出于平衡工业品外观设计所有人与第三人利益的需要而对上述权利作出一些例外规定。

TRIPs规定了成员方保护工业品外观设计的期限至少为10年。

（七）关于专利的规定

TRIPs对于专利的保护涉及多个方面。

1. 专利权的保护范围

TRIPs规定，所有技术领域内的任何发明，无论是产品还是工艺，均可取得专利，只要具有新颖性、创造性和实用性。

同时，TRIPs明确规定了发明创造不能获得专利的情况：（1）出于维护公共秩序或者公共道德的需要而不能授予专利权。比如，当某项发明创造非商业性的利用对于维护人类或者动植物的生命健康，或者保护环境十分重要时，成员方可以拒绝授予其专利权。（2）对人类、动植物疾病的诊断、治疗方法不能获得专利授权。（3）除微生物以外的动植物及这些动植物的生产方法不能获得专利授权。但成员方应当通过其他方式提供相应的保护，如通过专门的品种权的保护实现这一目的。

2. 专利权人的权利

专利权人享有禁止权。对于产品专利，专利权人有权禁止他人未经其同意而制造、使用、出卖、销售，或为这些目的而进口其专利产品；对于方法专利，专利权人有权禁止他人未经其同意而使用该方法，或者使用、出卖、销售或至少是为这些目的而进口直接以此方法获得的产品。

专利权人享有许可或者转让权。专利权人有权通过合同许可他人实施其专利；也可以通过合同或者继承等方式转让其专利。

3. 专利权的申请

TRIPs对专利申请的程序作了简单的规定，与我国的法律规定基本相同，主要是规定了申请人的信息披露义务，要求申请人对其发明创造用足够清晰与完整的方式进行披露，以便熟悉该门技术者能够运用，并要求申请人在申请之日指明发明者知悉的运用该项发明创造的最佳方式。成员方还可以要求申请人提供其国外相同的申请及其授权情况。

4. 对专利权的限制

（1）一般的限制。TRIPs允许成员方对专利权的限制作出规定，只要这种限制没有阻碍专利权人正常地行使其权利，并且平衡了专利权人与第三人的合法利益。TRIPs第40条规定，成员方可以对于限制竞争的专利权人采取这种限制措施，而专利权人限制竞争的常见形式有独占性回授条件、禁止被许可人质疑专利的有效性和强制性的一揽子许可证交易等。至于成员方对于专利权的具体限制，我国的企业需要查阅其所关注的相关国家的法律规定。

（2）特别的限制。TRIPs允许成员方对于专利实施强制许可，但强制许可需要满足一定的要求：① 强制许可不是普遍规则，而是基于个案情况，要考虑每一个专利本身的情况。② 拟获得许可的企业必须在此前以合理的条件向专利权人提出许可请求，但未能在合理的时间内获得这种许可。但是，如果是在全国性紧急状态或者其他极端状态或者为公共的非商业需要的情况下使用相关专利的，则不需要经过上述过程，也就是可以直接给予强制许可。③ 被许可人使用的范围和期限根据强制许可所要实现的意图确定，不能超出这一范围和期限。对于涉及半导体技术的专利，被许可人的使用范围则受到更严格的限制，仅限于公共的非商业目的，或者用以抵销被官方认定的反竞争行为。④ 强制许可一般是不能转让的，并且限于非独占性的使用。⑤ 强制许可主要应当是供应成员国国内市场的需求。⑥ 当情况发生变化而致使强制许可的条件不再具备时，强制许可应当被及时终止。⑦ 被许可人应当根据授权的经济价值向专利权人支付充分的补偿金。⑧ 强制许可的决定及相关补偿金的决定应当经过成员方境内更高当局的司法审查或者其他独立审查。⑨ 涉及两个有关联的专利，其中后一专利在技术上比前一专利先进，而其实施有赖于前一专利的，在给予后一专利权人实施前一专利的强制许可时，前一专利权人也可以以合理的条件获得对后一专利的强制许可。企业应当认真研究TRIPs关于强制许可的相关规定，以便在境外有需要时获得对他人专利的强制许可，或者有效地对抗他人提出的强制实施自己专利的要求。

5. 专利权的期限及撤销

TRIPs规定专利权的有限期限不得少于20年，自权利登记之日起计算。成员方主管机关可以撤销或者收回专利权，但应当为专利权人提供申请司法机关对这种决定进行审查的机会。

6. 专利侵权的举证责任

TRIPs专门就涉及工艺专利侵权的举证责任作了规定，如果相同的产品涉嫌使用了受他人专利保护的工艺，相同产品的生产者对其产品实际使用的工艺负有举证责任，证明其使用的工艺不同于专利权保护的工艺，否则推定其使用了与专利权保护的工艺相同的工艺，即构成专利侵权。但在分配举证责任时还要考虑到被告保护其商业秘密的需要。

（八）关于集成电路知识产权的规定

TRIPs在阐明了其与《集成电路知识产权条约》的关系的基础上就集成电路知识产权的保护问题作了三个具体规定。

1. 侵犯集成电路知识产权的行为

TRIPs规定，未经集成电路所有人授权而从事下列行为的，属于非法：进口、销售或者为商业目的分售受保护的集成电路外观设计，或者进口、销售或者为商业目的分售含有受保护的集成电路外观设计的产品。

2. 不需要集成电路所有人授权的行为

TRIPs规定，如果有前述行为的人在获取相关集成电路或者含有这种集成电路的产品时，主观上并不知道其中含有非法复制的集成电路外观设计，也不存在应当知道的情形，则其行为不构成违法。

在一个不知情的行为人接到其产品中含有非法复制的集成电路外观设计的警告后，他仍可以在原有的范围继续相关的经营行为，但有责任向权利人支付一笔专利权税，该专利权税的数额与通过自由谈判而确定的关于该设计的专利使用费用相当。

3. 对集成电路知识产权保护的期限

TRIPs根据成员方是否要求对集成电路外观设计进行登记的情况分别规定了集成电路外观设计的保护期限。如果一个成员方将登记作为保护条件的，则保护期限不少于10年，自填写登记申请表之日或者自在世界上任何地方首次进行商业开发之日起算；如果一个成员方不以登记作为保护条件，保护期限也是不少于10年，但起算时间只有一种，即自在世界上任何地方首次进行商业开发之日起。

同时，根据TRIPs的规定，成员方可以规定集成电路外观设计自发明之日起满15年自动消灭。

（九）关于对未披露过的信息保护的规定

与《巴黎公约》不同，TRIPs专门对未披露过的信息的保护作出了规定，主要是两个方面。

1. 对商业秘密的保护

TRIPs对商业秘密的构成规定了以下条件：（1）该信息不是该领域相关公众所普遍了解或者容易获得的；（2）具有商业价值；（3）已经被信息的掌握者采取了合理的保密措施。这一规定与我国目前对商业秘密的界定有共通之处。

对于构成商业秘密的信息，TRIPs规定掌握信息的人有权禁止他人未经其同意以违背诚信或者商业道德的方法披露、获得或者使用。

2. 对提交给政府机构的信息的保护

TRIPs对于企业根据政府机构的要求提交给政府机构的数据的保护作出了规定，如果这些数据是企业通过相当的劳动获得的，则成员方应保护该数据免受不公平的商业利用。除非出于保护公共利益的需要，还应保护该数据免于泄露。

（十）关于知识产权执法的规定

TRIPs为了加强知识产权保护而对成员方强化知识产权执法提出了较多的要求，涉及基本要求、民事程序、行政程序、临时措施、边境措施和刑事程序等方面。我国的企业如果在境外涉及知识产权事务的可能性较大，就应当熟悉这些规定，以便充分利用所在国的执法保护自己的知识产权，或者在自身涉及境外知识产权侵权时进行有效的抗辩。

1. 关于知识产权执法的一般要求

TRIPs要求各成员方在知识产权执法程序方面应当满足下列基本要求：（1）应当通过国内法落实该协议所规定的执法程序；（2）执法程序应当公开透明，不得过于复杂或者费用过高；（3）执法决定应当采取书面形式，并说明理由；（4）对于行政终局决定和司法初审判决，当事人应当有获得司法复审的机会。

2. 关于民事与行政程序及救济的规定

TRIPs在这方面作了比较多的规定，因为民事与行政程序是保护知识产权最普遍、最常用的途径，其规定主要有以下几个方面。

（1）对各成员方应当为当事人提供合理程序的要求。成员方应当对权利人提供可以用以保护其权利的民事司法程序，而被告则有权及时获得有关控告的通知。双方都应当有权委托其代理人出庭，都有权证明其主张并提出相应的证据。成员方应当对案件涉及的秘密提供保护的方法。

（2）关于证据提供及运用的要求。如果一方提供了足以支持其请求且能够合理取得的证据，并指出了被对方当事人掌握的能够证明其主张的证据，则成员方的司法部门应当责令对方提供相应的证据。如果一方当事人没有正当理由拒绝有关部门使用相关资料，或者未在合理期限内提供相关资料，或者有严重妨碍的行为，则成员方可以授权司法部门在给予当事人充分的陈述和申斥机会的前提下根据已有的资料和信息作出肯定的或者否定的裁判。

（3）禁令的运用。为了防止知识产权侵权行为的继续和侵权影响的扩大，TRIPs规定成员方的司法部门有权命令侵权人停止侵权行为，特别是在涉嫌侵权的进口货物结关后，有权阻止该货物进入其司法管辖区内进行销售。

（4）对于损害赔偿的要求。TRIPs协议规定成员方的司法部门有权要求侵权行为人赔偿权利人因为侵权行为所受到的损害，但条件是侵权行为人故意实施侵权行为或者知道自己的行为是侵权行为而仍然实施该行为。所赔偿的损害既包括权利人的正常损失，还包括权利人因为维权而支付的合理费用，如聘请律师的费用。在有些案件中，即使侵权行为人在主观上不符合上述条件，但TRIPs规定成员方的司法部门可以要求侵权行为人用其侵权获得的利润进行赔偿或者赔偿预先确定的损失；如果我国的企业在境外遇到这样的情况，对于哪些案件的侵权行为人需要进行这样的赔偿，企业需要查阅相关成员国法律的具体规定。

（5）对于物品的处置。TRIPs为了防止进一步侵权的风险，授权成员方的司法部门依其法律，并且不需要补偿，对于侵权商品通过非商业性渠道进行处置或者予以销毁，对于用于侵权活动的材料或者工具通过非商业性渠道进行处置。所采取的措施应当与侵权的情况相适应，并且不应当损害第三人的利益。我国的企业在境外维权时可以根据所在国的法律，充分利用TRIPs的这些规定，消除侵权进一步发生的隐患；当我国的企业在境外遭受侵权指控时，也可以充分利用TRIPs规定的条件或者限制进行抗辩。

另外，TRIPs还特别关注了仿冒商品侵权影响扩大的风险，明确指出对于这类商品仅仅除去侵权商标是不够的。

（6）被告的告知义务。为了给权利人保护其知识产权创造更好的条件，TRIPs规定成员方可以根据侵权的实际情况要求被告将与侵权产品的生产、销售有关的第三人及销售渠道告知权利人。我国的企业在境外维权时可以有效利用这方面的规定，以便肃清针对其知识产权的相关侵害行为。

（7）对被告的赔偿。对于滥用民事程序而致使被告遭受损失的，TRIPs规定，成员方的司法部门有权要求原告赔偿被告因此所遭受的损失，包括被告聘请律师所支付的合理费用。对于政府机关及工作人员在执行职务时采取不当措施给被告造成的损失，政府机关及相关工作人员不负赔偿责任，除非其在主观上并非出于诚意。针对境外一些企业经常针对我国的企业滥用知识产权维权措施的状况，我国的企业应当充分利用TRIPs的规定，维护自身权益，并借此遏制外国企业的不正当行为。

（8）行政程序。对于保护知识产权的行政程序，TRIPs未作具体规定，而是要求行政程序的适用遵守TRIPs有关民事程序的原则要求。

3. 关于临时措施的规定

临时措施是保护知识产权的重要手段，TRIPs规定成员方的司法部门和行政机关有权采取相应的临时措施。

（1）临时措施的类型。TRIPs规定的临时措施有两种，一是及时阻止侵权行为的继续，特别是阻止已经进口结关的货物进入境内的商业渠道；二是证据保全。

（2）采取临时措施的条件。在任何不及时采取相关措施就会给权利人带来不可弥补的损害或者证据极有毁灭危险的情况下，相关部门才能采取临时措施。至于是否存在这种危险，完全由成员方的相关部门进行判断。

（3）有权采取临时措施的主体。TRIPs规定，成员方的司法部门和行政执法部门都可以根据其法律规定采取临时措施。

（4）对申诉方的要求。成员方的相关部门可以要求申诉人提供相应的证据材料，以确定其为正当的权利人以及侵权行为发生的风险；也可以要求申请人提供相应的担保，以防止申请人滥用权利而损害对方的权益。

（5）临时措施的撤销。根据TRIPs，在两种情况下相关部门应当撤销临时措施：一是相关部门基于被告的抗辩进行审查后撤销临时措施；二是申诉人未在临时措施采取后的合理时间内提起诉讼或者行政程序，该合理的时间通常由采取临时措施的部门决定。

（6）对被告的救济。出于权利平衡和防止权利滥用的考虑，TRIPs为被告提供了相应的救济手段，主要有两个方面：一是知情与抗辩权。相关部门在采取临时措施后应当在最短时间内通知被告，被告有陈述权和要求重新审查的权利。二是获得赔偿权。如果临时措施被撤销或者因申诉人的原因而失效，或者最终确定知识产权侵权行为不存在，申诉人应当赔偿被告因为采取临时措施所遭受的损失。如果我国的企业在境外因他人的申请而被采取临时措施的，应当认真研究所在国法律的相关规定，有效采取这些救济措施，以便及时化解临时措施对自己造成的影响，并借此遏制所在国企业的恣意行为。

4. 关于边境措施的规定

由于TRIPs主要关注与贸易有关的知识产权问题，边境控制措施对于知识产权保护也就具有了重要意义，因此该协议对于边境措施作出了较详细的规定。

（1）关于边境措施的基本规定。边境措施由货物进口地的海关采取，其措施就是中止对货物的放行；该措施针对的是仿冒商标商品、盗版商品和侵犯其他知识产权的商品；必须有确切的证据证明进口货物为侵权商品；权利人必须向相关的司法机关或者行政机关提出书面申请，由司法机关或者行政机关通知海关实施；边境措施所针对的货物的所有人、进口商或者收货人应当获得通知及抗辩的机会。边境措施的具体程序由各成员方自行规定，因此，我国企业要想在境外申请边境措施的，需要查阅所在国法律的具体规定，以便及时采取有效的行动。

（2）边境措施的申请。由权利人向进口国的相关司法机关或者行政机关提出申请，需要提供证据证明其知识产权确实被进口货物所侵犯，且需要对进口货物进行详细描述，以便海关能够准确地识别边境措施所针对的货物。

（3）担保的提供。为了防止权利人滥用边境措施，接受申请的成员方司法机关或者行政机关可以根据情况要求申请人提供保证金或者其他同等的担保；如果边境措施针对的是已经因为成员方的其他部门采取了措施而中止放行的货物，如果该中止放行的期限已满而货物仍未被放行，为了保护知识产权人的利益，货物的所有人、收货人或者进口商可以提供保证金而获得货物的放行。

（4）货物的放行。海关采取边境措施后，如果申请人未在规定的期限内（通常不超过10个工作日，可延长10个工作日）起诉，或者货物具备了放行的一切条件，或者诉讼开始后经被告申请审查后撤销了边境措施，则海关应当放行被中止放行的货物。

（5）对货物的检查。在海关采取边境措施后，权利人可以要求检查货物以确认其权利，进口商、收货人或者货物的所有人也可以要求检查货物以便撤销边境措施。

（6）对于进口商或者货物所有人的补偿。如果因申请人的原因导致货物被错误扣押的，申请人应当赔偿进口商或者货物所有人因此遭受的损失。

（7）对于扣押货物的处置。在不妨碍权利人和被告依法采取相关行动的同时，成员方的相关主管部门有权下令销毁或者处理侵权货物；对于仿冒商标的货物，成员方的主管部门不应当允许侵权货物原封不动地再出口。

（8）依职权的边境措施。成员方的相关主管部门对于已有确凿证据证明侵犯了他人知识产权的进口货物，可以依职权主动采取边境措施，但应及时通知进口商和权利人。只要主管部门出于诚意，可以免除对其补救措施给货物所有人或者进口商造成损害的赔偿责任。

5. 关于刑事程序的规定

TRIPs对于刑事程序作了原则性规定，主要是要求成员方应当具有保护知识产权的刑事程序，至少针对具有商业规模的故意的商标仿冒和盗版案件应当适用刑事程序。

三、WIPO公约

（一）WIPO公约的基本情况

《建立世界知识产权组织公约》（简称WIPO公约）于1967年7月14日在瑞典斯德哥尔摩签订，其主要目的在于建立世界知识产权组织，为促进国际知识产权保护，各国及相关国际组织在知识产权保护方面进行协调与合作提供有效的组织机制，并承担相关知识产权保护联盟或者知识产权保护国际协定的行政事务。

WIPO公约主要是针对各个国家、地区及相关的国际组织而形成的国际公约，其着力解决国家、地区、国际组织、相关的知识产权保护联盟之间的协调、合作及相应的行政事务，不直接与企业发生联系，因此，企业只需对该公约的内容进行大概了解即可。

（二）WIPO公约的基本内容

1. 关于世界知识产权组织的基本规定

WIPO公约明确宣告世界知识产权组织的建立；其宗旨在于通过国家之间的合作并在适当情况下与其他国际组织配合促进在全世界保护知识产权，保证各联盟（包括"巴黎联盟"及其相关的专门联盟、"伯尔尼联盟"及由世界知识产权组织担任其行政事务的其他知识产权国际协定）之间的行政合作；其职责在于促进相关各方的合作与协调，促进知识产权保护的国际协作，承担相关联盟或者知识产权国际协定的行政事务，搜集相关情报并从事相关的研究，提供知识产权国际保护方面的服务，发布相关的信息等；其成员包括相关知识产权联盟的成员、联合国等国际组织的成员国、世界知识产权组织邀请加入的当事国。

2. 对知识产权的界定

与其他知识产权国际条约相比，WIPO公约对于知识产权作了较为广泛的界定，包括下列各项目的权利：（1）文学艺术和科学作品；表演艺术家、录音和广播的演出；（2）在人类一切活动领域内的发明；（3）科学发现；（4）外形设计；（5）商标、服务标记、商号名称和牌号；（6）制止不正当竞争；（7）在工业、科学、文学或艺术领域内其他一切来自知识活动的权利。

3. 世界知识产权组织的组织机制

世界知识产权组织设立大会，由WIPO公约各当事国的代表组成，实际上为该组织的决策机构，审议决定或者批准该组织的重大事务；设立成员国会议，讨论决定一些专项事务；设立协调委员会，类似于该组织的执行机构；设立国际局，作为该组织的秘书机构，由总干事作为其行政主管；设立总干事，作为该组织的代表。

4. 其他主要内容

WIPO公约还就世界知识产权组织的总部、财务、权利能力、特权及豁免、与其他组织的关系、加入公约的条件、公约的生效与保留、公约的修改、退约和通知等方面的事项作了或详细或简略的规定。

第二节 | 关于专利权的国际条约

本书中关于专利权（广义上）的国际条约是指专门针对专利权的保护及相关事务在相关国家或者地区之间形成的条约，我国目前参加的这方面的国际条约主要是《专利合作条约》《斯特拉斯堡协定》（关于专利国际分类的协定）、《洛迦诺协定》（关于工业品外观设计国际分类的协定）和《布达佩斯条约》（《国际承认用于专利程序的微生物保存条约》）。对于企业来说，尤其应当关注《专利合作条约》，它与企业申请国际专利密切相关，而且具有较强的可操作性。

一、《专利合作条约》

（一）《专利合作条约》的基本情况

1. 条约的概况

《专利合作条约》（PCT）于1970年6月19日签订于华盛顿，并经过两次修改，我国于1993年8月2日加入经修改的文本。该条约主要是就专利的国际申请涉及的程序进行了详细的规定，而对于授予专利的实体条件完成交给各授权国通过国内法律予以规定。

2. 条约的宗旨

《专利合作条约》的根本宗旨在于通过各国的合作与交流，促进科学和技术的进步，改善对发明的法律保护，为要求在几个国家取得保护的发明简化手续和减少成本，便利并加速公众获得有关发明的技术情报，促进发展中国家为保护发明而建立相应的法律制度和采取更有效率的措施。

3. 条约的主要内容

《专利合作条约》的主要内容如下：（1）对国际申请和国际检索的规定，主要涉及国际申请人的资格、对申请文件的要求、申请的操作程序、瑕疵申请的处理、受理申请的单位、国际检索的提出、国际检索单位、国际检索程序、国际检索报告、国际申请的修改、国家对国际申请的处理、国际申请的保密等。（2）对国际初步审查的规定，主要涉及国际初步审查的提出、国际初步审查单位、国际初步审查的目的及效力、国际初步审查的程序、国际初步审查报告、国际初步审查的效果等。（3）对于一些基本规则的规定，主要涉及国际申请中权利类型的选择、地区专利条约的适用问题、相关的时间限制、申请人的辩论权等。（4）对于技术服务的规定，主要是专利情报服务和技术援助等内容。（5）对于国际专利合作联盟行政事务的规定，主要涉及其组织机构、财务安排等内容。（6）对于其他方面的规定，主要涉及条约的签署、保留、生效、修改、退出、执行、通知、争议的解决等方面的内容。

4. 条约的组织机制

根据《专利合作条约》的规定组建国际专利合作联盟，联盟的机构包括作为决策机关的大会、作为执行机构的执行委员会、作为秘书机构的国际局和作为专业机构的技术委员会。

（二）关于国际申请的规定

1. 国际申请的基本要求

《专利合作条约》对于国际申请提出的基本要求为：（1）通过缔约国提出。我国的企业应当通过国家知识产权局专利局提出申请。（2）提交规定的申请材料。包括一份申请书、一份说明书、一项或者多项权利要求书、一幅或多幅附图（有需要时提供），以及一份摘要。（3）使用一种规定的语言，主要是英文与法文。（4）符合规定的形式要求。（5）符合发明的单一性要求，即一件国际申请应只涉及一项发明或者由一个总的发明构思联系在一起的一组发明。（6）按照规定交付费用。

2. 对申请人的规定

《专利合作条约》规定两类人可以提出国际申请：（1）《专利合作条约》缔约国的国民（具有缔约国国籍的人）或者居民（在缔约国有居所的人）；（2）非《专利合作条约》缔约国的国民或者居民，但属于《巴黎公约》缔约国的国民或者居民，经过国际专利合作联盟大会决定也可以提出申请。

3. 申请书的内容

《专利合作条约》要求申请书除具备一般专利申请书的内容外，还应当包括以下内容：（1）要求将申请按《专利合作条约》办理的请求；（2）写明指定国，即指定一个或者几个缔约国，希望它们按国际申请对发明给予保护，即由该缔约国发给专利或者代该缔约国发给专利；（3）如果希望获得一项地区专利而非国家专利，则应在申请书中说明；（4）申请人和代理人（如果有代理人的话）的姓名及其他有关材料；（5）发明的名称；（6）根据相关指定国国内法的要求，载明发明人的姓名及其他相关材料。

4. 对其他申请材料的要求

对于申请书以外的申请材料，《专利合作条约》也作了相应的要求：（1）说明书。为了使发明创造能够由本领域的专业技术人员付诸实施，说明书应对该发明创造进行足够清楚和完备的揭示。（2）权利要求书。应当表明其寻求保护的范围，所要求的权利应当清楚简明，并用说明书给予充分解释。（3）附图。申请人一般需要提供对于了解其发明有必要的附图。（4）优先权声明。需要在指定国获得优先权的，应当根据《巴黎公约》的要求作出要求优先权的声明并提交相关材料。

5. 国际申请的受理

《专利合作条约》就国际申请的相关事项作了必要的规定：（1）受理局。接受国际申请的部门一般是申请人所在的缔约国国家专利局或者政府间国际组织。（2）国际申请提交日期的确定。提交日期以受理局收到申请人符合要求的申请材料的日期为准；如果材料不符合要求的，受理局可以要求申请人在规定的期限内更正，以受理局接到更正的申请材料的日期为提交日期。（3）国际申请受理的效力。已经被确定提交日期的申请，自该日期起在指定国内被视为具有正常国家申请的效力，即等同于按照指定国法律在指定国提出了申请。

6. 国际申请的转交

国际申请被受理后，其抄本按照下列规定处理：（1）受理国保存一份，这一份抄本被称为"存档抄本"。（2）一份提交给国际专利合作联盟的国际局，这一份被称为"登记抄本"，"登记抄本"被称为国际申请的真正抄本；如果国际局未收到"登记抄本"，视为申请被撤回。（3）一份提交给主管的国际检索单位，这一份被称为"检索抄本"。（4）任何指定国均有权得到国际申请的抄本，它有权要求国际局转交一份抄本，也可以由申请人直接向指定国提交一份抄本，或者由申请人要求国际局向任何一个指定局转交一份抄本。

7. 国际申请瑕疵的处理

国际申请不符合要求的，依下列办法处理：（1）申请材料的填写不符合要求的，由受理局督促申请人在规定期限内修改；若申请人未照办，则视为申请已经撤回，并由受理局予以宣布。（2）如果没有提交国际申请中提及的附图，由受理局督促申请人补交，并以补交后的日期为国际申请的提出日期；如果未补交，则视同国际申请中未提及附图。（3）如果申请人未按照要求缴纳费用，则视同国际申请被撤回，并由受理局宣布；如果申请人未缴清部分指定国的费用，则国际申请针对这些指定国的部分被视同撤回。

（三）关于国际检索的规定

1. 对国际检索的基本要求

《专利合作条约》要求每一国际申请都要进行国际检索，其目的在于查找已有的相关技艺；国际检索通常针对权利要求书要求保护的事项，附图和说明书可以用作参考。如果受理局的国内法允许，申请人也可以要求受理局对其申请进行一次与国际检索相似的检索，这种检索被称为"国际式检索"。

2. 国际检索单位

国际检索单位由国际专利合作联盟的大会从符合要求的国家专利局或者政府间组织（如国际专利研究所）中委任，但该委任必须经过受委托的国家专利局或者政府间组织同意，并由该国家专利局或者政府组织与国际专利合作联盟的国际局订立协议。国际检索单位的委托应当有一定的期限。

国际检索只能由国际检索单位进行；如果有几个国际检索单位，每一个受理局可以指定一个或者几个国际检索单位进行检索。我国企业通过国家知识产权局专利局提出的国际申请由我国国家专利局进行国际检索。

3. 国际检索程序

国际检索单位按照《专利合作条约》及其附属规则规定的程序以及该单位与国际局签订的协议规定的程序进行检索。

对于国际申请中不需要国际检索单位去进行检索的主题，或者无法进行有意义的检索的主题，国际检索单位可以作出不检索的声明，并通知申请人，国际局不制定国际检索报告。如果国际申请不符合发明单一性的要求，国际检索单位可以要求申请人补交费用，并仅对国际申请中提到的主要发明进行国际检索和制作国际检索报告；在费用补交后再对其他部分进行检索并制作国际检索报告。如果申请人未补交费用，对于未检索的那部分任何指定国可以根据其国内法规定视同这部分申请已经在该国撤回。

4. 国际检索报告

国际检索单位应当在规定的时间内按照规定的要求制作国际检索报告，并将国际检索报告转交给申请人和国际局。国际局应当将国际申请连同国际检索报告一起送交给每一指定局。

5. 国际检索结果的处理

基于国际检索结果，申请人可以向国际局要求对其国际申请的权利要求进行一次修改，但该修改不能超出已经公开的事项范围。权利要求的修改及其说明应当提交给指定局。

（四）国际申请的公布

1. 公布国际申请的义务

《专利合作条约》规定，国际局应当公布国际申请；国际检索报告也应当按照规定的要求进行公布。

2. 国际申请的公布时间

国际申请在国际上的公布应当在从该申请的优先权日期算起18个月后迅速实施；申请人可以要求国际局在前述期限届满之前任何时候公布其国际申请。

3. 国际申请公布的限制

如果国际申请已经根据规定被撤回或者视同撤回，则不应在国际上公布；如果国际申请含有国际局认为违反道德或者公共秩序的词句或者附图，或者含有毁谤性陈述，则应当将这些语言删除后公布。

4. 国际申请公布的效力

国际申请公布发出后，国际申请在指定国的效力等同于国内法赋予其国家申请的效力，申请人在指定国享有与国内法赋予符合要求的国家申请的申请人同样的权利。如果国际公布在优先权日期算起的18个月期满前发出，则上述效力从优先权日期算起满18个月后发生。

（五）国际申请在指定局的效力

1. 国际申请在指定局效力的丧失

国际申请在下列情况下在某一指定局失效：（1）申请人撤回其国际申请或者撤回对于某一国家的指定。（2）因为国际申请不符合要求而被视同撤回或者视同撤回对某一国家的指定。（3）申请人没有按照规定向某一指定局履行提交抄本、译本或者缴纳费用的义务。

2. 指定局的复查

如果受理局拒绝承认国际申请的提出日期，或者声明国际申请已经被撤回，或者针对某一特定国家的指定被视同撤回，就这些处理结果，申请人有异议的，可以要求国际局将相关文件的抄本送交指定局，由指定局进行复查。经过复查，如果上述处理结果是由于接受局或者国际局的错误或者疏忽造成的，则指定局对于申请人的申请按照没有这种过错或者疏忽的情况进行处理，以纠正前述错误处理结果。

3. 指定局未给予修正机会的后果

《专利合作条约》要求指定局应当像依其国内法对待国家申请那样给予申请人修正国际申请的机会，主要是修正权利要求和说明书的附图；如果申请人未获得这样的修正机会，则指定局不得以违反条约的规则为由拒绝国际申请。

（六）关于指定局国内法的规定

1. 国内法与《专利合作条约》及其附属规则的关系

国内法就国际申请的内容与形式不能作出与《专利合作条约》及其附属规则不同

的规定，也不能提出额外的要求。如果国内法就国际申请的内容和形式作出比条约及其附属规则对申请人更为有利的规定，则指定国的相关部门应当按照该国内法的规定处理国际申请，除非申请人坚持要求依《专利合作条约》及其附属规则处理。

2. 国内法可以独立作出的规定

《专利合作条约》允许指定局的国内法对下列事项独立作出规定：（1）对授予专利权的实质条件及相关的证据材料作出规定；（2）为维护国家安全而规定必要的措施；（3）为维护一般经济利益而限制其国民或者居民提出国际申请的自由；（4）在法人作为申请人时，要求提供法人的负责人姓名；（5）在其国内法规定申请人须为发明人时拒绝申请人非发明人的国际申请；（6）要求申请人指定代理人。

（七）关于国际初步审查的规定

1. 国际初步审查的提出

根据《专利合作条约》的规定，国际初步审查不是必经的程序，而是应申请人的提出而进行的。国际初步申请的提出应当符合下列要求：（1）能够提出国际初步审查要求的人仅限于可以提出国际申请的申请人。（2）国际初步审查的要求应当与国际申请分别提出。（3）提出国际初步审查要求时应当指明选定国家，即申请人打算国际初步审查结果在该国使用的国家。选定国家可以是一个，也可以是多个；可以一次选定，也可以在以后继续选定。（4）应当在规定期限内缴纳规定的费用。（5）国际初步审查要求应当提交给主管国际初步审查当局，以后的选定则提交给国际局。（6）应当向被选定的局通知选定结果。

2. 国际初步审查单位

国际初步审查单位是指根据指定对于国际申请是否符合授予专利的条件进行初步审查的机构。如果国际申请由《专利合作条约》缔约国的居民或者国民提出，由国际局确定主管初步审查的国际初步审查单位；如果国际申请由《专利合作条约》缔约国以外的《巴黎公约》缔约国的居民或者国民提出，则由大会确定主管初步审查的国际初步审查单位。国际初步审查单位通常为某个缔约国的专利局，它们要与国际局签订协议确定权利、义务及相应的规定。

3. 国际初步审查的内容

国际初步审查的内容是确定申请专利的发明创造是否具有新颖性、创造性（非显而易见性）和实用性。

4. 主管国际初步审查单位的审查程序

国际初步审查单位应当按照《专利合作条约》及其附属规则、国际局与国际初步审查单位订立的协议所规定的程序进行审查。《专利合作条约》还规定了一些具体的程序规则：（1）在审查过程中申请人有权同国际初步审查单位进行口头或者书面的联系。（2）在国际初步审查报告定稿之前，申请人有权在规定时间内用规定的方式修改权利要求、说明书和附图，但修改不得超出原国际申请中对发明公开的范围。（3）除国际初步审查单位认为国际申请符合要求、发明创造符合授予专利权的条件外，申请人应从国际初步审查单位得到至少一份书面意见，并可对书面意见提出异议。（4）对于不符合发明单一性要求的国际申请，国际初步审查单位可以要求申请人对权利要求进行限制，限制以外的国际申请的效力在选定国可依其国内法视同撤回；如果申请人未按照要求对权利要求进行限制，则国际初步审查单位仅就主要的发明部分写成国际初步审查报告，其他部分在选定国视同撤回。（5）对于按照《专利合作条约》的规则并不需要进行国际初步审查的国际申请，或者因说明书、权利要求或者附图不清楚而无法对发明创造是否符合新颖性、创造性和实用性进行判断的，国际初步审查单位可以不进行初步审查，不出具国际初步审查报告。

5. 国际初步审查报告

对于国际初步审查报告，《专利合作条约》主要作出了几个方面的规定：（1）国际初步审查单位应当在规定期限内按照规定的形式形成国际初步审查报告。（2）国际初步审查报告主要是针对某一权利要求而对于发明创造的新颖性、创造性和实用性进行陈述，而不能就该发明创造依某一国内法是否具有可专利性作出声明。（3）国际初步审查报告应当按照规定提交给相关组织。报告及其附件应当转交给国际局和申请人，再由它们将其使用规定语言的译本提交给选定国。（4）国际初步审查报告及相关材料应当保密，除非经过申请人同意，国际局和国际初步审查单位均不得允许他人援引或者提供相关情报。

6. 国际初步审查后的处理

在接到国际初步审查报告后，申请人可以作出相应的补救：（1）申请人可以通知国际局，撤回其对一个或者全部国家的选定，由国际局通知相关的选定国和国际初步审查单位，国际申请视同在相关的指定国撤回。（2）申请人应有机会在规定的期限内向每一选定局修改权项、说明书和附图，但修改不得超出已经提出的国家申请的公开范围；在上述期限届满前，除经申请人明确同意外，任何选定局不得作出授予或者拒绝授予专利权的决定。

（八）企业申请国际专利的注意事项

1. 对于国际专利申请程序的总体把握

企业应当对《专利合作条约》规定的程序有一个总体的认识，以便在实施时能够统筹把握、合理安排。国际专利的申请从程序上看包括两个阶段：一是国际阶段，二是国家阶段。《专利合作条约》是针对国际阶段的程序作出的规定，包括国际申请的提出、国际检索的开展、国际公布和有选择的国际初步审查等环节。国家阶段完全由选定国根据其国内法处理，并非《专利合作条约》所规定的内容。

由于《专利合作条约》及其附属规则规定的国际申请的程序非常复杂，所以我国要求企业委托规定的专利代理机构进行申请，以便对于国际专利程序有更好的把握。企业应当与专利代理机构进行密切的配合，特别是将企业的意图向专利代理机构进行清晰的解释，并与专利代理人就国际申请的可行性及前景进行充分讨论。

2. 正确抉择是否要提出国际专利申请

企业对于其发明创造是否要提出国际专利申请，取决于企业意图在哪些国家获得专利授权。如果企业希望在多个国家（通常5个以上）或者地区获得专利权，则适宜提出国际申请，因为通过PCT途径仅需向国家知识产权局专利局提出一份国际申请，而免除了分别向每一个国家提出国家申请的麻烦。如果企业只是想在个别国家获得专利权，则不需要提出国际申请，而是直接向相关国家专利主管当局提出申请。

3. 在国际申请中合理确定指定国及权利要求

从形式上看，在一份国际申请中要求提出的指定国和选定国越多，申请的效率越高，但由于企业自身的经营状况及不同国家对于发明创造保护的差异，有时指定较多国家并非明智之举。企业在确定将哪些国家作为指定国时主要应当考虑以下因素：（1）基于其发明创造的技术特点，依据哪些国家的国内法比较容易获得授权或者保护？（2）哪些国家对专利权的保护更有利于该企业发明创造的运用及其经济利益的提高？（3）该企业运用该发明创造的产品将主要在哪些国家生产或者销售？

国际申请中所确定的权利要求对于国际申请的成功是一个非常重要的因素。首先，企业应当选择适当的权利类型。《专利合作条约》规定，对于其法律规定授予发明人证书、实用证书、实用型式、增补专利或增补证书、增补发明人证书或增补实用证书的任一指定国家或者选定国家，申请人可按附属规则的规定，说明他的国际申请就该国而言是要求授予发明人证书、实用证书或者实用型式，而不是专利证书，或者说明它要求授予增补专利证书或者增补证书，增补发明人证书或增补实用证书，随此产生的效力取决于申请人的选择。企业应当充分利用这个规定，根据自身的情况进行合理的选择。另外，如果指定国或者选定国允许进行两种权利的选择，企业也可以选择两种权利以便获得更好的保护。其次，企业应当针对其发明创造的技术特点和指定国法律规定的情况，合理确定其权利要求，在遵守权利要求单一性要求的前提下尽量使其权利要求的范围适于其发明创造的保护需求，且不会损害其获得授权的概率。

4. 对于国际检索报告不理想问题的处理

国际检索报告对于进入国家阶段专利申请的处理结果具有很大的影响，如果国际检索报告的结论不理想，一般不宜冒险进入国家阶段，否则很有可能花费了较多的费用，最终也未能获得授权。如果企业想将国际申请程序继续下去，通常有两个处理方式：一是基于国际检索报告修改权利要求；二是要求进行国际初步审查，如果国际初步审查的意见有利于自己，则可以在很大程度上减少国际检索报告的不利影响。

5. 慎重提出国际初步审查的要求

对于一件PCT申请而言，申请人可以根据《专利合作条约》的规定，向国际初步审查单位提出国际初步审查的要求，但这不是必经的程序，而是取决于申请人的意愿。由于进行国际初步审查需要支付一定的费用，且需要花费时间和精力答复国际初审单位的书面意见，所以我国企业在进行国际申请时对于是否进行国际初步审查要作出慎重的选择。一般来说，在下列情况下企业可以提出国际初步审查的要求：（1）企业对于其发明创造在国际初步审查中获得好的结果有较强的信心，且国际初步审查的结论有助于其获得选定国的保护。（2）企业选定的国家自身的审查能力较弱，依赖于国际初步审查。（3）国际检索报告对于企业来说不够理想，如果能够通过国际初步审查获得较好的结论，就可以减少国际检索报告的负面影响。

6. 充分利用修正或者争辩的机会

在国际检索阶段，企业应当根据国际检索报告，及时对其申请进行修正，主要是修改权利要求，以保证其申请的主题具有国际新颖性。如果企业决定申请国际初步审查，就应当认真对待，在审查过程中申请人应当利用同国际初步审查单位进行口头或者书面联系的机会进行更多的沟通；在国际初步审查报告定稿之前，申请人如果预料到结论对自己不利，应尽量在规定时间内用规定的方式修改权利要求、说明书和附图；申请人应从国际初步审查单位得到至少一份书面意见，如果有异议，应当按照规定以书面形式提出自己的意见；根据国际初步审查结论，申请人如果觉得其发明创造很难在某些选定国获得保护，就应及时通知国际局，撤回其对一个或者全部国家的选定。

二、其他相关的条约

（一）《斯特拉斯堡协定》

1. 概况

《斯特拉斯堡协定》是《国际专利分类斯特拉斯堡协定》的简称，该协定于1971年在法国的斯特拉斯堡签订，其目的在于推广欧洲理事会建立的发明专利国际分类法，使各国能够普遍采用一种统一的专利、发明人证书、实用新型和实用证书的分类系统，以便在工业产权领域建立较为密切的国际合作。该协定的主要内容为：（1）建立专门的国际联盟；（2）在缔约国推行发明专利国际分类欧洲公约规定的国际专利分类法；（3）对专利国际分类法的界定、语言及其使用作出了原则规定；（4）对于联盟的组织机构和行政事务作出了较为详细的规定；（5）规定该协定的生效、修正、通知、公布、退出等事项。

2. 专利国际分类的特点

企业在申请国际专利时，需要进行专利分类的标记。为了正确地进行专利分类标记，企业应当熟悉专利国际分类的特点：（1）《斯特拉斯堡协定》推广的国际专利分类法并非要求缔约国完全采用，而是允许联盟的每一国家将该分类法作为主要的分类系统或者作为辅助的分类系统使用。我国国家知识产权局采用了该国际分类法。（2）国际专利分类法的版本会不断地发生变化。因此，企业在进行国际专利申请时应当查阅最新版本的国际专利分类。（3）国际专利分类涉及多类多个层级。主要有8大类（部分），即A类"人类生活必需"、B类"作业、运输"、C类"化学、冶金"、D类"纺织、造纸"、E类"固定建筑物"、F类"机械工程、照明、加热、武器、爆破"、G类"物理"和H类"电学"；有5个层次，即部、大类、小类、大组、小组。（4）国际专利分类标签的多项原则。在给国际专利进行分类标签时，有5种分类原则或者方法，即"整体分类原则""功能分类原则""应用分类原则""既功能分类又应用分类原则"和"独立权利要求与从属权利要求的分类原则"。（5）一个专利可能涉及多个标签。企业需要注意的是，由于国际专利分类的层次性以及分类原则的多样性，在对一个专利进行分类标签时，要意识到一个专利可以有多个标签；从现实情况看，国际专利申请一般都有多个标签。例如，就能装入多个胶卷、并可按需要曝光其中特定胶卷的照相机及其在飞机上的装置而言，如果按功能分类，可以分入G03B19／06；而如果按应用分类，则可以分入B64D47／08。

（二）《洛迦诺协定》

1. 概况

《洛迦诺协定》是《建立工业品外观设计国际分类洛迦诺协定》的简称，它是《巴黎公约》成员国之间签订的专门协议之一，于1968年10月4日在瑞士洛迦诺签订，1971年起生效。通过该协定建立了专门的外观设计国际分类的联盟，在联盟国家中，采用统一的工业品外观设计分类法，包括大分类表和小分类表。该协定由正文和1个附件组成。其主要内容为：国际分类法的采用；国际分类法的使用和法定范围；国际分类法及其修正和补充的通知与公布；联盟的组织和行政事务；该协定的修正、批准和加入、生效和效力、退出、签字、语言、通知、过渡条款等。

2.《洛迦诺协定》对于外观设计的分类

《洛迦诺协定》的附件为外观设计的大类表和小类表，其对32个大类和223个小类的不同类型产品建立了外观设计分类。32个大类为：第1类，食品，包括营养品；第2类，各种服装和衣着用品，包括鞋类；第3类，其他类未列入的旅行用品和个人用品；第4类，刷子类；第5类，纺织布匹制品和其他被单类材料；第6类，家具与陈设品；第7类，其他未列入的家用品；第8类，工具和五金用品；第9类，包装和容器；第10类，钟、表以及测量仪器；第11类，装饰品；第12类，运载工具；第13类，发电、配电和输电设备；第14类，电子和电子设备；第15类，工业用和家用机器；第16类，摄影、电影摄影和光学设备；第17类，乐器；第18类，印刷和办公机械；第19类，文具用品、办公设备、艺术家用和教学用材料；第20类，销售和广告设备；第21类，游戏、玩具和体育用品；第22类，武器和打猎、捕鱼、捕捉害兽的工具；第23类，卫生、供暖、通风和空调设备；第24类，医疗和实验室设备；第25类，建筑和施工构件用品；第26类，照明设备；第27类，烟草和吸烟用具；第28类，药品和化妆品，梳妆用品和器具；第29类，人类的安全和保护的装置和设备；第30类，动物照管和驯养设备；第31类，其他类未列入的食品或者饮料制作机械和设备；第32类，其他杂项。

3. 外观设计国际分类法的使用

《洛迦诺协定》对于外观设计国际分类法在联盟各成员国的使用作了一些原则性规定，主要有：（1）国际分类法纯属管理性质；（2）每个国家可以将其认为适当的法定范围归属于国际分类法，联盟各国对本国给予外观设计的保护性质和范围应不受国际分类法的约束；（3）联盟的每一国家保留将国际分类法作为主要的分类系统或者作为辅助的分类系统使用的权利；（4）联盟国家的主管局应在外观设计保存或者注册的官方文件上以及在正式公布这些文件时在有关刊物上标明使用外观设计的商品所属国际分类法的大类和小类号码。

（三）《布达佩斯条约》

1. 概况

《布达佩斯条约》是《国际承认用于专利程序的微生物保存布达佩斯条约》的简称，

该条约是巴黎公约成员国缔结的专门协定之一，于1977年4月27日在匈牙利的布达佩斯外交会议上通过，并于1980年9月26日修正。该条约是针对向接收与受理微生物的国际保存单位送交微生物或者由国际保存单位贮存此种微生物的相关事项而订立的。该条约由绪则、"实质性规定""行政性规定""修正和修订""最后条款"和附则6个部分组成。对于企业来说，主要关注和熟悉"实质性规定"及附则中的相关内容即可。

2.《布达佩斯条约》的实质性规定

《布达佩斯条约》就用于专利程序的微生物国际保存的实质性规定主要有以下几个方面：（1）缔约国对微生物国际保存的承认。缔约国允许或要求保存用于专利程序的微生物的，应当承认为了此种目的而在任一国际保存单位所做的微生物保存。承认的内容包括由该国际保存单位说明的保存事实和交存日期，以及提供的样品是所保存的微生物样品。（2）对存单副本的索取。任一缔约国均可索取由国际保存单位发出的微生物国际保存的存单副本。（3）重新进行微生物的国际保存。微生物的国际保存存在下列情形之一的，应当重新进行：一是所保存的微生物不能存活，二是提供的样品需要送出国外，而因出境或者入境限制向国外送出或者在国外接受该样品有阻碍。重新保存通常情况下应向原接受保存的国际保存单位提交。（4）对于微生物出入境的限制。各缔约国公认，在对国家安全或者对公众健康或者环境有危险而需要进行限制的情况下，缔约国可以对某些种类微生物自其领土输出或者向其领土输入进行限制。（5）国际保存单位的资格。并非任何保存单位保存的微生物都能用于专利程序，缔约国根据本条约有义务承认的仅是由国际保存单位提供的微生物保存，因此国际保存单位的资格就显得很重要。一个保存机构如果要取得国际保存单位的资格，必须设立于某缔约国领土上，且该缔约国或者某一政府间工业产权组织对该机构具备条约所规定的国际保存单位的条件作出保证，并向总干事递交书面通知，经总干事确认后，由国际局公布。国际保存单位的资格可以受到限制，也会在一定条件下终止。

第三节 | 关于商业标志的国际条约※

目前关于商业标志国际保护的条约，除《保护原产地名称及其国际注册里斯本协定》外，集中在商标事务方面，这方面专门的国际条约主要有《马德里协定》《马德里议定书》《商标注册用商品和服务国际分类尼斯协定》（以下简称《尼斯协定》)、《建立商标图形国际分类维也纳协定》《商标注册条约》《商标法条约》和《商标法新加坡条约》。我国加入了其中的《马德里协定》《马德里议定书》和《尼斯协定》。1994年和2007年我国分别签署了《商标法条约》和《商标法新加坡条约》，但尚未加入这两个条约。因此，本书主要介绍目前对我国适用的三个国际条约，这三个条约都是有关解决商标国际注册问题的，对于我国外向型企业而言，必须关注和合理利用这些国际条约，以便自己的商标在境外获得更好的保护，同时避免在境外卷入商标侵权纠纷。

一、《马德里协定》

（一）《马德里协定》概况

《马德里协定》于1891年签订，是第一部专门用于规定、规范国际商标注册的国际条约，我国于1989年加入，适用1967年的斯德哥尔摩文本。《马德里协定》除规定建立专门的国际联盟，并就其组织机构和行政事务及条约的签署、批准、加入、生效、退约等事项作出规定外，主要就商标国际注册申请、国际注册的效力、有效期限、续展、变动及国际注册费用等方面的事项作出了系统的规定。《马德里协定》与此后签订的《马德里议定书》共同构成商标国际注册的"马德里体系"，该体系的目标不是谋求各国商标法律制度的统一，而是直接创设了商标国际注册的规则，其目的在于为商标

※ 本节吸收了作者在自己主编的下列教材中所撰写的部分内容，董新凯、吴玉岭主编：《知识产权国际保护》，知识产权出版社2010年版。

所有人进行商标国际注册简化行政程序，使其商标能够在最短时间内以最低的成本在其需要保护的国家中获得保护；其主要的特点在于，商标所有人通过一次申请和注册，便可以使其商标同时在多国（由申请人在申请时指定）获得商标权。除了对机构设置、行政程序、条约的签署等进行规定外，马德里体系主要规定了国际注册的具体规则。

（二）《马德里协定》的主要内容

1. 商标国际注册申请的途径

《马德里协定》规定，申请人提出商标国际注册申请，应当通过原属国的商标注册主管部门提出，不能直接向国际局提出申请。所谓的原属国，就某个申请人而言，指的是具有下列情形之一的本协定的缔约国：（1）申请人在该缔约国有真实有效的营业场所；（2）申请人在该缔约国虽无营业场所，但有住所；（3）申请人在该缔约国既无营业场所，也没有住所，但为该国的国民（具有该国的国籍）。基于这些要求，通过国家工商行政管理总局商标局提出国际注册的申请者，应当具有中国国籍，或者在中国具有经营场所，或者在中国具有住所。例如，甲公司为具有德国国籍的公司，该公司在中国设立了分公司（并有相应的经营场所），甲公司希望在法国、英国、日本、乌克兰、瑞士、美国等国申请注册某商标。在这种情况下，甲公司既可以在德国注册该商标后通过德国商标注册部门向国际局申请国际注册，并将上述国家作为被指定保护的国家，也可以在中国注册该商标后通过国家工商行政管理总局商标局向国际局申请国际注册。因为甲公司具有德国的国籍，在中国拥有经营场所，德国和中国都可以作为其申请国际注册的原属国。

2. 可以申请国际注册的商标

《马德里协定》规定的国际注册适用于商品商标和服务商标。申请人既可以单独申请商品商标的注册，也可以单独申请服务商标的注册，还可以申请同时适用于商品和服务的商标注册。

但是，根据该协定的规定，并非所有的商品商标或者服务商标都可直接申请国际注册。申请国际注册的商标必须是已经在原属国注册的商标，如果还未向原属国提出注册申请或者虽然提出申请但还未获准注册的商标均不能根据该协定申请国际注册。

因此，我国的企业如果想根据《马德里协定》申请商标国际注册的，必须尽早向国家工商行政管理总局商标局提出注册申请，在其申请被核准后再提出国际注册申请。

3. 商标国际注册申请的形式

根据《马德里协定》的规定，商标国际注册的申请可以采取书面形式，即以打字机或者其他机器打印；也可以采用电子形式。随着办公自动化和电子化程度的提高，电子形式的申请越来越常见。

4. 商标国际注册申请书

（1）基本要求：根据《马德里协定》，每份国际申请必须采用《共同细则》规定的格式提出，并由原属国的商标注册主管部门证明该申请与在所属国注册的具体项目相符合。

（2）申请书应当具有以下内容：申请人姓名和地址；代理人的姓名和地址；优先权的声明及说明（申请优先权时需要）；商标标识的复制件；标准字母标识的声明。另外，如果申请注册的是颜色组合商标、立体商标、声音商标、集体商标或者证明商标，还应有对颜色组合商标的说明、对立体商标的说明、对声音商标的说明、对集体商标或者证明商标的说明；申请书应当有对文字标识的描述，对非工作语言文字商标的翻译；使用商标的商品或服务的名称；费用支付等。对于我国的企业来说，如果通过国家工商行政管理总局商标局提出国际申请的，应当使用其印制的"商标国际注册申请书"；申请书中应当写明申请人所指定的国家，即申请人希望该国际注册在哪些国家产生效力、受到哪些国家法律的保护。

另外，《马德里协定》规定的工作语言是法文，因此，商标国际注册申请书只能用法文填写。

5. 商标国际注册的基本程序

（1）申请书的提交。申请人在原属国注册后，如果希望获得国际注册的，应当按照原属国的格式要求向原属国商标注册当局提交商标国际注册申请书。

（2）原属国注册当局的处理。原属国商标注册主管部门对申请人的申请要进行必要的审查，审查内容主要是申请书中的项目与其在本国商标注册簿中记载的具体项目是否相符合；向国际局提供该商标在原属国申请和注册的日期和编号，并确定提出国际注册申请的日期。

（3）国际局的注册。国际局在接到原属国转来的国际注册申请后，一般应当立即进行注册，并在国际注册簿中进行登记，发给登记证书，并毫不迟延地通知申请人所指定的缔约国的注册当局。

（4）被指定缔约国注册当局的处理。被指定缔约国对于国际局转送的商标国际注册申请的处理期限为1年。如果被指定缔约国的注册当局根据其本国法律规定拒绝给予该国际注册法律保护的，应当在1年内向国际局发出批驳通知，并说明理由，其理由不能与其拒绝国内商标注册申请的理由有差异；否则，该国际注册便在该被指定的国家产生效力。如果被指定缔约国商标注册主管部门进行了批驳，申请人有权按照作出批驳的缔约国的法律寻求相应的救济。

6. 商标国际注册的效力

（1）商标国际注册的效力范围。商标在国际局的注册并不能使该商标在缔约国自动受到保护，而是需要申请人提出领域延伸的要求，指定要求保护的国家。也就是说，商标国际注册的效力取决于申请人对期望获得其保护的缔约国的指定，如果被申请人指定的国家没有在《马德里协定》规定的期限内批驳（拒绝保护），则该商标注册便在被指定的缔约国产生了法律效力。从理论上看，在一次申请中指定更多的缔约国，其效率最高；但是，基于贸易实际需要的考虑和负担费用的压力，申请人一般都不会将所有的缔约国作为领域延伸的对象，而只是指定部分甚至少量缔约国提出领域延伸要求。

例如，韩国的真真公司在韩国注册"GGPPD"商标后，通过韩国注册当局向国际局提出国际注册申请，并在申请时指定中国、意大利、瑞士、法国、日本为要求保护的国家。意大利商标注册当局在接到国际局转给的申请后第8个月便将批驳通知了国际局，其他被指定的国家则没有作出表示。这样，韩国的真真公司通过国际局进行的"GGPPD"商标注册便同时在中国、瑞士、法国和日本产生了法律效力，受到了保护，但在意大利则不能获得保护。

（2）国际注册对原先国家注册的替代。在国际注册前，如果该商标已经在某些被指定的领域延伸国注册的，则在国际注册后，该国际注册替代原先的国家注册，但不影响原先的国家注册所产生的既得权利。例如，A公司在中国注册"OOXX"商标前曾经在法国、日本申请注册了该商标，现在A公司又申请国际注册，并将法国、日本、德国、美国等国指定为领域延伸国家，则在该国际注册生效后，其在法国、日本原先注册的商标由该国际注册所替代。

（3）国际注册的有效期限。《马德里协定》规定，商标国际注册的有效期限为20年，期满后可以续展。国际注册的续展应当在其期满前6个月内提出；如果在此期限内未提出的，还可以给予6个月的宽展期。

（4）国际注册效力的变动。《马德里协定》将商标国际注册的效力与其在原属国注册的效力联系起来。依其规定，在商标国际注册后的5年内，国际注册的效力受原属国原先注册的效力的影响；如果该商标在原属国已经全部或者部分不受法律保护，则其国际注册所得到的保护也全部或者部分不再享有。在国际注册满5年后，不论该商标在原属国的效力产生怎样的变动，国际注册的效力都不受影响。例如，A公司在中国注册"光荣"商标后，申请了国际注册，并将德国、日本和韩国指定为领域延伸国，这些国家均在2008年10月5日接到国际局转来的申请，在2009年10月5日前均未提出批驳。考虑到该商标与我国法律的相关规定相冲突，中国商标局于2013年6月5日撤销了其注册。依《马德里协定》，A公司的"光荣"商标在德国、日本和韩国注册的效力同时丧失；如果我国商标局是在2013年10月5日后撤销了该商标注册，则因为超过了国际注册后的5年时间，该商标在德国、日本和韩国的注册效力继续有效。

（5）国际注册的放弃。商标国际注册人可以在任何时候通过声明放弃其商标在一个或者多个缔约国的保护，声明应当向本国的商标注册主管部门提出，并由其通知国际局，再由国际局通知被放弃的国家。

7. 商标国际注册费用

《马德里协定》规定的国际注册费用包括以下三种。

（1）基本费。每件国际注册申请所应缴纳的基本费为653瑞士法郎。

（2）附加费。国际注册申请多于商品和服务国际分类中的3类以上商品或服务的，每多1类增加一笔费用，费用为73瑞士法郎。

（3）补加费。在商标国际注册时申请人提出领域延伸保护要求的，每指定一个国家，多收一笔费用，该费用为100瑞士法郎（从2008年9月1日开始增加，此前该项费用为73瑞士法郎）。

相对于在各被指定国家分别注册而言，《马德里协定》规定的国际注册费用要低很多。这些费用可直接向国际局交纳，也可通过原属局交纳，条件是原属局同意收取并转交国际注册费用；上述费用可以每10年分两期缴纳。

8. 商标国际注册的转让

国际注册的商标转让给他人，如果受让人不是注册申请人注册时所属缔约国的人，而是另一缔约国的人，则由原注册申请人所属缔约国的注册主管部门将转让事宜通知国际局，国际局应予登记，并通知其他缔约国。如果该转让发生在国际注册后未满5年的时间内，则国际局应当征得新商标所有人所属的缔约国的同意，如该国不同意，商标注册人原属国的商标主管部门可以要求国际局在其注册簿上撤销该商标。如果商标所有人将其国际注册商标转让给无权提出国际注册申请的人，则国际局不予登记，在这种情况下商标注册人原属国的商标主管部门可以要求国际局在其注册簿上撤销该商标。

国际注册商标可以进行部分转让。根据《马德里协定》，如果商标所有人通知国际局仅就部分注册商品或者服务项目转让国际商标，国际局应在注册簿上登记；国际商标只在一个与几个缔约国转让的，国际局应同样予以登记。但是，如果所转让的那部分商品或者服务项目与转让人所保留注册的那部分商品或者服务项目类似的，每个缔约国均有权拒绝承认转让的有效性。

9. 其他内容

《马德里协定》还就联盟大会、国际局、财务等组织机构和行政事务进行了规定，并就该协定的批准、加入、生效、退约、签字、语言、保存及过渡条款作了较为细致的规定，不过这些内容对于一般的企业而言并不需要掌握。

（三）企业运用《马德里协定》的注意事项

基于《马德里协定》的规定，我国企业在依照该协定申请商标国际注册时应当特别注意以下几个方面。

1. 尽早在中国获得注册后再提出国际注册申请

我国企业申请商标国际注册一般应当通过国家工商行政管理总局商标局提出，而提出申请的前提是拟申请国际注册的商标已经在我国获准注册。因此，企业在提出商标国际注册申请前应当尽可能早地提出国内注册申请，这样做一方面可以尽早启动境内注册程序，使其商标更早获得国家注册；另一方面较早的申请日期可以使其享有优先权而在以后指定的相关缔约国获得较早的申请日。

2. 合理指定保护其商标的缔约国

虽然《马德里协定》签署的目的帮助企业简化申请程序，通过一次申请就能使其商标同时在多国获得保护，指定的国家越多，这种程序产生的规模效应就越大。但是，如果盲目指定过多的国家，不仅增加自身的负担，而且会对企业的发展带来阻碍。因此，我国企业在申请商标国际注册时应当理性地选择作为商标延伸保护领域的缔约国。究竟指定多少国家，指定哪些国家？通常应当考虑以下因素：（1）商品销售的实际需要。所指定的缔约国，一般应当是企业的商品正在其境内销售，或者根据企业的发展规划其商品将在其境内销售的国家。（2）被指定国法律规定的情况。如果依照被指定的某个国家的商标法可以推断企业的商标很难在该国获准注册的，企业就不宜再将该国列为指定的范围。（3）费用负担大小。企业应当适当考虑自身的费用负担能力及所支出的费用产生的效果。

3. 高度重视企业在中国注册商标的效力的维持

《马德里协定》的重要特点是将国际注册商标的效力与原属国商标注册的效力相联系。因此，我国的企业要想维持其国际注册商标的效力，就必须在国际注册后的5年内保证其在中国注册商标的效力，既不能主动放弃其中国注册商标，也不能因为自身的违法行为或者疏忽而使其中国注册商标被撤销或者宣告无效。

4. 灵活处理已经获准国际注册的商标

对于已经注册的国际商标，企业可以根据情况的发展变化进行灵活的处理。比如，如果企业改变了原来的经营计划，不再向某些指定的缔约国销售商品，或者在某些指定的缔约国的商品销售情况远不及预期，不希望再维持其注册商标在这些国家的效力的，企业可以向国家工商行政管理总局商标局发出声明，放弃其商标在这些指定国所受的保护，由我国商标局将声明通知国际局。企业也可以根据其生产经营的需要，将其国际注册商标在整体上或者部分转让给其他人，但转让时必须避免一些有可能导致中国商标局撤销其注册商标的情形。

二、《马德里议定书》

（一）《马德里议定书》概况

《马德里议定书》于1989年通过，其主要目的是弥补《马德里协定》所存在的以原属国的注册为基础、在5年内受原属国撤销注册的影响、所采用的工作语言比较单一等缺陷，使马德里体系更加灵活，更能适应某些未能加入《马德里协定》的国家的国内立法。《马德里议定书》使得马德里体系趋于合理、完善。但《马德里议定书》并未废除或者取代《马德里协定》，这两个条约并行、独立却得以共同操作，它们有共同的实施细则，该共同实施细则于1996年生效。《马德里议定书》的成员国不必是《马德里协定》的成员国，但必须是《巴黎公约》的成员国。《马德里议定书》还将其成员扩展到政府间国际组织。

（二）《马德里议定书》的主要内容

作为同一个体系的两个条约，《马德里议定书》和《马德里协定》对于商标国际注册的规定在内容上有较多相似。为了避免重复，下文着重介绍《马德里议定书》与《马德里协定》的差异。

1. 对于国际注册申请基础的要求

与《马德里协定》将申请人在其原属国的注册作为商标国际注册申请的条件不同，《马德里议定书》并不以原属国的注册为申请国际注册的前提，而只是要求申请人在原属国已经提出了相同的商标注册申请。只要申请人在其原属国已经提出了这种申请，即使还没有获准注册，也可以提出国际注册申请。也就是说，《马德里协定》中国际注册申请的基础是原属国的注册，而《马德里议定书》中国际注册申请的基础是在原属国的申请。因此，申请人获准国际注册的时间完全有可能发生在其商标在原属国获准注册之前。

2. 国际注册的工作语言

《马德里议定书》规定的工作语言为英文和法文，商标国际注册的申请文件既可以用法文填写，也可以用英文填写，《马德里协定》所使用的工作语言仅限于法文。

3. 被指定国家的批驳期限

《马德里议定书》规定，被申请人指定要求保护的缔约国注册主管部门如果对申请进行批驳的，应当在国际局注册后的1年内作出声明，但任何缔约国可以声明将这一期限变更为18个月。《马德里协定》只将这一期限规定为1年。相对而言，《马德里议定书》的规定更有利于被指定的缔约国根据自身情况作出审慎的决定。

4. 国际注册的有效期限

《马德里议定书》规定的国际注册的有效期限为10年，期满后也可以续展。《马德里协定》规定的国际注册有效期限为20年。《马德里议定书》的规定与更多国家的商标法的规定相同，照顾了更多的缔约国的情况，使得该条约的规定更容易被适应。

5. 国际注册的收费标准

《马德里协定》规定了固定的基本费、附加费和补加费，与此不同的是，《马德里议定书》允许各国自行确定高于《马德里协定》规定的规费（主要指附加费和补加费）。比如，根据《马德里议定书》，日本确定的规费标准是115瑞士法郎，英国确定的规费标准是369瑞士法郎，希腊确定的规费标准是185瑞士法郎，瑞典确定的规费标准为243瑞士法郎。这样便导致了依两个条约进行的国际注册的收费可能不同。现就两个条约规定的收费举例说明：假如中国的甲公司提出一项商标国际注册申请，商标使用于某一类商品，指定英国、日本、希腊为领域延伸保护国。依《马德里协定》，该公司所缴纳的国际注册费为953瑞士法郎；这些费用包括基本费653瑞士法郎、3个被指定的国家各自收取的100瑞士法郎的规费。依《马德里议定书》，该公司所缴纳的国际注册费应为1322瑞士法郎；这些费用包括基本费653瑞士法郎、英国收取的单独规费369瑞士法郎、日本收取的单独规费115瑞士法郎和希腊收取的单独规费185瑞士法郎，因指定使用的商品未超过3类，故不收附加费。

6. 国际注册对国内注册的取代

申请人先在一个或者多个成员国就同样的商标申请并获准注册后，又申请国际注册并提出在前述一个或者多个成员国领域延伸请求的，国际注册便取代在各成员国的国内注册，这是《马德里协定》和《马德里议定书》都作出的规定，但《马德里议定书》的规定更加全面、具体，更具可操作性。

7. 原属国撤销国际注册的后果

《马德里协定》规定，原属国的商标注册在5年内被撤销的，将导致国际注册的效力丧失；而依《马德里议定书》的规定，如果国际注册的基础申请（即在原属国的申请）或者基础注册（在原属国的注册）自国际注册之日起5年内被原属国注销（包括相关异议、撤销或者无效程序的提起在上述5年期限届满前而撤销、无效宣告决定发生在5年期限届满后的情况），该国际注册可在其生效的国家内转化为国家注册申请，而且不丧失国际注册日和原有的优先权日。相对而言，《马德里议定书》对商标权人利益的保护更为周到。

（三）企业运用《马德里议定书》的注意事项

1. 注意其与《马德里协定》的主要差异

我国既是《马德里协定》的缔约国，也是《马德里议定书》的缔约国，企业原则上可以选择其中一个条约作为依据提出商标国际注册申请。企业首先应当弄清自身的情况和主要需求，然后认真研究两个条约，看看依据哪个条约申请国际注册对自身更有利，更能满足自身的要求。如果一个企业想尽快申请国际注册，那么它就应当依《马德里议定书》提出申请；如果一个企业不想频繁进行续展注册，而是希望其国际注册能够维持较长时间，那么它就应当依《马德里协定》提出申请；如果一个企业想在较短的时间内获知指定国对于其领域延伸要求的态度，那么选择《马德里协定》作为国际注册依据可能会更好些。

2. 在我国的商标注册被撤销后及时采取挽救措施

在企业商标获得国际注册后，如果其在我国的商标注册申请或者已注册商标被商标局撤销或者被宣告无效，企业应当在3个月内向《马德里议定书》的某个成员国（主要是我国企业在其境内使用国际注册商标的国家）的商标注册主管部门提交一份申请，并依该国规定缴纳相关费用，从而将其商标国际注册及时转化为该国的国内注册，以免影响其商标在该国的效力及其商品在该国的销售。

3. 关注国际注册费用的高低

由于《马德里议定书》对于商标国际注册除规定了固定的注册费用外，还允许各国自行规定一些费用。因此，企业在选择指定国的时候，需要对该国有关商标注册费用的规定进行了解，一方面是为了避免因为盲目申请而承担过高的费用；另一方面是防止因没有及时缴纳相应的费用而影响了其商标在该国所受的保护。

三、《尼斯协定》

（一）《尼斯协定》的概况

1.《尼斯协定》的基本情况

《尼斯协定》于1957年6月15日签订于法国尼斯，1961年4月18日生效。我国于1994年8月9日加入该协定。《尼斯协定》的目的在于建立一个联盟组织，建立一个共同的运用于商标注册的商品和服务分类体系，并保证其实施。该国际分类也在不断发展中，定期修订，一开始为34类商品和8类服务，而从2012年开始采用的是国际分类表第12版，其国际分类包括45类，其中商品34类，服务11类，共有1万多个商品和服务项目。依据《尼斯协定》，不仅是联盟的成员国可以使用该分类表，非成员国也可以使用该分类表，只不过是非成员国不能参加国际分类表的修订，而成员国则有权参与国际分类表的修订。《尼斯协定》确定的分类表包括两部分，一部分是按照类别排列的商品和服务分类表，另一部分是按照字母顺序排列的商品和服务分类表。

2.《尼斯协定》的主要内容

（1）关于联盟和国际分类的一般规定。《尼斯协定》确定建立专门的联盟，采用共同的商标注册用商品和服务分类表，使用英文和法文两种文字。

（2）国际分类表的效力及其使用。《尼斯协定》并不强制各成员国使用国际分类表，使用与否由各成员国自主决定，各国有权将国际分类表作为主要系统使用或者作为辅助系统使用，但要求各成员国商标注册主管机关应当在有关商标注册的官方文件和公告中，载明商标注册的商品或服务项目所属的类别号。

（3）商品和服务分类的标准。《尼斯协定》规定了商品和服务分类的基本标准：第一，制成品原则上按其功能、用途进行分类，如果分类表没有规定分类的标准，该制成品就按字母排列的分类表内类似的其他制成品分在同一类，也可以根据辅助的分类标准，根据这些制成品使用的原材料或者操作方式进行分类；第二，原料、未加工品或者半成品原则上按其组成的原材料进行分类；第三，商品构成其他商品的一部分，原则上与其他商品分在同一类；第四，成品或者半成品按其组成的原材料分类时，如果是由几种不同原材料制成，原则上按其主要原材料进行分类；第五，用于盛放商品的盒、箱之类的容器，原则上与该商品分在同一类。

（4）关于组织机构、行政事务等方面的规定。《尼斯协定》还就专家委员会、特别联盟大会、国际局、财务、该协定的批准、加入、生效、修订、退出等方面的问题作出了规定。

（二）商品和服务的分类

目前我国采用的商标注册用商品和服务国际分类表为第10版，将商品与服务分为45类，每一类下又有若干群组。其中45大类的名录如下。

第一类　用于工业、科学、摄影、农业、园艺和林业的化学品，未加工人造合成树脂，未加工塑料物质，肥料，灭火用合成物，淬火和焊接用制剂，保存食品用化学品，鞣料，工业粘合剂。

第二类　颜料，清漆，漆；防锈剂和木材防腐剂；着色剂；媒染剂；未加工的天然树脂；画家、装饰家、印刷商和艺术家用金属箔及金属粉。

第三类　洗衣用漂白剂及其他物料，清洁、擦亮、去渍及研磨用制剂，肥皂，香料，香精油，化妆品，洗发水，牙膏。

第四类　工业用油和油脂；润滑剂；吸收、润湿和粘结灰尘用合成物；燃料（包括马达用燃料）和照明材料；照明用蜡烛和灯芯。

第五类　药用和兽医用制剂；医用卫生制剂，医用或兽医用营养食品和物质；婴儿食品；人用和动物用膳食补充剂；膏药，绷敷材料，填塞牙孔用料，牙科用蜡；消毒剂；消灭有害动物制剂；杀真菌剂，除莠剂。

第六类　普通金属及其合金；金属建筑材料；可移动金属建筑物；铁轨用金属材料；普通金属制非电气用缆线；五金具，金属小五金具；金属管；保险箱；不属别类的普通金属制品；矿石。

第七类　机器和机床；马达和引擎（陆地车辆用的除外）；机器联结器和传动机件（陆地车辆用的除外）；非手动农业器具；孵化器；自动售货机。

第八类　手工具和器械（手动的）；刀、叉和勺餐具；随身武器；剃刀。

第九类　科学、航海、测地、摄影、电影、光学、衡具、量具、信号、检验（监督）、救护（营救）和教学用具及仪器；处理、开关、传送、积累、调节或控制电的装置和仪器；录制、通讯、重放声音或影像的装置；磁性数据载体，录音盘；光盘，DVD盘和其他数字存储媒介；投币启动装置的机械结构；收银机，计算机器，数据处理装置，计算机；计算机软件；灭火器械。

第十类　外科、医疗、牙科和兽医用仪器及器械，假肢，假眼和假牙，矫形用品，缝合用材料。

第十一类　照明、加温、蒸汽发生、烹饪、冷藏、干燥、通风、供水以及卫生用装置。

第十二类　运载工具，陆、空、海用运载器。

第十三类　火器；军火及弹药；爆炸物；烟火。

第十四类　贵重金属及其合金，不属别类的贵重金属制品或镀有贵重金属的物品；珠宝首饰，宝石；钟表和计时仪器。

第十五类　乐器。

第十六类　纸和纸板，不属别类的纸和纸板制品；印刷品；装订用品；照片；文具；文具或家庭用粘合剂；美术用品；画笔；打字机和办公用品（家具除外）；教育或教学用品（仪器除外）；包装用塑料物品（不属别类的）；印刷铅字；印版。

第十七类　橡胶、古塔胶、树胶、石棉、云母，以及不属别类的这些原材料的制品；生产用成型塑料制品；包装、填充和绝缘用材料；非金属软管。

第十八类　皮革和人造皮革，不属别类的皮革和人造皮革制品；毛皮；箱子和旅行袋；雨伞和阳伞；手杖；鞭和马具。

第十九类　非金属的建筑材料，建筑用非金属刚性管，沥青，柏油，可移动非金属建筑物，非金属碑。

第二十类　家具，镜子，相框；不属别类的木、软木、苇、藤、柳条、角、骨、象牙、鲸骨、贝壳、琥珀、珍珠母、海泡石制品，这些材料的代用品或塑料制品。

第二十一类　家庭或厨房用具及容器；梳子及海绵刷子（画笔除外）；制刷材料；清扫用具；钢丝绒，未加工或半加工玻璃（建筑用玻璃除外）；不属别类的玻璃器皿、瓷器及陶器。

第二十二类　缆，绳，网，遮篷，帐篷，防水遮布，帆，袋和包（不属别类的）；衬垫及填充料（橡胶或塑料除外）；纺织用纤维原料。

第二十三类　纺织品用纱、线。

第二十四类　布料和不属别类的纺织品；床单；桌布。

第二十五类　服装，鞋，帽。

第二十六类　花边和刺绣；饰带和编带；纽扣，领钩扣，饰针及缝针；假花。

第二十七类　地毯，地席，席类，油毡及其他铺地板材料；非纺织品制墙帷。

第二十八类　游戏器具和玩具，不属别类的体育和运动用品，圣诞树用装饰品。

第二十九类　肉，鱼，家禽及野味；肉汁；腌渍、冷冻、干制及煮熟的水果和蔬菜；果冻，果酱，蜜饯；蛋，奶和奶制品；食用油和油脂。

第三十类　咖啡，茶，可可和咖啡代用品；米；食用淀粉和西米；面粉和谷类制品；面包、糕点和甜食；冰制食品；糖，蜂蜜，糖浆；鲜酵母，发酵粉；食盐；芥末；醋，沙司（调味品）；辛香料；饮用冰。

第三十一类　谷物和不属别类的农业、园艺、林业产品；活动物；新鲜水果和蔬菜；种子；草木和花卉；动物饲料；麦芽。

第三十二类　啤酒，矿泉水和汽水以及其他不含酒精的饮料；水果饮料及果汁；糖浆及其他制饮料用的制剂。

第三十三类　含酒精的饮料（啤酒除外）。

第三十四类　烟草；烟具；火柴。

第三十五类　广告；商业经营；商业管理；办公事务。

第三十六类　保险；金融事务；货币事务；不动产事务。

第三十七类　房屋建筑；修理；安装服务。

第三十八类　电信。

第三十九类　运输，商品包装和贮藏，旅行安排。

第四十类　材料处理。

第四十一类　教育；提供培训；娱乐；文体活动。

第四十二类　科学技术服务和与之相关的研究与设计服务；工业分析与研究；计算机硬件与软件的设计与开发。

第四十三类　提供食物和饮料服务；临时住宿。

第四十四类　医疗服务；兽医服务；人或动物的卫生和美容服务；农业、园艺和林业服务。

第四十五类　法律服务；由他人提供的为满足个人需要的私人和社会服务；为保护财产和人身安全的服务。

第四节 | 关于著作权的国际条约

一、《保护文学艺术作品的伯尔尼公约》

（一）《伯尔尼公约》的基本情况

《伯尔尼公约》是关于著作权保护的国际条约，是世界上第一个国际版权公约。该公约于1886年9月9日在瑞士的伯尔尼制定，目前的缔约国有167个，中国于1992年10月15日成为该公约的成员国。该公约的制定，标志着国际版权保护体系的形成，通过该公约，缔约国结成了一个保护作者对文学艺术享有的权利的联盟。

（二）《伯尔尼公约》的基本原则

1. 国民待遇原则

作者对其在文学艺术方面创作完成的作品在起源国以外的其他缔约国享有该国法律现在给予以及今后将要给予其本国国民的权利以及《伯尔尼公约》所特别规定的权利。可以享受国民待遇的作者包括《伯尔尼公约》缔约国的国民和在缔约国中具有惯常居所的非缔约国国民。

《伯尔尼公约》所谓的"起源国"，依照下列规则认定：（1）对于首次在某一缔约国出版的作品，以该国家为起源国；如果作品分别在给予不同保护期的几个缔约国同时出版的，以立法给予最短保护期的国家为起源国；（2）对于同时在非缔约国和缔约国出版的作品，以缔约国为起源国；（3）对于未出版的作品或者首次在非缔约国出版而未在缔约国出版的作品，以作者为其国民的缔约国为起源国。另外，对于电影作品而言，其制片人的总部或者惯常住所在哪个缔约国，就以该缔约国为起源国；对于建造在某一缔约国国内的建筑作品或者构成某一缔约国国建筑物一部分的平面和立体艺术作品来说，建筑物所在国便为起源国。

2. 自动保护原则

依《伯尔尼公约》的规定，作者依国民待遇原则就其文学艺术作品在其他缔约国享有和行使权利，不需要履行任何手续。与专利权和商标权等工业产权不同，作者取得或者享有著作权，不需要向相关的主管机关履行登记或者申请手续，其权利随着作品的完成而产生。

3. 独立保护原则

作者在《伯尔尼公约》缔约国对其文学艺术作品享有和行使著作权，独立于其在起源国享有和行使的著作权。比如，一个美国人在美国完成了一部小说，该作者在中国出版了其小说，其在中国对于该小说享有的著作权不受其美国权利状态的影响，即使其在美国的著作权已经丧失，但只要其小说符合中国保护著作权的条件，该作者仍然可以在中国享有著作权。

4. 最低保护原则

缔约国对文学艺术作品作者给予的保护不得低于《伯尔尼公约》规定的水平，应当保护作者根据该公约所享有的各项权利，实质上将该公约特别规定的作者所享有的各项权利看成了最低保护标准。虽然该公约并没有设定"本公约的规定为最低保护"的规定，但是最低保护限度作为公约的基本原则在一些条款中体现出来。

5. 互惠原则

该原则主要是处理非缔约国国民在缔约国完成的文学艺术作品的保护问题。非缔约国的国民完成的作品在缔约国首次发表的，在该缔约国享有国民待遇；但是，如果一个非缔约国未能充分保护某一缔约国的国民的作品的，该缔约国可以对于该非缔约国的国民（在该缔约国没有惯常住所）在其境内首次发表的作品在保护上给予限制。例如，A国是《伯尔尼公约》缔约国，B国和C国不是该公约的缔约国。张某为B国国民，李某为C国国民，两人在A国都没有惯常居所。B国对于A国作者的作品给予了其国民所享有的同等保护，而C国则对A国作者的作品保护进行了一定的限制。在某一年，张某完成的一部小说和李某完成的一部专著都在A国首次出版，根据互惠原则，A国对张某的小说所给予的保护不应当低于其对本国国民出版小说的保护水平，但对于李某专著的保护可以进行一定的限制。

（三）《伯尔尼公约》的保护范围

1. 保护的作品

《伯尔尼公约》保护的对象为文学和艺术作品，包括文学、科学和艺术领域内的一切成果，不论其表现形式或方式如何，诸如书籍、小册子，讲课、演讲，戏剧或者音乐戏剧作品，舞蹈艺术作品和哑剧，乐曲，电影作品和以类似摄制电影的方法表现的作品，图画、油画、建筑、雕塑、雕刻和版画作品，摄影作品和以类似摄影的方法表现的作品，实用艺术作品，与地理、地形、建筑或者科学有关的插图、地图、设计图、草图和立体作品。另外，对上述作品的翻译、改编等演绎作品，体现智力创造的汇编作品，同样受到保护。但是，公约允许缔约国将作品以物质形式固定下来作为保护的条件。

对于实用艺术作品及工业品外观设计，《伯尔尼公约》允许各缔约国根据其国内立法确定保护的程度。其中，对于工业品外观设计，如果作品的起源国采取专门保护方法的，其他缔约国也只能给予这种专门保护；否则，工业品外观设计同样作为文学艺术作品给予保护。

《伯尔尼公约》也对于不予保护的作品作出了一些规定，主要是日常新闻和社会新闻；而官方文档、政治演说、诉讼中的言论等成果，不在《伯尔尼公约》强制保护之列，是否给予保护取决于各缔约国的国内法规定。

2. 受保护的主体

哪些主体可以受到《伯尔尼公约》的保护，享受公约规定的相关权利呢？该公约既作了原则性规定，又对一些特殊情况进行了具体规定。

作者及其权利的合法继承人是受《伯尔尼公约》保护的主体，无论其作品是否已经出版，都享受该公约所规定的待遇，行使该公约规定的各种权利。如果没有相反的证据，其名字以正常方式出现在作品上的人，就被看成作者。在电影作品上署名的法人或者自然人，如无相反证据，推定为制片人，为电影作品的权利人。对于不具名作品或者假名作品，如果在作品上有出版者的名字，以出版者为作者的代表。对于作者身份不明的未出版作品，由缔约国法律规定的主管机关维护和行使作者在该国的权利。

《伯尔尼公约》规定了一些特殊情况下受保护的作者。（1）符合条件的非缔约国国民。非缔约国国民有下列两种情形之一的，受到该公约的保护：一是其作品在一个缔约国首次出版，至少是在一个缔约国和非缔约国同时出版。这里的出版是指为了满足公众的合理需要而以任何形式对作品的复制。二是其在缔约国有惯常住所。（2）其总部或者惯常住所在某一缔约国的电影作品的制片人，虽非缔约国国民，也受到保护。（3）建造在某一缔约国国内的建筑作品或者构成某一缔约国国内建筑物一部分的平面和立体艺术作品的作者，虽非缔约国国民，也受到保护。

（四）《伯尔尼公约》规定的权利

1. 精神权利

《伯尔尼公约》赋予作者精神权利，即人身权利。这些权利主要有：（1）署名权，即表明作者身份的权利。（2）维护作品完整权，即有权反对对其作品所进行的任何有损其声誉的歪曲、割裂或者其他更改，或者其他损害行为。

《伯尔尼公约》规定作者的精神权利不受经济权利的影响，即使其经济权利已经转让，作者仍然可以享有其精神权利。

2. 经济权利

根据《伯尔尼公约》的规定，文学艺术作品的作者享有多方面的经济权利。（1）复制权。这是基本权利，即文学艺术作品的作者可以授权他人以任何形式复制其作品，其中包括录音和录影在内。（2）传播权。文学艺术作品的作者可以授权他人广播其作品或者以任何其他无线传送符号、声音或者图像的方法向公众传播其作品，授权由原广播机构以外的另一机构通过有线传播或者转播的方式向公众传播该广播作品，或者授权他人通过扩音器或者类似工具向公众传播该广播作品。这里的传播权不包括利用录音、录影设备制作广播作品的权利。（3）朗诵权。文学作品的作者可以授权他人用各种方式公开朗诵其作品，以及用各种手段公开播送其作品的朗诵。（4）演绎权。文学艺术作品的作者有权翻译其作品，可以授权他人对其作品进行翻译、改编、音乐改编和其他变动，可以授权他人将其作品改编和复制成电影以及发行、公开表演、向公众有线传播经过如此改编或者复制的作品。（5）表演权。戏剧作品和音乐作品的作者可以授权他人以各种方式公开表演和演奏其作品，并可授权他人用各种手段公开播送其作品的表演和演奏。（6）追续权。对于艺术作品原作和作家与作曲家的手稿，作者在其第一次转让作品之后有权分享其后对作品进行任何出售中所产生的利益，但这种权利的享有及利益分配的方式与比例取决于各缔约国法律的规定。

3. 权利期限

根据《伯尔尼公约》的规定，作者的精神权利在其死后仍然得以保留，直到其经济权利期满为止，除非被要求保护的国家在加入公约时作出了保留声明。作者死后其精神权利由被要求保护国家的法律所规定的机构或者个人行使。

根据《伯尔尼公约》的规定，作者经济权利的保护期限一般为作者有生之年加上其死后50年；如果是合作作品，其保护期限从最后死亡的作者死亡时起计算。但是，该公约同时强调，具体的保护期限由被要求保护国家的法律规定。同时，《伯尔尼公约》还对一些特殊情况下作者经济权利的保护期限作出了规定：（1）对于电影作品，缔约国有权规定经过作者同意保护期为自作品公之于众后50年期满，如果作品50年内未公开的，自作品完成后50年期满。（2）对于不具名作品和假名作品（不能确定真实的作者），其保护期自其合法公开之日起50年内有效。如果在该期间内公开了作者身份，则其保护期限适用公约的一般规定。如果有充分理由推定其作者已死去50年的，不具名作品或者假名作品便不再受到保护。（3）摄影作品和实用艺术作品的保护期限由缔约国的法律规定，但这一期限不应少于该作品完成之后的25年。（4）作者死后的保护期和其他的保护期限从作者死亡或者上述各项事件发生之时开始，但这种期限应从作者死亡或者所述事件发生之后次年的1月1日开始计算。

根据《伯尔尼公约》的规定，上述保护期限是最低标准，缔约国的法律可以给予更长的保护期。在缔约国加入《伯尔尼公约》前如果其本国法律规定了较短的保护期限，则有权在其加入或者批准此公约文本时维持这种期限。

4. 权利限制

《伯尔尼公约》对于作者权利的限制主要体现为关于合理使用的规定。该公约规定，缔约国法律可以允许在某些特殊情况下复制他人的文学艺术作品，只要这种复制不会损害作品的正常使用、不侵害作者的合法利益。这种合理使用主要有：（1）报刊基于正当目的对于他人已经公开的作品进行合理的摘引，但必须指明出处及作品的作者；（2）基于教学的正当目的在必要范围内合理使用他人的作品，但应当指明出处及作品的作者；（3）在报刊、广播或者有线传播中复制发表在报纸、期刊上的时事性文章或者具有同样性质的已经广播的作品，但应当说明出处；（4）在报道时事新闻时基于报道的正当需要复制、公开所听到或者看到的他人作品。其中后三种合理使用是否允许，取决于缔约国法律的规定。

（五）《伯尔尼公约》的管理机制

《伯尔尼公约》所构建的管理机制与其他WIPO管理的知识产权国际公约类似。根据该公约的规定，建立大会，处理该联盟维持和发展的一切问题；设立执行委员会，作为大会的执行机构；由国际局作为该联盟各机构的秘书机构，由总干事作为本联盟的最高官员，对外代表本联盟。公约还对联盟的财务安排作了较多的规定。

（六）企业运用《伯尔尼公约》的注意事项

1. 哪些企业应当关注《伯尔尼公约》

《伯尔尼公约》虽然是关于著作权保护的，但其保护的对象范围较广，因此该公约会与众多企业的利益保护相关。尤其是有较多涉外业务的下列企业，对于《伯尔尼公约》的规则应当有比较清晰的认识：（1）影视、音像作品制作企业；（2）报刊、出版企业；（3）动漫作品制作企业；（4）工业品设计企业；（5）文化传播企业，如网络服务平台、广播电视企业、演出公司、电影放映公司、艺术品展览企业等；（6）在日常活动中运用较多境外作者作品的企业。

2. 熟悉作品在境外能够享受的待遇

企业对于其创作的作品在《伯尔尼公约》的缔约国能够享受何种待遇应当有一个基本的认识。首先，《伯尔尼公约》规定的权利属于基本的权利，对于缔约国是最低要求，除非缔约国在加入该公约时有所保留，均应受该公约的约束，即其给予作者的保护程度不应低于该公约所规定的基本要求。如果我国企业在境外某个缔约国所享有的保护水平低于该公约规定的保护水平，企业可以先确认该国在加入公约时是否就相关规定声明了保留，如果没有这种保留，则可以通过我国政府与相关的缔约国政府进行交涉。其次，我国企业的作品在境外某个缔约国所受的保护水平可能比该公约规定的水平高，对此也不必诧异，因为《伯尔尼公约》允许缔约国给予作者更高的保护。再次，基于国民待遇原则，我国企业的作品在境外某个缔约国享受的待遇不应低于该国自己的企业所享受的待遇。最后，企业对于其作品在境外受保护的期限，不能仅仅看《伯尔尼公约》所规定的一般期限，还要查看其请求给予保护的缔约国的法律所规定的保护期限，并据此对其作品的保护作出安排。

3. 关注特定缔约国对于工业品外观设计的保护

对于具有工业品外观设计的产品出口企业而言，需要及时了解进口国对于工业品外观设计的保护政策，因为《伯尔尼公约》允许各缔约国通过国内法自行确定实用艺术作品和工业品外观设计的保护程度，企业一般只能根据缔约国的规定寻求相应的保护。由于我国对于外观设计实行了专门保护，如果企业的工业品外观设计是在我国境内首先面世的，即我国是该作品的起源国，依《伯尔尼公约》的规定，企业可以在其他缔约国寻求专门的保护。

4. 采取适当方式在作品上显示企业名称

由于《伯尔尼公约》依作品上显示的名字来确认作者身份，因此，企业对于属于其所有的作品，应当以适当的方式标注其名称，以便在运用这些作品的相关产品出口到境外时能够及时获得保护，也可以避免因为临时确定作者的身份而遭受的诸多麻烦。

二、《世界版权公约》

（一）《世界版权公约》的基本情况

《世界版权公约》由联合国教科文组织主持订立，于1952年9月6日在瑞士日内瓦签订，与《伯尔尼公约》一起成为世界上在保护著作权方面两个最有影响的国际条约，共有21条（其中实体规定7个条文、行政性规定14个条文）和两个附件。与《伯尔尼公约》一样，它也是对缔约国国内法的最低保护要求作出了规定。但它与《伯尔尼公约》相比，又有自己的显著特点：（1）其实体规定比较笼统，不够具体；（2）它是对缔约国的强制性要求，不允许参加国提出任何保留；（3）它不实行自动保护，而是将作品标注"版权保留"作为保护条件；（4）它没有明确保护作者的身份权，不对作者的精神权利提供一般性保护，仅将其作为对发展中国家的优惠条款；（5）其规定的最低保护期限比较短。

（二）《世界版权公约》的主要内容

1. 保护范围

《世界版权公约》的保护对象为文学、科学和艺术作品，包括文字作品、音乐作品、戏剧作品和电影作品，以及绘画、雕刻和雕塑。相对于《伯尔尼公约》，《世界版权公约》对于保护范围规定得较为简单，较为概括，具有较强的弹性，可以照顾到不同国家的需要。《世界版权公约》强调对这些作品的版权给予充分有效的保护。

2. 国民待遇原则

《世界版权公约》所规定的国民待遇是指，任何缔约国国民出版的作品及非缔约国国民在该缔约国首先出版的作品，在其他各缔约国中，均享有其他缔约国给予其本国国民在本国首先出版之作品的同等保护以及本公约特许的保护；任何缔约国国民未出版的作品，在其他各缔约国中，享有该其他缔约国给予其国民未出版之作品的同等保护以及本公约特许的保护。这里的缔约国国民是指具有某个缔约国国籍的人和在某个缔约国定居的人。非缔约国的国民如果在缔约国出版了作品，但不属于首次出版的，则其他缔约国没有义务给予该作品以国民待遇。

3. 获得保护的条件

由于实行非自动保护原则，《世界版权公约》对于版权保护施加了履行相应手续的要求。《世界版权公约》规定，对于一般的作品，缔约国可以通过其国内法将履行相应的手续作为保护作品的条件，这些手续主要有缴送样本、注册登记、刊登启事、办理公证文件、偿付费用或者在该国国内制作出版等。对于非本国国民在本国以外首次出版的作品，在保护条件上则有不同的要求，只要自首次出版之日起在作品的所有各册以能够引人注意的方式标有"C"的符号，并注明版权所有者的姓名、首次出版年份等，即可认为符合保护的要求。

《世界版权公约》特别规定，缔约国可以通过其国内法对于本国国民在任何地方出版的作品以及任何国家的国民在本国首次出版的作品，就保护条件自主地作出规定。

4. 保护期限

《世界版权公约》规定作品的保护期限由缔约国国内法规定，但各国规定的保护期限不能低于最低标准，也不得长于未出版作品作者所属的缔约国或者已出版作品首次出版的缔约国所规定的保护期限。关于保护期限的最低标准是：作者有生之年及其死后25年；或者缔约国在《世界版权公约》对其生效前已经规定从作品首次出版之日起计算保护期的，则保护期限不得少于作品首次出版后25年。相对于《伯尔尼公约》而言，《世界版权公约》规定的最低保护期限显然要短得多。

对于摄影作品和实用艺术作品，《世界版权公约》规定了较短的保护期限，即将前述针对一般作品的25年缩短为10年。

5. 权利内容

《世界版权公约》对作者规定的权利主要是经济权利，对于精神权利则很少涉及。作者的经济权利主要有：（1）复制权，以任何形式复制作品的权利，其中包含出版或者授权他人出版的权利；（2）表演权；（3）广播权；（4）翻译权，包括自己翻译和授权他人翻译的权利，但缔约国可以通过国内法对于文字作品的翻译进行限制，但这种限制必须符合《世界版权公约》的要求。限制的主要事由是作品自首次出版后的7年在某缔约国没有译本，且该国国民提出合理条件而未在合理的期限内获得翻译授权。同时，《世界版权公约》允许发展中国家对于有关翻译限制的条件作出例外规定，主要是缩短获得翻译强制许可的期限，但应当限于教学、学习或者研究使用。

（三）企业运用《世界版权公约》的注意事项

基于《世界版权公约》一些特殊的规定，企业为了使自己的版权获得更好的保护，应当注意一些必要的事项。

1. 关注其作品在他国能够享有的保护待遇

企业在我国完成的作品在《世界版权公约》的缔约国能够享受什么样的保护待遇，直接取决于各缔约国国内法的规定，同时因作品是否出版而有不同的待遇。如果我国企业的作品已经出版，则在缔约国至少可以获得《世界版权公约》所规定的保护待遇；由于该公约允许各缔约国在最低保护标准的基础上自行作出规定，因此企业需要查阅相关缔约国国内法对于其本国国民已出版作品的保护规定，才可以知道其作品在该缔约国能够获得的具体保护待遇（这一保护待遇不应低于该公约规定的标准）。如果我国企业的作品尚未出版，则只能查阅相关缔约国国内法给予其本国国民未出版作品什么样的保护待遇，企业便可在该缔约国享受这样的保护待遇，因为这类作品的保护待遇基本上取决于缔约国国内法的规定，只要其给予我国企业的保护待遇不低于其本国国民能够享受的待遇即可。

2. 注意履行相关的手续

由于《世界版权公约》奉行非自动保护原则，作品需要履行相应手续或者具有相应的形式要件才能获得缔约国的保护，因此，企业必须注意办理相关的手续或者确保作品在形式上符合要求。如果我国企业的作品已经在我国首先出版，只要满足《世界版权公约》规定的形式要件，即作品出版后在作品的所有各册以能够引人注意的方式标有"C"的符号，并注明版权所有者的姓名、首次出版年份，便可在其他缔约国获得保护，而不需要关注该缔约国对作品在形式或者手续方面的要求。如果我国企业的作品并未在我国首次出版，而是在其他国家出版的，则必须按照相关缔约国国内法规定的形式或者程序，如缴送样本、注册登记、刊登启事、办理公证文件、偿付费用或者在该国国内制作出版，才能寻求该缔约国的保护。

3. 尽量在较短的时间内实现其作品的价值

由于《世界版权公约》规定的作品的保护期限较短，如果我国的企业在一个仅是《世界版权公约》缔约国而非《伯尔尼公约》缔约国的国家寻求版权保护，就应当努力在较短的时间将其作品在该缔约国的价值发掘出来，尽可能早地实现其对作品的经济利益，否则很可能因为作品的保护期限届满而无法再行使其作品的经济权利。原因在于，这些缔约国的国内法很可能仅仅根据《世界版权公约》的最低要求去设定作品的保护期限。

三、其他相关的公约

（一）《罗马公约》

1. 《罗马公约》的概况

《罗马公约》于1961年10月26日在罗马缔结。该公约由国际劳工组织与世界知识产权组织及联合国教科文组织共同发起，于1964年5月18日开始生效。《罗马公约》对成员国的资格有严格的要求，以参加《伯尔尼公约》或者《世界版权公约》为前提条件，即一个国家只有参加了这两个版权基本公约之一，才可以参加《罗马公约》。而且，如果一个国家成为《罗马公约》的成员国后丧失了其原有的《伯尔尼公约》或《世界版权公约》的成员国资格的，则其《罗马公约》成员国资格也随即丧失。

2. 《罗马公约》的主要内容

（1）国民待遇原则。《罗马公约》要求任何一个成员国都应当按照其本国法律，给予其他成员国的表演者、录音制品录制者及广播组织，以相当于本国表演者、录音制品录制者及广播组织的待遇。但享受国民待遇的具体要求有差异：对表演者而言，如果其表演行为发生在任何一个成员国内，或者表演活动已被录制在受该公约保护的录音制品上，或者表演活动虽未被录制、但在受该公约保护的广播节目中广播了，就可以获得国民待遇；对于录音制品录制者而言，如果录制者为任何一个成员国的国民，或者其录音制品的首次录制发生在任何一个成员国境内，或者其录音制品在任何成员国内首先发行，就可以获得国民待遇；对于广播组织而言，如果其总部设于任何一个成员国内，或者其广播节目从任何一个成员国的发射台播放，就可以获得国民待遇。

《罗马公约》允许成员国对于国民待遇的部分内容声明保留：对于录制者的国民待遇，任何成员国均可保留不采用录制标准或者不采用发行标准的权利；对于广播组织的国民待遇，任何成员国均可声明只对总部设在某成员国并且从该国播放节目的广播组织提供国民待遇。

（2）非自动保护原则。这一原则针对的是录音制品录制者或者表演者就录音制品享有的专有权。对于表演者的演出进行的录制，录音制品录制者和表演者对录制品均享有专有权，该录制品的复制不仅要取得录音制品录制者的许可，还要取得被录制表演的表演者的许可。但这种专有权不能自动产生，而必须在录音制品上附加三种标记：录音制品录制者或表演者的英文字首略语；录音制品首次发行之年；录音制品录制者与表演者的姓名。

（3）专有权的内容。一是表演者的权利：未经表演者许可，不得广播或者向公众传播其表演实况，不得录制其从未被录制过的表演实况，不得复制以其表演为内容的录音录像制品。二是录音制品录制者的权利：授权或者禁止他人直接或者间接复制其录音制品，要求将其出于商业目的发行的录音制品或者其复制品直接用于广播或者任何向公众传播的使用者支付合理的报酬。三是广播组织的权利：授权或者禁止他人转播或者录制其广播节目，复制未经其许可而制作的对其广播的录音、录像，向公众传播其电视节目。

（4）权利保护期限。表演者、录音制品制作者和广播组织所享有的权利的保护期以20年为最低限，分别从表演活动发生之年的年底、录音制品录制之年的年底、有关的广播节目开始播出之年的年底起算。在保护期内，表演者、录音制品录制者及广播组织者可以行使自己的权利，即向经其许可而利用其专有权的人收取合理报酬。根据《罗马公约》的规定，成员国可以在其国内法中规定比20年更长的保护期。

（5）权利的限制。公约规定的权利限制主要是两种情况，即合理使用和颁发强制许可证。前者指他人可以不经权利所有人同意，也无需付酬而使用权利人的作品，包括四种情况：一是私人使用；二是在时事报道中少量使用；三是广播组织为编排本组织的节目而利用本组织的设备暂时录制；四是仅仅为教学或者科学研究目的而使用。此外，公约还允许成员国通过国内立法规定颁发强制许可证条件，以防止邻接权所有人滥用自己的专有权。

（二）《录音制品公约》

1.《录音制品公约》的概况

《录音制品公约》的全称为《保护录音制品制作者防止未经许可复制其录音制品公约》。是在世界知识产权组织主持下于1971年10月29日在日内瓦缔结的一个国际公约，我国于1992年11月7日加入。就录音制品制作者的权利保护而言，《录音制品公约》是对《罗马公约》的一个补充。在对邻接权国际保护的领域中,《罗马公约》可以看成是一个基本公约,但它对录音制品制作者权利的保护力度不够,特别是随着复制技术的不断发展,更有必要缔结一个专门的公约来保护录音制品制作者的权利,《录音制品公约》正是在这种背景下缔结的。

2.《录音制品公约》的主要内容

《录音制品公约》主要规定了以下几个方面内容:(1)缔约国的保护义务。各缔约国有义务保护其他缔约国国民制作的录音录像制品,主要是防止他人未经录音录像制品制作者的同意而以公开发行的目的制作或者进口上述录音录像制品的复制品,并防止他人发行这种侵权复制品。(2)保护方式。缔约国提供保护的主要方式是授予版权或者其他专项权利,通过反不正当竞争法律保护,通过刑事制裁方式保护等。具体的保护方式由缔约国国内法律规定。(3)保护期限。保护期限由各缔约国法律规定,但从声音首次被固定之年或者录音制品首次出版之年年底起不少于20年。(4)提供保护的条件。缔约国可以依照其国内法律要求录音录像制品制作者履行必要的手续,以此作为保护其权利的条件;只要公开发行的经授权的录音制品的所有复制品或者其包装物上载有"P"标记并显示了首次出版年份,而且标记的部位足以使人注意到保护的要求,则应当认为履行了相应的手续。

第五节 | 其他知识产权的国际条约

一、《保护植物新品种国际公约》

（一）《保护植物新品种国际公约》的概况

《保护植物新品种国际公约》（UPOV公约）于1961年12月2日在法国巴黎制定，后经多次修订。我国于1999年4月23日正式加入。根据该公约组建了国际植物新品种保护联盟（UPOV），总部设在日内瓦。UPOV公约的宗旨在于确认各成员国保护植物新品种育种者的权利，其核心内容是授予育种者对其育成的品种享有排他的独占权。其内容主要包括三个方面：（1）关于品种权本身的规定，涉及成员国保护品种权的基本义务、品种权的取得、品种权的内容、品种权的限制、品种权的无效和撤销等；（2）关于组织机构和行政事务的规定；（3）关于该公约签署、加入、批准、保留、退约等事务性规定。

（二）国民待遇原则

UPOV公约专门规定了国民待遇原则。依其规定，一个成员的国民，或者在该国永久居留的自然人，或者在该国拥有注册办事机构的合法实体，就育种人权利的授予和保护而言，其在其他成员国所享有的待遇，不应低于其他成员国依其法律在现在或者将来给予其国民的待遇。享受国民待遇的前提是育种人遵守了其他成员国对其国民的要求。

（三）品种权的取得

1. 取得品种权的实质条件

UPOV公约规定了获得品种权的实质条件，即品种应当同时具有新颖性、奇异性、一致性和稳定性。UPOV公约还特别强调，只要育种人按照成员国的法律履行了必要的手续并缴纳了费用，成员国就不应再对品种权的授予规定其他的条件。UPOV公约还对四个实质条件作出了具体的要求：（1）新颖性，指申请品种权的植物新品种在申请日前该品种的繁殖材料未被销售，或者经育种者许可，在接受申请的成员国境内销售该品种繁殖材料未超过1年，在接受申请的成员境外销售藤本植物、林木、果树和观赏树木品种繁殖材料未超过6年，销售其他植物品种繁殖材料未超过4年。（2）特异性，是指申请品种权的植物新品种与在递交申请以前共知的植物品种有明显的区别。共知的植物品种包括已经授予品种权的品种和已经办理登记的品种。（3）一致性，是指申请品种权的植物新品种经过繁殖，除可以预见的变异外，其相关的特征或者特性完全一致。也就是说，该品种的繁殖材料之间不能存在可以预见的变异之外的差异。（4）稳定性，是指申请品种权的植物新品种经过反复繁殖后或者在特定繁殖周期结束时，其相关的特征或者特性保持不变。也就是说，在规定的期限内该品种的繁殖材料的特性是恒定的。

2. 取得品种权的程序

UPOV公约规定的品种权获取的程序主要有：（1）提交申请。首次申请地（成员国）由育种人自主选择，在接受首次申请的成员国尚未授权之前，育种人可以向其他成员国提出二次申请。在不同成员国的申请是相互独立的，成员国对申请的处理不能以在其他成员国申请或者授权的情况为依据。（2）要求优先权。申请人自首次申请日起12个月内提出二次申请的，可以向受理二次申请的成员国要求优先权，但应当在该成员国法律规定的期限内（不少于3个月）提供证明其可以主张优先权的材料。（3）申请的审查。受理申请的成员国应当对申请的品种是否具有新颖性、特异性、一致性和稳定性进行审查。出于审查的需要，受理方可以自行种植该品种或者进行其他必要试验，或者委托他人进行种植或者其他必要试验，或者考察业已完成的种植或者其他试验的结果；受理方还可以要求育种人提供一切必要的信息、文件或者材料。

（四）品种权的内容

1. 获得临时保护的权利

在育种人提出申请后、申请被形式批准前，育种人虽然还没有享有品种权，但可以要求在此期间针对其品种实施正常品种权范围内行为的人给予公平的补偿。严格而言，这种补偿不是基于育种人的品种权给予的，而是在其取得授权之前基于公平和正当竞争的需要给予的临时性保护。

2. 品种权的基本内容

品种权人就其授权品种享有排他的独占权，主要有以下权利：任何单位或者个人未经品种权人许可，不得为商业目的生产或者销售该授权品种的繁殖材料，不得进口、出口或者以其他形式交易该授权品种的繁殖材料，不得为商业目的将该授权品种的繁殖材料重复使用于生产另一品种的繁殖材料。

（五）品种权的限制

1. 强制性例外

UPOV公约规定了几种强制性例外情况，即在下列情况下对于品种权人拥有的品种的利用不需要经过品种权人的同意，也无需支付报酬：（1）私人利用品种进行非商业性活动；（2）利用品种进行试验性活动；（3）利用品种培育其他新品种。

2. 强制许可

UPOV公约规定成员国为了维护公共利益可以对于品种权人的品种实施强制许可，但需要采取相应措施保证被授权的第三方向育种人给予公平的补偿。

3. 非强制性例外

UPOV公约还允许成员国规定一些非强制性例外，只要这种限制不影响到品种权人的合法权益，比如允许农民以自种自收形式繁殖受保护品种。

4. 管理活动的规制

为了防止成员国对于品种权人的权利进行不合理的限制，UPOV公约还特别强调，成员国在其领土内实行的管理品种材料的生产、检验、销售或者进出口活动的措施，不应对品种权构成干扰。

（六）品种权的期限

UPOV公约规定了成员国保护品种权的最短期限，即自批准之日起不少于20年，对于树木和藤本植物，这个期限为不少于25年。

（七）品种权的无效与撤销

1. 品种权的无效

在下列情况下，成员国可以宣告其授予的品种权无效：（1）在授权时该品种不具有新颖性或者特异性；（2）由于仅仅依据育种人提供的信息，致使在授权时没有发现该品种不具有一致性或者稳定性；（3）品种权被错误授予给了其他人。除了以上原因外，UPOV公约禁止成员国以任何其他理由宣告品种权无效。

2. 品种权的撤销

UPOV公约规定了成员国可以撤销品种权的两个方面的理由：（1）品种已经不再具有一致性或者稳定性，即该品种在授权时具有一致性和稳定性，后来发生了变化，丧失了一致性或者稳定性。（2）育种人在品种权授予后有下列行为之一：未能提供保存该品种的必要材料；未能支付品种权维持费；在品种权名称被取消后未能提交合适的新名称。

（八）我国企业与UPOV公约

对于我国的农林生产经营企业及育种单位而言，需要熟悉UPOV公约关于品种权保护范围、获取品种权的条件和程序、品种权人的主要权利及其所受到的限制、品种权的期限及其无效和撤销等方面的规定，这样才能知道其品种在国外所能受到的最低保护水平，才能知道境外组织或者个人的品种在中国所能享受的保护待遇，以便采取一些有针对性的措施。由于我国的《植物新品种保护条例》是根据UPOV公约的要求制定的，UPOV公约有关植物新品种保护的核心要求已经在该条例中得到落实，条例的很多规定直接反映了该公约的要求，因此，企业如果掌握了我国《植物新品种保护条例》的主要内容，就基本上了解UPOV公约的精神与要求了。

二、《集成电路知识产权条约》

（一）《集成电路知识产权条约》的概况

《集成电路知识产权条约》俗称华盛顿公约，于1989年5月26日缔结于美国华盛顿，中国在同年成为该公约的成员国。《集成电路知识产权条约》主要是对缔约国保护集成电路布图设计的义务及要求、联盟的组织与行政事务、公约的加入与退出等事项进行了规定。总体上看，该公约对于集成电路布图设计的保护提出了一些原则性要求，规定较为简单。

（二）缔约国的保护义务

1. 保护范围

缔约国应当保护集成电路布图设计（拓扑图）及使用布图设计的集成电路，防止针对它们实施的非法行为，并针对非法行为采取必要的措施。《集成电路知识产权条约》允许缔约国通过法律将保护范围限定在半导体集成电路布图设计的范围内。

2. 保护形式

缔约国可以采取多种形式履行该条约规定的义务：（1）制定专门的集成电路布图设计法律法规进行保护，如我国于2001年制定了《集成电路布图设计保护条例》；（2）通过知识产权法律进行保护，主要是通过法律有关版权、专利、实用新型、工业品外观设计的规定或者反不正当竞争法律进行保护；（3）通过其他法律进行保护，即通过知识产权法以外的法律进行保护；（4）进行综合保护，即将上述多种保护方式结合起来。

3. 国民待遇

《集成电路知识产权条约》要求缔约国对非国民在集成电路布图设计保护方面给予国民待遇，即所给予的待遇不能低于其在同等条件下给予其国民的待遇。能够享受国民待遇的主体为：一是其他缔约国的国民或者在其他缔约国领土上有住所的自然人；

二是在其他缔约国领土内为创作布图设计（拓扑图）或者生产集成电路而设有真实有效的单位的法人或者自然人。

《集成电路知识产权条约》并不要求缔约国在代理人、送达地址、法院程序等方面给予其他缔约国的法人或者自然人以国民待遇。也就是说，缔约国在代理人、送达地址和法院程序等方面可以对其他缔约国的法人或者自然人提出不同于本国国民的要求。

（三）获得保护的条件

1. 实质条件

《集成电路知识产权条约》规定集成电路布图设计获得缔约国保护的前提条件是具有原创性，即该布图设计（拓扑图）是其创作者自己的智力劳动成果，并且，在其创作时，该布图设计在布图设计（拓扑图）创作者和集成电路制造者中不属于常规的设计。

另外，寻求保护的布图设计（拓扑图）必须已经在世界某地单独地进入了普通商业实施阶段，或者作为某集成电路的组成部分进入了普通商业实施阶段。对于尚未在商业上利用的布图设计，缔约国有权不提供保护。

2. 程序要求

如果布图设计没有正式向缔约国申请登记，缔约国可以不予保护；缔约方有权要求该申请在一定期限内提出，但该期限不得少于2年，从权利持有人出于商业目的在世界任何地方首次实施其集成电路布图设计（拓扑图）之日起计算。

（四）持有人的权利

《集成电路知识产权条约》规定，集成电路布图设计权利持有人有权许可或者禁止他人实施下列行为：（1）复制受保护的布图设计（拓扑图）的全部或者其任何部分，包括单独复制布图设计和将布图设计结合到集成电路中两种情况；（2）为商业目的进口、销售或者以其他方式销售受保护的布图设计（拓扑图）或者其中含有受保护的布图设计（拓扑图）的集成电路。

（五）对持有人的限制

《集成电路知识产权条约》对于集成电路布图设计权利持有人的权利规定了较多的限制或者例外，主要包括以下几个方面。

1．他人的合理使用

他人为了私人的目的或者单纯为了评价、分析、研究或者教学的目的而复制相关集成电路布图设计，不需要经布图设计权利持有人许可，也无需支付报酬。

他人在评价或者分析受保护的布图设计（"第一布图设计"）的基础上，创作了符合公约规定的原创性条件的布图设计（"第二布图设计"）的，创作者可以在集成电路中采用第一布图设计，或者复制、销售第一布图设计，不视为侵犯第一布图设计权利持有人的权利。

2．第三人的独立创作

第三人如果自己独立创作了与布图设计权利持有人相同的布图设计，可以不经布图设计权利持有人的同意而使用、销售其独立创作的布图设计，不属于侵犯布图设计权利持有人权利的行为。第三人享有的权利类似于专利先用权，但公约并没有求其独立创作发生于布图设计权利持有人获得授权前。

3．强制许可

《集成电路知识产权条约》允许各缔约国通过其立法规定对集成电路布图设计的强制许可，但对于这种强制许可规定了严格的限制：（1）强制许可由行政机关或者司法机关在非通常的情况下采用；（2）第三者按商业惯例经过努力而未能取得权利持有人的许可；（3）强制许可只能是非独占许可（非自愿许可）；（4）授予强制许可的机关认为这种强制许可对于维护重大的国家利益是必要的；（5）强制许可仅限于在该缔约国领土上实施；（6）获得许可的第三者应当向权利持有人支付公平的补偿费。

另外，《集成电路知识产权条约》允许各缔约国的行政机关或者司法机关基于维护公平竞争和防止权利人滥用其权利的目的对集成电路布图设计实施强制许可。

4．善意获得的侵权作品

第三人进口、销售或者以其他方式经营包含有非法复制的布图设计的集成电路，如果其在获得该集成电路时不知道也不应当知道该集成电路中包含有非法复制的布图设计，其行为不属于非法行为或者侵权行为。

5. 权利穷竭

华盛顿公约对于布图设计的保护规定了权利穷竭原则，即对由权利持有人自己投放市场或者经其同意投放市场的受保护的布图设计或者采用该布图设计的集成电路，第三人未经权利持有人的许可而进口、销售或者以其他方式进行交易的，不属于侵权行为或者非法行为。

（六）保护的期限

《集成电路知识产权条约》对于缔约国保护集成电路布图设计的期限作了简单的规定，其规定的最低保护期限为8年。

本章思考题

1. 目前对我国生效的知识产权国际条约主要有哪些？

2.《巴黎公约》规定的保护工业产权的基本原则有哪些？

3. TRIPs关于专利的规定主要有哪些？

4. WIPO规定的知识产权包括哪些？

5.《专利合作条约》对于国际申请和国际检索的规定主要有哪些？

6.《专利合作条约》对于国际初步审查的规定主要有哪些？

7. 谈谈《商标国际注册马德里协定》和《商标国际注册马德里议定书》的主要差异。

8.《伯尔尼公约》规定的版权保护的基本原则是什么？

9.《世界版权公约》对于版权保护的规定与《伯尔尼公约》有什么差异？

10.《保护植物新品种国际公约》规定的品种权取得的条件和程序是什么？